新世纪高等学校教材·学前教育专业系列教材

幼儿教育心理学 第2版

You'er
Jiaoyu Xinlixue

陈帼眉　姜　勇/著

北京师范大学出版集团
BEIJING NORMAL UNIVERSITY PUBLISHING GROUP
北京师范大学出版社

图书在版编目(CIP)数据

幼儿教育心理学 / 陈帼眉,姜勇著. —2 版. —北京:北京
师范大学出版社,2022.8(2025.6 重印)

(新世纪高等学校教材·学前教育专业系列教材)

ISBN 978-7-303-27904-3

Ⅰ. ①幼… Ⅱ. ①陈… ②姜… Ⅲ. ①幼儿教育－教育心
理学－高等学校－教材 Ⅳ. ①G44

中国版本图书馆 CIP 数据核字(2022)第 091903 号

出版发行:北京师范大学出版社 https://www.bnupg.com
      北京市西城区新街口外大街 12-3 号
      邮政编码:100088

印　　刷:保定市中画美凯印刷有限公司
经　　销:全国新华书店
开　　本:787 mm×1092 mm　1/16
印　　张:20.75
字　　数:413 千字
版　　次:2022 年 8 月第 2 版
印　　次:2025 年 6 月第 32 次印刷
定　　价:54.80 元

策划编辑:罗佩珍　张丽娟　　　责任编辑:安　健
美术编辑:焦　丽　　　　　　　装帧设计:焦　丽
责任校对:陈　民　　　　　　　责任印制:赵　龙

第2版前言

2007 年，在北京师范大学出版社张丽娟老师的帮助下，我们出版了《幼儿教育心理学》教材，迄今已有 15 年。在这十多年间，我国颁布了《3—6 岁儿童学习与发展指南》等多项学前教育政策法规，幼儿教育心理学研究领域也取得了许多新成果、新发现，不少学者提出了很有价值和思想的新思考、新课题。例如：幼儿教育心理学与中小学阶段的教育心理学究竟有何不同？为什么幼儿教育心理学要用"教育者"一词来代替"教师"？为什么教育心理学关注的是教师的"教"，而幼儿教育心理学更关心的是"育"，是"环境创设"？为什么幼儿教育心理学特别重视"以游戏为基本活动"的学习与发展？为什么幼儿教育心理学更重视教育者对幼儿在游戏活动中语言、认知、社会性、创造性等领域发展的支持、鼓励、帮助、引导、辅导，而非"教学"？为什么环境创设是幼儿教育心理学研究的重要课题？……这些问题需要我们进一步仔细研究。

在修订《幼儿教育心理学》一书的过程中，我们希望能对一些重要问题作出较细致的回答。《幼儿教育心理学（第 2 版）》以习近平新时代中国特色社会主义思想为指导，强调落实立德树人根本任务，培养学前教育专业学生科学的儿童观、教育观，着重对以下几个方面进行了比较细致的修订与完善。

其一，增补"幼儿的游戏与引导"一章，突出了游戏的地位与功能。

游戏是 0～6 岁儿童的主要活动。维果茨基（Vygotsky L S）指出，游戏是童年期促进儿童发展的最具引领性的力量。游戏不仅有着重要的本体论价值，而且对儿童的思维、想象、意识、社会性等的发展都有积极的作用。游戏中的儿童是幸福、快乐、无忧无虑的，是与自然和谐、美好共处的，是处于纯真、完满、和谐、幸福的状态的，也是处于"常德不离，复归于婴儿"的自由自在的状态的。很多儿童心理学家、儿童游戏理论专家既肯定游戏在学前教育中的重要地位，又突出游戏对幼儿学习、生活与发展的重要价值、意义、功能，可以说正是因为游戏具有这样显著的作用才受到了心理学家、教育学家的推崇。维果茨基曾鲜明地指出"游戏"的目的性、价值性、功能性和意义性："游戏能发展儿童的更高水平的智力活动，如思维、想象、意识、概化情绪。……游戏是儿童发展的重要源泉,它创设了学习的最近发展区"①;"游戏活动可以积极帮助儿童理解他们的世界,拓展他们对于社会和文化的理解,扩展语言与语用技巧,向他人表达观点与情感"②;"游戏可以促进儿童的脑与神经系统的发展,可以有效刺激儿童的探索与学习活动"③。

其二,游戏、学习、生活、运动等都是幼儿必不可少的主要活动。

游戏体现了儿童"神性"的一面,作为"自然之子"的儿童,享有这种不可剥夺的天赋权利;学习展现了儿童"人性"的一面,作为"社会之子"的儿童,通过学习获得身体与心智的健康成长,这种学习的权利同样是不可剥夺的。"游戏"与"学习"对幼儿来说,都是必不可少、不可或缺、有其教育内在意义与意蕴的活动,两者相互交融、互为补充,共同构成儿童在幼儿园生活、发展与成长的美好图景。英格兰的麦克米兰姐妹(the MacMillan sisters)将游戏视为幼儿园课程方案的一种重要的、必不可少的组成部分(play as an essential part of preschool programs)。这里的 essential 在英文语境里并不是中文所指的"基本",而应译成"必不可少的""不可或缺的""非常重要的"。在中文的语境中,"必不可少的"意味着它是极其重要的,虽然不是"唯一"的,却是不可或缺的。

可见,游戏是儿童必不可少的、极其重要的、完全必要的活动。我国有关幼儿教育政策的文本,较早出现的提法是"游戏是学前儿童的主要活动"。根据学者杜继纲的文献研究,1955 年国内印行、学习苏联的由克鲁普斯卡娅(Krupskaya)领导制定的、俄罗斯联邦教育部学前教育司编写的《幼儿园教养员工作指南》的中文版里明确提出,"游戏——学前儿童的一项主要活动——是共产主义教育的重要手段"。我们还注意到,苏联《幼儿园教养员工作指南》强调,除了游戏,幼儿园教育还包括其他活动,如"作业""观察成人劳动及儿童自己的简单劳动",以及"庆祝节日和娱乐等活动"。杜继纲的论文中特别提到,当时的翻译班子将俄语"ведущий"一词译成"主导活动"。"俄语 ведущий 一词,既可译作'主导'也可译成'主要',而且游戏确实无法涵盖孩子的全部生活,因此她更倾向于将这一俄文单词翻译为'主要'。"④并且,"ведущий"一词在俄文语境里还有"领先性"的含义。幼儿的很多新的行为、新的动作、新的言语常常最初是在游戏活动中体现的。因此,游戏活动不仅是幼儿的主要活动,而且往往具有"领先性"的特征。

---

① Vygotsky L S, "Imagination and Creativity in Childhood," *Journal of Russian and East European Psychology*, 1930, 42(1), pp. 4-84.

② MaCain M, Mustard F & Shanker S, *Early Years Study 2: Putting Science into Action*, Toronto, Council for Early Child Development, 2007, p. 49.

③ Frost J, Wortham S & Reifel S, *Play and Child Development*, 2nd ed., Upper Saddle River, Person Merrill Prentice Hall, 2005, pp. 62-63.

④ 杜继纲:《对"以游戏为基本活动"理念的历史与理论分析》,载《学前教育研究》,2011(11)。

其三，与教育心理学不同，幼儿教育心理学有自己的特点。

中小学阶段的教育心理学主要关注中小学教育机构里的学生的学习与成长，而幼儿教育心理学关心的是幼儿在家庭、社会、幼儿园等多种教育生态环境下的学习与成长，所以它们的范围、途径和教育主体存在差异。幼儿的游戏、生活、学习与成长不仅仅在幼儿园里，家庭、社区都是幼儿成长的重要场所，抚养者、社区服务者等和幼儿园教师、保育员等一样都是对幼儿的学习与成长发挥着重要作用的教育者，都是幼儿的"重要他人"（the significant others）。

幼儿教育心理学非常重视教育者要具有"放手"与"上手"的有机结合的能力。教育者既要学会"放手"，尊重幼儿学习的自主性、主动性和积极性，也要懂得支持、鼓励、辅导、指导的时机与方法，学会运用心理学知识科学地引导、促进幼儿的游戏、生活、学习与发展。20 世纪 90 年代，国际教育成就评价协会（IEA）曾对黑龙江、内蒙古、贵州、辽宁四省区和广州、武汉两市的幼儿教育机构作过一个比较全面的调查，结果表明，教育者的适宜行为，如倾听、与儿童的情感交流、参与儿童游戏活动的频度等都与儿童的发展呈正相关。[1]"重视游戏，尊重儿童的积极主动性，并不意味着教育者可以不教，让儿童控制教室。从根本上讲，成人在儿童学习与体验知识的过程中，起着至关重要的指导作用。"[2]

在促进儿童学习与发展的过程中，教育者要学会倾听儿童，要眼中先有儿童，然后想办法去影响、教育、帮助儿童。这是真正尊重儿童的"解放"的教育观：在解放的教育中，作为受教育者的教育者必须"死去"，以便作为受教育者的受教育者而重新"诞生"，同时，教育者还必须向学生建议，他将作为教育者的受教育者而"死去"，以便作为教育者的教育者而重新诞生。[3] 应该说，真正优秀的教育者是既不"说话"，又"要说话"的，"不说话"展现的是教育者的倾听，对儿童的积极关注，对儿童内心世界的了解的渴望，对儿童的充分尊重，对儿童精神的欣赏与赞美，因此，在了解儿童的真实意愿、真实想法、真实能力之前，教育者是耐心的倾听者，是不主观的倾听者，是无任何成见的向幼儿充分敞开自我的倾听者。同时，教育者对幼儿充分了解、理解与认识之后，如果不能运用智慧的教育手段、教育方法、教育策略、教育途径去影响、帮助、支持、促进、激励幼儿的学习与发展，那么，这名教育者要么缺乏教育智慧、专业能

---

[1] 项宗萍：《从"六省市幼教机构教育评价研究"看我国幼教机构教育过程的问题与教育过程的评价取向》，载《学前教育研究》，1995(2)。

[2] 刘焱、李甦、何梦懿：《美国 NAEYC 关于高质量幼儿教育机构的评价标准（下）》，载《学前教育》，1998(4)。

[3] 联合国教科文组织国际教育发展委员会：《学会生存：教育世界的今天和明天》，华东师范大学比较教育研究所译，176 页，北京，教育科学出版社，1996。

力，要么没有负起应尽的责任，自由放任。"以游戏为中心的课程绝不是一个'自由放任'(laissez-faire)、听之任之的课程，也绝不意味着儿童怎样都行。以游戏为中心的课程是运用游戏的'力量'来帮助儿童，促进儿童的积极成长与发展，它是一种'生成'(emergent)的课程活动。其中，教育者要采用积极的教学方法、教学手段去平衡幼儿自发的游戏(spountaneous)，引导的游戏(guided paly)，教育者直接指导的游戏(directed play)，以及教育者直接指导的教学活动(teacher-directed activities)之间的关系。"①

其四，习惯与秩序感是幼儿游戏、生活与学习的重要特征。

本教材增补了"幼儿习惯与秩序感的形成与培养"一节。0～6岁是儿童秩序感形成的关键期。秩序感是幼儿自发地对秩序的感知，且会随着年龄的增长而逐步完善并趋于稳定；习惯是一个人后天养成的，一种在特定的情况下，自动化地去进行某种动作的特殊倾向。习惯可以在幼儿秩序感发展的基础之上，在自身与外在环境的相互作用的过程中逐渐养成。习惯与秩序感的形成与发展对幼儿来说十分重要。

学前期与入学后的教育不同的突出特点之一是学前教育以通过游戏和日常生活培养良好习惯为主，入学后的学校教育则以集体上课学习文化基础为主。几十年前，卢乐山先生和学前教育教研室的同事们，在一次日常业务学习研讨中曾经说过："学前教育的主要任务是培养幼儿良好习惯。"

学前期是培养幼儿良好习惯的关键期，如果这个时期不能养成良好习惯，就不能为以后的人生奠定良好的基础。最初形成的习惯与个人的生理结构和机能有密切的关系，如儿子的走路姿势很像爸爸。动作习惯可能与遗传有关，下意识的模仿和无数次的重复使习惯逐渐养成，后来成长为对人、对己、对事物的习惯性表现，就是所谓个性的基础。习惯不只是行为动作的习惯，也包括人的思维习惯，如有人倾向于积极地看问题，有人倾向于消极地看问题。教育者要注重在这一关键时期对幼儿进行良好习惯的培养，让幼儿身上的各种良好习惯得以巩固和加强。

其五，模仿是幼儿学习的主要方式，甚至是重要的方式之一。

在感知运动阶段(0～2岁左右)和前运算阶段(2～6、7岁)，儿童的学习主要通过摆弄动作、直观操作和模仿等方式进行。模仿是儿童通过观察和仿效其他个体的行为而获得一种新的行为、新的技能、新的能力的学习类型。处于具体运算阶段(6、7～11、12岁)和形式运算阶段(11、12岁及以后)的中小学生的学习主要借助具体运算思维，甚至抽象思维，0～6岁儿童的学习，特别是动作、

---

① VanHoorn J，Nourot P M，Scales B & Alward K R，*Play at the Center of the Curriculum*，6th ed.，Upper Saddle River，Pearson Higher Ed，2014，p. 4.

语言、技能、行为习惯等的形成与发展都离不开模仿，模仿是幼儿最初和最基本的学习方式。通过观察生活中最可亲的"重要他人"的行为，幼儿进行模仿学习，将这些观察心理表象或其他符号特征的形式储存在大脑中，来帮助自己进行行为的模仿。对幼儿来说，教育者的言行既具有榜样性，又具有权威性。在进行习惯的培养与引导过程中，教育者要非常注重提供积极、正向的榜样力量与作用。

第 2 版的《幼儿教育心理学》还对一些观点与字句的表述进行了比较细致的修订，以更符合时代的发展与学科的进步。当然，修订过程中我们仍感到有许多不足与遗憾，时常有"其作始也简，其将毕也必巨"的无力感，只能留待今后不断完善了。在此，恳请同行、同学们对书稿中存在的问题提出批评与建议。此书得以再版，离不开北京师范大学出版社罗佩珍老师的关心与帮助。罗佩珍老师不仅积极联系，推进本教材的修订工作，而且提供了一些宝贵的意见与建议，在此表达衷心感谢！在书稿修订过程中，刘鑫鑫、李芳、底会娟、张蓓蓓、赵颖等博士生做了较多的资料收集、增补与完善工作，在此一并致谢。

陈帼眉　姜勇

谨识于 2022 年 5 月

随着中国基础教育改革进程的不断推进，作为基础教育开端的早期教育备受教育学与心理学研究者关注。面对学前教育学领域、儿童心理学领域发生的巨大变化，众多幼儿园课程改革方案的推出，不少工作在幼儿教育第一线的教师感到无所适从。实际上，无论教育改革的哲学取向是什么，无论当前盛行的是何种派别的幼儿教育理论，是瑞吉欧的方案教学，还是尼莫等人的生成活动，或是蒙台梭利教学法，等等，身处变革中的幼儿教师，需要科学了解幼儿学习的特点与规律，掌握有效的教学方法与策略，对幼儿教育心理学的理论与实践有更为清醒、透彻的认识。为此，有必要学习幼儿教育心理学这门新兴学科。

宗　旨

当我们撰写这本《幼儿教育心理学》时，一个重要的想法是，既为师范生提供系统的理论知识，为其打下坚实的教育心理学基础，又为教育实践工作提供有效的教学方法与策略。本教材旨在提供必要的基础知识和实用策略，帮助他们整合各种理论与经验，具备在真实教学情境中做出明智教育决策的能力，成为优秀的教育者。

特　色

为使《幼儿教育心理学》贴近师范生的实际经验与未来教学生活，帮助学生在未来成为优秀的教师，本书注重以下主要特色。

1. 国际前沿研究与中国特色相结合

幼儿教育心理学领域发生的种种变革，发现学习、档案袋评价、多元智能理论、脑科学理论、群体社会化理论等前沿研究的不断引进，对了解幼儿学习与有效教学有很多启示。本书力求贯彻辩证唯物主义和历史唯物主义观点，详细介绍幼儿教育心理学领域的新进展，特别是幼儿学习与教师教学方面已经取得的主要成就。同时，我们强调，学习国外的相关研究成果必须与中国幼儿教育的实际相结合，遵循我国幼儿教育的目标，培养健康和谐、全面发展的幼儿。在体系的安排和内容的选材方面，紧密结合我国当前教育改革的实际，对国外研究资料加以取舍与评述。例如，突出国内目前很受关注的幼儿教师心理、学习的个体差异、区角环境创设等问题，分别做了专门论述，而没有讨论在国外当前非常受关注的多元文化教育、种族差异与幼儿学习等。

2. 理论研究与实践指导相结合

本教材不仅呈现给学生大量前沿的理论研究，而且注重指导学生的未来教学实践，力求发挥理论指导实践的作用。本书通过大量的实例将理论与实际紧密而明确地联系起来，引导学生把从幼儿教育心理学中所学的内容迁移到未来的教学实践中。为了达到这一目标，我们介绍了许多有效的教学技巧，并且说明为什么运用和怎样运用这些技巧，从而提升学生的解决问题能力、教育实践能力。

3. 逻辑性与新颖性相结合

为帮助学生系统掌握幼儿教育心理学领域的主要理论知识，本书作为一本基础入门教材，涉及多个领域，包括幼儿的学习特点与规律、幼儿各领域的学习与教育、幼儿教师的心理与发展特点、幼儿学习的评价等，内容安排体现出清晰的内在逻辑联系。幼儿教育心理学是研究幼儿学习与教育过程中种种心理现象变化发展规律的学科。全书在明确幼儿教育心理学对象和性质的基础上，以学习心理为核心，全面论述幼儿教育过程中的各种心理学问题。本书不但有严格的逻辑性，而且有新颖性。作为高等师范学校幼儿教育心理学课程的教材，本书尽可能反映当代国内外教育心理学最新研究成果。凡是比较成熟的或为大家基本认可的成果，尽量收集纳入。对于当代建构主义心理学、群体社会化理论等某些精要观点，亦有选择地采纳。有关各家各派的学习理论，尽量避免传统的客观介绍，而是结合我们自己的研究和体会，把重点放在幼儿教育教学的运用上。

4. 严谨性与可读性相结合

为了能对先前的《幼儿教育心理学》教材有所突破，我们收集和分析了大量国内外幼儿教育心理学的研究成果，涉及理论、研究、应用、比较、评论。本书从历史发展的角度审视，以逻辑严谨的科学思维探究，系统地展示了不断发展的、动态的幼儿教育心理学体系。同时，本书还特别注重可读性，不仅选编了许多插图与补充阅读材料，而且附有大量的生动案例，以激发学生的学习兴趣，促进对理论的阅读与深入的理解。

结　构

科学地理解幼儿学习的特点与规律，促进幼儿学习质量的提高；开展有效的学习评价；更新教师的教育观念，改进教育教学的策略，提升教师的教育实践能力、问题解决能力、教育机智与发现意识：这些都是当前幼儿教育心理学领域的前沿课题。本书依此在结构上围绕三个基本主题：幼儿、教学和教师。

第一章绪论着重探讨幼儿教育心理学学科的属性、发展历程、任务与作用。

第二章从行为主义、人本主义、认知主义及建构主义的理论入手探讨幼儿的学习，突出幼儿学习区别于学校学生学习的规律与特征。第三章概述幼儿学习的脑科学基础，以及0～6岁幼儿学习的主要方式。第四章探讨幼儿学习的动机与迁移以及相应的有效教育方法与策略。第五章讨论学习的个别差异这个近年幼儿教育心理学研究的重要课题，着重分析幼儿的学习差异与适宜性教学。第六章研究幼儿的社会性学习，这是传统教育心理学较少关注的问题。第七章研究幼儿的创造性学习，这既是当代教育心理学的新课题，也是幼儿教师渴求探索的问题。第八章讨论的是早期儿童语言学习领域，有关该领域的新理论以及不同观点的论争，并且介绍了一些有效的培养方法与策略。第九章从环境创设和利用的角度出发，探讨如何充分发掘和发挥幼儿所在班级环境和周围生活环境的作用，以支持幼儿的学习与发展。第十章对国内外近年兴起的幼儿学习评价方法进行论述，特别是探讨了真实性评价、档案袋评价、多彩光谱评价等方法。第十一章阐述了幼儿教师的心理，特别是对幼儿教师应具备哪些专业心理素质以及如何运用微格教学法、"虚拟现场"培训、参与式培训、反思能力培训等方式促进教师专业发展进行了探讨。

在撰写本书的过程中，我们参考、借鉴了国内外众多的相关研究成果，注意融入自己多年的研究与思考，始终围绕中国幼儿教育实际和中国幼儿教师特点问题，力求将儿童心理学、教育心理学的相关理论知识有效地运用于幼儿教育教学活动中。在与学生、教师的讨论中，我们也受到了很多启发和帮助。当然，本书的出版离不开北京师范大学出版社及责任编辑张丽娟老师的辛勤工作，在此我们一并表示诚挚的感谢。

我们热忱期望专家、同行不吝指正，也期望广大读者对本书提出宝贵的批评与建议。

编者
于 2007 年 2 月

目 录
CONTENTS

第一章 绪 论

- 幼儿教育心理学是怎样的一门学科
- 幼儿教育心理学的任务
- 幼儿教育心理学的发展历程

幼儿教育心理学是幼儿教育学与幼儿心理学的交叉学科。由于对早期教育的重视日益提高，人们迫切需要一门能够有效揭示幼儿学习规律、科学指导幼儿学习与发展的学科。因此，幼儿教育心理学逐渐成为"显学"。本章对幼儿教育心理学的学科性质、学科任务、学科内容以及学科发展历程进行了较为系统的论述，以期帮助读者了解该学科的概貌。

我们先看一下四位实习教师的日记。

实习教师甲："以前总觉得孩子很小，老师说过的话，他第二天就会忘记。例如，孩子户外活动时通常玩得很疯，不管我事先怎样提醒，他们都会忘得一干二净。其实并不是这样。一个孩子总是穿不好衣服，有一次，我坐在他床前轻轻和他聊天，鼓励他自己穿衣服。这个孩子觉得我很重视他。第二天他外婆来说，这个宝宝早上起来，一定要自己穿衣服。"

实习教师乙："在学校学习时，我一直以为要上好一堂课，最关键的是课前准备。一堂课的教学设计，新奇、能吸引孩子是最主要的。可现实中并不是这样。虽然课前准备非常重要，但是教师在课堂上的灵活机动，以及对纪律的有效控制，甚至可以影响到整个一堂课的效果。比如，课堂上孩子突发奇想，提出了我事先根本没有考虑到的问题。这些在大学课程里都是没有接触过的，但在幼儿园里却天天发生。"

实习教师丙："本周五，为了迎接新年的到来，孩子们在老师的精心组织下，举行了一次小型的新年聚会。在聚会上，孩子们纷纷把自己带来的礼物赠给其他小朋友。不仅如此，还相互赠言，祝福朋友节日快乐、生活幸福等。幼儿表现得相当兴奋。教师创设的环境给他们带来了自由发挥、学习的机会。幼儿是这次活动的主体，他们'组织'了这次聚会，并且把它举办得相当有趣！由此，我亲身体验到了孩子的潜在能力，我们绝对不能小看他们。"

实习教师丁："上次我刚刚感叹过上课设置悬念的重要性，这次又体会到原来悬念也不能设置得太过有趣，或者设置得不是地方。设置悬念太过，会引起孩子大范围的讨论，过于专注先前那个话题，而不是接下来发生的事，这样老师的课就没有办法上下去了。"

四位实习教师在日记中提到了幼儿的学习与有效的教学问题。幼儿心理学与幼儿教育学这两门学科并不关注这些内容。因此，建设一门有关幼儿学习与有效教学的学科非常必要且有意义。

第一节　幼儿教育心理学——幼儿教育学与幼儿心理学的交叉学科

幼儿教育心理学是在幼儿教育学和幼儿心理学基础上形成的一门学科。它主要研究幼儿学习的规律与特征，以及教师如何有效开展教育教学活动，促进幼儿的学习与发展。随着对早期教育的重视与关注，人们逐渐发现，仅有幼儿心理学与幼儿教育学这两门学科，还难以科学地说明和揭示幼儿学习与教学的规律。因此，幼儿教育心理学这一新兴学科应运而生。幼儿教育心理学关注的重点，不是幼儿心理发展的一般特点，而是幼儿学习的特征与规律；不是教师的一般教学方法与策略，而是为促进幼儿的学习，教师依据学习心理学、教学心理学规律开展教学的方法与策略。我们来看两则案例。

案例 1-1

小小资料角

为了支持主题活动，我们把图书角扩展为幼儿资料角。资料角内放置了各种书籍，如《十万个为什么》《大头儿子和小头爸爸》等，也有小朋友从家里带来的各种图片、照片等。小朋友在其中可以尽情地查阅资料，汲取知识。如在《神秘的头发》一书中，有一个关于头发色彩的主题。我们就让幼儿再去寻找相关的资料，有的幼儿到图书区去找，有的回家在网上找。幼儿从中了解到，头发的色彩很丰富，有红的、蓝的、绿的、白的、黑的等多种颜色。喜欢什么颜色，大人就可以去理发店染一下。

但是小朋友们也知道自己不适宜染发，因为染发膏里有一些化学成分会伤害幼儿的头发。有了资料角，幼儿不仅可以在里面查阅资料，而且养成了动手动脑、主动收集信息的好习惯。

案例 1-2

"百宝车"

幼儿园的每一个教室，都配备了一辆小推车，车上有很多小篮子，里面盛放着各种各样的物品，我们称它为"百宝车"。"百宝车"里装有教师和小朋友收集的废旧材料，有各式各样的瓶子、纸盒、塑料盒、铁罐、卷筒纸芯、各种颜色的彩纸、毛线、绳子，还有各类布料，真是品种齐全，琳琅满目。幼儿常常从这里找到他们所需要的材料。例如，我们让幼儿动手制作自己喜欢的头发，他们马上想到去"百宝车"上寻找合适的材料，有的用马甲袋，有的用报纸，有的用毛线，有的则选用布来做头发。幼儿用这些材料做出了式样各异的头发，有的做长发，有的做短发，有的做直发，还有的做卷发。我们还开了一个"发型展示会"，把幼儿的作品展示给家长。家长们想不到自己孩子的手这样巧，用这些废旧物品竟然做出了这么漂亮的东西。

在上述案例中，教师为促进幼儿的自主学习，有意识地创设了帮助幼儿探索与发现的学习环境，有效激发了幼儿的学习兴趣与潜能。这正是幼儿教育心理学研究的主要领域之一。

幼儿教育心理学是在教育心理学的基础上形成与发展的。西方第一本以"教育心理学"命名的专著是 1903 年美国心理学家桑代克（Thorndike）出版的《教育心理学》。这一著作标志着作为独立学科的教育心理学的产生，奠定了教育心理学发展的基础。桑代克的教育心理学分为三部分：第一部分描述人类的本性，第二部分探讨学习心理，第三部分阐述个别差异。桑代克在书中写道："为了追求幸福美好的生活，人类发明了科学与艺术，用以改造他生存的世界和他自己。为了达成改造自己的目的，人类乃结合科学与艺术中的相关部分，创设了教育；希望藉由教育的历程，以发扬人性并改善人性。在此一教育目的之下，又为了对人性本质的了解及对人性改变可能性的研究，因而产生了教育心理学。"[①]这表明了教育心理学产生的背景和学科性质。

要了解幼儿教育心理学这门学科，应探讨下列问题。

一、幼儿教育心理学的学科性质

幼儿教育心理学是一门怎样的学科？幼儿教育心理学并不直接告诉幼儿教师具

---

① 转引自张春兴：《教育心理学：三化取向的理论与实践》，18 页，杭州，浙江教育出版社，1998。

体的教育方法，而是引导教师理解教育行为背后的理论与原理，为教师的教育教学提供正确决策与适宜行为的原则与方法，从而提升教师的教育观念与教学能力。这里我们借用埃尔金德(Elkind)对教育心理学这门学科的理解："教育心理学是一门将心理科学的理论、结果、方法以及工具用于教育教学目标的学科。教育心理学家投身于广泛的教育教学研究活动中，包括研究、教育测量、咨询与指导，与教师及家长商谈，以及对发展障碍儿童进行工作。"[1]这说明教育心理学是一门研究儿童学习与如何对儿童进行有效教学的学科。那么，幼儿教育心理学又是一门什么样的学科呢？有学者对教育心理学的学科性质做了解释："无论什么样的教育心理学必须回答这两个问题：儿童是怎样学习的？教育儿童的最佳方法有哪些？"[2]同样，幼儿教育心理学不仅要探讨幼儿学习的规律与特征，而且要回答教师如何开展教育，以及影响幼儿学习的教师因素，教师在幼儿学习中的重要角色等问题。

因此，幼儿教育心理学是这样的一门学科：揭示幼儿是如何学习的，即幼儿学习的特征、水平与规律；研究如何更科学、合理、有效地促进幼儿的学习，即如何开展适宜的教学，特别是要关注在教学环境和幼儿学习特征的交互作用下，幼儿是如何学习与发展的，以及研究教师如何进行有效的教学。

该定义侧重三个方面。

①幼儿教育心理学是研究如何更好地促进幼儿学习与发展的一门学科。

②幼儿教育心理学是联合了学习心理学、幼儿心理学、教学心理学等诸多学科的一门交叉学科。

③幼儿教育心理学是用以指导从事幼儿教育的工作者改进其教育观念与教学行为的学科。

二、学习幼儿教育心理学的必要性

教育心理学的产生先于幼儿教育心理学。既然已经有了教育心理学，为什么还要建设幼儿教育心理学呢？这是因为幼儿的学习与教学虽然与中小学生的有共同性，但还有其特殊性，不仅幼儿在学习的规律、特征和水平方面与中小学生有所不同，而且教师在教学方法与策略上也存在着差异。0～6岁这一年龄阶段的婴幼儿，在身体、认知、情感、社会性等各方面都处在从不成熟向初步成熟的发展过程中，其动作、身体机能刚刚发展，知识经验缺乏，言语和思维能力也只是初步发展。该年龄段的婴幼儿容易激动，不能很好地控制自己的情绪与行动；对教师有很强的依赖性，独立能力较弱。因此，适用于中小学生学习与教学的教育心理学对婴幼儿未必合适。再者，游戏是幼儿学习的基本方式。好奇心、兴趣是激发幼儿学习的主要动力。在

---

① Elkind D, "Measuring Young Minds: An Introduction to the Ideas of Jean Piaget," in *Jean Piaget, The Man and His Ideas*, Evans R I, New York, Dutton, 1973, pp. 420-421.

② Owen E & Sweller J, "What do Students Learn While Solving Mathematics Problems?," *Journal of Educational Psychology*, 1985(77), pp. 272-274.

游戏中，幼儿能够以直接或间接（象征性）的表达方式表现其想法及思考。通过游戏，幼儿可以学习控制自己的情绪，进行同伴之间的互动，解决矛盾冲突，获得自信。这些都是幼儿教育心理学独有的重点探讨的问题。

三、幼儿教育心理学的研究内容

就幼儿教育心理学的研究内容而言，人们常常很难在教育心理学者之间找到完全一致的答案。这是因为不同的教育心理学者在确立幼儿教育心理学的研究内容时，采取不同的研究立场。最常见的两种立场是行为主义取向（behaviorist approach）与认知主义取向（cognitive approach）。行为主义取向的幼儿教育心理学往往专注于教学控制（instructional manipulations）和结果表现（outcome performance）这两个变量之间的关系。这两个变量均属于外在可观察、可操作的变量。而认知主义取向的幼儿教育心理学则更注重从教学控制到结果表现这一过程的各种内在因素（如幼儿的学习过程、学习结果以及学习者的先前知识和技能）及其之间的关系。认知主义取向侧重于了解教学控制如何影响幼儿的内在认知过程，如注意、编码、检索等过程，这些过程最后如何造成幼儿新知识的获得，以及新知识如何影响幼儿的实际表现等。进一步发展形成的建构主义与认知主义取向的最大不同是特别重视自主建构在幼儿学习与认知发展中的重要作用，它强调学习是幼儿主动建构自身经验的过程，而不是在外部教学控制的影响下被动、消极地改变认知结构的过程。

虽然学者们对幼儿教育心理学研究内容的看法不尽相同，但存在着共识：幼儿教育心理学是以心理学为基础，研究幼儿学习和有效教学的各种问题的学科。它不只是心理学，还要探讨幼儿教育教学问题；它又不是单纯的幼儿教育学，而要从幼儿的日常生活和心理活动来考察幼儿的学习与教育。因此，幼儿教育心理学必然涉及以下三大变量。

（一）幼儿学习者

幼儿教育心理学研究的是作为学习者的幼儿。幼儿学习有其特点，他们不仅在认知、情感、社会性等方面与中小学生有着差异，而且在学习方式与方法上也有所不同。幼儿的学习特点不仅影响其学习过程与学习方式，而且也影响教师的教育教学活动。

（二）幼儿教育者

幼儿教育者主要指幼儿园的教师，也包括幼儿园的其他工作人员。他们从不同角度参与影响和教育幼儿的工作。在家庭里，父母及其他成人实际上也是幼儿的教育者。幼儿园教师的角色与作用比中小学教师更为多样化，他们不仅是幼儿学习的促进者、支持者、帮助者，而且还是幼儿学习环境的创设者。有位教师在访谈中提到幼儿园教师角色与中小学教师的不同："幼儿教师是多角色的，不只是一个教授儿童知识、能力的人。幼儿教师有时候像是孩子的父母，要照顾他们生活；有时候是孩子的一个朋友，需要给孩子一种关心，需要和孩子一起玩；有时候就是孩子的引导者、教育者。"

幼儿教师为幼儿提供学习经验，创设有效学习的良好环境，用以影响幼儿的学习与成长。幼儿教师是幼儿教育心理学中的重要变量。

(三)环境与教学

教师根据幼儿学习的特点和教育教学规律，创设支持性的学习环境，开展有效教学，也是影响幼儿学习与发展的重要内容。

概而言之，幼儿教育心理学涉及三个变量，包括幼儿、教师和环境，同时与学习心理学、教学心理学、教师心理学、课堂设计心理学(主要指有效课堂环境的设计)等密不可分(图1-1)。

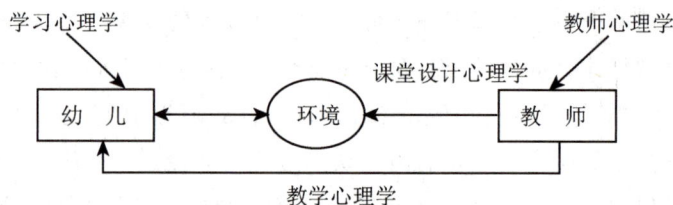

图 1-1　幼儿教育心理学的变量

第二节　幼儿教育心理学的任务

幼儿教育心理学的基本任务可以归纳为三个主要方面：①科学地研究与阐释幼儿学习与教学的特征与规律；②预期幼儿学习发展的规律和变化，预测教育教学的效果；③运用科学的教育教学手段促进幼儿学习与发展，并有效控制与干预幼儿学习过程中遇到的种种问题。

幼儿教育心理学是一门综合性、交叉性的学科，它汲取并运用了幼儿心理学、幼儿教育学、学习心理学、教学心理学等多门学科的有关知识。在研究与揭示幼儿学习与发展的规律时，仅依靠幼儿心理学、学习心理学，或是教学心理学中的一门学科，都难以科学、有效地说明和解决问题。因此我们需要这样一门交叉性学科。它运用相关学科的多种理论，揭示幼儿学习与教育教学的基本规律，对幼儿园教育教学指导提供理论依据。由此，也可以从下列三方面认识幼儿教育心理学的任务：揭示规律、形成理论和指导实践。

一、揭示幼儿学习特点与有效教学的规律

幼儿教育心理学作为一门学科的历史并不长，很多方面值得研究与探讨，特别是根据幼儿发展特点，促进幼儿的学习与发展，幼儿学习的基本方式、特点与规律，

游戏在幼儿学习与发展中的重要作用，幼儿认知、语言、社会性等领域学习与发展的特征与规律等，还需要深入系统地研究。幼儿教育心理学对幼儿学习与发展规律的揭示，对促进幼儿有效学习与发展的教育教学问题的探讨，对教师在幼儿学习与发展中重要作用的阐述，对幼儿学习的测量与评价，以及幼儿园有效教学评估等的揭示，不仅能充实幼儿教育心理学的理论体系，而且为进一步丰富与深化教育心理学的相关理论提供借鉴与思考。同样，教育心理学的不断深化与发展也离不开对各年龄阶段幼儿学习特点的深入研究。因此，建设幼儿教育心理学这门学科，不仅有助于从幼儿学习的角度来探讨早期教育问题，而且有助于拓宽教育心理学的适用性。正因如此，国内外有关幼儿学习与教育的研究日益增多，如国内的《心理学报》《心理科学》《心理发展与教育》等学术期刊中有关幼儿学习与教育的研究比重不断增加。这为幼儿教育心理学体系的成熟与完善积累了资料。

二、形成有中国特色的幼儿教育心理学理论

幼儿教育心理学不仅要揭示幼儿学习与教育教学的特点、水平与规律，而且要通过对规律的发现建构起学科理论体系。尽管以幼儿学习与教育为主题的研究积累了丰富的资料，但是理论体系还未真正完善。因此，幼儿教育心理学的发展，首先要加强基本规律研究和学科理论体系的构建，形成富有幼儿学习与教育教学特点的理论体系。正如教育心理学的一项基本任务是"不断地形成自身关于学习与教学的心理与教育理论"[1]，幼儿教育心理学也把科学建构关于幼儿学习与教学的理论作为自己的重要任务。同时，还需指出的是，我国幼儿教育心理学的理论框架与体系在很大程度上仍以借鉴国外为主。而幼儿学习与教学存在地区与文化差异。无论是幼儿学习特点，还是教学方式，都有我国地域的特殊性与独特性，我们不能依赖国外的研究来解释中国的幼儿教育心理问题，这就迫切要求我们形成富有中国特色的幼儿教育心理学理论体系。

三、科学指导幼儿园教师的教学实践

幼儿教育心理学的理论建设非常重要，但幼儿教育心理学还有其他重要任务，即将理论与原则用于指导幼儿园教师的教学实践工作，帮助他们科学、有效地促进幼儿的学习与发展。幼儿教育心理学要帮助幼儿教师理解幼儿的学习过程、学习特点以及幼儿教育教学的科学方法，并促进幼儿学习，实施有效教学。幼儿教育实践的科学性有赖于其是否建立在心理学基础上，是否以科学的心理学，特别是学习心理学、教学心理学为依据。幼儿教育心理学的建立必然为科学的幼儿教育，特别是为幼儿教师开展科学、适宜、有效的教育教学活动提供基础与实践指导。进入 21 世纪后，我国幼儿教育改革如火如荼：一方面，国外幼儿教育理论与模式纷纷被引进

---

[1] Clifford M，*Practicing Educational Psychology*，Boston，Houghton Mifflin Company，1981，p. 18.

我国，许多理论涉及幼儿学习与指导，至于它们的科学性、有效性，特别是对我国教育改革与发展实际的适用性，需要我们在实践中鉴别；另一方面，在新时期，我国幼儿在学习与教育上表现出很多新问题、新现象、新特征，这也需要我们建立适合时代发展的幼儿教育心理学理论，以指导广大幼儿园教师正确认识幼儿学习与发展的特点，掌握适宜、有效的教育教学方法。

第三节 幼儿教育心理学的发展历程

虽然教育心理学成为独立学科已有一百余年，但幼儿教育心理学创建的确切时间，至今尚未达成共识。一般认为，20世纪七八十年代，幼儿教育学和幼儿心理学这两门独立学科都开始对幼儿的学习规律与教师的有效教学等问题予以关注和研究。两种力量相互促进，相互影响，逐渐在这一交叉领域构建起了一门新兴学科——幼儿教育心理学。以"幼儿教育心理学"命名的著作开始出现。

幼儿教育心理学的建立与发展经历了几个阶段。

一、萌芽期：18世纪至20世纪四五十年代

严格地说，这一时期，幼儿教育心理学尚未成为一门独立的学科。幼儿教育心理学的萌芽期（the initiative period）的特点是，其思想散见于一些学者的著作和研究中。萌芽期有三位主要代表人物：法国的卢梭、德国的福禄培尔和意大利的蒙台梭利。最早从幼儿心理发展和学习特点的角度论述幼儿教育的学者，可以追溯到卢梭。卢梭（Rousseau，1712—1778，图1-2）是18世纪法国启蒙思想家，他的划时代著作《爱弥儿》被誉为"儿童宪章和儿童权利宣言"。卢梭在这本著作中提出，幼儿教育必须符合幼儿的年龄特点与学习特点，儿童有他特有的看法、见解和感情，如果用成人的看法、见解和感情去替代它们，那简直愚不可及。他关于幼儿发展的独立性及与之相适应的自然教育思想，为重视幼儿教育的研究开启了先河。他关于婴幼儿心理发展与教育的论述可被看作最早的幼儿教育心理学思想。

图1-2 卢梭

福禄培尔（Froebel，1782—1852，图1-3）是研究幼儿游戏心理的先驱者之一。1840年，福禄培尔创立了第一所幼儿园，形成了第一个相对独立的幼儿教育体系。福禄培尔认为幼儿发展是阶段性与连续性的统一，发展是一个连续不断的

图1-3 福禄培尔

逐渐上升的过程。为此，他强调幼儿期在人生发展过程中的独立地位，人的整个未来活动在人生早期就已经有了萌芽。他认为，婴幼儿期是人生最为重要的时期，真正的"人的教育"应从此时开始。福禄培尔指出，游戏是幼儿活动本能的表现形式之一，最能表现出幼儿的创造性和自主性。因此，幼儿教育应以游戏为基础，让幼儿的内在需要和愿望在生动活泼的游戏中得到满足。幼儿教育就是让幼儿在游戏中快乐成长。他把对幼儿进行教育的机构命名为幼儿园（kindergarten，意为幼儿的乐园），并为幼儿专门设计了一套玩具——他称之为"恩物"（gift，神赐之物）。他认为，玩具是引导幼儿把活动本能引向外部世界，并从中"吸收"各种心智的手段，游戏则是幼儿与外部世界相互作用的基础形式。由福禄培尔确立的"游戏是幼儿园教育活动的基本形式"这一教育原则已成为幼儿教育心理学的重要基础。

进入 20 世纪，幼儿教育研究与心理学研究日趋紧密。蒙台梭利（Montessori，1870—1952）以所从事的医学心理学背景研究幼儿发展与教育，并于 1907 年创办了"儿童之家"。其独特的幼儿教育理念和教育方法被一百多个国家采用。她深信本能冲动控制着人类行为，幼儿在先天自发的能动性作用下，具有一种很强的、天赋的内在潜力和持续发展的积极力量。幼儿不是被动、消极地接受环境的刺激与影响，而是积极、主动地与环境发生相互作用。幼儿的这种活跃而有力的创造本能一旦被压抑，往往造成心理障碍。在《吸收性心智》（*The Absorbtive Brain and Mind*）一书中，她指出，0～6 岁是智力形成的最重要时期，而且不只是智力，还有其所有的心智潜能也是如此。蒙台梭利认为，教师必须为婴幼儿创造一个能激发其主动性的"有准备的环境"。同时，蒙台梭利还特别重视幼儿（3～7 岁）的感官教育，认为这一时期既是感觉运动能力发展的敏感期，也是感受活动和智力互相关联形成的时期，来自智力的东西，没有一件不是来自儿童的感官。以幼儿的感知觉发展为基础，她设计了一系列学具与教具，作为教学手段，对幼儿进行系统的教育，被后人称为"蒙台梭利教学法"。蒙台梭利的思想对幼儿教育心理学的发展，提供了重要的基础。

在萌芽期，学者们主要从幼儿心理发展的角度来思考幼儿教育，它未能摆脱发展心理学、幼儿心理学的痕迹。

二、初创期：20 世纪 60 年代至 80 年代

进入 20 世纪 60 年代，幼儿教育在世界范围内受到普遍重视，获得了前所未有的高速发展。在这一时代背景下，幼儿教育研究更加深入，特别是对幼儿学习心理学、教学心理学的研究逐渐增多，引发了幼儿教育心理学的建立。在初创期（the establishing period），教育与心理学者更加关注学习在幼儿发展与教育中的重要地位。

幼儿教育心理学初创期的形成与学习理论的发展密不可分。无论是行为主义、人本主义、认知主义，还是建构主义，都对个体的学习进行了比较系统而深入的研

究。不同学派的学习理论为幼儿教育心理学的创立提供了理论基础与框架。

在初创期，有一个明显的现象：各种幼儿教育方案层出不穷。

(一)直接教学方案

20世纪60年代，贝雷特(Bereiter)和英格曼(Engelmann)依据行为主义学派的学习理论与原则，创建了贝-英学前教育方案(The Bereiter-Engelmann Preschool)，在此基础上又发展成直接教学模式。他们认同这样的观点，学习是指学习者在某种特定情境中行为的改变，它源于个体在这一情境中反复的实践经验，这种改变不是学习者自然发生的，不是因成熟或个体状态的某种因素而导致的暂时的改变(如劳累、服药等)。直接教学模式是行为主义学习理论在幼儿教育领域较早应用的成功例子，它特别针对处境不利(主要指家庭经济条件差)的幼儿，为其提供早期补偿教育——继续追踪方案(Project Follow Through)，也被称为教学理论、教学心理学、教学设计，后又被称为教育学习理论(Educational Learning Theory)。[①]

(二)认知主义教育方案

美国威斯康星大学实验幼儿园的"奥苏贝尔方案"(Ausubelian Program)，是以认知学习理论为基础的幼儿教育方案的代表。事实上，"奥苏贝尔方案"的基础是三种认知学习理论：一是奥苏贝尔的学习理论，二是布鲁纳的发现学习理论，三是皮亚杰的发展理论。但它主要受奥苏贝尔的有意义学习理论的影响，认为学前阶段幼儿习得的基本概念，必须通过概念形成(concept formation)与概念同化(concept assimilation)[②]这两个过程。

(三)建构主义教育方案

建构主义有多种流派，如个人建构主义、社会建构主义、批判建构主义、激进建构主义等。其中，以皮亚杰的个人建构主义学习理论为基础的幼儿教育方案主要有两种。一是凯米-德芙里斯(Kammi-DeVries)的幼儿教育方案。这一方案虽然定型较晚，直至1987年才在芝加哥、休斯敦、亚拉巴马等地的公立与私立幼教机构中实施，但被认为是比较"正统"的，而且是唯一被皮亚杰本人认可的建构主义幼儿教育模式。在教学设计上，凯米和德芙里斯从皮亚杰的建构主义学习理论中延伸出三条主要原则。①能动性原则：知识的获得是个体能动的过程，幼儿的学习必须成为主动探索、自我思考、提问、比较与争论的过程；为幼儿提供主动学习的机会，创造良好的学习氛围和环境是教学的根本原则。②充实性原则：教学的目的不在于超越阶段的"加速"发展，而在于每个阶段为幼儿的学习与发展打下扎实基础。③结构化原则：广义的知识是一个完整的结构，而不是单一技能的集合。结构化的知识经验

---

① Bereiter C，"Aspects of an Educational Learning Theory," *Review of Educational Research*，1990(60)，pp. 603-624.

② 认知主义学者认为，幼儿主要通过两种形式获得概念：一是概念形成，即上位学习，包括知觉辨别、假设和检验；二是概念同化，即下位学习，主要指原有认知结构对新信息的同化。两种学习形式的心理过程不同。

可以帮助幼儿理解和处理新问题，同时进一步完善其知识结构。

二是海伊/斯科普（High/Scope）[①]幼儿教育方案。它由韦卡特等人（Weikart，Rogers & Adcock）于 1962 年创立。海伊/斯科普幼儿教育方案从皮亚杰建构主义学习理论中提取了两个最重要的原则：①个体智能的发展有可以预见的序列。学前幼儿（3～8 岁）处于前运算阶段，教育教学方法也要与这一阶段相对应，而不能拔苗助长。②幼儿逻辑推理的发展与背后的认知结构密不可分。幼儿的学习与发展主要不是通过教师的直接教授获得的，而是幼儿自主、积极建构起来的。这一教育方案最大的特点是以幼儿的主动学习为核心，围绕幼儿学习所经历的一系列"关键经验"创设学习环境，引发幼儿与环境的相互作用，有效促进幼儿学习。该方案最先源于韦卡特对处境不利（disadvantaged）儿童、轻度心理发展障碍（mildly handicapped）儿童的干预，其基本目的是帮助这些儿童在未来学习中获得成功。这一教育方案得到了不断调整与充实，后来已不再局限于处境不利的儿童，用他们自己的话来说，"我们坚决反对把本方案视为一种狭隘的皮亚杰主义课程。我们把它视为教育方法的一般框架，强调儿童和成人共同进行问题解决和决策的制定"。

可见，在初创期，幼儿教育心理学已转向对幼儿学习心理的关注。

三、发展期：20 世纪 80 年代至今

20 世纪 80 年代至今是幼儿教育心理学的发展期（the boost period）。20 世纪 80 年代，幼儿教育心理学由一个研究领域逐渐成长为一门独立的学科。1982 年，日本学者若井邦夫等撰写了《幼儿教育心理学》[②]，较为全面地阐述了幼儿学习与教育的问题。我国也出版了多部《幼儿教育心理学》著作[③]，标志着幼儿教育心理学的迅速发展。值得一提的是，这一时期的幼儿教育心理学伴随着学者们对早期教育价值的重新认识，对幼儿学习特点的重新发现而逐渐成熟。

（一）对早期教育价值的新认识

20 世纪 90 年代以来，随着脑科学对人脑早期发育及其影响机制研究的不断突破，早期教育及其价值备受关注。研究发现，幼儿的学习与发展存在关键期。在关键期内，幼儿对于某些知识经验的学习或行为的形成比较容易。个体发展的关键期又与脑发育的关键期有着密切联系，在幼儿期，脑的发育也最为快速而有效。脑的结构和机能在幼儿期的发展并非处于一种纯粹自然的状态，而在很大程度上受到环境和教育的影响与制约，特别是早期环境、教育和经验对幼儿大脑发育有着深远的

---

① 海伊/斯科普（High/Scope）的名字是由韦卡特及其同事所取的。他们将远大的期望（"high" aspirations）和宽广的视野（broad "scope"）的字首和字尾相连，形成 High/Scope，它最早出现在 20 世纪 60 年代初一个儿童夏令营的主题中。目前，国内一般将其译作高瞻或高宽。

② ［日］若井邦夫：《幼儿教育心理学》，李金陵、艾苗译，上海，华东师范大学出版社，1986。

③ 包括谷淑梅主编《幼儿教育心理学》（北京，高等教育出版社，1995），姚梅林主编《幼儿教育心理学》（北京，高等教育出版社，2001），曹中平主编《幼儿教育心理学》（大连，辽宁师范大学出版社，2001），林泳海著《幼儿教育心理学》（北京，商务印书馆，2006）。

影响。

(二)对幼儿学习特点的新发现

现代心理学不断取得新进展，特别是人本主义学习理论、建构主义学习理论、后现代主义心理学理论的转向，对幼儿学习特点的认识也日趋深入。对于幼儿是一个什么样的学习者（who），幼儿学习的主要方式（way），幼儿学习的条件（condition），幼儿学习的环境（where），以及幼儿学习的个体差异（difference）等已形成了较为一致的认识。

1. 什么样的学习者

幼儿是主动的学习者。他从直接接触的客体、社会经验[①]及文化传承中，主动建构对周围世界的认识。从出生开始，他就从与客体的交往中积极建构自己对事物的理解。这些理解来自其与社会的互动，包括观察及与父母、教师、同伴等的互动，直接观察及操作周围的事、物，思考、提问及得出答案，验证自己的假设。

2. 学习的方式

游戏是幼儿学习及发展情绪、认知与社会能力的重要方式。游戏使幼儿有机会了解世界，在群体中与他人互动，表达与控制情绪，发展想象力。维果茨基认为，有游戏才有发展。游戏是幼儿练习新本领的舞台。在这个舞台上，他们扮演新的角色，做各种新奇或挑战性的尝试，解决种种问题。

3. 学习的条件（condition）

幼儿处于安全的环境和受重视的群体中，才能获得最佳的发展与学习。马斯洛的需要层次理论指出：除非个体的身体及心理两个方面的安全感都能被满足，否则不可能产生学习行为。儿童的心理是敏感而脆弱的，只有身体需要得到满足，心理有安全感的条件下，儿童才会有认知探究活动。因此，要为幼儿创设健康、安全的物质与心理环境，教师要与幼儿建立良好的师生关系。

4. 学习的环境

幼儿在日常生活情境中，通过体验与主动参与获得的学习效果最佳。幼儿的学习以行为实践为主，而不是依靠对文字符号的简单识记。幼儿教育应该以幼儿的真实经验为基础。在幼儿一日生活中，无论是教师指导的活动，还是幼儿的游戏与自由活动，都应尽可能地给予幼儿动手操作、直接观察和模仿的机会，让他们获得亲身的经历和体会，用自己的语言、操作表达自己的思想情感。[②]

5. 学习的个体差异

幼儿的学习存在个体差异。不同的幼儿有不同的认知与学习方式。例如，有些

---

① 客体及社会经验(physical and social experience)指幼儿所接触的物体、亲自操作物体的经验，以及社会知识，包含幼儿从文化传承中习得的各种生活知识等。

② 强调游戏是幼儿主要的学习活动方式，这与强调幼儿的学习必须在真实的日常生活中来进行并不矛盾，二者恰恰是相辅相成的。只有在真实的日常生活中幼儿参与、体验了周围世界，才能在游戏活动中充分表现他们对于周围事物、事件、社会生活的理解。

幼儿喜欢通过视觉的方式来学习，有些则偏向通过听觉或触觉来学习。意大利瑞吉欧的创始人马拉古兹(也译作马拉古齐，Malaguzzi，1993)就曾用一百种语言来形容幼儿学习形态的多样性与差异性。

思考题

1. 幼儿教育心理学究竟是一门什么样的学科，请谈谈你的看法。

2. 请谈谈你对幼儿教育心理学发展过程的看法。

3. 请结合实际谈谈学习幼儿教育心理学的重要性。

第二章 学习理论

本章提要▶

- 行为主义学习理论关于幼儿学习的主要观点
- 人本主义学习理论关于幼儿学习的基本主张
- 认知主义学习理论与幼儿的认知学习
- 建构主义学习理论与幼儿的主动学习

　　学习理论是幼儿教育心理学理论建设的重要内容。不同学习理论流派站在各自的立场，对幼儿的学习提出不同的观点与主张，为我们更深刻地理解幼儿的学习与教育提供了重要的理论参考。本章依循学习理论发展的轨迹，分别以行为主义、人本主义、认知主义、建构主义学习理论为视角，着重介绍各种学习理论如何运用于幼儿的学习与教学。

　　要研究幼儿教育心理学，必须先了解教育心理学的学习理论流派。学习理论是幼儿教育心理学理论建设的重要组成部分。学者们站在各自的立场上形成了不同的学习理论流派，主要有行为主义学习理论流派、人本主义学习理论流派、认知主义学习理论流派，20世纪80年代以来又兴起了建构主义学习理论流派，这些理论观点对于丰富和深化幼儿教育心理学的理论是非常重要的。但是，学习理论也存在不足，特别是理论与课堂教学的实践有脱节，这些学习理论并不探讨在课堂中发生的学习，而只是根据实验室里的学习不加分析地外推……一种真正实在的、科学的课堂学习理论，应该关注在教育机构里或类似的学习环境中发生的各种复杂的、有意义的言语学习和符号学习。本章不仅详细论述了幼儿学习的特点与规律，而且结合幼儿园教育教学实践进行探讨。

信息栏 2-1

你倾向于哪一种学习理论流派的立场？

　　请选出以下21项中你最认同的7项。

1. 学生必须将新知识和已有知识联系起来学习。

2. 对焦虑的学生应该经常提供学校和社会的成功经验。

3. 教师应该关注怎样帮助学生更加了解他们自己。

4. 新的教学内容必须合理组织后再提供给学生。

5. 传授给学生的教学内容应该与他们喜欢或者想学的内容联系起来。

6. 学生的行为大多数是其自信心、自我价值和个人尊严的表现。

7. 学生如果没有复习或思考，就会忘记所学的内容。

8. 应该特别告诉学生：什么是必须掌握的，什么是在课后能做到的。

9. 应该鼓励学生充分相信自己具有学习和社会能力。

10. 学生应该与教师产生互动，同时被鼓励积极回答问题。

11. 适当强化学生的学习行为是很必要的。

12. 应向学生提供安全的环境，鼓励他们从中做出合理的学习选择。

13. 学生对自己发掘的内容会学习得更好。

14. 学生需要同学或教师向自己示范正确的学习行为。

15. 不论其在学校表现、观念或其他行为如何，每个学生都应该被接纳。

16. 学生需要学习怎样学习。

17. 父母必须强化孩子的学习行为。

18. 学生应该学会尊重自己和他人。

19. 教育的最重要目标就是帮助学生成为好的问题解决者。

20. 学习材料应该以短小、连续的形式提供给学生。

21. 应该鼓励学生发展他们自己的兴趣爱好。

说明：

行为主义取向的选择：7，8，11，14，16，17，20；

人本主义取向的选择：2，6，9，10，12，15，18；

认知主义取向的选择：1，3，4，5，13，19，21。

第一节 行为主义的学习理论——从经典行为主义到新行为主义

在论述行为主义的学习理论之前，我们先简要了解一下行为主义的产生。美国心理学家华生(Watson，1878—1958)在1913年作了题为"行为主义者心目中的心理学"(Psychology as the Behaviorist Views It)的演讲，并发表了以该讲稿为基础的一系列文章，这标志着行为主义心理学的正式诞生。

行为主义学习理论将学习过程看作个体在外部刺激下的反应过程，研究刺激和反应之间联结的学习过程成为行为主义的最主要特征。19世纪末20世纪初，达尔文的进化论、巴甫洛夫的条件作用理论、桑代克的试误理论等是早期行为主义产生的直接动因。当然，行为主义学习理论也受到人本主义学派、认知主义学派等的批评，在批判声中不断革新与发展，于1930年左右逐渐为新行为主义理论取代。从斯金纳的操作学习理论，我们可以清楚地看到从经典行为主义(刺激—反应，S-R)到新行为主义(R-S)①的转变。之后，新行为主义理论又吸收了认知学派的某些主张，如托尔曼(Tolman)的信号学习理论被视为新行为主义的典型代表。由于托尔曼的理论开始考虑认知结构在个体学习中的重要作用，因此他又被视为认知学派学习理论的鼻祖。新行为主义的另一杰出代表班杜拉(Bandura)则不仅考虑个体的认知学习，而且从新行为主义的立场出发研究了儿童的个性与社会性学习问题。无论是行为主义还是新行为主义，对学习均主张以下理论假设。

①客观主义(objectivism)。对学习的研究应当局限于可观察的行为，教学活动就是教师将客观知识传递给幼儿。

②还原主义(reductionism)。知识可以归结为一些简单的单项知识，而我们又可以通过将这些单项知识进行简单组合，获得较高层次的知识。

③决定论(determinism)。学习与教学是一种严格按照事先指定的步骤去进行的固定程序。教学结果完全可以预期，也可以重复。

④控制性(controllability)。学习与教学活动是一种强化过程，外部环境是决定个体学习行为的唯一决定性因素。

由于行为主义的学习理论适用于某些简单的，特别是各种技能学习，而传统教育正是以培养具有知识与技能、能从事简单机械劳动的劳动者为直接目标，因此，行为主义的学习理论在较长时期内处于主导地位。

一、斯金纳的操作学习理论

斯金纳(Skinner，1904—1990，图2-1)是教育心理学界最重要和最有影响力的人物之一。他一生坚持行为主义的立场与信念，同时又对经典行为主义提出了批评，并进行重建。斯金纳是新行为主义的重要代表人物，其思想在今天的教育心理学研究，特别是儿童心理干预与矫正中被广泛应用。他始终对行为主义在20世纪70年代后期得不到重视而深感忧虑。他曾说，只有当我们提升对行为主义的理解时，当今世界的主要问题才能得到很好的解决。在《美国教育之耻》(1984)一文中他这样谈道：

图2-1 斯金纳

①　新行为主义的学习主张与经典行为主义有所不同。经典条件反射是由条件刺激引起反射的过程，写成公式是S-R(stimulus-response)，而操作条件反射是首先做某种操作反应，然后得到强化的过程，写成公式是R-S。因此，新行为主义学习理论认为个体的学习不是完全由外界刺激决定的，而是看到了环境与教育经过强化对个体行为的塑造过程。

"人人对教育不满，但谁也说不出教育的问题所在。让我们采用逻辑上连环推理的方式，分析观察教育的问题究竟出在哪里：

是学生们不成材吗？不是，是没有好好教他们。

是教师们的错误吗？不是，是教师们没有学好教学。

是师范教育的错误吗？不是，是师范教育课程中缺乏研究有效教学的理论。

是行为科学的错误吗？不是，是以重自由为借口的社会文化不支持行为科学。

是社会文化的错误吗？是的，然而如何解决？

固然，谁也无法惩罚社会文化。但有一点可以肯定的是，社会文化必将因其自身的错误而受到惩罚。"①

斯金纳的最大贡献是提出了操作性条件作用原理。他在巴甫洛夫经典性条件反射理论和桑代克学习理论的影响下，于 1937 年提出了操作性条件反射学说。根据操作性条件反射的强化观点，斯金纳提出了操作学习，并把在动物学习实验研究中发现与确定的一些规律运用于教学。他还提倡程序教学与机器教学，改革了传统教学方式，并得到广泛支持。斯金纳著述颇丰，有《有机体的行为》《科学和人类行为》《教学技术》《学习的科学和教学的艺术》《教学机器》等。

（一）两种类型的学习：应答性反应与操作性反应

经典行为主义主张刺激—反应理论，它有这样一句名言：没有刺激便没有反应。斯金纳承认这种主张在解释个体的某些行为时是正确的，但认为，刺激—反应模式的学习更多发生在动物身上。人类与动物的最大不同是，人类的学习更多是在做出某种行为后，受到环境或教育的某种强化而形成的。斯金纳把那种只是由外在刺激引发的反应称为"应答性反应"（respondent conditioning），而把个体主动发出的、受到强化的反应称为"操作性反应"（operant conditioning）。前者常常是个体无意、随意、不自觉的行为，而后者大多数是有意的、有目的的行为。例如，某幼儿问教师："喂，你能告诉我天为什么是蓝的吗？"这时，教师没有表示积极关注，没有回答他的提问。过了一会儿，该幼儿又问："李老师，您能告诉我天为什么是蓝的吗？"这时，教师立刻给予反馈，对他说："你这样的提问很有礼貌，李老师现在告诉你天为什么是蓝色的……"在这个例子中，幼儿最初不礼貌的提问方式没有得到教师的强化，而后一种礼貌的提问方式得到了正强化。这样，在随后的活动中，他就很可能学会用礼貌的方式来提问。这种有目的的提问行为正是通过操作性条件反射巩固下来的。

斯金纳认为，个体从事的绝大多数有意义的行为都是操作性的，在学习中占有主导地位。例如，幼儿的读书写字、唱歌跳舞、礼貌待人、常规建立等，都可以通

---

① 张春兴：《教育心理学：三化取向的理论与实践》，198～199 页，杭州，浙江教育出版社，1998。

过操作性条件反射来形成。操作学习理论认为，如果在一种操作反应后——无论事前是否有引发这一行为的刺激——伴随着环境与教育的强化，那么，这种反应的频率就会增加，幼儿就逐渐习得某种被强化的行为。在斯金纳看来，重要的刺激是跟随在反应之后的强化物，而不是在反应之前的刺激物，因此，操作性条件作用的学习方式就是 R-S，而不是经典行为主义所主张的 S-R。

(二)强化原理

斯金纳的强化原理特别强调两个方面：一是他认为强化并不一定都与令人愉快的刺激相联系。他区分了两种类型的强化——正强化(positive reinforcement，又译为积极强化)和负强化(negative reinforcement，又译为消极强化)。当在环境中增加某种刺激，个体某种反应概率增加，这种刺激就是正强化物；而当某种刺激(通常是令人感到厌烦的刺激)消退或消失时，个体反应概率增加，这种刺激就是负强化物。因此，负强化物常常是个体力图避开的那种"厌恶"刺激。二是斯金纳指出了强化的个体差异性与情境性。在一种情境中起强化作用的刺激，在另一种情境中并不一定能起到强化作用。例如，对某个幼儿来说能起到强化作用的糖果，却对另一个家里已经有好多糖果的幼儿来说没有什么效果；教师所提供的小红花或小红五角星则可能对他起到重要的强化作用。因此，为了使强化物对幼儿发生作用，必须事先了解每个幼儿的兴趣与需要，进行有针对性的强化。

负强化往往容易与惩罚混淆。斯金纳认为负强化与惩罚有本质区别(表 2-1)。

表 2-1 正强化、负强化和惩罚

刺激类型	反应后呈现	反应后消除
奖励性刺激	正强化	惩罚(1)
厌恶性刺激	惩罚(2)	负强化

(施良方：《学习论：学习心理学的理论与原理》，130 页，北京，人民教育出版社，1994。)

在表 2-1 中，正强化是当幼儿做出某种积极行为时，得到了教师(家长或他人)的奖励性刺激；负强化是当幼儿做出某种积极行为时，他原先不喜欢的厌恶性刺激(如原来被教师禁止和小朋友们一起玩游戏)得到了解除。在这里，无论是正强化，还是负强化，都是当幼儿做出积极行为时，得到的满足与快乐。负强化与惩罚完全不同。惩罚是剥夺幼儿获得奖励性刺激，或是当幼儿做出不适宜行为时给予厌恶性刺激的一种教育方式，而负强化则是当幼儿做出适宜行为时，取消厌恶性刺激的方式。惩罚往往与幼儿的消极情绪体验相联系，而负强化则与幼儿的良好情绪相联系。

在具体运用强化促进幼儿学习时还可以选择多种程序，主要有固定比率强化、可变比率强化、固定时距强化和可变时距强化等(表 2-2)。

表 2-2　4 种程序的强化方式

程序	定义	强化期间	消退期间
固定比率	做出定量的行为后获得强化	稳定的反应速率	若做出反应后没有强化，则反应速率快速下降
可变比率	做出不定量的行为后获得强化	稳定的高反应速率	维持高反应速率，然后下降
固定时距	定时地强化可取的行为	反应速率不均衡	定时反应后没有强化，反应速率快速下降
可变时距	不定时地强化可取行为	稳定的高反应速率	反应速率缓慢下降

（[美]罗伯特·斯莱文：《教育心理学》7 版，姚梅林等译，115 页，北京，人民邮电出版社，2004。）

表 2-2 反映了教师所采用的不同强化程序。例如，教师与某幼儿约定规则，只要该幼儿收拾好 10 个小玩具柜，就可以得到小红花，即当幼儿做出定量行为（收拾好 10 个小玩具柜）后获得强化（小红花），这是固定比率强化。如果教师与幼儿约定的规则是"请你收拾好小玩具柜，在收拾的过程中，我可能在你收拾了 3 个，也可能是 5 个或 8 个时，给你小红花的奖励"，当幼儿做出不定量的行为后获得强化，就是可变比率强化。教师与幼儿约定的规则也可以是"请你收拾好小玩具柜，在收拾的过程中，每 2 分钟，我奖励你一朵小红花"，这就是教师定时强化幼儿的行为，因此，它属于固定时距的强化。如果教师与幼儿约定的规则是这样的，"请你收拾好小玩具柜，在收拾的过程中，我可能 2 分钟，也可能 3 分钟，或是 4 分钟、6 分钟时奖励你小红花，具体时间不定"，那么，这就是可变时距的强化。

（三）强化原理在幼儿学习中的运用

斯金纳根据强化原理设计了两种强化技术：塑造与消退。塑造（shaping）是指通过安排特定的强化关系，使幼儿做出他们原先行为模式中不曾有过的复杂动作。通过塑造技术使幼儿学习某种行为，主要采用"相继近似法"（method of successive approximations），就是通过不断强化一系列逐渐接近最终行为的反应来塑造某种行为。消退（fading）是指通过有差别的强化，缓慢地减少两种（或两种以上）刺激的特征，使幼儿最终能对两种只有很小差异的刺激做出有辨别的反应。斯金纳把这种技术称为刺激控制。

根据斯金纳的强化原理，一些学者还提出了代币强化（token economy）的方法，它特别适合干预、矫正幼儿的消极学习行为。代币强化是在 20 世纪 60 年代心理治疗基础上发展出来的一种方法。代币是一种象征性强化物，小红花、小红星、盖章、卡通贴纸、特制的塑料币等都可作为代币。当幼儿做出教师所期待的积极行为后，教师就发数量相当的代币作为强化物。幼儿可以用一定数量的代币兑换他喜欢的奖励物或活动。代币奖励的优点是可使奖励的数量与幼儿积极行为的数量、质量相对应。代币不会像原始强化物那样因为容易获得而强化失效。

案例 2-1

运用代币强化矫正幼儿的行为

一、确定拟矫正的行为目标

贝贝(男孩，6岁)是大班的幼儿，经常无故走出集体。教师经过一周的观察、记录，确立的行为基线为：

为了让贝贝改正无故走出集体的不良行为，教师找他谈过话，告诉他无故走出集体的危害性，但没有明显效果，于是利用代币制来矫正他的不良行为。

二、矫正过程

(一)确定后援强化物、代币及行为契约

通过谈话，教师得知贝贝非常喜欢电动玩具车。电动玩具车是帮助他改正不良行为的后援强化物。贝贝要想得到电动玩具车，要积累十朵小红花，而在一天内没有无故走出集体，就可以得到一朵小红花。

教师和贝贝达成行为契约：

条件：不无故走出集体。

代币：一朵小红花。

后援强化物：积累十朵小红花，得到一辆电动玩具车。

(二)实施过程记录

•第一周

周一，没有无故走出集体，得到一朵小红花。

周二，有一次走出集体，未得到小红花。

周三，没有无故走出集体，得到一朵小红花。

周四，有一次走出集体，未得到小红花。

周五，没有无故走出集体，得到一朵小红花。

本周，贝贝有两天各有一次走出集体，都是在下午家长接孩子的时间。经了解得知，贝贝想看看家长来接他没有。教师与其家长取得联系，约定每天下午四点钟来接他，并且把家长来接的时间告诉他。

•第二周

周一，没有无故走出集体，得到一朵小红花。

周二，没有无故走出集体，得到一朵小红花。

周三，没有无故走出集体，得到一朵小红花。

周四，没有无故走出集体，得到一朵小红花。

周五，没有无故走出集体，得到一朵小红花。

本周，贝贝改正了无故走出集体的行为。第三周过了两天，他又得到了两朵小红花。累计达十朵小红花时，妈妈给他买了一辆电动玩具车。(张美兰提供案例)

🎧 **信息栏 2-2**

一些实用的强化物

实用的强化物：

自我强化	（我干得很棒）
表扬	（具体的积极行为）
关注	（和教师一同活动）
评定和认证	（教师的评语或奖励）
特权	（午餐时分发碗筷）
活动强化物	（有玩游戏的权利）
物质化的强化物	（小红花、小五角星）
食物	（饼干、糖果）

原则：如果表扬或自我强化能奏效，就不要使用代币；如果代币能奏效，就不要使用小玩具；如果小玩具能奏效，就不要使用食品。

二、班杜拉的社会学习理论

斯金纳可以说是新行为主义学派的先驱，他之所以被称为新行为主义者，主要是因为他提出了操作性条件反应，而其不同于传统行为主义的应答性条件反应。班杜拉（Bandura，1925—2021，图2-2）被视为新行为主义者，则是因为他的社会学习理论已开始关注认知因素。班杜拉受行为主义者赫尔的学生米勒和多拉德的《社会学习与模仿》（*Social Learning and Imitation*）一书的影响而开始从事学习研究。与大多数行为主义者一样，班杜拉也非常强调个体外显的行为、行为的结果对后续行为的影响，以及强化在

图 2-2　班杜拉

其中的重要作用。同时，班杜拉还特别重视观察学习、自我调节过程和认知过程的作用，因此他的社会学习理论在部分程度上超出了行为主义的范畴，形成了一种认知—行为主义的新理论模式。

（一）观察是学习的一个主要来源

班杜拉认为，社会学习的效果可以扩展到不必直接接受强化，只凭观察学习也可学习某些行为或人格品质。像这种不必亲身经历，只凭观察所见即产生学习的现象，称为替代学习（vicarious learning）或替代强化。他指出，个体的学习往往不是通过简单的刺激—反应实现的，而是通过观察他人的行为及其结果，以及随后受到的强化习得的。

人类的许多学习，诸如语言、社会规范、态度和情感等，很难用刺激—反应或

是操作性条件反应来解释，而用观察学习来解释则容易说得通。传统行为主义的刺激—反应理论无法解释观察学习的现象：第一，不能有效解释为什么个体会产生新的行为；第二，无法解释为什么在一个榜样身上可以获得完整的行为模式；第三，不能解释为什么这些行为模式可以在没有强化的情况下获得；第四，不能解释为什么在观察榜样行为后，个体的这种行为可能在数天甚至数周后才出现，而通过刺激—反应习得的行为往往是在强化之后即时产生的。

(二)观察榜样行为的结果可能产生不同的学习效应

班杜拉曾进行过一项实验，让三组儿童分别观看同一题材而具有不同结局的电影故事。故事的前半段是相同的，一个成人正在对一个充了气的橡皮人拳打脚踢。后半段则有三种结局，分别由三组儿童观看：一组是成人受到了惩罚，二组是成人受到奖励，三组是成人没有得到任何奖励与惩罚。在观看完电影后，让三组儿童分别玩橡皮人玩具。结果发现，看过成人受到惩罚的儿童，表现的粗暴行为最少；看过成人受到奖励的儿童，表现的粗暴行为最多。据此，班杜拉认为，观察一种榜样行为及其后果，可能对学习者产生不同的效应。

首先，观察者可能通过观看榜样行为而习得一种新的反应形式，这种行为反应是个体原来的行为库中没有的。当然，观察者不是简单机械地模仿新的行为反应，而是把以往学习中已获得的各种要素加以重新组合，班杜拉把这种现象称为观察学习的效应(observational learning effect)。

其次，观察榜样行为的结果可以加强或削弱观察者对自己已有行为的抑制，这就是抑制效应。抑制效应(inhibitory effect)是指观察者由于看见榜样受到惩罚而做出该行为的反应倾向减弱，看到榜样行为做出自己原来抑制的行为受到奖励时，这种反应的倾向会加强。

最后，观察榜样行为还可能会引发观察者行为库中已有的反应，班杜拉称其为社会性促进效应(social facilitation)。这种效应不同于观察学习，因为它并未习得新的行为反应，而是通过观察强化或抑制已有的行为反应。

在随后的研究中，班杜拉还设计了三个实验情境：①观看现实生活中的攻击行为；②观看影片中的攻击行为；③观看卡通片中的攻击行为。结果发现，观看卡通片中的攻击行为对幼儿的影响最大，最容易引发幼儿的攻击行为，观看影片次之。这对于制作幼儿动画片有重要的启示作用，特别是动画片中的人物形象与角色行为，要避免暴力、攻击行为，以免对幼儿产生消极影响。此外，班杜拉等人的研究还表明，让幼儿观看榜样人物的积极行为，如分享、谦让、合作等亲社会行为，幼儿的积极行为会显著增加。

(三)观察学习是规则和创造性行为的主要来源

观察学习是幼儿通过观察、模仿榜样习得某种行为的学习活动，但它不是简单、刻板地模仿榜样行为。班杜拉认为，在观察学习过程中，观察者会抽象出榜样行为的共同要素，并把这种行为恰当地运用于其他情境，尽管并没有看到榜样在其他情境中是否受到奖励或惩罚。这说明，观察者对所看到的榜样行为的具体特征进行了编码，而不是简单、机械的模仿。由于班杜拉看到了个体认知过程(编码、映象、符号表征和问题解决)在观察学习中的重要作用，他的社会学习理论又被称为认知—行为主义理论。班杜拉认为，这种抽取特征并恰当运用的能力，使观察者行为不局限在特定的榜样刺激之内，这与人类行为的多样性、复杂性和灵活性是一致的。班杜拉把这个过程称为抽象的榜样作用(abstract modeling)或观察学习的高级形式(higher-order forms of observational learning)。

同时，班杜拉指出，观察学习也是儿童创造性行为的主要来源之一。由于个体原有认知结构的参与，大多数榜样行为不只局限在所观察到的行为范围内，往往是各种榜样特征的组合，这种行为组合不同于原先个别的榜样行为。因此，榜样越是多样化，观察者就越有可能做出创造性反应。

🎧 信息栏 2-3

最能引起幼儿模仿的榜样

①幼儿最喜欢模仿他心目中最重要的人，也就是在生活上对他影响最大的人，如家庭中的父母，幼儿园里的教师。

②幼儿最喜欢模仿与他性别相同的人。在家庭中，女儿模仿母亲，儿子模仿父亲；在幼儿园里，幼儿模仿同性别的教师。

③幼儿最喜欢模仿曾获得荣誉或得到教师表扬的幼儿的行为。

④同伴群体内，有独特行为、受到教师批评惩罚的，不是幼儿喜欢模仿的对象。

⑤同年龄、同社会经济水平的幼儿，彼此间较喜欢相互模仿。

三、行为主义的教学方法在促进幼儿学习中的运用

行为主义的学习理论运用于教学实践可以提高幼儿学习的效果。这些教学实践主要有程序教学、计算机辅助教学、掌握学习和应用行为分析等。

(一)程序教学

程序教学(programmed instruction，PI)是指将学习材料重新组织成短小的框架内容，由易到难安排好幼儿学习的进程。幼儿对每个框架的学习内容做出反应，如果回答正确，就会获得积极的强化，并进入下一进度学习，如果回答不正确，程序就提供若干有利于找出正确答案的信息，帮助幼儿重新解决问题。"早教机"就是运用了程序教学的原理，吸引幼儿的学习兴趣，增强幼儿学习信心，强化幼儿学习效果。它符合行为主义学习理论的以下原则。

1. 小步递进原则

把学习内容按其内在逻辑关系分割成许多小单元，分割后的小单元按一定的逻

辑关系排列，形成程序化的教材或课件。学习由浅入深、由易到难、循序渐进地进行，这种学习方式称为小步递进学习原则。小步递进学习原则要求对学习内容的分割要适当，对单元划分的大小根据具体的教学内容和教学任务来确定。

2. 积极反应原则

传统教学主要表现为教师传授知识，幼儿被动接受知识，很少有机会对教师提出的每个问题都做出反应。要改变这种消极的学习，就要让幼儿对每一单元的学习内容都能做出积极反应。"早教机"提供幼儿做出选择、填空和输入答案等反应方式。

3. 及时强化原则

当幼儿做出反应，"早教机"的应答可以让幼儿知道其反应是否正确。它能对幼儿的学习反应给予"及时强化"或"及时确认"。当幼儿回答正确时，"早教机"能告诉他："回答正确，很棒!"回答错误时，则鼓励他："请加油，再试一次吧。"

4. 自定步调原则

在传统教学中，学习的进度是一致的，这会限制幼儿的自主学习。为了让每个幼儿都能自主学习，必须让他们根据自己的学习能力与特点自定学习进度和速度。幼儿以适宜速度进行学习的同时，通过不断地强化，增强进一步学习的内部动力。

(二)计算机辅助教学

计算机辅助教学(computer-aided instruction，CAI)是利用计算机多媒体展示程序教学内容。虽然多数的计算机辅助教学程序伴随着操作条件反射、刺激—反应、强化，但是计算机辅助教学也可独立运用，有些计算机辅助教学程序甚至能带动幼儿从事创造性的学习和问题解决。

对幼儿来说，学习兴趣往往是他们学习的直接动因。外界事物的新颖性、独特性是引发幼儿探究的重要外因。计算机多媒体的合理运用能有效激发幼儿的学习兴趣。媒体是教学信息的载体，是传输信息的工具和手段。它不仅可以用来传递教学内容，而且还会改变传统的教学方法和学习方法，调节教育活动气氛，创设学习情境，充分调动幼儿的情感，激发学习兴趣。例如，课件《保护自己办法多》中，动画故事得到孩子们的喜欢。[1] 教师运用媒体制作出小猴与伙伴们捉迷藏的形象生动、色彩丰富的场景，一下子吸引了幼儿的注意力，激发了他们的兴趣。然后通过鼠标点击，让计算机来判断他们的答案正确与否。计算机里的不同表现("对"——小动物边走出来边说"你真棒"；"错"——小猴挠挠头说"请小朋友再仔细找找")不仅让幼儿体验到了成功的喜悦，也再次唤起了他们强烈的求知欲望和持久的学习热情。同时他们在寻找"藏起来的伙伴"的过程中，了解到小动物可以用保护色来保护自己，获得了很多知识。这种方式比教师点着图片讲故事要生动很多。有效运用计算机辅导教学可以为幼儿创设最佳学习情境，调动幼儿的学习兴趣和积极性、主动性，使幼儿在生动活泼的氛围中愉快而自觉地学习。

---

[1] 葛维娜：《幼儿园计算机辅助教学初探》，载《幼儿教学研究》，2007(9)。

（三）掌握学习

掌握学习（mastery learning，ML）也可称完全学习、精熟学习，由美国心理学家布卢姆（Bloom，1968）提出。它是指学习者必须掌握本阶段的学习任务，然后才能进入下一阶段继续学习。没有达到标准水平的儿童要接受额外时间的指导，直到达到标准为止。其主要目的是为接受能力较弱的儿童提供及时、额外的帮助，使他们取得较快的进步。在接受能力较弱的儿童得到正确指导的同时，接受能力较强的儿童可以强化充实相同或相似的学习内容。斯拉文（Slavin，1986）认为，这一方法的缺陷主要在于所有儿童都要掌握教学内容，这需要花费大量时间，而额外的时间必须从其他地方挤出来。但他认为，如果儿童学习内容要求非常严格或是"最基础"的知识（如适用于任何领域的基本知识或技能）时，采用掌握学习是非常必要的。

（四）应用行为分析

应用行为分析（applied behavioral analysis，ABA）基于行为主义的学习理论，通过操作条件反应来促进个体的学习，常用于幼儿消极行为的干预和矫正。应用行为分析有着特定的程序。

首先，教师确定幼儿需要改进的行为。所确定的目标行为应当是容易观察的，而且发生频率较高。假定某个幼儿隔几天就要在操场上与同伴打架，而且每小时有好几次擅离座位，应该先矫正频率较高的擅离座位这一行为问题，之后再处理打架问题。

其次，确认这名幼儿表现出行为的周期，通常称为基线（baseline）。在此之前，教师需要明确界定该行为的构成成分。例如，若目标行为是"打扰同伴"，那就需要确定有哪些具体行为（如取笑、打断或是拿走别人的东西等）构成了"打扰"。

最后，教师采取矫正措施，也就是幼儿每次表现出正确行为时所接受到的强化措施。运用强化措施有助于鼓励幼儿更经常（即比基线更为频繁）地出现正确行为。典型的强化物包括表扬、授予特权和物质奖励。

第二节　人本主义取向的学习理论

作为现代心理学第三势力的人本主义心理学（humanistic psychology）兴起于20世纪50年代。当时盛行的是行为主义与精神分析两大学派，而在理念上均非"以人为本"：行为主义根据动物研究结果解释人类的学习行为，并作普遍推论；精神分析的研究对象主要是精神病患者，将研究的发现用于解释正常人。这两派理论均不重视人性本身。人本主义的学习理论则非常关注儿童的学习潜能及情感在学习中的重要作用。尽管认识到认知学习的重要性，但该理论认为传统学校过于注重儿童知识的积累，容易加重儿童心理负担。人本主义学者指出，学习的目的是让儿童更好地感受自己、接纳自己。为了实现这个目标，人本主义学习理论提出以下观点。首先，教师要接纳每一个儿童，把每个儿童都看作是独特的，他们有不同的情感和看法。其次，教师要帮助儿童认识到自己与他人都是有价值、有能力的个体，每个儿童都能以自己独特的学习方式来学习。最后，每个儿童都具有极大的学习潜能，教师的作用在于帮助、引导儿童发掘自身的学习潜能。

克里克山克归纳了人本主义学习理论的核心观点。[①]

• 对自己的良好感觉对于个人的积极发展是非常关键的。因此，应设法形成儿童的自我尊重、自我价值，以及效能感，或者拥有对自己生活与命运的控制感。

• 对他人的良好情感对于个人的健康发展也是非常重要的。教师应鼓励并帮助儿童树立尊重他人、接受他人的积极情感。

• 学校应该适应儿童的需要而不是儿童来适应学校。教师应设计个别化的教育，为儿童提供大量言语或行动的自由。

• 学校与课堂的环境必须帮助儿童对一些基本的具体需要感到满意，如个人安全需要、爱的需要、归属需要与成就需要等，还有儿童的自主能力、社会关系等。

• 接受儿童的各种举止，把他们视为具有独特情感、观点和行为的个体。

• 为了从儿童的视角观察和理解学习情境，教师必须将自己置身于儿童的学习"步调"中，即与儿童的学习步调保持一致。

一、马斯洛的需要理论与幼儿需要的满足

马斯洛(Maslow，1908—1970，图 2-3)是人本主义心理学的创始人之一。他认为，个体成长的内在力量是动机，而动机又由多种不同性质的需要所组成，各种需要之间有高低层次之分。

(1)生理需要(physiological need)：指维持生存的需求，如饥饿、口渴、睡眠等。

(2)安全需要(safety need)：指获得安全感，避免威胁的需求。

图 2-3　马斯洛

(3)爱与归属的需要(love and belongingness need)：寻求温暖和友好的关系，包括被他人接纳、爱护、关注、欣赏、支持等。

(4)尊重的需要(esteem need)：包括受人尊重与自我尊重两方面，如信心、名誉和声望等。

(5)自我实现的需要(self-actualization need)：指精神层面提高人生境界的需求。

---

① ［美］克里克山克、贝勒尔、梅特卡夫：《教学行为指导》，时绮等译，72 页，北京，中国轻工业出版社，2003。

马斯洛指出，只有当个体的低级需要得到满足时，才可能寻求更高一级的需要（图 2-4）。

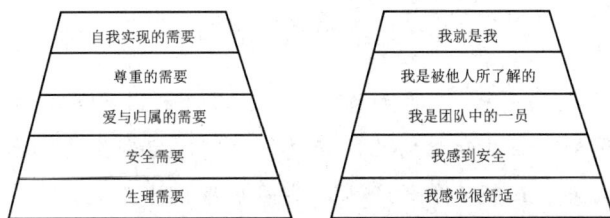

自我实现的需要		我就是我
尊重的需要		我是被他人所了解的
爱与归属的需要		我是团队中的一员
安全需要		我感到安全
生理需要		我感觉很舒适

图 2-4 马斯洛的需要层次图示

在实际教育活动中，教师往往更多关心幼儿的生理需要。可是，幼儿的心理需要也不容忽视，如安全的需要。环境的安全与幼儿的安全感是幼儿学习与发展的重要前提与基础。美国精神分析学家埃里克森的"人生八大阶段"理论就明确指出安全感、信任感在婴幼儿学习与发展中的重要性。爱的需要、保育与爱的养育、集体归属感等都是影响幼儿情绪和学习的因素。我们特别提倡要尊重幼儿，尊重不是说要包办代替，而是尊重幼儿有自我实现与成就感的需要。

安全需要的满足对幼儿学习的积极性、主动性起着重要作用。这里的安全更多指心理上的，如学习的氛围、教师与幼儿的互动状况，而不只是物质环境的安全。教师在布置和安排幼儿学习活动时，首先考虑的是要营造学习的安全、温馨氛围。研究发现，教师以支持性方式而非威胁方式与幼儿互动，能有效地促进幼儿的学习。教师越是指责幼儿，幼儿的学习进程越是缓慢，错误率也显著增加。[1] 美国学者关于幼儿课堂环境布置的横向比较研究发现，在发展适宜性方案（developmental appropriate program，DAP）课堂中，教师为幼儿创设了民主、安全、温馨的学习氛围，幼儿在行为发展上要好于其他方案的幼儿[2]，幼儿更有独立性，会独自做出大胆的选择与决策，更富有创新精神。[3][4] 安全、舒适、温馨的学习环境，能激发幼儿学习和探究的欲望，是幼儿学习的前提与保障。

温馨的学习环境最好由幼儿与教师一起创设，这更能激发幼儿的主动参与意识。

---

[1] Gordon A M, *Beginnings and Beyond：Foundations in Early Childhood Education*，New York，Delmar Publishers，Inc.，1993，p. 299.

[2] Charlesworth R，Hart C，Burts D & Dewolf M，"The LSU Studies：Building a Research Base for Developmentally Appropriate Practice," in *Advances in Early Education and Day Care：Perspectives on Developmentally Appropriate Practice*，Reifel S，Greenwich，CT，JAI Press，1993，Vol 5，pp. 3-28.

[3] Howes C，"Care-giving Environments and Their Consequences for Children：The Experience in the United States," in *Day Care for Young Children*，Melbuish E & Moss P，New York，Routledge，1991，pp. 185-198.

[4] King M，Oberlin A & Swank T，"Supporting the Activity Choices of Two-year-olds," *Day Care and Early Education*，1990，17(2)，pp. 9-13，67-70.

案例 2-2

一起来布置我的家

海豚班正在开展"我爱我家"的主题学习。在教师的引导下,幼儿产生了把活动室布置成"家"的愿望。经过幼儿的几次商量,大家决定利用半间教室布置一个家。教师和幼儿一起搬来了五颜六色的积木,共同拼搭,终于完成了一个客厅、卧室、厨房、厕所俱全的小家。幼儿还陆续带来了各自最心爱的玩具、物品、家庭照片……使它更温馨、更有家的气息。幼儿希望这个"家"有一个让大家都满意的名字,"海豚宝宝的家""小朋友的家""我们的家"……他们想了许多名字,并且想办法说服大家,最终这个"家"被叫作"亲亲小海豚的家"。教师还按照幼儿的要求,用水彩笔在"家"的大门斜上方写上"亲亲小海豚的家"几个字。

二、罗杰斯的个人中心学习理论与以幼儿为中心的学习

罗杰斯(Rogers,1902—1987,图 2-5)是人本主义心理学代表人物之一。他同样非常关注课堂氛围对儿童学习的影响,指出"构成这种气氛的条件不是知识、智力训练和某些学派的思想方法或技术。这些技术是感情与态度……根本的要素是:教师的真诚、坦率、和谐一致,对学习者的感情和个人意义具有一种敏锐的设身处地的理解,对学习者做出热情的接受评价以及在这个积极的关系方面不受任何的牵制"。虽然罗杰斯很关注课堂氛围,但这只是他所关注学习的一个方面。罗杰斯说:"我想说一说学习,但不是说那种无生命的、无用的、很快会被忘记的学习,那

图 2-5 罗杰斯

是一些被塞满在儿童头脑中的东西,与儿童的任何信念、信仰等均无关的学习。我要谈论的学习——是一种永不满足的好奇,这种好奇强烈地驱使着幼童,为了改善他的'巡洋舰'的效率和速度,他尽情汲取着他所看、所听、所读的关于'汽油引擎'的每件事物。我们所指的学习沿着这一条线索前进:'不,不,那不是我所要的''等等! 这比较接近我的兴趣,这正是我所需要的''啊,它在这里! 现在我抓住了,而且知道了我需要的和我想要知道的!'"[①]

罗杰斯关于学习的基本主张可归纳如下。

(一)人类生来就有学习的潜能

好奇心是儿童与生俱来的,在合适的条件下,每个儿童所具有的学习、发现、丰富知识与经验的潜能和愿望都能得到释放和实现。学习不是外部刺激下的产物,

---

① Rogers C & Freiberg H J,*Freedom to Learn*,3rd ed,New York,Merrill,1994,p. 35.

而是个体的一种内在潜能。儿童的学习是主动、建构的，不是被动、机械的接受学习；是生活经验的积累，而非系统的学科知识体系。教育的基本原则是使儿童身心获得主动、全面、和谐的发展。幼儿期是一个充满活力、蕴藏着巨大发展潜能，并具有很强可塑性的生命阶段。幼儿拥有与生俱来的早期学习潜能，他们渴望学习，喜欢探究，爱好活动，富于想象、表现与创造力。教育必须为幼儿一生的发展奠定良好的素质基础。因此，教师要尊重幼儿，激活其学习潜能，倡导主动活动，引导其主动发展，在活动中培养幼儿的学习兴趣、习惯和能力，让幼儿从小学会学习、学会生活。

（二）在安全氛围中的学习效果最好

罗杰斯认为，在一种相互理解和支持的环境里，在没有等级评定和鼓励自我评价的支持性环境里，儿童较少感到学习的紧张与压力，能以积极的心态投入学习活动，取得进步。罗杰斯认为斯金纳设计的程序教学（以操作性条件作用为其基本原理）的最大好处不是强化，而是在程序教学中，能力较弱的儿童可以根据自己的实际水平，一小步一小步地练习，而且每一步之后都可以获得奖励或支持，从而感受到自己的成功。为此，教师要营造自由宽松的氛围，向幼儿提供充分选择的机会。幼儿的自我意识仍很脆弱，教师的一个眼神、一句评价都会对他们产生重要影响。罗杰斯认为，心理和安全的自由是促进创新能力发展的两个主要条件。在幼儿的探索创新活动中教师应多表明肯定、鼓励、接纳、欣赏的态度，甚至淡化教师的权威意识，让幼儿感觉到教师是对自己活动很感兴趣，并能提供有益建议的大朋友，即使自己做错了，活动失败了，也不会受到教师的指责，没有什么可担心的。这种安全感和自由感对幼儿自信心的培养、认知监控能力的发展都是大有裨益的（图 2-6）。同时，鼓励选择也可促进幼儿创新精神的发展。创新动机是内部诱发的，

图 2-6 自由探索的儿童

而不是外加的，自主选择的活动最容易激发幼儿的创新动机。在活动区游戏中，幼儿可以随意进入各个区角活动，在活动内容、材料、方法、合作伙伴等方面教师不加干涉，而是让活动规则来"说话"，给幼儿充分自由的活动时间和空间。

教师的教学用语也要让幼儿感受到安全。有位小班教师和幼儿一起运用多种感官认识"橘子"："我们把橘子剥开，尝尝味道好吗？"……"味道怎么样呀？"……"你来说说，味道怎么样？"……"还想吃吗？"……"请你尝一尝。"……"谢谢你，我还想要一瓣。"教师表情温柔、语调适中、语态舒缓、语气柔和，采用形容词的叠用、摹声等手段，吸引了幼儿参与活动的兴趣，幼儿在舒心、愉快的氛围中学习。

（三）涉及学习者个体因素（包括情感与理智）的学习最持久、深刻

罗杰斯区分了两种学习，一种是抹杀了个人特性的无意义学习，这种学习让儿

童死记硬背一些材料，它只涉及心智的训练，是一种"颈部以上"(from the neck up)的学习。另一种是涉及个人特性的有意义学习(significant learning)，即对个人产生重要意义与价值的学习。意义学习把逻辑与直觉、理智与情感、概念与经验、观念与意义等结合在一起。当我们以这种方式学习时，我们就成了一个完整的人。例如，喝白开水是许多幼儿不喜欢的。饮料比白开水更甜更好喝，一些家长总是孩子要什么就给什么，以致现在很多幼儿不爱喝白开水。有位教师在幼儿喝水之前端来了两盆花，一盆是鲜艳美丽的，一盆是快要枯死的，请幼儿观察哪盆花更漂亮，幼儿都一起将手指向了那盆鲜艳美丽的，教师及时给予肯定："对，老师也喜欢这盆鲜艳美丽的，那你们知道那盆花为什么快要枯死了吗？因为每当工人叔叔给它们浇水的时候，它就说：'我不要喝水，不要喝水，我才不喝水呢！你把那水给别的花吧！'就这样，一天、两天、三天，由于它每天都不喝水，就变成现在这个样子了。小朋友，你们说，你们喜欢做漂亮的小朋友吗？"幼儿都说要漂亮。"小朋友如果不喝水也会像缺水的小花儿一样不漂亮了。"说完，教师给每个小朋友倒了一杯水，不一会儿他们就都喝完了。

(四)有意义学习大多数是做中学

在罗杰斯看来，最有效的学习方式是让儿童直接面对问题情境，包括日常生活问题、社会问题、个人问题、研究问题等，通过设计各种问题情境，让儿童形成研究小组，合作研究与解决问题，这是一种做中学(learning by doing)的学习方式。例如，有位教师发现幼儿交往的意识与主动性、交往的方式等方面较弱，于是安排了一次邀请舞的活动，事先安排能力强的幼儿主动邀请胆小的幼儿做舞伴，让他们在活动中体验与同伴一起游戏的快乐。然后鼓励他们尝试去主动邀请别人，与其他幼儿一起跳舞。通过做中学，幼儿提升了交往的意识与能力。

(五)幼儿的有意义学习包括四个要素

①学习具有个人参与性(personal involvement)，即整个身心(包括情感和认知等方面)投入学习活动中。

②学习应成为自我发起的(self-initiated)行为，即虽然需要环境与教育的外部推动与激发，但必须是幼儿自主探究的，要有主动学习的内在动力。

③学习是全方位的(pervasive)，即它能使幼儿在行为、态度、情感，乃至个性等各方面发生变化，而不只是单一方面的认知或行为的改变。

④学习应以幼儿的自我评价(evaluated by the learner)为主。一方面，它能有效降低幼儿面对外部评价时的紧张与压力；另一方面，能激发幼儿形成自主学习的意识。

由罗杰斯关于学习的基本主张可以看出，他非常重视以幼儿为中心的学习。罗杰斯与斯金纳在"学与教"这一问题上争论了几十年。斯金纳关注的是外部控制，罗杰斯关注的是幼儿学习的内在动力与潜能；斯金纳的理想学习环境是一种能提供精确控制和可预测结果的环境，罗杰斯追求的是最大限度地允许幼儿做出个人选择、自我判断的学习环境；斯金纳强调通过教学技术的提炼和精确的评定方法来解决教育问题，罗杰斯提倡建立开放学校，不分年级的教室和"自由"学校作为教育革新的首要任务。有研究者曾对以罗杰斯学习理论为基础的 102 项开放学习实验研究进行了综合分析，结果发现，"开放教育，如果实施得当的话，有助于达到儿童的创造性、自我概念、对学校的态度、好奇心和独立性等方面的目标"（表 2-3）。[1]

表 2-3　开放教育与传统教育的比较

研究变量和研究数目	结果（研究总数的百分比）			
	开放教育更好些	传统教育更好些	混合的结果	无显著差异
学术成绩（102）	14％	12％	28％	46％
自我概念（61）	25％	3％	25％	47％
对学校的态度（57）	40％	4％	25％	32％
创造性（33）	36％	0	30％	33％
独立性与顺从（23）	78％	4％	9％	9％
好奇心（14）	43％	0	36％	21％
焦虑与适应（39）	26％	13％	31％	31％
合作（9）	67％	0	11％	22％

由表 2-3 可以看出，开放教育对幼儿的自我概念、创造性、独立性、好奇心等的培养效果明显优于传统教育。

三、人本主义教学方法在幼儿学习中的运用

人本主义学者非常重视情感在教育中的重要性，而较少触及学习的认知过程。因此，相对于认知学习，人本主义教学法的成就主要体现在情感与态度方面，主要包括教师效能感训练、吸引学业成功、价值澄清、非指导性教学等。

（一）教师效能感训练

教师效能感训练（teacher effectiveness training）是由高顿（Gordon T）等人提出的，是指鼓励教师运用诸如积极倾听与解决冲突等技术，建立开放、真诚的课堂沟通情境。当教师允许或鼓励幼儿表达情感体验，并能解释和复述幼儿的话语时，积极倾听就会发生。教师效能感训练主要是增强教师的民主、平等意识，从而帮助教师成为人本主义的教学者，最终形成师生积极、融洽的交往氛围，促进幼儿成长。例如，一位教师设计了"汽车展示会"的活动，要求幼儿将大小和形状不一的纸盒粘贴成各式各样的汽车。活动开始时，幼儿被丰富多彩的纸盒吸引了，不少幼儿用纸

---

[1] 施良方：《学习论：学习心理学的理论与原理》，421 页，北京，人民教育出版社，1994。

盒拼搭成各种有趣的组合，如房子、亭子、长颈鹿、机器人等，教师见状非常高兴，随机应变，马上将"顺应孩子"这一理念化为行为，指着几个正在用纸盒拼搭的幼儿，招呼大家快来看，并表扬这些幼儿。

(二)吸引学业成功

人本主义学者伯科(Purkey)等人批评行为主义只注重教学效果，而不关注儿童对学业的兴趣与积极的情感体验。他们提出成功的教学首先要保证儿童获得学业成功。吸引学业成功[1][2][3]就是要使儿童认识到自己是"有责任心、有能力、有价值的人"。为了传递这一信息，有吸引力的学习要求教师知道儿童的姓名，与每个儿童都有个别交流，与儿童坦诚相待，不随意拒绝任何一个儿童，让儿童感受到教师对自己的尊重。例如，有位教师在指导幼儿科学区角活动时，发现幼儿对一张图片非常感兴趣。图片上画的是小电珠、干电池、电线，最后小电珠亮了。幼儿不断地议论："小电珠怎么会亮的?"教师觉得幼儿的问题十分有价值，就为他们提供了小电珠、干电池、电线，创设一定的环境与条件，让幼儿自己探索。幼儿的兴趣非常高，他们不断探索、体验。教师则以欣赏、鼓励的态度与幼儿一起探索，让幼儿积极讨论，发表意见。

(三)价值澄清

价值澄清(value classification)也称价值观辨析，是美国纽约州立大学心理学者拉斯(Raths，1966)等人提出的一种人本主义教学方法。他们认为，儿童必须经过一步步的辨别和分析才能形成清晰的价值观念，用以指导自己的道德行动。价值澄清的途径是：儿童在成人帮助下，对一系列可供选择的方式进行考察，然后做出自由的价值选择、估价，并按照本人价值选择的方式行动。在价值澄清的过程中，教师必须注意把道德教育与儿童需要相联系，让儿童在生活中直接思考一些价值选择途径，使他们对幼儿园和周围的人产生积极态度。具体做法是，根据儿童道德发展的阶段特征，结合儿童的兴趣，使用图书、电影、电视、卡通等儿童喜闻乐见的形式，通过班级群体的相互影响进行价值辨析。例如，在帮助幼儿认识长城的活动中，教师鼓励幼儿运用价值澄清的方法，开展互动活动。有的幼儿问："你们看长城上有一个凸起来的地方，这是什么呀?""这是房子。""不对，我爸爸去过北京，他上次拿照片时讲过这是烽火台。""什么是烽火台? 能住人吗?""不能，它没有屋顶。"通过价值澄清的方法，幼儿逐渐对长城有所了解。

---

① Purkey W W & Queen J，"Seven Gifts for the Beginning Teacher,"*Focus on Learning*，1985(11)，pp. 105-108.

② Purkey W W，"29 Ways to Invite New Students into Your School,"*The Invitational Education Forum*，1991(12)，pp. 6-7.

③ Stone D R & Nielsen E C，*Educational Psychology：the Development of Teaching Skills*，New York，Happer & Row publisher，1982，p. 75.

（四）非指导性教学

人本主义学者将罗杰斯的"非指导性咨询"①思想运用到教育教学中，形成非指导性教学方法。非指导性教学（non-instruction teaching）认为，儿童不是被动、被迫、消极的接受学习者，不是被教师控制与操纵的客体。教师应该与儿童形成平等的对话关系，而不是作为权威者、评判者来要求儿童必须接受其指导。教师的责任主要是以热情、友好、真诚的态度支持、鼓励和帮助儿童自主思考与行动，而不能采用控制的方法。非指导性教学主张，儿童有思考问题的自主权、选择权和对行动负责的能力，他们可以在教师的帮助而非直接指导下，形成更好的自我知觉。例如，幼儿户外活动前，教师要引导幼儿先去小便。班里有一名幼儿不愿去小便，在户外活动中，他又想去小便了。教师带着他花了很长时间到处找洗手间。幼儿上完厕所，教师问他："你刚才感觉怎么样？"幼儿说："可着急、可难受了。"教师接着问："那以后户外活动前你会怎么做？"幼儿立刻回答："我要先小便。"在这则事例中，教师就采用了非指导性教学的方法，引导幼儿自我体验、自我发现。

第三节　认知心理学的学习理论

认知主义学习理论产生于 20 世纪 60 年代中期，建立在认知科学理论基础之上。认知主义学习理论主张，对学习的研究，必须研究个体记忆新信息、新技能时所难以观察到的内部心理过程，认为个体的学习不是刺激与反应间的联结关系，而是个体对整个学习情境中事物关系的整体认知与了解。认知主义学习理论并非一人之言或一家之言，而是包括许多派系理论的总称，其中最主要的有两派理论：一是信息加工学习论，二是认知结构学习论。前者更关注个体对事物经由认识、辨别、理解，获得新知识的认知过程；后者认为，个体学到的是思维方式，即认知主义心理学者所说的认知结构。信息加工学习论的代表人物主要有加涅（Gagne）、斯滕伯格（Sternberg）等人，认知结构学习论则有奥苏贝尔（Ausubel）的有意义学习论、布鲁纳（Bruner）的发现学习论。

一、信息加工心理学的学习理论与幼儿的三种记忆

一些认知主义学者认为儿童的学习就是获取、保持、加工信息的过程，因而教师的重要任务就是更好地利用这个过程来帮助儿童记住必要的知识和技能，由此产生了信息加工心理学（information processing theory）的学习理论。20 世纪 70 年代中期至 80 年代，信息加工理论逐渐成为学习和记忆领域中占主导地位的一种理论。其

---

① 非指导性咨询由罗杰斯于 1938 年首创，1951 年前被称为"以患者为中心疗法"。

中，加涅提出的学习信息加工模型被公认为是较好的解释模型(图 2-7)。

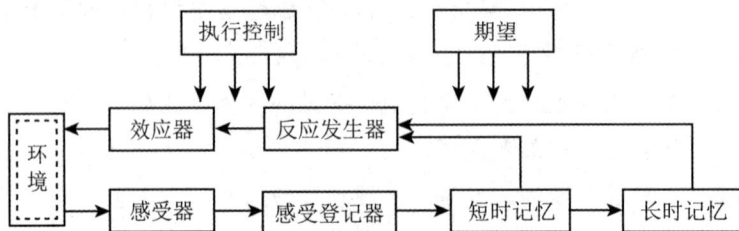

图 2-7　加涅的信息加工学习过程

图 2-7 表明，来自周围环境的刺激，作用于学习者的感受器，并通过感受登记器进入神经系统。信息在感受登记器中进行编码，最初的刺激以映象的形式保持在感受登记器中，保留 0.25～2 秒。当信息进入短时记忆后它再次被编码，这时信息以语义的形式储存下来。在短时记忆中信息保持的时间也很短，一般只保持 2.5～20 秒。但是如果学习者做了内部的复述，信息在短时记忆里就可以保持长一点时间，但也不超过 1 分钟。经过复述、精细加工和组织编码等，信息还可以转移到长时记忆中进行储存，以备日后回忆。大部分学习理论家认为长时记忆中的储存是长久的，而后来回忆不起来是由于"提取"这些信息存在困难。从短时记忆或长时记忆中检索出来的信息通过反应发生器(反应发生器具有信息转换或动作的功能)，使效应器(肌肉)活动起来，产生影响学习者环境的操作行为。这种操作使外部的观察者了解到原先的刺激发生了作用——信息得到了加工，也就是学习者确实学会了。

(一)信息加工心理学的学习理论

信息加工心理学者提出了学习的理论模型，这些模型对于更好地理解与促进幼儿的学习有重要的帮助。

1. 加工水平理论

加工水平理论(levels of processing theory)认为，儿童对刺激的加工水平不同，只有经过细致加工的信息才可能被完整保留下来。例如，幼儿可能看到了一棵树，但并没有注意它，这是最低水平的加工。如果教师引导幼儿对这棵树进行仔细观察，并为树命名，如"桉树"，幼儿就可能记住这棵树，这是第二级水平的加工。如果教师继续引导幼儿描述这棵树的形状、用油画棒画一下这棵树，那么加工水平又进了一层。

2. 双重编码理论

双重编码理论(dual code theory of memory)认为，信息在长时记忆中有两种储存方式：表象的和言语的。这两种方式分别对应于情景记忆和语义记忆。如果幼儿在记忆时用两种方式表征，回忆效果要好于只用一种方式。例如，教幼儿认识"胎生"和"卵生"时，如果教师只是用语言解释，或是只出示图片(或视频)，其效果就不如既观看图片(或视频)，又同时听到教师的解说。

3. 联结主义模型

脑科学研究表明，信息并非被储存在大脑的某一处，而是分布于大脑的很多部位，由错综复杂的神经通路连接起来，联结主义模型（connectionist model）正是强调知识是以联结网络的方式储存在头脑中，而不是按照线性规则系统储存的。按此观点，学习的产生是由于某些联结的加强以及其他联结的减弱。例如，幼儿看到许多外观不同，但人们都称作"狗"的动物，由此来学习"狗"这一概念。每次幼儿看到狗，"狗"这个概念和狗的普遍性特征之间的联结被加强，而由某些狗的独特性所形成的错误联结就被减弱，如"卷毛狗"是卷毛的，但卷毛并非狗的普遍性特征。

（二）信息加工心理学中的幼儿的三种记忆

信息加工心理学的学习理论提出幼儿有三种长时记忆：情景记忆、语义记忆和程序记忆。

1. 情景记忆

情景记忆（episode memory）是有关个体经历的记忆，是个体对看到、听到或经历事情的心理再现。例如，幼儿回忆起下午到野生动物园时所发生的事情，或是回忆起过生日时吹蜡烛的场景，即属于情景记忆。情景记忆储存的是幼儿所经历事件的表象，这些表象可以按照事件发生的时间、地点等组织起来。幼儿的很多记忆是情景记忆。教师可以利用形象的视听刺激来创设易于幼儿记忆的事件，以促进概念和信息的保持。例如，借助投影、动画片、模拟以及其他形式，呈现生动、形象的学习内容，以强化幼儿记忆，进而又可以用这些形象的内容帮助他们提取相关的信息。研究表明，课文中的插图有助于儿童记忆课文内容，即使以后不再呈现插图，儿童也能很好地记忆。[1]

2. 语义记忆

语义记忆（semantic memory）也称为陈述性记忆，主要包括已知事实和概括性的信息，包括概念、原理及其如何应用的一些规则，问题解决技能和学习策略等。语义记忆的组织方式与情景记忆有很大不同，它是由相互联系的概念或图式组织起来的网络结构。[2]

概念或图式网络结构的理论给我们的一个重要启示是：如果新信息能够被已有的完备图式所接受，则更容易保存。相反，如果新信息不能够被图式所接受，则该类信息较难保存。

3. 程序记忆

程序记忆（procedural memory）是有关事情进行过程的记忆能力，这在身体活动任务中表现得最为明显。该类型的记忆主要是以一系列刺激—反应配对的方式储存

---

[1] Small M Y, Lovertt S B & Scher M, "Pictures Facilitate Children's Recall of Unillustrated Expository Prose," *Journal of Educational Psychology*，1993(85)，pp. 520-528.

[2] Anderson J R, *Cognitive Psychology and Its Implications*，8td ed.，New York，Worth Publishers，2015，p. 179.

的，它是"知道怎样做"，而不是"知道是什么"的记忆。[1] 骑自行车、玩滑板、游泳等技能都储存在程序记忆中。脑科学研究指出，程序记忆主要储存在小脑中，而语义记忆和情景记忆则储存在大脑皮质。[2] 要促进幼儿的学习，程序记忆同样是非常重要的。例如，教师为了帮助幼儿了解"种子发芽"的过程，创设了植物角，请幼儿将带来的种子放在泥盆里，并参与动手浇水等种植活动。通过几个月的观察记录，幼儿全程记下"种子发芽"的过程。这种教学策略有助于幼儿长时记忆的保持。

二、奥苏贝尔的有意义学习理论与幼儿的概念学习

奥苏贝尔对儿童的概念学习进行了大量研究，其对教育心理学的重要贡献是提出了"后括学习"（sub-sumption learning）。在这种学习过程中，幼儿先学习一些处于下位关系的概念，当熟悉了这些下位概念之后，就容易形成对上位概念的理解。例如，幼儿往往是在熟悉了"萝卜""豆角""甘蓝"这些下位概念之后，才逐渐理解"蔬菜"这一上位概念的。在分析"后括学习"的基础上，他提出了"有意义学习"（meaningful learning），即发生意义联系的学习。"后括学习"是一种有意义学习。他还对传统的"接受学习"进行了重新解读，否定了"接受学习必然是机械的，发现学习必然是有意义的"这一传统观念。奥苏贝尔的学习理论有很多独到见解，特别是对幼儿来说，如何有效地理解概念是非常重要的，因此奥苏贝尔的学习理论被较多地运用于学前教育方案中（Lawton，1991）。

奥苏贝尔认为，有意义学习就是新知识与学习者原有的认知结构之间建立非临时性（substantive）和非随意性（non-arbitrary）的联系，这也是区分有意义学习与机械学习的主要标准。他认为有意义学习有两条标准。

其一，新知识必须与学习者认知结构中的已有经验发生非临时性的联系，即实质性的联系。

其二，新旧知识经验之间必须形成非随意性的关系，即新知识与原有认知结构中的有关经验在某种合理的或逻辑基础上形成联系。

奥苏贝尔进一步指出了有意义学习所需要的外部条件与内部条件。外部条件主要指有意义学习的材料，必须合乎这种非临时性和非随意性联系的标准。也就是说，学习材料必须具有内在逻辑性。这种逻辑性指的是材料本身与人类学习能力范围内的有关概念可以建立逻辑体系。内部条件包括：学习者必须有有意义学习的倾向，即学习者积极主动地把新知识与原有认知结构中的相关经验加以联系的倾向性；学习者的认知结构中必须有相关的经验，以便与新知识发生合乎逻辑的联系；学习者必须积极

---

[1] Solso R L, Maclin M K & Maclin O H, *Cognitive Psychology*, 8th ed, Boston, Allyn & Bacon, 2008，p. 216.

[2] Byrnes J P & Fox N A, "The Educational Relevance of Research in Cognitive Neuroscience," *Educational Psychology Review*，1998，10(3)，pp. 297-342.

主动地使这种具有潜在意义的新知识与其原有认知结构中的相关经验发生相互作用。

在区分有意义学习与机械学习时，奥苏贝尔提出了一个重要的观点：无论接受学习还是发现学习，都有可能是机械的，也都有可能是有意义的。如果教师教学方法得当，儿童的接受学习就不是机械学习；同样，如果教师教学不得法，也有可能导致儿童的发现学习变成机械学习。图 2-8 说明了接受学习、发现学习与有意义学习、机械学习之间的关系。

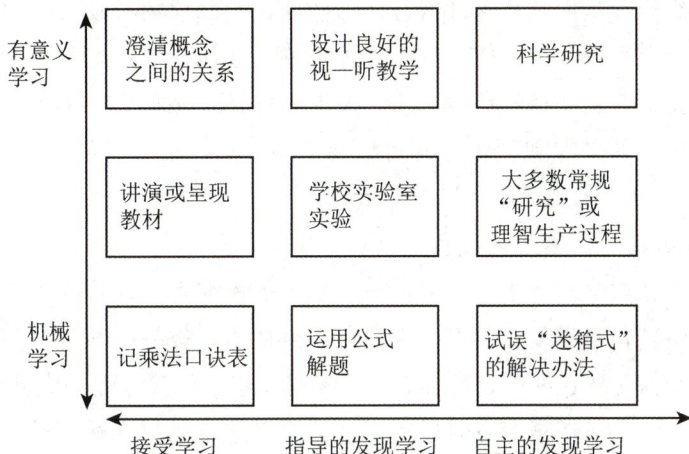

图 2-8 接受学习、发现学习与有意义学习、机械学习的关系

（转引自施良方：《学习论：学习心理学的理论与原理》，243 页，北京，人民教育出版社，1994。）

奥苏贝尔认为，在课堂上由于时间、空间所限，应该更多采用接受学习，但这种接受学习必须成为有意义的学习。为此，教师在讲解式教学中要注意以下几点。

①师生之间有大量的互动。虽然以教师讲解为主，但在课堂上应始终要求儿童做出反应。

②大量运用例证。由于儿童认知结构中的已有经验以形象为主，教师应大量采用图解或图画。

③运用演绎方法。先呈现儿童在生活中常见的最一般的概念，然后引出特殊的概念。

④逐步深化。材料的呈现要由浅入深。

三、布鲁纳的发现学习论与幼儿的发现学习

布鲁纳（图 2-9）是一位在教育心理学界享有盛誉的学者，他强调学习理论和教学理论在教学上的应用。布鲁纳最著名同时也引起争议最多的论点是，任何学科都可以用某种形式教给任何年龄阶段的儿童。

图 2-9 布鲁纳

发现学习是布鲁纳主张的最佳学习方式。他认为，儿童

学习和掌握一般原理规则与知识技能固然重要，但更为重要的是要发展积极的学习态度与能力，即探索新情境、新问题的学习态度，做出假设，推测关系，应用于实践的能力，为解决新问题或发现新事物的探究态度。布鲁纳主张，教师的主要任务不是传授知识，而是让儿童进行发现学习。所谓发现，不是让儿童发现人类尚未知晓的事物，而是让儿童用自己的头脑通过探索过程获得知识。他指出发现学习的几种主要作用：①提高智力潜能。儿童自己提出解决问题的探索模式，学习如何对信息进行转换和组织，从而超越这种信息。②使外部奖励向内部动机转移。布鲁纳认为，通过探索而获得的发现会使儿童产生喜悦感，这比外部的奖励更能激发儿童的学习兴趣。③帮助信息保持和检索。他认为传统的记忆法难以有效保持和检索信息，而按照一个人自己的兴趣和认知结构组织起来的材料，最有希望在记忆中"自由出入"。布鲁纳的发现法有几个特点。

(一)强调幼儿的探索学习过程

布鲁纳认为在教学过程中，儿童是一名积极的探究者。教师的角色是为儿童创设独立探究的情境，而不是提供现成的知识。他认为，教一门学科，不是要建造一个小型藏书室，而是要让儿童自己去思考，参与知识获得的过程，认识是一个过程，而不是一种产品。儿童探索学习的过程，就是他们主动参与建立学科知识体系的过程。同时，儿童的探索需要教师积极引导。例如，户外游戏时，某班幼儿发现了一只受伤的小鸟。幼儿们对小鸟投入了爱心，议论起来："小鸟一定很疼的，小鸟不能飞了。"教师把问题抛给幼儿："我们用什么办法来帮它？"幼儿们积极想办法，并讨论办法的可行性：地上又硬又凉，小鸟不喜欢；给它用手帕包起来；送医院不行，那是给人看病的，不管小鸟的；给它涂点碘伏，可以消毒。

(二)强调直觉思维在发现学习中的价值

传统教学一般注重分析思维，要求思维的逻辑性、严密性。直觉思维与分析思维不同，它提倡儿童可以用跃进、跨越式和走捷径的方式来思考。布鲁纳认为直觉思维是发现学习的重要特征："机灵的推测、丰富的假设和大胆迅速地做出试验性结论，这些是从事任何一项工作的思想家都应具备的极其珍贵的财富。我们应该引导儿童掌握这种天赋。"

(三)强调学习的内在动机

布鲁纳强调，学习应成为儿童主动的过程，真正对儿童学习有作用的是其内在动机，而不是成绩、奖励、竞争之类的外部动机。他认为发现活动有助于激发儿童的好奇心。儿童容易受好奇心的驱使，对探究未知的结果感兴趣。布鲁纳把好奇心称为"儿童内部动机的原型"。

布鲁纳主张，与其让儿童把同伴竞争作为主要动机，不如让儿童向自己的能力提出挑战。所以，他提出要形成儿童的能力动机(competence motivation)，就是使儿童有一种发展才能的内驱力，通过激励儿童提高自己的才能需求，提高学习效率。

值得指出的是，虽然布鲁纳早年是一位认知主义学者，但在 20 世纪 80 年代以后，他的立场发生了很大转变，其观点更倾向于建构主义的主张。

综上，我们可以发现："传统认知心理学秉持身心分离的二元论传统，视心智为独立于身体感觉运动系统的抽象符号信息加工。联结主义与符号加工模式的核心观念都认为：认知是一种计算，认知发生的地方是大脑，且仅在大脑。无论符号加工还是联结主义都视认知与身体无关。"① 以计算隐喻为核心假设的传统认知心理学以及联结主义心理学均不能克服离身心智（disembodied mind）的根本缺陷，当代认知心理学正面临着新的范型转换。以具身性和情境性为重要特征的第二代认知科学将倍受重视，并促使认知神经科学进入新的发展阶段。② 具身理论（theory of embodiment）是继计算隐喻和联结主义后，探讨人类如何获取外部世界知识建构内部概念系统的一种诠释的视角，其核心是关注模拟、情境性的行动和身体状态对人的心理和行为的作用。③④ 我们可以从以下角度理解具身认知：第一，身体的状态直接影响着认知的过程；第二，大脑与身体的特殊感觉——运动通道在认知的形成中扮演着至关重要的角色；第三，具身认知的另一个含义是"扩展认知的传统概念，不仅把身体，还把环境的方方面面都包含在认知加工中"。随着认知科学不断累积的证据支持具身认知理论⑤，具身理论从早期的哲学思辨发展成为认知心理学、社会认知等领域的一种新的研究范式，并成为当前心理学研究的热点。②⑦

第四节　建构主义心理学的学习理论

前面我们分别介绍了三种学习理论学派。行为主义的基本立场是：客观主义——采用客观的立场分析个体外显、可观察的行为，而非内部的心理过程；环境决定论——环境是决定个体行为的最重要因素，关注外部刺激对个体的影响；强化——个体行为的结果影响其后的行为。行为主义的学习观认为，学习就是通过强化建立刺激与反应之间的联结，教育目标是有效传递客观知识，通过刺激与强化促进儿童在这种传递过程中达到教育者设定的目标。行为主义者通常不关注传递过程中儿童内部的心理过程与已有的认知结构。

认知主义学者虽然也保持客观主义的传统，认为世界是由客观实体构成的，知识是确定的，是先于儿童而存在的，但与行为主义者不同，他们非常关注学习者内

① 陈玉明、郭田友、何立国等：《具身认知研究述评》，载《心理学探新》，2014，34(6)。
②⑥ 李其维：《"认知革命"与"第二代认知科学"刍议》，载《心理学报》，2008，40(12)。
③ Barsalou L W, "Perceptual Symbol Systems," *Behavioral and Brain Sciences*，1999(22)，pp. 577-660.
④ Barsalou L W, "Grounded Cognition," *Annual Review of Psychology*，2008(59)，pp. 617-645.
⑤ Prinz J J, *Furnishing the Mind*：*Concepts and Their Perceptual Basis*，Cambridge，MIT Press，2002，pp. 116-117.
⑦ 叶浩生：《"具身"涵义的理论辨析》，载《心理学报》，2014，46(7)。

部的认知过程。认知主义学者主张,教学的目标在于帮助儿童形成与发展新的认知结构,使外界客观事物(知识及其结构)内化为儿童内部的认知结构。同时,他们还认为,要促进儿童更好地学习,就必须关注儿童已有的认知结构及其特点,根据幼儿接受、识别、加工、储存与提取信息的特点,幼儿注意力保持与转移的特点,以及短时记忆与长时记忆的过程与策略而采用针对性的教学方法。这些涉及幼儿学习的内部认知过程,行为主义者一般不予以关注与研究。

建构主义是认知主义的进一步发展,它不仅研究学习者的内部认知过程与结构,而且批判认知主义的客观主义立场,认为世界并非完全客观存在的,每个儿童对于世界的理解和认识都是多元的、有差异的,知识是每个儿童根据自己原有的经验,通过实践活动不断生成的,它不是独立于儿童而客观存在的,"与其说知识是累积而成的事实,倒不如说它是个体主动建构的"①。尽管建构主义有不同的派别,如温和的建构主义(mild constructivism)、激进的建构主义(radical constructivism)、社会建构主义(social constructivism)等,但它们有明显的共同点,即都明确肯定学习是学习者以已有知识经验为基础的主动建构活动。②

建构主义的思想在皮亚杰和布鲁纳的观点中已有所体现,但相对来说,他们的认知学习观主要解释如何使客观的知识结构通过个体与之互动而内化为自身的认知结构。皮亚杰的建构思想主要是从个体的角度出发的,因而也被称为个体建构主义;维果茨基在学习与心理发展上强调社会文化历史的作用,特别强调活动和社会交往在个体高级心理机能发展中的作用。维果茨基的理论在20世纪70年代传入西方后,形成了"维果茨基风暴",与建构主义思潮融汇,产生了建构主义的另一主要派别——社会建构主义。

尽管有学者指出,有多少建构主义者就有多少种建构主义的学习理论,由于对学习这一复杂的认知过程所进行的多标准、个体化的理解,建构主义有个体建构主义、社会建构主义、激进建构主义等多种流派与主张,但都站在批判客观主义的立场,即朝向与客观主义(objectivism)相对立的另一方向发展。在此,我们把皮亚杰的个人建构主义与维果茨基的社会建构主义做粗略的对比(表2-4)。

表2-4 皮亚杰、维果茨基的知识建构观比较

项目	皮亚杰的主张	维果茨基的主张
基本问题	新知识是如何从各种文化中创造出来的?	通过某一特殊文化传递知识,运用的是什么样的工具?

① Forman, "The Constructive Perspective," in *Approaches to Early Childhood Education*, Roopnarine J L & Johnson J E, London, Merrill Publishing Company, 1993, p. 71.

② Cobb P, "Constructivism and Learning," in *The International Encyclopedia*, Husen T & Postlethwaite T N, 2nd ed., Oxford, Pergamon, 1994, pp. 1049-1052.

续表

项目	皮亚杰的主张	维果茨基的主张
语言的作用	有助于符号思维的发展，语言不能在实质上提高智力功能的水平	语言是思维、文化传递和自我调节的基本机制，它能在本质上提高智力功能的水平
社会性互动	提供了测试与验证图式的途径	提供了获得经验、改变文化观念的途径
有关学习者的观念	学习者应积极操纵对象	学习者应在社会性情境中积极相互作用
对教学的启示	教学应设计与打破平衡的经验	教学应提供支持，指导互动

由表 2-4 可知，个人建构主义关注的是个体知识的生成与建构，即脱离了具体社会文化情境抽象出来的个体认识是如何发生的，认识是发生的过程。社会建构主义也同意认识是个体建构的过程，但认为这一过程不能脱离具体的社会文化情境。厄尼斯特（Eernest，1993）认为，个人建构的、特有的主观意义和理论，只有跟社会文化"相适应"时，才有可能得到发展，因为发展的主要媒介是交互作用导致的有意义的社会协商。[①] 因此，个人的认知结构是在社会交互作用中形成的，发展正是将外部的、存在于主体间的东西转变为内在的、为个人所特有的东西的过程。因此，皮亚杰假设的发生认识主体，是一个独立于情境影响之外的认识者，如同一个置身于真空里的活动体，不受其他物体、事件或能量场的影响。人们做了一个形象的比喻：如果说皮亚杰面对的是 PC 的话，那么，维果茨基面对的就是万维网（PC is to Piaget as WWW is to Vygosky）。

一、建构主义对学习的基本主张

（一）如何看待知识——知识是生成的

行为主义的客观知识观认为，事物是客观存在的，知识是对客观事物的真实表征，它是完全中立的，是不依赖于认识主体的，有着绝对的客观性和真理性。但随着奠基于经典物理学的绝对主义世界观的颠覆，知识的绝对客观地位被动摇，知识不再是被认识和控制的客观对象，而是认识主体与其他主体、客体交往实践活动的产物。知识的本质是生成建构性，即随着认识主体交往实践活动的不断深入而形成新观点与认识。对此，不同的建构主义学者都有相近的论述。哈勒尔（Harel）曾总结为，知识是由学习者主动建构的，而不是由教师直接传授的。[②]

建构主义学者对知识本质的理解可归纳为三点：①知识不是对外在世界的真实摹写，而是人们对客观世界的一种解释或假设，因而，它必然随着人们认识活动的

① Ernest P，"Constructivism and the Problem of the Social，"in *Political Dimensions of Mathematics Education：Curriculum Reconstruction for Society in Transition*，Julie C，Angelis D & Davis Z，Johannesburg，Maskew Miller and Longman，1993，pp. 121-130.

② Harel I，*Constructionist Learning*，Cambridge，MIT Media Laboratory，1990.

深入而不断得到升华和改写；②知识不是通过感觉或交流而被个体被动接受的，而是由认知主体主动建构生成的；③在建构的过程中，为了适应不断扩展的经验，个体的图式会不断进化，所有的知识都是在这种个体与经验世界的对话中建构起来的。这些观点充分指出了生成建构性是知识的本质特征。行为主义的知识观视知识为现实的客观反映，是封闭的、稳定的、可以从外部加以研究的系统，这是一种"符合论"式的知识观。而建构主义将知识视为动态的、开放的自我调节系统，儿童并非站在知识之外旁观它，他本身即处在这一系统之中，通过交往实践来把握它。

知识的生成性还表现在，对个体而言知识也是不断生成与变化的。例如，对幼儿来说，水是透明的；对小学生来说，水是无色无味的；而对中学生来说，水则是两个氢原子和一个氧原子的结合。这里很难说哪一种关于水的知识"绝对正确""绝对客观""绝对理性"，因为认识主体具有不同的发展特点、不同的交往实践活动，所以知识有不同的生成建构方式。

(二)如何看待学习者——幼儿是有主体性的

建构主义学习理论认为，儿童不是消极、被动、有待教师填充知识的客体，不是"装知识的容器"，而是有主观能动性的学习者。凯米(Kammi)曾指出，幼儿需要有自主性，这样他们才能探索、发现以及创生出自己的理解。[①]

建构主义学习理论认为幼儿的主体性表现在两个方面。

1. 幼儿在学习中不是一块"白板"

任何时候他们都不是空着脑袋进入课堂的，他们有已有的经验与"前结构"。幼儿在以往的学习中，在日常生活中已经形成了各种直观的经验，即使有些问题他们并没有接触过，也没有现成的经验，但他们可以基于以往的相关经验，对自身的各种经验进行重新组织，以形成对新问题的解释。这说明，幼儿在遇到问题时，是从已有经验背景出发进行解决的。教学不能无视幼儿的原有经验与前结构，而要把幼儿的原有经验作为新信息或新知识的生长点或平台。教师不能只做简单的知识传递工作，而要注重幼儿对各种问题的理解，倾听他们的想法，引导幼儿形成新的知识结构。

2. 幼儿是主动的建构者

幼儿以自己的方式建构对事物的理解。他们通过同伴合作，对事物的理解能够更加丰富和全面。传统教学认为，可以将观念、概念，甚至整个知识体系由教师完全无误地传递给儿童，但事实上这是一种误解。建构主义认为，事物的意义并非完全独立于个体而存在，而是源于学习者的主动建构。因为每个儿童以自己的方式理解事物的某些方面，所以，教学要增进儿童之间的合作，使他们能彼此发现不同的观点及其原因。因此，建构主义学者很重视儿童的合作学习(cooperative learning)。

---

① Kammi C K, "Personal Communication. Constructivist Conference," in *Approaches to Early Childhood Education*, Roopnarine J L & Johnson J E, Macmillan Publishing Company, 1993, p. 143.

(三)如何看待学习过程——学习是主动建构的

行为主义学习理论把儿童看作有待强化的学习客体。人本主义的学习理论非常关注儿童的学习潜能及情感在学习中的重要作用，认为学习的目标是让儿童更好地感受自己、接纳自己。认知主义学习理论则把儿童比作信息加工者，从信息的输入、储存、提取和应用的角度来解释学习。而建构主义学习理论则把儿童看作知识经验的主动建构者，看作在不断进化的经验世界中主动活动的主体。学习不是简单地将信息从外部向内部输入，而是通过新旧知识经验之间的交互作用不断生成新理解的过程。

美国加州大学的维特罗克（Wittrock）总结了20多年认知心理学的研究，在此基础上提出了儿童学习的生成过程（generative process）模式，儿童学习的生成过程是儿童原有的认知结构——已经储存在长时记忆中的事件和脑的信息加工策略，与从外部环境中接受的感觉信息（新知识或经验）相互作用，主动选择和保持信息，主动建构信息的意义。学习是儿童自主建构关于事物及其表征的过程，它不是外界的直接翻版，而是通过已有的认知结构对新信息进行加工。在这一点上，建构主义与皮亚杰的认知理论、信息加工理论有相似之处。但不同的是，建构主义更为强调新信息与新知识是儿童在具体问题情境中主动建构的。这样，当儿童建构起新结构时，新信息也就不再是原来信息加工理论所指的新信息了。

例如，教师请幼儿探索怎样使冰块尽可能快地融化。在教师指导下，幼儿立刻形成小组展开了探究活动。有的小组尝试将冰块放到暖气片旁，认为这是最快的办法；有的小组认为应该用火烧，所以就找了蜡烛来使冰融化；还有的小组认为应该把冰块放到微波炉里，这样冰会很快融化。在这一过程中，怎样使冰块更快融化的知识是幼儿主动建构生成的（图 2-10）。

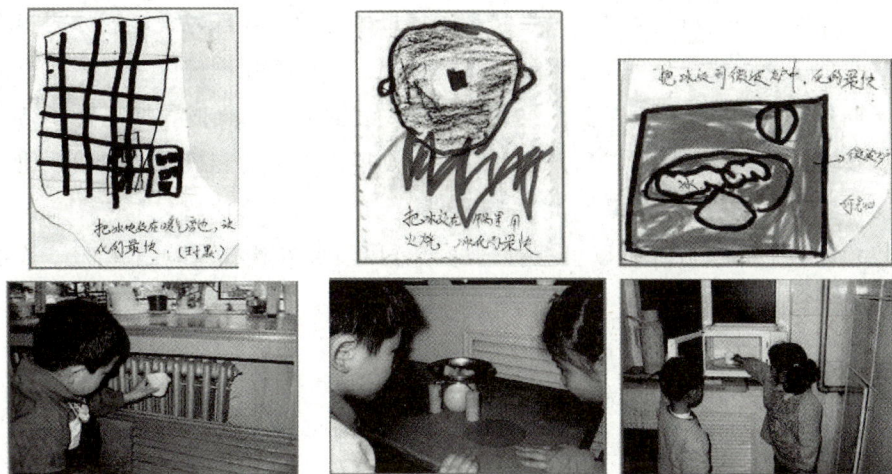

图 2-10 幼儿探索怎样使冰尽快融化

二、建构主义的教学方式

建构主义的教学方式主要有以下三种。

(一)随机通达教学

随机通达教学(random access instruction)以认知灵活性理论为基础。在当代西方建构主义思潮中，美国学者斯皮罗(Spiro)等人提出的认知灵活性理论(cognitive flexible theory)特别引人注目。斯皮罗等人从信息加工的角度解释建构性学习的过程，以揭示学习者在实际情境中灵活应用知识的心理机制。他们认为，学习分两种：一种是结构良好的领域(well-structured domain)的学习，指有严密逻辑体系，可以按部就班的学习；另一种是结构不好的领域(ill-structured domain)的学习，它具有概念的复杂性，以及实际案例间的差异性，即这些知识是运用到具体情境中的，不具有良好的结构特征。在日常生活中有很多并非结构良好领域的学习。斯皮罗据此进一步对学习进行了分析，将学习分为初级学习与高级学习。在初级学习阶段，儿童只要知道一些重要的概念和事实就可以了，而高级学习则不同，儿童必须充分把握概念的复杂性，并能广泛而灵活地运用到具体情境中。

斯皮罗认为，传统教学混淆了高级学习与初级学习的区别，将初级学习的教学策略(如概括、抽象、建立单一标准)不合理地推广到高级学习中，使教学简单化，这使儿童的学习缺乏迁移性。斯皮罗等人根据对高级学习的认识提出了"随机通达教学"。他们认为，儿童对同一内容的学习要在不同的时间多次进行，且每次情境都需要有一定的变化，不能雷同，每次情境分别着眼于问题的不同侧面。这种反复绝非为巩固知识技能而进行的简单重复。由于每次学习情境都不相同，因而能促进儿童更深刻地把握概念的实质。随机通达教学不是抽象地让儿童记住概念，而是将概念具体到一定实例中，与具体情境联系起来，每个概念的教学都包含了充分的实例变化，这有助于儿童的深刻理解。例如，对"火"这一词语的深刻理解可以表现为把握它的不同使用方式——火势凶猛，火气很大，火红的太阳。同时，斯皮罗还结合现代教育技术，特别是超文本学习环境的特点，发展出网络的随机通达教学，他设计的超文本学习环境被认为是认知灵活性超文本。在认知灵活性超文本中，知识并没有加以预先确定，学习者可以根据自己的兴趣以及原有认知结构自主选择学习的内容。

(二)抛锚式教学

行为主义的学习理论认为，知识就是客观事实，就是颠扑不破的真理，它以绝对的客观性为知识的最高理想与目标，突出知识的"超然"品性(scientific detachment)，认为知识是广泛适用的。这种知识观认为，知识既不以学习者的兴趣、爱好为转移，也不以时间、空间为转移，它代表着一种广泛适用性，可以在任何时空与境域发生迁移。

建构主义者批评了这种使学习去情境化的做法，指出学习不能脱离具体的情境，知识只有在一定的文化背景、生态场景下才具有相对的正确性、合理性，并不是在所有境域中都具有完全的解释力，因此提倡抛锚式教学（也称情境式教学，anchored instruction or situated instruction）。

首先，儿童的学习应与现实情境相类似，以解决儿童在现实生活中遇到的问题为目标。学习要选择真实性任务，不能将学习内容抽象化，脱离具体情境，而应呈现不同情境中的类似问题。

其次，这种教学过程与儿童解决现实问题的过程相类似，教师不是将事先准备好的内容教给儿童，而是提出儿童可能遇到的问题，支持儿童自主探索，在特定情境中解决问题。

最后，这种教学不采用独立的、脱离情境的测验方法，而是采用融合式测验法（test integrated），在学习中解决具体问题的过程本身反映了儿童的思维过程和学习的效果，或是进行与学习（问题解决）过程一致的情境化评估（context-driven evaluation）。

一些学者认为可以借助多种媒体手段开展教学。[①] 例如，为了让儿童了解 19 世纪英国的风土人情，教师先让儿童看一段影片《大侦探夏洛克·福尔摩斯》，因为他正好生活在那个年代。在观看影片的过程中，教师让儿童注意剧中人物的特征、衣着打扮、出席活动的场合等，以这一影片作为开展正式教学的"锚"。在运用抛锚式教学过程中教师还应遵循两个基本原则：一是学与教的活动应该围绕"锚"来进行，以激发儿童主动探究与解决问题；二是课程组织材料应该允许儿童互动与探索。例如，供初学弹吉他的人使用的乐谱上都附有"指法图"，帮助学习者灵活记忆各种指法。

（三）支架式教学

围绕教师和儿童在教和学过程中的作用，建构主义者提出了支架式教学（scaffolding teaching）。支架（scaffolding）原意是指建筑行业中的脚手架，这里用来形象地说明一种教学模式：教师为儿童搭建向上发展的平台，引导教学的进行，使儿童掌握、内化所学的知识技能，并为下一阶段的进一步发展再构建平台。

这种教学思想来源于维果茨基的"最近发展区"理论和"辅助学习"（assisted learning）的观点。维果茨基认为，在儿童智力活动中，要解决的问题和原有能力之间可能存在差距。通过教学，儿童在教师帮助下可以消除这种差距，这个差距就是"最近发展区"。因此，教学绝不应消极地适应儿童智力发展的已有水平，而应当走在发展的前面，把儿童的智力从一个水平引导到另一个新的更高的水平，创造最近发展区。建构主义者正是从维果茨基的思想出发，借用建筑行业中使用的"脚手架"

---

① Bransford J D & Stein B S, *The Ideal Problem Solver*：*A Guide for Improving Thinking*，2nd ed.，New York，W. H. Freeman and Company，1993，p. 126.

作为上述概念框架的形象化比喻。

支架式教学首先肯定学习是一个主动的过程，儿童原有经验和发展水平是学习的基础。同时，为了确保学习的有效性，教师必须不断提出挑战性任务和提供必要的支持，帮助儿童不断从借助支持到摆脱支持，逐渐达到独立完成任务的水平。这里，设置问题情境，提出具有挑战性、能引发幼儿新旧经验之间冲突的任务，引导幼儿意识到问题和冲突，并提示解决问题的线索，便成为有效的支架行为。例如，有个大班幼儿照着书上的图案拼图，拼完了一个图，他就坐在那里无所事事。按照支架式教学的思想，教师启发他在完成一个任务后再提出新目标，让他知道在哪个方面进一步努力。

支架式教学包括以下几个基本环节。

①搭脚手架——围绕当前学习主题，按"最近发展区"的要求建立概念框架。

②进入情境——将儿童引入一定的问题情境（概念框架中的某个节点）。

③独立探索——让儿童独立探索。探索内容包括：确定与概念有关的各种属性，并将各种属性按其重要性排序。探索开始时，教师先启发引导（如演示或介绍理解类似概念的过程），然后让儿童自己去分析；在探索过程中教师要适时提示，帮助儿童沿概念框架逐步攀升。起初可以多一些引导帮助，以后逐渐减少——越来越多地放手让儿童自己探索，最后要争取做到无须教师引导，儿童自己能在概念框架中继续攀升。

④协作学习——进行小组协商、讨论。讨论的结果有可能使原来确定的、与当前所学概念有关的属性增加或减少，各种属性的排列次序也可能有所调整，并使原来多种意见相互矛盾、态度纷呈的复杂局面逐渐变得明朗、一致起来。在共享集体思维成果的基础上实现对当前所学概念比较全面、正确的理解，即最终完成对所学知识的意义建构。

⑤效果评价——对学习效果的评价包括儿童个人的自我评价和学习小组对个人的学习评价。评价内容包括：自主学习能力对小组协作学习所做出的贡献，是否完成对所学知识的意义建构。

案例 2-3

一个关于"高速公路"的支架式教学指导

几个男孩在搭建高速公路。我开着车停下来问："我的车在哪里交费？""对不起，还没建好呢，请过一会儿再来！"……我注意到他们只搭了两条同向通行的车道，于是又问："回来时我从哪里走？"孩子们一看不对劲儿："哎呀！对面来的车要是也从这儿过，不是要撞上了吗！赶快在旁边搭条反向的车道吧！"可是，建筑区已经没有地方了。孩子们你看我，我看你，不知如何是好。我在旁边出主意："有没有什么资料可以查一查啊!"一句话提醒了他们。一位小朋友从一幅公路图片上受到启发:"我们可以像搭立交桥似的,搭一个立体双层公路收费站!"

问题在教师的提问下产生,冲突在教师的提问下明朗化,教师的提问又给出了解决问题的线索。教师的几个问题的确像一个个支架,把孩子的经验提升到一个新的水平。

信息栏 2-4
四种学习理论对学习的不同观点

在本章我们介绍了行为主义、人本主义、认知主义、建构主义的学习理论。最后,我们再来比较一下行为主义学者、认知主义学者、人本主义学者和社会与情境学者对学习的不同观点(表 2-5)。①

表 2-5 4 种学习理论学者的不同观点比较

项目	行为主义学者	认知主义学者	人本主义学者	社会与情境学者
学习理论学者	桑代克、巴甫洛夫、华生、格思里、赫尔、托尔曼、斯金纳	考夫卡、勒温、皮亚杰、奥苏贝尔、布鲁纳、加涅	马斯洛、罗杰斯	班杜拉、莱夫、温格、萨洛蒙
对学习过程的看法	行为的变化	内在的心智程序(包括洞察力、数据处理、记忆、知觉)	个体行为的实现潜能	在社会情境中的交互作用与观察,从外围到群体中心的运动
学习的关注点	外部的环境刺激	内部的认知构成	情感和认知的需要	学习是人与环境之间的关系
教育目的	产生所期望的行为改变	发展更好学习的能力和技能	达到自我实现与自主性	完全参与到群体的实践活动中,最大限度地利用资源
教师角色	安排环境,引出需要的回应	学习活动的结构内容	促进人的整体发展	建立群体活动的工作,使儿童形成交谈与参与的能力

---

① Merriam S & Caffarella, *Learing in Adulthood:A Comprehensive Guide*, San Francisco, Jossey-Bass, 1991, p. 528. Now pretty much the standard text, Merriam and Caffarella provide a good overview of learning theory. In the new edition, part two deals with adult development and learning, and part three with the learning process.

信息栏 2-5

儿童学习的 10 条原则

斯特拉·沃斯尼亚道（Stella Vosniadou）

一、调动学生的积极参与

学习要求学习者积极、建设性参与。

（一）研究结论

学校教育中的学习要求学生集中注意力、认真听讲、仔细观察、努力记忆、积极理解。此外，学生还应为自身学习确定目标，并努力承担学习的责任。所有这些认知活动，如果没有学生的积极参与，是无法完成的。因此，教师应能激发学生内在的求知欲望，鼓励他们理解，帮助他们积极学习，不断追求新的目标。

（二）教学建议

教师必须能够创设一个充满情趣、有一定挑战性的学习环境，以调动学生的积极参与。为此，谨提出以下建议。

避免出现学生长时间被动学习的情况。

为学生提供动手实践的学习活动，如实验、观察、课题研究等。

鼓励他们参与课堂讨论及其他合作学习的活动。

二、激励社会性学习

学习是一种社会性交互活动。鼓励学生参与学校的社会性交往是促进学习的要旨。

（一）研究结论

许多研究者认为，社会性参与是学习赖以发生的主要途径。儿童很早就开始社会性交往和参与了。儿童通过与家长互动，往往能获得日后成为有效社会成员所需要的行为。儿童一旦知晓他们的学习成果（如作文、研究报告、书画作品等）会被其他同学分享，便会更加努力地学习。

（二）教学建议

安排学生进行小组学习，教师自己充当提供指导和支持小组学习活动的教练或协调者。

创建宽松和谐的班级气氛，鼓励小组活动，促进信息交流。

通过示范、辅导等方法，促使学生学会与他人合作。

创造条件，使学生有机会相互交流，发表意见，评议他人观点。

社会性学习的另一个重要途径是建立学校与社会间的联系，借此也可以扩大学生参与社会活动的范围。

三、促进有意义学习

只有当儿童能参与他认为在实际生活中有用，并适宜自身文化特点的学习活动时，他才能进行有效学习。

（一）研究结论

由于学生不明确教学活动的目的和价值，许多学校活动失去了原有的意义。

（二）教学建议

教师可以针对真实的情境来设计教学活动，使教学更有意义。例如，实际生活中发生的事件便是一种真实的情境。学生可以通过参与辩论提高口头表达能力，通过参与社区或学校环境保护项目学习科学知识。

四、建立新旧知识之间的联系

新知识总是建立在学生已经理解并接受的知识基础之上。

（一）研究结论

人总是在已有知识的基础上学习新知识。能否具有联系新旧知识的能力是学习的关键。为了完成新的学习任务，必须有已有知识作为基础。但即便有了这样的基础仍然不足以确保良好的学习结果。因此，还须激活人们已经学会的知识，并运用它来理解、学习新知识。

（二）教学建议

为了让学生充分利用已有知识学习新知识，教师可以采用以下方法。

在开始教授新课之前，与学生讨论已学知识的内容，以确保他们具备并激活以前的知识。

学生已有的知识往往并不完备，甚至可能存在谬误。因此，教师不仅要向学生介绍有关新课的知识，还应深入调查学生的前知识，以帮助学生及时判明错误的认识和不正确的概念。

在必要时，教师还需要引导学生复习重要的相关知识内容，或者要求学生独立进行课前预习。

高效率的教师善于以示范的方式引导学生掌握联系新旧知识的方法，以此提高他们的学习成效。

五、前知识的再建构

通过学习获得的前知识，有时候会成为学习新知识的障碍，学生必须学会改进前知识的不连贯性，并在必要时对其进行重新建构。

（一）研究结论

前知识有时会成为正确理解新知识的障碍。这种情况不仅发生在理科及数学科目的学习中，在所有科目上都会发生。以数学为例，许多儿童在使用小数时常常出错，究其原因，乃是他们受到自然数概念的影响。

（二）教学建议

为了促使学生打破以上非直觉性知识的限制，有效地学习新知识，教师可以采取以下措施。

应该明确学生已有的认识及不全面的知识可能与学校新讲授的内容不一致。

应创设条件，使学生有机会表达不同的观点与认识。做到这一点具有重要意义。

教师应以学生已有的知识基础为起点，引导他们逐步获得更为成熟的认知，而忽视前知识的教学则会导致错误概念的形成。

学生必须获得观察与实验的机会，他们可以借此验证先前的认识是否正确。结合科学史的大量事例进行教学都可以达到这一目的。

六、更注重理解而不是记忆

当教材紧密围绕所学科目的主要原则和概念进行编排组织时，学习活动将更为有效；而一味要求强记互不相干的事实与方法则难以取得好的学习效果。

（一）研究结论

研究表明，缺乏理解的记忆很容易遗忘。而深刻认知的东西不但可以长久保持，还可以产生迁移，促进其他领域的学习。

（二）教学建议

为了帮助学生更有效地理解所学知识，教师可以尝试以下方法。

要求学生用自己的语言解释某种现象或某个概念。

结合具体事例向学生说明一条定律怎样应用，或一条法则如何生效。

学生必须学会求解学科知识中的疑难问题，在学生获得较强能力时，可相应加大解题难度。

在理解教材时，可以引导学生寻找共同点及差异性，进行分析比较，并由此深入理解，依此类推。

七、帮助学生学会迁移

如果课堂所学内容能用于实际生活，学习就会变得更有意义。

教学建议：

强调学生对学科知识的理解和掌握。因为没有深刻的理解，便难以产生迁移。

帮助学生认识知识迁移的意义。

将从某一学科学得的知识与其可能相关的知识领域相联系。

向学生示范如何从具体事例中抽象出带有普遍意义的原则。

帮助学生学习监控自身学习、反馈学习进度的方法。

教学应注重理解，而不是记忆。

八、投入足够时间进行练习

学习是一项十分复杂的认知过程，不可能一蹴而就。因此，要想获得任何一个领域的专业能力都必须进行充分的训练。

（一）研究结论

研究证实，如欲掌握某方面的专业知识就必须进行大量练习。人们对于所学知识的复现程度，往往决定着他们的学习效果。研究还显示，学校学生读写能力的发展水平与其在阅读、写作方面所投入的时间密切相关。

(二)教学建议

增加学生课堂学习的时间。

向学生提出的学习任务应与其已有知识相联系。

不要试图一次教授过多内容,给学生以充分的时间去理解新知识。

引导学生进行涉及积极思考、学习监控等活动在内的"有意识的练习"。

向学生提供大量读物,使他们可以在家进行阅读训练。

与家长保持联系,以帮助他们为孩子提供更为丰富的教育体验。

九、发展差异与个体差异

当儿童的个体差异受到教师关注时,他们就可能取得更好的学习效果。

(一)研究结论

研究表明,儿童在学习中存在着十分显著的发展差异。儿童在其成长过程中,对客观世界不断地进行认知加工,他们认知的过程与策略也在不断变化。此外,儿童的学习也具有显著的个体差异特点。

(二)教学建议

教师应学会评价儿童的知识、学习策略及学习方式的可靠方法。

为儿童提供宽泛的学习材料、学习活动及学习任务,涉及自然科学、社会科学、艺术、运动、社会理解等。

了解学生的优势领域,关注他们在不同活动中表现出的兴趣、执着和自信心。

发扬学生的长处,并借此推进学业水平的全面提高。

鼓励学生大胆质疑,并向他们提供问题解决的体验,促使他们用不同的方法验证自己的假设。

注重结合日常生活提出问题,使学校的学习与现实社会相联系。

十、自我激励的学习者

学习者自身的动机对其学习的成效有着至关重要的影响。教师可以通过言传身教,帮助学生成为自我激励的学习者。

(一)研究结论

自我激励的学习者不难辨别。这类学生热切地期盼成功,并愿意为此付出不懈努力。他们还具有坚毅、执着的特点。这些品质对他们学习的数量与质量都会产生直接影响。

(二)教学建议

及时认可学生取得的成绩。

引导学生将自身进步归结为自身努力而不是外部因素。

帮助学生树立自信心。

对儿童的学习方法及时做出反馈,并指导他们不断改进。

帮助学习者确定切实可行的目标。

思考题

1. 请评述行为主义、人本主义、认知主义、建构主义的学习理论及其对幼儿学习与教育的启示。

2. 相对而言，你更认同哪一种学派的学习理论？为什么？

3. 你认为在促进幼儿学习时应遵循哪些原则？

4. 请到幼儿园观察一名幼儿的学习活动，分析该幼儿的学习有哪些特点。

第三章　婴幼儿学习心理概述

本章提要 ▶

- 什么是婴幼儿的学习
- 婴幼儿学习的脑科学基础
- 0～6 岁婴幼儿学习的主要方式

为了对幼儿学习形成综合、概括性认识，也为理解后续各章提供初步基础，本章围绕婴幼儿学习的脑科学基础、婴幼儿学习的基本活动及其特点，特别是对 0～6 岁婴幼儿的学习方式进行了较为全面、系统的阐述。

"学习"既是生活中的常用语，也是心理学研究的术语与重要课题。长期以来，教育心理学界对学习有种种定义。归纳起来，主要有以下几种。

①行为主义的学习观：学习是刺激和反应之间联结的加强。

②认知主义的学习观：学习是认知结构的改变。

③人本主义的学习观：学习是自我概念的转变。

④建构主义的学习观：学习是主动建构内部心理表征的过程。

随着学习心理学的认知革命，目前最为广泛接受的定义是"学习是学习者在某种特定情境中行为的改变，它源于在这一情境中反复的练习与实践经验。这种改变不是自然发生的，不是因成熟或某种因素所导致的个体状态暂时的改变（如劳累、服药等）"[①]。对这一定义，我们可从几方面理解。

第一，学习是由练习带来的经验而产生的。经验不仅指外部环境刺激、个体的练习，而且包括个体与环境之间复杂的交互作用。因经验而产生学习的情况，大致有两类：一类是有计划的练习或训练；另一类来自事先没有计划的活动，在生活中偶然获得的经验。例如，儿童在上学路上，遇到一位盲人不能过桥，就扶他上下桥。虽然这是一种事先未预料到的经验，但是从这个活动中，可能学习到同情和助人

---

① Hilgard E R & Bower G H, *Theories of Learning*, Englewood Cliffs, Prentice Hall, 1975, p. 6.

行为。

第二，学习需要过程。学习所发生的变化有时直接见诸行为，有时未必立刻反映到行动中，它可能需要一段较长时间才能体现。因此，有些心理学家把它视为行为潜能的变化。例如，儿童初学识字，一开始看见字形而不知字音与字义，经练习后，见字形即发出字音，并了解字义，这可以推知产生了学习。如果儿童虽然注意到字形，也听懂教师教他的字音和字义，但因为在陌生教师面前不敢将自己掌握的知识通过行为表现出来，这也应视为已发生了学习。像这种已产生学习而未能在行为上表现出来的现象，称为行为潜能(behavioral potential)。

第三，幼儿行为的变化不一定意味着学习的发生。学习由练习或反复经验而产生。但不能简单地认为，凡是行为的变化都表明学习的存在。个体行为变化不仅可以由学习引起，也可以由本能、疲劳、适应和成熟等引起。

第四，学习不仅指有组织的知识、技能、策略等的学习，也包括态度、情感、行为准则等的学习，这类学习通常为人们所忽视。我们常常关注幼儿学会念儿歌，学会唱歌，学会跳舞，学会做数学题，而忽略了态度、情感、社会性等同样是其学习的重要内容。

虽然上述定义是目前公认的，其优点是指出了学习源于个体的练习与实践，但是它也存在不足。内隐学习理论(implicit learning theory)指出，幼儿的学习不仅是外显的，而且还存在内隐的学习，它不受意识控制，无须外显加工，同时也很少依赖练习。班杜拉的观察学习理论也表明，儿童的学习往往不需要直接练习，他们通过观察也能习得榜样的行为。因此，关于学习的定义还需要做如下修改。

学习是幼儿因经验而引起的思维、行为、能力和心理倾向(包括态度、情感)等持久而深刻的变化。这些变化不是因成熟或是某种原因，如服药、生理短暂变化导致的暂时性改变。

第一节　婴幼儿学习的脑科学基础

当前，学习的生理机制研究取得了很大进展，特别是脑生理学、认知神经科学[①]等方面都有许多新发展。本节着重阐述幼儿学习的脑科学基础。

一、脑科学研究与婴幼儿的学习

20世纪90年代以来，脑科学研究取得了重大进展，使早期学习与教育日益为人们所关注。

---

① 认知神经科学的研究任务在于阐明认知活动的脑机制。换言之，人类大脑如何调用其各层次上的组件，包括分子、细胞、脑组织区和全脑去实现认知活动，是认知神经科学回答的根本问题。

首先，脑科学研究证明了婴幼儿学习确实存在关键期。在关键期内，婴幼儿比较容易学习某些知识经验或形成某些行为。如果错过了这一时期，在较晚的阶段要想弥补，则非常困难，甚至是不可能的。个体发展的关键期与脑发展的关键期有关。这也是脑的发展最快速、有效的时期。脑部高级神经网络的形成有一定时间期限，不同区域的脑神经网络有不同的构建期，并在不同的时期达到成熟。因此，在人生早期的生活经验中，不同年龄对各种事物有不同的敏感性，即我们经常说的"学习关键期"，它能帮助婴幼儿不同区域的脑神经网络发育与成长。

研究表明：出生后 5 个月是脑电活动发展的重要阶段；1～3 岁，儿童脑电活动逐渐成熟，脑电图也复杂化；4～20 岁，脑功能发展存在两个明显的加速期，第一次在 5～6 岁，第二次在 13～14 岁。这一明显加速的发展时期使个体脑的机能在一定程度上呈现一个飞跃。研究还发现，上述脑的结构和机能在幼儿期的发展并非处于纯粹自然的状态，它在很大程度上受环境和教育的影响与制约，特别是早期环境、教育和学习经验对幼儿大脑发育有深远影响。例如，作用于幼儿身体或神经系统上的早期经验影响其大脑相应区域细胞的生长。脑生理学研究揭示，脑细胞的生长从 6 个月开始，一直持续到青春期。丰富多彩、适宜的环境刺激是促进个体脑细胞迅速生长的重要条件。在幼年期，如果早期经验被持续剥夺，就会导致中枢神经系统的发展出现减慢甚至停滞现象，并构成终身伤害。

其次，由于婴幼儿期脑的发展尚未定型、可塑性强，如果具备良好、积极的教育环境，婴幼儿的脑具有较好的修复性。对婴幼儿脑损伤的研究发现，脑一侧半球受损后，通过适宜的学习与反复训练，另一侧半球可以产生替代性功能，使脑损伤获得一定程度的修复。例如，5 岁以前任何一侧的损伤都不会导致永久性的语言功能丧失，因为语言中枢可以在适宜的早期语言训练下较快地移向另一半球，克服言语障碍。

最后，脑科学研究还发现，婴幼儿具有巨大的学习潜力。例如，婴儿在 3 个月时便能进行多种学习活动，1 岁幼儿能学会辨认物体的数量、大小、形状、颜色和方位，幼儿具有很强的模仿力、想象力和创造力。幼儿期还是个体心理多方面发展的关键期。2～3 岁是个体口头语言发展的关键期，4～6 岁是儿童图像视觉辨认、形状知觉形成的最佳期，5.5 岁是掌握数概念的最佳年龄，5～6 岁是儿童词汇能力发展最快的时期。同时，幼儿期还是好奇心、求知欲、想象力、创造性等重要的非智力品质形成的关键期。1999 年，美国儿童健康与人类发展组织经过研究指出：幼儿受教育状况在很大程度上可以预测他们将来的认知、语言和智力发展水平。

信息栏 3-1

脑科学与早期教育

现代科学技术的发展使人们对人脑的研究越来越广泛和深入，特别是对人脑发育的研究更为引人注目。美国底特律市韦恩州立大学儿科神经生物学家哈利·丘加尼教授利用"正电子发射计算体层摄影"技术，对婴儿大脑进行扫描观察，发现婴儿脑部的各个区域在出生后一个接一个地活跃起来，又一个接一个地互相联系着。就像入夜的城市，一家又一家地亮起了电灯，一盏又一盏的电灯连成一大片那样壮观。这为证实人生头三年是一生发展的关键期提供了重要的依据。

加拿大儿童健康研究所(Canadian Institute of Child Health)关于"第一年持续终生"(The First Years Last Forever)项目研究指出了脑发育的主要原则：①外部世界塑造了脑的发育；②外部世界通过婴儿的各种感觉所经历的看、听、闻、触、尝，使脑建立或修整联结成为可能；③脑的发育遵循"用进废退"的原则；④婴儿早期建立与他人的良好联系，是发展情绪与社会性的主要来源。

信息栏 3-2

脑的发育：突触的形成[1][2][3]

20世纪80年代，胡滕洛赫尔(Huttenlocher)首先揭示了人类大脑皮质突触形成的一种模式，起先是突触的快速增殖和过量产生，接着是突触清除和修整，使突触数目降至成人水平的阶段。在出生后最初几年中，这个过程很频繁。在这个发育阶段，具有不同功能的不同脑区的发育时段不同。胡滕洛赫尔估测，视觉皮质突触过量产生的峰值发生于1岁半左右，然后直到学龄前中期，突触数目逐步减少至成人水平。负责听觉和语言的脑区中也有类似的情况，只是时间段推后些。但是，在前额皮质(发生高级认知的脑区)则出现十分不同的景象，过量产生的峰值发生于1岁左右，直到青少年期突触数目还未降至成人水平。

信息栏 3-3

现代脑科学研究方法

脑功能成像或功能性神经成像，是一类无创伤的神经功能活动测量成像技术。正电子发射断层成像(PET)和功能磁共振成像(fMRI)是研究"活动的"人脑最常用的两种成像技术。有关脑功能信息的获取和分析，大部分源自这两项技术，当然，事件相关电位(ERP)或脑电图(EEG)和脑磁图(MEG)也起了比较重要的作用。脑功能研究主要

---

① Shonkoff J P & Phillips D A, *From Neurons to Neighborhoods*：*The Science of Early Childhood Development*, Washington, DC, National Academy Press, 2000, p.187.

② Huttenlocher P R, "Synaptic Density in Human Frontal Cortex-Developmental Changes and Effects of Aging," *Brain Research*, 1979(163), pp.195-205.

③ Huttenlocher P R & Dabholkar A S, "Regional Differences in Synaptogenesis in Human Cerebral Cortex," *The Journal of Comparative Neurology*, 1997, 387(2), pp.167-178.

探索认知和情绪的神经基础，脑功能成像是十分重要，甚至是关键的工具。

一、PET 原理

PET 是一种非常有用的生物成像技术，利用带放射性标记（正电子发射同位素）的生物追踪剂做出很灵敏的放射性分析，可以在毫微克或微微克分子浓度范围内分析生物系统，而不会扰乱它。

正电子发射同位素通常由同步加速器生成，其原子用来对某种感兴趣的化合物加"标记"，然后通过静脉注射到人体内。这些标记化合物是用来"跟踪"生物过程的，因而被称为生物追踪剂。

在任一时刻，某些正电子发射同位素原子衰变，发射出一个"正电子—中微子"。正电子与组织中的电子相撞并失去能量（湮灭），电子和正电子的质量转变为能量并以伽马射线的形式放出。为了保持能量和动量，这种伽马射线以两条能量为 511 keV、方向相反的射线形式发射，被体外检测系统检测出来（图 3-1）。

PET 扫描仪由一个环形闪烁检测器阵列组成，检测头部相对两侧几乎同时出现的伽

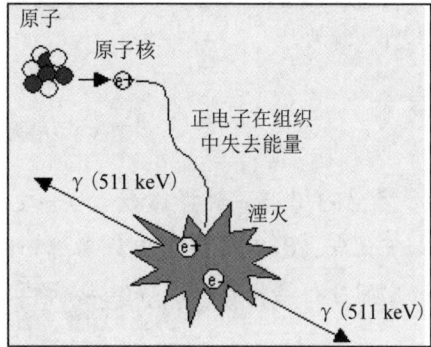

图 3-1 PET 原理

马射线。如果伽马射线的位置能精确测出，则发生湮灭的那条线（对应于脑内由正电子标记的分子的浓度）就能确定。将各个角度上的线组合起来得到的数据通过类似于 CT 图像重建算法重建出断层图像。这幅图像的密度反映了组织中正电子发射示踪剂的浓度。

PET 具有一个独特性质：构成人体主要基本成分的碳、氮、氧的正电子发射同位素 ^{11}C, ^{13}N, ^{15}O 均可用于 PET 示踪剂。

二、fMRI 原理

磁共振成像（magnetic resonance imaging，MRI）的物理基础是磁共振现象，利用这个现象可以对物质的微观结构进行研究：以不同的射频脉冲序列对处于一个恒定强磁场中的生物组织进行激励，并利用线圈技术检测质子密度信息，进行重建形成图像。

1990 年小川诚二（Seiji Ogawa）在磁共振图像中发现了血液氧合对 T2 加权图像的影响：当血液氧合程度降低时皮层血管更清晰。他分析，这是去氧基血红素造成了局部磁场变化而引起的（图 3-2），从而发展出一种成像方法——血氧水平依赖磁共振成像（blood oxygenation level dependent，BOLD）方法。

受激发脑区会有局部血流增加现象，用造

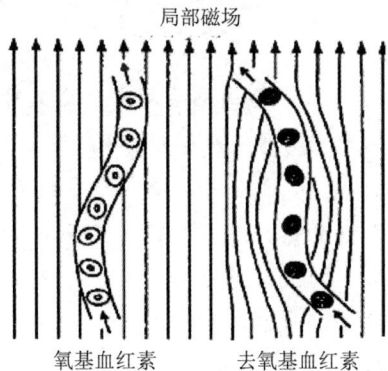

图 3-2 去氧基血红素对局部磁场的影响

影剂 MR 成像证实了这一点。血流增加量超过了组织的氧需求量，使得静脉血液的含氧量增加、去氧血红素降低(图 3-3)。同时，由于去氧血红素是顺磁的，因而改变了 T2 信号，起到了类似于造影剂(反差增强剂)的作用。因此，在不需要外加造影剂的情况下，采用适当的成像序列可以利用临床 MRI 装置(场强≥1.5 T)观察脑结构功能活动，称为功能磁共振成像。

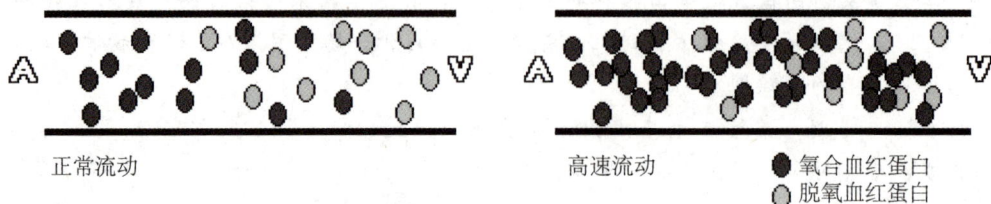

正常流动　　　　　　　高速流动　　　● 氧合血红蛋白
　　　　　　　　　　　　　　　　　　○ 脱氧血红蛋白

图 3-3　受激发脑区局部血流增加现象

fMRI 作为一种将脑活动与特定的任务或感受过程联系起来的成像技术，具有如下优点：①不需要注射放射性同位素(与 PET 相比)；②所需的扫描时间较短；③空间分辨率较高(约 1 mm)。

二、婴幼儿的学习与大脑功能单侧化

大量研究证明，脑功能的单侧优势可以影响儿童的个性和学习方式。[1] 因此，了解儿童脑功能单侧优势的个别差异是非常重要的。即使是年幼的儿童，在学习上也存在个体差异。有的善于表达，语言词汇丰富；有的喜欢动手操作、摆弄物体，能用各种积木、积塑拼搭出不同的形状；有的条理性强，表达观点有理有据；有的则思维呈跳跃性，想象力丰富。事实上，个体间的差异现象早在 18 世纪末就受到了研究者的关注。

🎧 **信息栏 3-4**

个体差异现象

1796 年格林尼治天文台的皇家天文学家马斯基林辞退了他的助手金内布鲁克，因为金内布鲁克观察星体通过(或星之中天)(stellar transits)的时间比马斯基林迟约 1 秒。1795 年 8 月，金内布鲁克所记录的时间比马斯基林迟 0.5 秒。他对此种误差大加注意，并力求纠正。然而其后数月，这种误差仍然存在，甚至有所增加。到 1796 年 1 月，竟达 0.8 秒。于是马斯基林辞退了他。因为钟表的准确性有赖于天象的观察，所以马斯基林认为此种误差是严重的。

---

[1]　Bergen D & Coscia J, *Brain Research and Childhood Education：Implications for Educators*，Olney，MD，Association for Childhood Education International，2001，p. 21.

那时观察星体通用的方法是布雷德利的"眼耳"法。望远镜的视野因测镜网内平行的交叉线而划分。观察者须记录某星跨过某线的时间，即达到 0.1 秒。天文学家都深信布雷德利法为精确的方法，至多有 0.1 秒或 0.2 秒的误差。因为有这一假设，所以金内布鲁克的 0.8 秒的误差就是一个重大的错误。

这一事件引起了哥尼斯堡天文学家贝塞尔的注意。1820 年，他与另一研究人员共同进行了观察。他们选定十颗星，各于某夜观察五颗星的中天，次夜观察另外五颗星的中天，如此轮流五个晚上。结果贝塞尔的观察常常早于另一人，其平均差异为 1.041 秒。假使金内布鲁克的 0.8 秒的误差为不可信，则此差异更大。此后的几年，贝塞尔又与多位研究者进行了个体观察差异的研究，并发现了"人差方程式"。这一研究成为个体差异研究的开始。

（摘自［美］E G 波林：《实验心理学史》上册，高觉敷译，165～168 页，北京，商务印书馆，2017。收入本书时有改动。）

幼儿的学习差异有其发生、发展的基础。从脑生理机制来看，学习是人脑的机能，人脑又是高度整合而分化的复杂物质结构。当代脑科学研究成果表明，人脑分为左右两个半球，它们具有相对独立的意识功能。左半球是进行抽象和逻辑思维的中枢；右半球是处理表象，进行具体思维、形象思维和创造性思维的中枢。大脑功能的单侧化实验最早来自神经心理学研究。美国加州理工学院的斯佩里（Sperry R）领导了这一研究项目。[1] 研究最初集中于一些进行了大脑联合部切开手术的"割裂脑"病人。实验中，被试双眼注视屏幕正中间，以 1/10 秒速度闪现左右两边不同的图案，如左边是小刀，右边是叉，这样从右视野进入左侧半球的是叉。当研究者要被试用左手到屏幕后摸出在屏幕上出现之物时，他们拿的都是叉。从斯佩里开始，很多实验证明了左右两半球都有其本身的专门化，而且两半球在正常情况下不仅有分工而且相互补充。此后，大量研究不断证明左半球加工信息的方式是言语的、序列的、数字的、几何学的、空间的、理性的和逻辑的，右半球加工信息的方式是视觉的、平行的、整体的、模拟的。一般说来，与语言、数学、逻辑和理论等有关的内容偏于左半球，而音乐、美术等与形象、空间知觉、直觉、想象等有关的内容则侧重于右半球。

表 3-1 是心理学家总结出的大脑左右半球侧重加工信息的种类。

表 3-1 大脑左右半球加工信息的种类

左半球	右半球
词语信息	非词语信息
系列性信息	同时性信息

① Sperry R W, "Some Effects of Disconnecting the Cerebral Hemispheres," *Science*，1982（217），pp. 1223-1226.

续表

左半球	右半球
时间性信息	视觉/空间信息
逻辑性信息	"完整"性信息
分析性信息	直觉性信息
辐合性信息	发散性信息

(陈英和：《认知发展心理学》，364～365 页，杭州，浙江教育出版社，1999。)

不仅左右脑功能定位各有侧重，上下脑的分工也有所不同。上脑即人的大脑皮质，由新皮质构成，主管语言和思维。下脑由边缘系统、小脑和脑干构成，其物质成分多为旧皮质，不仅主管感觉和运动，也具有信息加工功能。例如，丘脑既是信息传递的中继站，也是皮质下的重要整合中枢，对信息加工、信号储存与改变都有重要作用。边缘系统不仅参与学习和记忆，而且控制多余的信息进入大脑皮质。上脑的信息加工是以意识为中介的控制加工，下脑的信息加工主要是无意识自动加工。

上下脑、左右脑的分工不是绝对的，可以相互补偿。左脑也可以对具有视觉特征的刺激进行加工，而右脑也会涉及语言能力。因此，左右脑既是专门化的又是相互依赖的。特别是对大脑功能健全的儿童来说，完成任何一项任务，都是两半球同时参与工作，只是根据任务的复杂程度、要求，以及所加工信息特点的不同，左半球或右半球所起的作用大小不同而已。因此，必须强调大脑两半球是一个统一信息加工系统的两个部分。

大脑功能的单侧化、左右脑的优势不同会影响幼儿学习。研究表明，幼儿对不同认知加工方式的选择和偏好在一定程度上受其"左优势脑"或"右优势脑"的生理特点影响。幼儿在某些方面表现出的学习困难也与大脑两半球的功能有关。"左优势脑"的幼儿，在面对需要用右脑去加工的信息时就会显得力不从心。因此，对幼儿的学习进行指导时，应该考虑其大脑两半球功能优势对学习的影响。

脑的专门化和单侧化是一般概念，具体到每一位幼儿，究竟是哪一侧占优势，则各有差异。由于脑功能的单侧优势可以影响人的个性和学习方式。因此，了解幼儿脑功能单侧优势的个别差异是非常重要的。例如，有关幼儿创造力的研究表明，由于右脑具有直觉性和发散性认知加工的特点，因而那些右优势脑的幼儿的创造性思维特点比较明显。

信息栏 3-5

学习与思维风格

托兰斯曾与他的同事设计了一个被称为"你的学习与思维风格"(Your Style of Learning and Thinking)的纸笔测验，用以评估儿童的左右脑优势。在这个测验中，主试给被试儿童呈现三个一组、描述自我思维特点的一系列句子。在每组三个句子中，第一个句子所描述的是右脑的加工方式，第二个句子描述的是左脑的加工方式，第三个句子描述的是适合于两侧脑加工的方式。要求儿童从中选择一个最能代表自己加工特点的句子。例如：

①我善于记忆人的面孔(右脑的加工方式)。

②我善于记忆人的名字(左脑的加工方式)。

③我既善于记忆人的面孔，又善于记忆人的名字(左右脑的加工方式)。

儿童要回答四十组这样的问题。主试根据儿童的回答将其划分为左优势脑、右优势脑以及左右脑综合类别。研究发现，通过上述测验被划分为右优势脑或左右脑综合类的儿童，比左优势脑的儿童在创造性上得分更高。例如，右优势脑的儿童表现出更具创造性的对未来生活的设想，对一些假设的冲突情境也能提出更具创造性的解决办法。

三、婴幼儿的学习障碍与脑生理机制

幼儿在学习中存在的很多问题并非由于意志薄弱、学习态度差，而是与脑生理机制有关。

(一)注意缺陷多动障碍

1844年，美国学者霍夫曼(Hoffman)描述了一些幼儿，他们小动作频繁、注意力涣散、情绪不稳定、任性及学习成绩不良。[1] 霍夫曼首先指出，他们这些异常行为不是精力旺盛和顽皮，而是一种病态表现。此后，临床报告日益增多，名称也五花八门，如粗笨行为综合征、原发性读书迟缓、器质性脑损害、格氏发育综合征等。

注意缺陷多动障碍(ADHD)是儿童注意力缺乏、活动过多、冲动性强和延迟满足困难等一系列心理行为问题的总称，它是儿童期最常见、最复杂的心理与行为障碍之一。1949年格塞尔(Gesell)发现，此症与轻微脑损伤有关，将其命名为"轻微脑损伤综合征"(minimal brain damage)。此后，不少学者研究发现此症不是轻微脑损伤的结果，而是脑功能轻微失调。于是，1962年各国儿童神经病学专家在英国牛津开会讨论，决定在本症的病因尚未弄清之前，暂时命名为"轻微脑功能失调"(minimal brain dysfunction，MBD)。1977年世界卫生组织在《国际疾病分类》中将其命名为"儿童期多动综合征"。1980年美国国家精神病组织认为多动综合征的主要问题是注意缺陷问题，故在《精神障碍诊断和统计手册》(第3版)中将其命名为"注意缺陷障碍"(attention deficit disorder，ADD)，1987年改称为"注意缺陷多动障碍"(attention deficit hyperactivity disorder，ADHD)；1992年《国际疾病分类》将其统一命名为"过度活跃症"(hyper-kinetic disorder)。我国则惯称为多动症。

---

① Lange K W, Reichl S & Lange K M, et al., "The History of Attention Deficit Hyperactivity Disorder," *ADHD Attention Deficit and Hyperactivity Disorders*，2010，2(4)，pp. 241-255.

关于儿童注意缺陷多动障碍的出现率，由于研究方法各异，诊断标准不统一，因而调查结果差异较大，如鲁特(Rutter)报告英国的出现率仅为0.1％，而美国的则在5％至10％之间。关于我国学龄期儿童注意缺陷多动障碍的出现率，专家分析5％左右较为可靠。① 在注意缺陷多动障碍儿童中，男孩的发病率明显高于女孩。在我国许多儿童心理咨询与儿童精神病门诊中，注意缺陷多动障碍已成为最常见的心理与行为障碍。注意缺陷多动障碍对儿童的学习与发展产生十分不利的影响，因而引起了发展心理学家、教育学家、儿童精神病学家的普遍关注。

注意缺陷多动障碍与人的高级神经活动类型有关，也与人的心理素质如个体自我控制能力的强弱有关。在不同的年龄阶段，注意缺陷多动障碍有不同表现。新生儿期表现为易兴奋、惊醒、惊跳、夜哭、要成人抱着睡或嗜睡；婴儿期的表现是不安宁、好哭、容易激怒、好发脾气，母亲常常抱怨孩子难带；幼儿期表现为乱奔乱跑、易摔跤，注意障碍开始变得明显，注意力难以集中，睡眠不安、喂食困难，在幼儿园不遵守规则，不能静坐。注意缺陷多动障碍一般有以下表现(表3-2)。

表 3-2　注意缺陷多动障碍在不同年龄阶段的症状表现

年龄阶段	症状表现
婴儿期	不安宁、易激怒、行为变化不规则、过分哭闹、叫喊、饮食差、活动性保持高水平
幼儿期	注意力集中时间短、破坏性强、不能静坐、好发脾气、很早入睡或很早醒来、对动物残忍、有攻击行为、好冲动、参加集体活动有困难、情绪波动、遗尿
学龄期	注意力集中时间短、好白日梦(女孩)、不能静坐(男孩)、忍受挫折的耐受性差、对刺激的反应过强、学习困难、不能完成作业、攻击行为、与同伴相处困难、冲动性强、自我形象不好

①活动过度。有一部分儿童的过度活动在婴儿时期就开始出现。他们格外活泼，会从摇篮或小车里向外爬。当他们开始学步时，往往以跑代步。

②注意力集中困难。注意缺陷多动障碍幼儿注意力集中的时间短，在玩积木或其他游戏时，往往也是东张西望。

③情绪不稳定，任性冲动。注意缺陷多动障碍幼儿由于缺乏自我控制能力，常对一些不愉快刺激做出过分反应。

④学习困难。注意缺陷多动障碍儿童智力水平大多正常，然而以上症状会给学习带来困难。例如，有些幼儿常将"6"看成"9"，分不清左或右等。

幼儿为什么会患注意缺陷多动障碍？一是与遗传有关。对患儿及其家庭的研究发现，不少患儿的父母在年幼时也有注意缺陷多动障碍症状，其家族中成年人患有癔症、病态人格及酒精中毒的居多。另有学者对非血缘关系的养子的注意缺陷多动障碍进行了研究，发现与患儿有血缘关系的三代以内的近亲患注意缺陷多动障碍的，

---

① Rutter M，"Syndromes Attributed to 'Minimal Brain Dysfunction' in Childhood," *American Journal of Psychiatry*，1982(139)，pp. 21-33.

远较无血缘关系的养父母要多。大量研究表明，遗传是引起注意缺陷多动障碍的重要因素。1985 年的一项研究发现，814 例注意缺陷多动障碍患儿中，40％亲属中有神经精神病或性格障碍等；1990 年张宪斌对 800 例注意缺陷多动障碍患儿进行研究，发现 14.2％的病例有家族病史，有 11 对双胞胎同时患病。这些研究充分说明遗传因素与注意缺陷多动障碍存在密切的关系。二是与大脑发育有关。研究发现，注意缺陷多动障碍是由大脑额叶发育迟缓引起的。这里主要指的是前额叶，一切感觉和运动功能都在前额叶进行分析综合和调节。同时，注意缺陷多动障碍儿童的脑电图具有阵发性或弥散性 θ 波活动增加的特点。θ 波活动增多在睡眠时较多出现，提示注意缺陷多动障碍儿童有觉醒不足（也即从睡眠中清醒过来不充分）的脑电图。另有研究指出，脑损伤也是引起幼儿注意缺陷多动障碍的因素之一。可能造成脑损伤的因素较多：母亲怀孕时受到风疹等病毒感染，妊娠期间吸烟、酗酒、用药不当、受到辐射、外伤、疾病、情绪异常；难产、颅内出血或宫内发育不良；出生后有脑外伤、脑炎、脑膜炎、癫痫、一氧化碳中毒等。但也有学者认为脑损伤不是注意缺陷多动障碍的最主要病因，脑内神经递质代谢异常，如多巴胺、β-烃化酶偏低造成去甲肾上腺素减少，可能是有关原因。

信息栏 3-6
注意缺陷多动障碍儿童的检测

如果幼儿同时具有以下 8 个或更多特征，那么他就可能有了注意缺陷多动障碍患者的一般症状。

1. 经常动来动去
2. 很难保持坐姿
3. 容易心烦意乱
4. 很难做到排队等候
5. 经常未加思索就脱口而出
6. 很难做到按照指导逐步完成任务
7. 很难集中注意
8. 经常一项活动未完成就将注意力转向另一项活动
9. 很难安静地玩耍
10. 喜欢插嘴或把自己的思想强加于人
11. 经常在上课时开小差
12. 说话过多
13. 经常不计后果地参加危险活动

（［美］克里克山克、贝勒尔、梅特卡夫：《教学行为指导》，时绮等译，48 页，北京，中国轻工业出版社，2003。）

(二)学习困难

学习困难(learning disability)是指儿童智力正常,但因各类精神卫生问题引起学业失败。它在儿童期发病率较高,在幼儿阶段就已出现。主要表现为学习不佳,特别是阅读困难。严重的学习困难有如下症状:①感知觉障碍,如空间视觉障碍(左右易位)、听觉功能障碍(分辨能力差)、知觉转换障碍(听写阅读困难)。②精细运动障碍,写字、绘画能力差,精细动作差。③言语发育障碍。④注意力不集中。⑤情绪障碍,易冲动,好攻击,不合群,孤僻,情绪不稳定等。⑥社会适应不良,常对人际关系产生错误理解,对社会交往采取回避态度。

幼儿学习困难的产生有心理方面的因素,如家庭教育、幼儿园教育不当,造成幼儿学习压力。心理负担是重要的影响因素。同时,学习困难的产生与脑生理机制有关。感觉统合理论(sensory integration theory)从个体脑机制的角度入手研究幼儿的学习困难。感觉统合理论是解释幼儿学习困难的一种理论,由美国南加州大学的艾里斯(Ayres)博士提出。[①] 脑科学研究表明,大脑有140亿个神经细胞,分为100多万个感觉区。因此,感觉学习的过程相当复杂和细腻,感官在输入信息时,大脑神经细胞的突触要求灵敏和准确,所有感觉区对同时输入的各种感觉信息必须进行协调和整合,否则就会影响幼儿的思考力和学习能力。艾里斯认为,学习困难的幼儿常常难以将各种感官获得的信息进行整合,即将各部分感觉信息的输入组合起来,经大脑统合作用,完成对内外知觉做出反应,由此表现出学习困难。儿童期的头十年是神经系统完善的重要时期,儿童的大脑具有发展性和可塑性,为改善儿童的脑功能提供了基础。改善感觉统合功能的关键在于控制感觉的输入,特别是通过运动的方法。运动使我们的潜意识了解身体如何动作,并在大脑中留下记忆。例如,幼儿看到一种新玩具时,虽然并没有人教他怎么玩,但很多幼儿可以用过去的相关经验自己琢磨出玩的方法。通常,感觉统合是在幼儿期的日常活动和游戏中发展完善的。

与同龄正常儿童相比,注意缺陷多动障碍儿童也缺乏综合处理来自不同感觉通道信息的能力。造成儿童感觉统合失调的可能原因有:城市中高楼林立,剥夺了儿童与空间充分接触的机会,限制了儿童空间能力的发展;幼儿在生长过程中缺乏抬头、滚地、翻身、爬行等成长所需的活动;有些幼儿是剖宫产出生的,失去了经过产道挤压而获得触觉训练的机会等。这些因素使幼儿的大脑因为没有得到相应的感觉信息刺激而发育不良,儿童平衡、协调、自控能力较差,常常出现多动的特征。

---

① Ayres A J & Linda S Ticker, "Hyperresponsivity to Touch and Vistibular Stimuli as a Predictor of Positive Response to Sensory Integration Procedures by Autistic Children," *AJOT*, 1980(6), pp. 375-381.

信息栏 3-7

幼儿园各种感觉统合器械介绍

滑梯：刺激前庭体系，头部、颈肌同时收缩，身体保护伸展行为的成熟。

滑板：调节前庭感觉和触觉，引发丰富的平衡反应，运动中大量的视觉情报，脊髓及四肢的本体感，使整体感觉统合运作功能积极发展。

插棍：强化前庭刺激及全身肌肉的伸展。

独脚椅：练习伸展和保持平衡，协调身体，控制重力感，建立前庭感觉机能。

蹦蹦床：强化前庭刺激，抑制过敏信息，矫治重力不稳和运动中加强身体平衡的能力。

研究证实，感觉统合失调会影响幼儿的学习。金星明等人的研究指出，学习困难中有一个亚群，其表现为辨认或解释来自躯体或外界感觉输入的缺陷，这些缺陷并非智能迟缓、中枢神经系统的损害或异常，而是感觉统合失调引起的。[①]

需要指出的是，幼儿的学习困难中有一部分确实是感觉统合失调引起的，但不能扩大化，将所有的学习困难都归因于儿童的感觉统合失调。对于幼儿的学习困难问题，还有待进一步深入研究。

四、影响早期脑机能发展的因素

影响早期脑机能发展的因素有多种，如营养和环境、生化因素、生物反馈等。其中，胎儿期的环境与营养有十分重要的影响。孕妇的健康和营养对孩子出生后智力的发展产生影响。孕妇抽烟、喝酒很可能影响胎儿大脑发育。

（一）孕妇吸烟

孕妇吸烟危害胎儿大脑发育这一结论已得到公认。孕妇吸烟之所以危害胎儿发育，是因为烟草烟雾中含有数千种危害健康的化学物质，其中许多成分对胎儿发育有潜在毒性。在烟草烟雾中，已被证明可以干扰胎儿大脑发育的主要组成部分是尼古丁和一氧化碳。尼古丁与一氧化碳均可由胎盘传给胎儿，使子宫内的胎儿直接受到危害。尼古丁可使血管收缩，血液流量减少，养分供应量亦随之减少。再加上一氧化碳与血红素结合，减少了带氧量，使胎儿处于缺氧状态，轻则使胎儿发育不佳，重则导致胎死腹中或产后死亡。研究表明，与吸烟的孕妇相比，胎儿体内的尼古丁浓度甚至更高，且持续时间更长。产前吸烟暴露影响胎儿的大脑生长、特定区域的脑容量和新生儿大脑的微结构。此外，神经生理功能和整体大脑功能的改变已经被功能磁共振成像证实。介导这些效应的机制包括尼古丁调节轴突寻路、神经元突触

---

① 金星明：《感觉统合训练的理论的基础与临床实践》，载《中国实用儿科杂志》，1997，12(6)。

形成以及一氧化碳导致胎儿缺氧和干扰胎儿大脑发育。产前吸烟暴露的影响会延续到成年期，甚至会影响到下一代。[1]

还应引起重视的是，虽然孕妇不吸烟，但如果暴露于二手烟中，如父亲或其他家庭成员有吸烟习惯，胎儿也自然处于"被动吸烟"的恶劣环境中。已有研究表明，在产前或产后暴露于二手烟中对儿童的体重和身高结果有不良影响。还有证据表明，在产前暴露于二手烟中与较低的头围有关。关于产前暴露如何影响儿童生长，存在几种可能的机制。二手烟中含有4000多种化学物质，其中多环芳烃(PAHs)、4-氨基联苯(ABP)、烟草特异性N-亚硝基尼古丁(NNN)、4-(甲基亚硝胺)-1-(3-吡啶基)-1-丁酮(NNK)是一些主要的致癌物质。多环芳烃(PAHs)、4-氨基联苯(ABP)和N-亚硝基尼古丁(NNN)可从母体血清进入胎儿循环系统。在被动吸烟的孕妇身上，多环芳烃(PAHs)和4-(甲基亚硝胺)-1-(3-吡啶基)-1-丁酮(NNK)可能会通过胎盘直接影响胎儿的下丘脑中枢，从而延缓身体生长。

(二)孕妇饮酒

孕妇饮酒影响胎儿发育这一结论亦为研究所证实。如果孕妇经常饮酒，胎儿在产前接触到大量酒精，就有可能患酒精综合征(fetal alcohol syndrome)。患胎儿酒精综合征与饮酒的时间和剂量及其他因素有关。每周饮酒天数越多，并且在整个孕期持续饮酒，会增加孩子患胎儿酒精综合征的风险。对酒精综合征发病率的估计差异很大。已有研究证明，在加拿大和美国为0.5/1000～3/1000。[2] 胎儿酒精综合征的主要症状有：①头小，大脑体积小，智力低下；②两眼距离近，上唇薄，鼻梁低；动作迟缓，缺乏机警反应。相关研究一致表明，胎儿酒精综合征与各种神经行为缺陷有关，包括语言、运动、学习和视觉空间功能等方面，注意力似乎也会受到影响。[3]

酒精的危害与饮酒的时间和数量有关。一般来说，越是在妊娠早期，越是饮酒量多，危害程度也就越大。酒精也会影响精子的质量，使胎儿致畸的可能性增大。西方的"星期天婴儿"就是指狂饮之后受孕所生的酒精中毒综合征婴儿。因此，准备生孩子的男女双方均应在受孕前戒酒。

怀孕最初3个月，正是胎儿形成的重要阶段，这时饮酒，对胎儿的损害特别严重。在妊娠初期的1～2个月，孕妇即使饮用少量含酒精的饮料，也会影响胎儿发育及其出生后的智力。胎儿大脑的发育过程贯穿于整个孕期。胎儿生长的高峰是在妊娠的6个月以后，这时如果继续饮酒，将会给胎儿带来严重的损害。

---

① Ekblad M, Korkeila J & Lehtonen L, "Smoking During Pregnancy Affects Fetal Brain Development," *Acta Paediatrica*, 2015, 104(1), pp. 12-18.

② Gupta K K, Gupta V K & Shirasaka T, "An Update on Fetal Alcohol Syndrome—Pathogenesis, Risks, and Treatment," *Alcoholism: Clinical and Experimental Research*, 2016, 40(8), pp. 1594-1602.

③ Mattson S N & Riley E P, "A Review of the Neurobehavioral Deficits in Children with Fetal Alcohol Syndrome or Prenatal Exposure to Alcohol," *Alcoholism: Clinical and Experimental Research*, 1998, 22(2), pp. 279-294.

（三）孕妇的饮食与营养

胚胎学的研究发现，人类神经系统发育的关键时期是妊娠最后 3 个月至出生后 6 个月。在胎儿大脑及神经系统的发育过程中，孕妇的营养直接关系到胎儿大脑和神经系统其他结构的发育。产前营养不良主要影响大脑皮质神经细胞的发育。对不同部位脑组织脱氧核糖核酸含量的测定发现，营养不良导致的胎儿脑组织脱氧核糖核酸的减少，主要发生在前脑部位。

胎儿在母体内生长和发育所需的营养，要靠母亲的血液供给。母亲血液中的营养不是在身体中本来贮存的，而是随时从饮食中获取的。因此，孕妇的饮食营养直接影响到胎儿的健康。美国学者蒙塔古的研究指出，每一个死胎，每一个出生几天就死亡的婴儿，除了患有严重的遗传缺陷者外，都是出生于孕期饮食差的母亲。与此相比，孕期饮食质量好的母亲所生的婴儿中，94％处于良好的身体状况。同时，大量研究表明，营养不良的情况出现越早，对大脑发育的损害就越严重。研究发现：胎儿期营养不良，婴儿出生时大脑细胞总数减少 15％～20％；如果出生后头 6 个月出现营养不良，婴儿大脑细胞数也将减少 15％～20％；如果婴儿在出生前和出生后 6 个月里均出现营养不良，那么，脑细胞总数的减少将高达 60％。研究者对孕妇饮食营养与胎儿发育二者间的关系做了归纳：①因个人因素（疾病或过度节食）而营养不良的孕妇所生的婴儿中，体重不足、肢体畸形以及流产、早产、死胎的情况，与动物实验的结果颇类似；②孕妇身体过瘦，即使没有显著病症，但因其血液中婴儿所需营养不足，容易致使胎儿发育不良。生育出健康婴儿的母亲孕期体重增加应在 22～27 磅（约 9988～12258 克）。在最初 3 个月，正常情况是增加 2～4 磅（约 908～1816 克）。但总的增重不应超过 27 磅，在最初 20 个星期不低于 9 磅（约 4086 克），也不应超过 22 磅。[①]

孕妇营养缺乏对胎儿有害。那么是否营养越多对胎儿就越有利呢？营养过剩同营养缺乏一样，也会对胎儿造成危害。研究发现，孕妇在孕期营养过剩，特别是碳水化合物摄入过多，可引起饮食性糖尿病，导致胎儿发育障碍。孕妇营养过剩，还会导致胎儿过大，造成难产。为了保证胎儿的健康成长，要保持营养适度。

第二节　0～3 岁婴幼儿学习的基本方式

婴幼儿的学习与成人、中小学生学习有明显的差异，这与其年龄特征有关。婴幼儿在学习方式与特点上也有年龄差异。因此，了解婴幼儿的学习特点对教师来说具有十分重要的意义。

在欧美畅销书《我和国王》中，安娜——国王孩子们的家庭教师——为孩子唱了

---

① 转引自张春兴：《教育心理学：三化取向的理论与实践》，50 页，杭州，浙江教育出版社，1998。

这样一首歌：

> 这是个非常古老的谚语，却是真实坦诚的思想，
>
> 如果成为学生的老师，那么你也将被他们所教授。
>
> 作为教师，我一直不断地学习(如果有所夸大请原谅我)，
>
> 现在我已成为我所钟爱的课程——逐步了解你们——的专家。
>
> 逐步了解你们，逐步了解你们的所有情况，
>
> 逐步喜欢上你们，逐步希望你们和我一样。
>
> 逐步了解你们，以我的方式，甜蜜的方式，
>
> 你们就像是我下午茶中的叶片。
>
> 逐步了解你们，逐步感觉到自由和轻松，
>
> 伴随着你们，逐步知道该说些什么。
>
> 也许你们注意到，我突然变得聪明和活泼了，
>
> 这是因为我从你们身上学到了很多美妙和新鲜的东西，一天又一天。

正如安娜所言，对教师来说，了解儿童的学习方式与特点是非常重要的。研究者指出，如果想成为一名专家级的教师，那么首先必须了解儿童的学习方式与特点。新教师与资深教师的区别之一，就是新教师对儿童的学习特点缺乏足够深入的了解。

认识婴幼儿学习的方式与特点，将有助于教师有针对性地开展指导与支持，提高教学质量。

一、婴儿学习的主要方式

婴儿是怎样学习的，这是近年备受关注的一个研究领域。国内外研究者通常将婴儿的学习方式概括为习惯化与去习惯化(habituation and de-habituation)、经典条件作用(classical conditioning)、操作条件作用(operational conditioning)以及模仿(imitation)。[1][2]

婴儿获得经验的过程，虽然可表现出某些主动性，如在习惯化与去习惯化现象中婴儿显露的某种"选择"行为，以及在操作条件作用中主动发出的行为，但更多是在环境刺激作用下进行的，如通过经典条件作用，婴儿学到多种持久的行为和能力。

(一)习惯化与去习惯化

习惯化是个体不断或重复地受到某种刺激而对该刺激的反应逐渐减弱的一种现象。它是人脑的一种功能，用来排除那些已熟悉却仍重复出现的刺激物，以免使脑负担过重，这可以为新异刺激保留注意的空间。习惯化表明婴儿已习得了这种刺激，这时如果有另外的新异刺激出现，婴儿的注意力会转向它。对熟悉刺激的反应恢复

---

[1] 陈帼眉：《学前心理学》，北京，人民教育出版社，1989。

[2] 孟昭兰：《情绪心理学》，北京，北京大学出版社，2005。

和增加，就是去习惯化。通常研究者们把婴儿的习惯化和对新异刺激的反应现象看作婴儿特有的学习方式。也可以说，习惯化和去习惯化是婴儿最早的学习方式。习惯化与新异反应的适当运用是促进婴儿学习的有效手段。经常更换环境刺激物和玩具，可以保持婴儿的活跃、兴趣状态。

(二)经典条件作用

新生儿的神经系统发展十分迅速，出生后不久，通过喂奶与乐音的前后出现，多次重复后，婴儿在听到乐音时吮吸加速，这就是在吮吸无条件反射基础上建立了条件反射，乐音成了条件性刺激。这也是婴儿最早的学习方式。3 个月的婴儿能很快形成条件联系，包括延缓性的、分化性的和消退性的条件联系。3～6 个月的婴儿能在社会交往中利用延缓性条件作用。当刺激物延迟出现，如母亲离开，他们会等待做出反应。同时，他们还会形成分化性条件作用，如 5 个月的婴儿能区分倒置的人脸照片。6～12 个月的婴儿出现了辨别不同人脸的认知能力。他们会区分熟人、依恋对象和陌生人，并产生对陌生人的焦虑反应。1 岁幼儿能学会辨别数量，能轻松地区分 2 个和 3 个物体，随后能区分 4 个和 5 个。研究指出，婴儿明显地偏爱直立与平放的人的正常面孔。婴儿还会出现条件反射的消退。已经建立的条件联系，如果长时间不予以强化，即会消失。

(三)操作条件作用

操作条件作用与经典条件作用不同。经典条件作用是婴儿自然出现的一种学习方式。操作条件作用可以说是在教育者影响下婴儿形成的条件反射学习方式。

经典条件作用以基础反射为重点。在建立条件作用时，其基础反射是天生的神经反射。例如，强光会引起眨眼，那么，使铃声与强光同时出现，可以形成铃声引起的条件反射。正如本书第二章说过的：经典条件作用是应答性反应。这种反应主要出现在婴儿早期。

操作性条件作用把奖励某种行为作为重点。随着婴儿年龄的增长，在学习中，起作用的条件反射强化方式，更多的是操作条件作用，而不是经典条件作用。操作条件作用的强化物，可以是物质的，也可以是精神的。对婴儿来说，称赞、夸奖等作为强化手段的力量，逐渐胜过物质形式的强化。例如，婴儿学会谦让，为满足精神的需要，高高兴兴地选个小梨，而把大梨让给奶奶。那就是他放弃了物质利益，而获得精神上的满足。

操作条件作用体现了婴儿学习的主动性。婴儿的许多习惯和行为都是通过自身的操作习得的，其中蕴含着某些主动性。出生几天的婴儿就产生了操作条件作用的学习。研究者首先测量婴儿吮吸频率的基线。然后把婴儿分成两组，一组是当他们吮吸的频率高于基线时，把各自母亲语声作为强化，而当频率低于基线时给他们听别人母亲的语声，第二组则相反。结果发现，第一组婴儿的吮吸频率提高了。这说明，出生 3 天的婴儿为了听母亲的语声而"主动"改变了其吮吸频率。3 个月的婴儿对操作条件作用的学习，在日常生活中可以经常观察到。实验者用绳带把带响声的玩具与婴儿的腿连接起来，每当婴儿动腿，玩具装置就发出声响并旋转起来。玩具的变化引起了婴儿的注意和兴趣，于是他不断地踢腿，以使玩具旋转和发出响声。5～6个月后，婴儿能学会做出某种行为以引起父母注意。例如，敲打玩具或把玩具扔在地上，父母就走过来照顾他，从而强化了他们的这一行为。因此，大人应该根据教育的要求，从婴儿类似的主动行为中辨别出哪些行为应予以强化，哪种行为不应去强化，从小就培养孩子形成良好习惯。[①]

(四)模仿

模仿是婴儿学习的一种特殊方式。婴儿出生后就能看和听，这是人类婴儿的一种先天能力。同时，婴儿的看和听也受后天条件影响。看和听在婴儿脑中不断积累，注意、记忆也随之而发展。婴儿又通过自身的动作活动反映出他们所看到的和听到的，这就是模仿。出生12～21天的新生儿就具有模仿行为。5～6个月的婴儿出现了有意向的模仿。10～22个月的婴幼儿更多的是对他们理解了的动作和对他们有意义的动作做出模仿。这种模仿行为在性质上的改变，说明新生儿早期的模仿反应只是一种不随意的自动化反应，它随着大脑皮质的发展，为以后的有意模仿所取代。

皮亚杰指出，模仿不是天生的本能活动，而是习得的。他用同化和顺应来解释婴儿的模仿。他认为，先是成人模仿婴儿，然后是婴儿模仿成人。当婴儿听见别人的声音和自己的声音相似时，他便顺应那个声音。通过知觉听见声音，婴儿由此形成一个同化的模式。婴儿去重复这种声音，就是对这种声音的顺应。4个半月的婴儿只能模仿已经学会的动作或声音。也就是说，他能模仿那些他自己能自发地发出的声音。他喜欢重复那种声音，要把听到的那种声音继续下去。但他不能模仿新的发音。他听到新的发音时不发出声音，或发出自己原来会发的音。这是因为同化和顺应还没有分化。从8个月开始，婴儿能够模仿新的发音动作。即同化与顺应已经分化，他能够顺应外在榜样的模式。

二、婴幼儿学习的其他方式

美国远西实验室(Far West Laboratory)的研究者通过观察，发现了3岁前婴幼儿的其他一些学习方式：学习图式(learning schemes)、因果关系(cause and effect)、使用工具(use of tools)以及理解空间(understanding space)。

(一)学习图式

学习图式是婴幼儿学习，特别是1岁前婴儿发现学习的基础性学习方式。通过

---

① Decasper A J & Fifer W P, "Of Human Bonding: Newborns Prefer Their Mother's Voices," *Science*, 1980, 208(6), pp. 1174-1176.

使用图式①，如敲打、伸手够物、说话等方式，婴幼儿获得对周围事物的有价值的信息。图式学习帮助婴幼儿发现应该如何最佳地使用物体，以及如何运用新的、有趣的方法使用物体。图式包括三种。

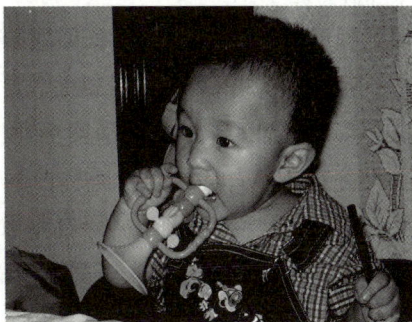

图 3-4　幼儿简单图式

1. 简单图式

简单图式是指如敲打、抓、握、够物等发现物体性质的动作图式，这帮助婴幼儿对物体进行初步的分类：硬的物体如积木，软的物体如棉花球，黏性的物体如贴纸；有的物体是可以摇动的，有的物体是可以推的（图3-4）。

2. 混合图式

混合图式指幼儿运用几种简单图式去探索，学会运用综合方式解决新问题（图3-5）。

3. 社会性图式

婴幼儿发展的与人交往的图式称为社会性图式。例如，理解听音乐与舞蹈之间的关系，说再见与离开之间的关系，上床准备与睡觉之间的关系。同时他们还能正确使用茶杯、筷子等带有"社会使用规则"的物品。

图 3-5　幼儿混合图式

(二)因果关系

几个月的婴儿不知道他扔一个玩具，玩具会掉到地上，发出响声，扔一个球，球会滚很远。随着年龄增长，婴幼儿逐步明白了事件及事件所引发的结果之间的联系。他们学会了：

- 通过使用自己的身体或自己的主动行为引起因果关系事件的发生；
- 知道其他人与物体也能引起因果关系事件的发生；
- 物体的特定部分，如轮子、灯的开关、门把手、电视机开关，能使特定的事情发生。

婴儿对因果关系的学习与他们不断探索、体验和实验密不可分，正是通过体验与探索，他们逐步建立了事物之间因果联系的图式，并对这种因果关系形成清楚的认识。

(三)使用工具

工具是婴幼儿实现他们所期望行为的重要中介。婴幼儿常用的工具有哭喊、手

---

① 图式是指任何一种做出动作的能力，这种动作可以是简单的反射行为、跑步、打球、跳高或读书等。通过适应形成新的图式，或是把旧的图式结合成更大的图式，或感受运动动作（引自卢格：《人生发展心理学》，194 页，上海，学林出版社，1996）。

的动作、养育者，或是某一个物体。通过使用工具，婴幼儿学会借助工具拓展自己的力量。婴幼儿使用工具经历以下阶段。

1. 将自己的身体作为工具

几个月的婴儿的探索活动主要借助自己的身体。例如，当他哭喊时，总能引发养育者的抚育反应。经过多次重复，婴儿就学会了"哭喊是一种重要的方式"。当需要养育者关注时，他们就借助哭喊这一方式。

运用自己的身体作为工具，还有几种情况：

- 用自己的手去够物体。
- 向需要的物体方向蠕动。
- 推动物体。
- 使用他们的嘴作为工具去保持或抛弃物体。

2. 将养育者作为工具

婴儿另一种显示"使用工具意识"的方式是让他人为自己做事。婴儿常常让养育者为自己捡玩具，为玩具上发条，替自己取物品，或为自己打开密封容器。我们在观察中还可以发现，7～8个月的婴儿还不会走路，但他会让养育者带他到远处去探索。使用他人作为工具是婴儿认知与学习发展中的重要一步。

3. 将物体作为工具

年龄大一些的婴幼儿开始自己使用物体作为工具。例如，婴幼儿能发现如何使用小棒去够一个离自己稍远的物体；为够床底下的鞋子，用自己的脚作为工具；为拿到书架高处的玩具，他会搬一个小椅子，站到椅子上去取玩具，甚至把一个算盘当作小推车去运玩具。随着思维能力的发展，婴幼儿逐渐能想出把物体作为工具的新用途去实现目标。

(四)理解空间

距离、运动、视角等也是早期学习的重要方面。婴幼儿通过撞击物体，将物体挤成紧密的形状，从不同角度观察物体，学会空间关系；当婴幼儿去够物体的时候，他们就开始学习距离概念；他们开始运动的时候，能发现影响运动的障碍物；他们会发现有些空间过小，不适合填放东西，如钻到小桌子底下，他们就很难出来；他们同样也会发现当一个球滚到远处时，看上去变小了，而滚到离自己近的时候，看上去就变大了。婴幼儿就像小科学家，不断地通过探索与发现来了解物体的空间。他们会发现：

- 当他们往不同形状的容器里放物体时，物体的形状必须与容器的形状相匹配。
- 玩具车会滚下滑梯。
- 当他们垒放不同形状、大小的物体时必须注意摆放平衡。

需要指出，虽然我们将婴幼儿的学习方式分成如上各种，但实际上学习是整合的，而不是割裂的，婴幼儿不会认为"现在我在学习因果关系了，现在我在学习图式了"，他们的学习方式是整体的。例如，当一个婴儿一步步向楼梯爬行时，他的学习方式就有几种：

- 发展图式（使用腿）。
- 学习因果关系（爬到楼梯上会发出声响）。
- 使用工具（爬楼梯弄出声响会引起成人关注）。

第三节　3～6 岁幼儿学习的主要方式与特点

一、幼儿学习的主要方式

幼儿学习的方式随着语言的发生及其在心理活动中作用的增长而有所变化。幼儿学习方式主要有观察模仿学习、操作尝试学习、语言理解学习等。幼儿对不同的学习内容，会采取不同的学习方式。

（一）观察模仿学习

观察是幼儿学习的主要方式。幼儿主要通过感官直接接触，即视觉、听觉、触觉、嗅觉、味觉等途径，获得广义的观察来学习。幼儿的观察学习常常与模仿相联系。幼儿的模仿学习比婴儿要多得多。年龄小的幼儿主要模仿一些表面的现象，4岁前的幼儿，别人做什么，他也要做什么。4 岁以后幼儿的模仿，开始逐渐内化。幼儿的模仿学习，大量用于行为与态度方面。幼儿常常在无意中学习，特别是不自觉地模仿亲人和教师的举止行为，在这里，潜移默化的影响特别明显。幼儿园教师常常为幼儿树立榜样让他们学习，收效较好。例如，教师说："小刚走得真好，挺起胸来像个小解放军。"幼儿们随即以小刚为学习的榜样。但是幼儿也会模仿一些不良行为，甚至养成习惯，教师在这方面需要注意与引导。班杜拉的观察理论详细阐述了模仿学习（参见本书第二章第一节）。

（二）操作学习

操作学习是幼儿重要的学习方式，对物体的探究与发现，对周围世界的探索都离不开幼儿的操作活动。尽管 2 岁后幼儿的言语在不断发展，但操作活动，特别是实物操作活动作为幼儿主要的活动方式，其重要性一点儿也没有减弱。

第一，操作活动是幼儿探索世界的主要方式。在操作、摆弄物体的过程中，幼儿会发现操作与物体结果之间的因果联系，这成为幼儿探索自身与物体、物体与物体之间关系的重要方式。同时，通过操作，幼儿不仅通过感知觉，而且通过改变物体的部分属性，从不同视角来观察物体。幼儿通过改变物体外部直观的作用来获得对物体更深刻的认识。例如，幼儿玩积木不但会增加其操作的乐趣，获得愉快感，而且能促进其对形状、颜色及图案等的学习和掌握，了解事物，把握物体的属性。

第二，幼儿的操作学习还可以弥补语言理解和表达的不足。例如，当幼儿不能理解成人的讲解时，成人可以让幼儿跟随着某种动作来理解语言描述的内容；当幼儿不能通过语言来表达自己的思想时，他常常利用操作活动来辅助。例如，当教师只让幼儿想一想"把石头、塑料和纸放到水里会怎样"时，幼儿很难回答，他需要借助操作活动才能直观地感受和思考。

第三，幼儿的学习很多体现在运动方面，而操作学习是提高幼儿运动技能最为重要的方式。在学习方式上，操作学习是以幼儿的动作来获得经验的学习，即"动作经验"，学习动作是学习的载体；而言语学习是指幼儿对词语的理解与把握，学习的是"语言经验"，以语言为学习的载体。在学习内容上，有些操作学习的知识、技能是言语学习所无法获得的，如学习舞蹈、游泳、滑冰，甚至玩具、工具的使用，都要靠操作学习去掌握。

第四，操作学习会使幼儿获得成就感与自我价值感。在操作物体的过程中，幼儿通过自己的操作活动，引发物体一系列变化。这不仅能促进幼儿对因果关系、事件相关关系的认识，从而提高其认知与智力水平，而且能促使幼儿通过自己的主动操作活动，获得主体的经验，认识到自己在"改造"外部物体中的重要作用，如"是我上了发条，机器猫才动起来""是我操作电动汽车，它才可以向前、向后走""瞧，这是我搭的高楼大厦"。因此，操作活动可以增强幼儿的主动控制感和自我价值感。

操作学习作为学习方式，又可分为以下四种。

①手把手的操作。在学习一些运动技能时，需要这种方式，如握笔的姿势，拿球拍的姿势等，均需要成人对幼儿手把手的教学。单纯观察或语言讲解不能使幼儿观察得细致、准确地把握动作。

②尝试错误的操作。幼儿在摆弄物体时，有自发的尝试错误性质的操作。经过尝试错误，可能出现"顿悟"，获得某种学习成果。

例如，一个幼儿在玩沙子，他把沙子装到漏斗里，一边装，一边漏。他将手指塞到漏斗的底部，把沙子堵住。漏斗里的沙子满了以后，他把漏斗放到一个瓶子上面，想让沙子漏到瓶子里，可是，他的动作慢，沙子漏得快，沙子总是漏到瓶子外面。幼儿尽量加快动作速度，还是赶不上。突然，幼儿"开窍"了。他把漏斗直接放在瓶子上面，然后再装沙子，沙子很快就装满了瓶子。

③模仿示范的操作。跟着示范者的动作一步一步、一个动作一个动作地学习。

④反复练习的操作。幼儿在反复练习中，动作变得熟练。多次重复的动作会养成习惯。

(三)语言理解的学习

语言理解的学习，用于在成人讲解和指导下对行为与态度的学习。与婴儿相比，幼儿大量使用语言理解的学习方式，包括倾听、提问、对话等。与成人相比，幼儿的学习更多依赖从感性入手的方式，而不是从理性入手的方式，更多依赖从归纳入手的方式，而不是从演绎入手的方式。成人苦口婆心的讲解，幼儿常常听不进去。其中的重要原因，就是过多使用抽象说教的方式，或是从某一件事做演绎推论的方式。例如，有位实习教师这样谈到她所带的幼儿和她的指导教师："和小朋友打交道真是很有道道，今天有个小家伙就是不肯吃饭，嘴巴一直闭着，我很生气，说话的声音也就大了些。带教老师走过来，对我说：'对他，你喊破喉咙都没有用的，来，我来。'只见她拿了个小凳子，轻轻地坐下来，对小家伙说：'宝宝来，老师帮你吹一吹汤，宝宝很乖的，一定吃得又快又好。'没想到，他的小嘴真的就芝麻开门了。"

(四)综合性的学习方式

幼儿的学习方式往往是综合性的，在某种学习活动中兼有几种学习方式，特别是语言、观察和操作学习的结合。

活动是幼儿学习和发展的源泉与基础。幼儿在与周围环境相互作用的过程中主动建构着自己的学习与发展，这种相互作用就是活动。幼儿作为活动的主体，积极主动地与周围环境中的人和物互动，感知周围事物，形成对人与物的基本认识与态度。幼儿的各种学习方式都离不开活动。活动对于幼儿发展所具有的重要意义，决定了幼儿教育必须以活动为主要教育途径，而非"教师讲授，幼儿被动听讲"为主的上课。将幼儿教育的本质定位于活动，就要求教师转变教育观念，调整自己的教育行为，积极为幼儿创设丰富的活动环境，支持并引导幼儿去积极探索周围环境，允许幼儿根据自己的兴趣、以自己的方式作用于环境，帮助幼儿在活动中获得发展。

(五)交往中的学习

与成人、同伴的交往活动能促进幼儿多方面的学习与发展。

第一，交往能够满足幼儿的认识性动机。交往对幼儿认知发展的价值在于三点：①帮助幼儿尽可能地扩大认识范围、加深认识程度，使其有可能揭示事物和现象之间的因果关系及各种其他关系。②促使幼儿认识到，周围世界中很多事物与人类活动有关，学习并掌握人类正确运用物体的动作，促进了实物活动的产生和发展。③激发幼儿言语的产生与发展。理解周围人的语言并掌握、积极地用语言与非语言方式与他人交流，是幼儿期最重要的发展与收获。幼儿语言理解能力和表达能力的形成与发展离不开成人提供的语言环境，以及成人与幼儿的积极互动。

第二，交往能满足幼儿得到认可与支持的需要。幼儿需要成人的支持与关爱，成人的支持与肯定能使幼儿感到安全与温馨，有助于幼儿在安全的心理氛围中去积极发现与探索。

第三，促进幼儿自我意识的生成。由于交往的对象不是一般的客观世界，而是有个性的人，所以，交往活动中对他人的主观反映(对他人的意识)，以及通过别人而形成的对自己的主观反映(自我意识)应该是交往的特殊产物。因为幼儿只有在社会生活中才能发现自己，才能意识到自己的个体性。

第四，交往能促进幼儿主动性与创造性的发展。与同伴的交往有利于促进幼儿主动性与创造性的发挥。在与成人交往中，由于年龄、知识经验等诸多方面的差距，幼儿的主动性通常带有一定的条件和局限性，而在与同伴交往中，则由于双方在知识经验等方面的平等性，幼儿能注意同伴的想法，考虑同伴的愿望，同时能自主评价同伴的意见，协调自己的愿望和行为来相互适应，这不仅有助于增强幼儿的交往能力，同时也有助于幼儿发挥主动性，克服其自我中心化。

(六)游戏活动

游戏是幼儿进行学习和发展社会性、情绪调节及认知能力的重要方式。游戏让幼儿有机会了解外部世界，通过在群体中与人互动，表达并控制情绪，发展想象能力。维果茨基曾指出，有游戏才有发展，象征性游戏可以促进幼儿象征能力的发展。游戏是幼儿练习新技能的舞台，它在幼儿的学习中具有重要地位与作用。

二、幼儿学习的主要特点

(一)容易被扼杀的学习主动性

幼儿是主动的学习者。从直接接触的客体及社会经验中，从文化传承中，幼儿都会主动地建构他们对周围世界的了解。从出生开始，儿童就积极地与客体交往，不断建构对事物的认识。幼儿会积极地从观察及参与人际活动(包括与父母、教师、同伴等的互动)中学习，从亲自操作及思考过程(观察周围的人、事、物，思考、提问及提出答案)中学习。

幼儿的学习主动性表现为以下四点。

①好奇。对什么事情都想知道个究竟，了解是什么、为什么。事物的新颖性可以引起幼儿的学习主动性。

②好问。对不了解的事情都要提出问题，甚至打破砂锅问到底。这一方面是受好奇心的驱动；另一方面是幼儿对提问没有心理障碍，不像成人那样有各种思想顾虑。

③好探究。幼儿好动手，通过动手了解事物。

④好模仿。幼儿喜欢模仿，通过模仿学习。

幼儿学习的主动性常常被忽视，甚至被扼杀。因为成人往往希望按照社会的要求或成人的理想和愿望去塑造他们，为幼儿设计学习目标和要求。从成人的眼光看，幼儿在学习中主动性的表现，常常不符合成人的要求，因而有意无意地扼杀了幼儿的学习主动性。幼儿过多提问，大人忙于自己的事情，常常会表现出厌烦或随口乱答，这也会打击幼儿的学习主动性。

例如，有位妈妈讲了自己的一次亲身经历："一天，在外面玩耍时，女儿做了一件她自己十分满意的作品，她给我看过以后，要求我给她一个塑料袋，把作品装在里面，带回去给爸爸看。然后，她又要一根橡皮筋系住袋口。我对她说不用橡皮筋，直接在袋口处剪一下，就可以像手提袋似的提起来，很方便。她说不要，就要橡皮筋。我却一刀剪了下去，并且得意地递给了孩子。没想到，她一下把袋子连同作品都扔到垃圾桶里去，随即跑去和小朋友玩了。"

幼儿往往慑于成人的权威，或在成人规定的许多行为规则面前，或在学习主动性多次被打击后，不敢大胆地表示自己的需求与愿望，不敢发挥自己的主动性。

在正确的教育和引导下，幼儿的学习主动性会逐渐提高。教师应当充分利用幼儿的学习主动性，在环境中设置能引起幼儿好奇心的事物，促使幼儿去观察、学习与探究。另外，与幼儿朝夕相处的成人如果以身作则，会给幼儿提供好榜样。假如父母对阅读书本很有兴趣，幼儿也可能对读书产生兴趣，不用成人费力去督促。

(二)从兴趣出发的学习积极性

幼儿往往是为了"好玩"而学习。幼儿愿意做有趣的事情，他们的学习积极性也主要是从兴趣出发的。没有兴趣的学习，幼儿往往不能坚持进行；有兴趣的学习，幼儿可以坚持较长时间。有些家长反对甚至禁止幼儿游戏，强迫幼儿"学功课"，带来的学习效果并不好，那是因为他们不了解幼儿这种学习特点。对一些无意义的学习，幼儿常常自发地加以游戏化，反而产生了学习兴趣。有些教材，根据幼儿学习的这种特点，提高了趣味性，这样能更好地调动幼儿的学习积极性。

(三)学习的无意性与内隐性

幼儿的学习以无意性为主，幼儿在学习过程中的记忆，往往是无意记忆；幼儿的联想，往往是无意的自由联想。幼儿的学习有很大的随机性。

对于幼儿学习的无意性特点，可以从两个方面对待。一方面，避免过多要求幼儿有意性的学习。例如，注意力不集中是幼儿的特点。这个年龄的儿童，往往不能按照成人的要求去集中注意。要他注意听讲，他却去看窗外的小鸟。这就是因为，这个年龄的儿童的注意是以无意注意为主的。也就是说，他会去注意外界那些有声有色的、新奇的和活动的东西。他是在无意中被这些东西吸引的，是被动的注意。即使如此，在这个年龄段，无意注意稳定集中的时间也比较短暂，这和幼儿大脑的发育程度有关，是不可强求的。另一方面，幼儿无意学习的特点，可以使幼儿轻松地学到东西，在学习中不费力。幼儿的无意学习，需要教师有意识地创造条件加以引导。适宜的学习环境和条件，对幼儿的无意学习可以起到很好的引导作用。

内隐学习也是幼儿学习的重要特征。自雷伯(Reber)于1967年发表了第一篇以"内隐学习"为主题的文章——《人工语法的内隐学习》以来，越来越多的心理学研究者对其开展了系统的研究。[①] 内隐学习是在偶然的、意想不到的条件下，尤其是在刺激结构高度复杂、关键信息不明显的情况下发生的，它是在无意识状态下，无目的、自动化的加工活动，具有随意性，学习活动能自发进行，无须耗费心神。

幼儿常常出现内隐学习。例如，教师在组织集体教育活动时，有一个幼儿没有参与，而是在教室的一个角落独自玩积木，但事后对幼儿进行测试时，发现教师讲

---

① Reber A S, "Implicit Learning of Artificial Grammars," *Journal of Verbal Learning and Verbal Behavious*，1967(5)，pp. 855-863.

的不少内容该幼儿都学会了。幼儿园里经常发生这样的事情，教师们在幼儿自由活动时随便闲聊，议论某个幼儿或幼儿的家长，没想到被幼儿无意中听见并记住了，幼儿回家向家长学舌。家长们也常常惊奇地发现幼儿学会的一些东西，不但家长不知道幼儿是怎样学来的，幼儿自己也不知道是怎样学来的。

许多教师都有这样的经验：润物细无声的方法，潜移默化的教育，对于培养幼儿的行为习惯非常有效。

(四)经验与体验作用的显著性

个体的经验和情感体验在幼儿学习中的作用十分明显。幼儿与中小学生及成人不同，并非主要依靠语言和文字符号来学习。幼儿的学习以行为实践为主，直接参与的经验是幼儿学习的要素，幼儿教育应该以其真实的经验和真实的事件为基础。在幼儿一日生活中，无论是教师指导的活动，还是幼儿游戏与自由活动，都应尽可能地给予幼儿动手操作、直接观察和实验的机会，让他们获得亲身的经验和体验，并能用自己的语言、操作等方式表达与表现。在真实的日常生活情境中，幼儿通过体验与主动参与来学习的效果最佳。家长和教师往往忘记了幼儿学习的这一特点，过多使用说教的方式，特别是说一些"你将来会如何如何"等的话，幼儿不能理解与想象这些话的内容，以致大人苦口婆心的教育不能收到预期效果。

有这样一个案例，苑苑是个沉默寡言、态度冷漠的女孩，经常独自一人呆坐在椅子上，不愿跟别人一块儿玩，也不跟别人说话。有好几次，老师要求其他孩子邀请她游戏，都被她拒绝了。

有一次，老师见她又呆坐在一边，就让骏骏找她一起玩。这一次，苑苑同意了。她随着骏骏来到桌子边上，十分"霸道"地推开了坐在骏骏旁边的那个女孩，自己坐下，但她自己并不玩，只是看着骏骏玩。不一会儿，骏骏离开了桌子，苑苑也站起来，急匆匆地跟随着骏骏跑去。苑苑的行为使骏骏感到莫名其妙，他问苑苑："你为什么老跟着我呢?"苑苑不声不响，但是依然紧紧地跟着骏骏。老师也有点儿纳闷，怎么也想不明白其中的缘由。休息时，老师把苑苑请到一边问："苑苑，你能告诉老师为什么你总是跟着骏骏吗?"她低头不语，在老师的一再追问下，她才说："因为骏骏是大人。"老师这才明白，在苑苑心目中，长得高的是大人，长得矮的是小孩，她只跟大人玩，不与小孩玩。

在苑苑刚懂事时，她曾与一个同龄的孩子一起玩，不一会儿，两个人发生了争执，那个孩子欺负了苑苑，直到另一个大孩子出来"干预"，苑苑才摆脱了困境。那一次与同伴交往的经验给她留下了很深的印象：比她小的或与她一般大的孩子都是坏的，都会欺负她，而比她大的孩子会保护她。苑苑愿意跟着骏骏，因为他个子高大，在苑苑心目中是大人。

幼儿亲身的经验往往与情绪体验相联系。情绪在幼儿心理活动中的作用，甚至大于理智。幼儿的许多活动是情绪性的而非理性的。实验证明，不同的情绪状态对婴幼儿的智力操作有不同的影响。愉快的强度与操作效果之间为倒 U 形关系，即适中的愉快情绪使智力操作达到最优。适中的愉快情绪不仅使幼儿获得良好的活动成果，而且让幼儿获得良好的情绪体验，如成就感、成功的喜悦、自信心等。这些体验，又反过来成为幼儿进一步学习的动力。幼儿在活动中受到尊重，不受打击，恰当的鼓励与赞赏，都能使他获得适中的愉快情绪。重视幼儿在学习中的体验，是幼儿教育中的重要问题。

(五)语言指导下的直观形象性

直观形象性是幼儿学习的突出特点。直观形象的学习内容，幼儿比较容易接受。抽象的学习材料，幼儿难以接受，而在语言指导下使用直观材料或实际活动则最适合幼儿。事物形象与语言相结合，语言中绘声绘色的描述，能激活幼儿头脑中的形象，有助于幼儿理解与记忆。无言语的机械练习或单凭口头说教，都不符合幼儿的学习特点。

例如，有名幼儿坐在椅子上时，总是喜欢翘起椅子的一条腿，让椅子的三条腿支撑着。教师就采用了语言指导，对他说："小朋友们排队时，请你一个人单腿站立着，你看怎么样?"那名幼儿想了想，说："别人都不这样站，我要是一个人这样站的话，就太难看了。"然后，教师因势利导："那么椅子本来应该四条腿都放在地上的，现在你坐在上面，椅子有一条腿没有在地上，那是不是也不好看呢?"通过这种直观形象的言语指导，这名幼儿认识到坐着时翘起椅子一条腿是不对的。

(六)对环境的极大依赖性

幼儿的学习，受环境的影响很大。幼儿需要安全的环境，包括物质的和心理的安全环境，更重要的是心理的安全氛围。处于安全及受尊重的群体环境中，幼儿才能获得最佳的发展与学习。马斯洛的需要层次理论指出：除非个体的身体及心理两方面的安全感能被满足，否则不可能产生学习行为。儿童的心理是敏感而脆弱的，只有在安全的环境中，他们的身体需要才能得到满足，心理上才有安全感。在受尊重的环境中，幼儿才不会有压抑感。因此，教师必须为幼儿提供健康、安全的物质与心理环境。

丰富的、有挑战性的环境，能使幼儿获得更多的信息加工材料，并且能激发其思维的活跃。

(七)不容忽视的个别差异性

幼儿的学习存在个体差异。不同的幼儿有不同的认知与学习方式，也会用不同的方式表达其认知与理解。学习类型差异的研究发现，幼儿在学习方式上有偏好：在学习通道上，有些幼儿比较倾向视觉性的学习，有些则偏向听觉及触觉等；在场依赖性上，有些儿童是场依存型的，而有些则是场独立型的。幼儿经由多样化的学习方式了解万事万物，并将其对事物的了解用多种方式表达出来。

第四节 幼儿习惯与秩序感的形成与培养

一、习惯的含义

不同学者对习惯的含义有不同的解读。国内对习惯的定义以《心理学大词典》为代表："习惯是人在一定情境下自动化地去进行某种动作的需要或特殊倾向。"[①]杨清将习惯界定为"一个人后天所养成的一种在一定的情况下，自动化地去进行某种动作的特殊倾向"[②]。林传鼎等在其主编的《心理学词典》中将习惯定义为"不需特殊的练习，由于多次重复而形成的对于实现某种自动化动作的需要。习惯也可以说是一种特殊形态的熟练"[③]。黄希庭则把习惯定义为"通过重复而自动化了的、固定下来的且无须努力就能实现的行为模式。习惯有好坏之分"[④]。柯永河将习惯界定为由刺激与反应稳定关系所构成的基本心理单元。[⑤]

美国心理学家雷伯在其所著的《心理学词典》中将心理学中关于习惯的含义概括为四点：①一般指一种习得的动作，本义是指运动模式、身体反应，现在则不限于此；②通过不断重复而自动化了的、固定下来的且无须努力就轻而易举地实现的活动模式，这跟人格研究中使用的特质的含义比较接近；③对药物的癖嗜，常用术语是药物依赖；④指特定动物物种的特征性行为模式，如"狒狒的习性"。雷伯特别指出，最后的一个意思与前面的几种意思是大不相同的，它的内涵通常是指一个物种天生的、特有的行为模式，而其他几种意思都明确含有习得的行为之意。[⑥]

不同的学者对习惯的解释虽然视角不同，但都意识到了习惯的共同心理特征：①习惯是后天形成的；②习惯要经过长时间不断地重复与实践；③习惯一旦形成将很难改变；④习惯会对人们的生活方式产生影响。

二、习惯的形成机制

心理学关于习惯的研究多从行为主义入手，行为主义心理学家认为习惯就是经过长期重复或练习固定下来的行为方式，最具代表性的人物有华生、斯金纳、赫尔、沃尔普。

行为学派创始人华生，在1919年出版的《一个行为主义者心目中的心理学》

---

① 朱智贤：《心理学大辞典》，728页，北京，北京师范大学出版社，1989。
② 杨清：《心理学概论》，574页，长春，吉林人民出版社，1981。
③ 林传鼎等：《心理学词典》，26页，南昌，江西科学技术出版社，1986。
④ 黄希庭：《简明心理学辞典》，408页，合肥，安徽人民出版社，2004。
⑤ 柯永河：《习惯心理学之应用于测验与评量》，载《教育研究与发展期刊》，2005，1(3)。
⑥ [美]阿瑟·S.雷伯：《心理学词典》，李伯黍等译，358页，上海，上海译文出版社，1996。

（*Psychology from the Standpoint of a Behaviorist*）一书中，大量使用习惯一词来探讨许多心理现象，他认为，只要是学来的、非与生俱来的外显或内隐反应均属习惯。动物和人的行为可分为先天的和后天习得的两种，有机体进入动物系列的层次越高，就越来越多地依靠习得的行为。从人的行为看，行为包括天生的反射行为和后天习得的行为；从行为的反应看，则分为两类：习得的或非习得的、外显的或内隐的。尽管人类和动物的行为都存在这两种基本类别，但人类与动物在后天习得的行为上有着本质的区别。华生认为，人的习惯随着环境的变化而形成、改变，习惯的形成使人具有了适应环境的各种能力，如果环境发生变化，人就可以根据需要，通过习得的习惯做出反应。人类习惯系统的发展使人具有适应各种环境的能力。[1]

赫尔（Hull）在 1943 年出版的《行为的原理：行为理论导论》（*Principles of Behavior：An Introduction to Behavior Theory*）一书中，对习惯进行了大量的实验与深入的探讨。他认为，感受器与反应器官的联结就是习惯，肉眼不能观察到具体的变化，是一种威力可畏的假设性存在体，是通过强化过程形成并巩固的。[2]

行为治疗学者沃尔普（Wolpe），在其 1973 年出版的《行为治疗的实施》（*The Practice of Behavior Therapy*）一书中提到"习惯"一词。沃尔普认为习惯是有机体对于确定的刺激情境会稳定地或经常地做出某一反应的心理现象。[3] 他认为习惯的形成就是建立刺激和反应之间的稳定或经常性的关系，即若给予有机体某一清楚的刺激，该有机体经常对该刺激物做出相似的反应，则习惯就此形成。

新行为主义的代表人物斯金纳认为，动物无论为什么样的目的而进行的任何随机活动，都可以被看作以某种方式对环境的"操作"，或者是一个"操作动作"。如果对这个活动或动作加以奖励，就会产生操作性条件作用。基于此原理，我们可以通过创造环境来塑造动物或人的复杂的动作。而操作的结果就是形成习惯，以达到提高效率的目的。

三、3～6 岁幼儿习惯的特征

了解习惯的特征，可以帮助我们加深对习惯的认识。总体来看，习惯具有以下几个主要特征。

（一）习惯的后天性

习惯并非生而有之，而是经过后天的反复练习，经由后天的生活环境的培养所形成的稳定的行为动机或行为方式。由此可见，后天的环境对习惯的养成具有积极意义。从生理机制上讲，习惯是人对后天所处环境的一种条件反射。成人可以在生

---

① Watson John B, *Psychology from the Standpoint of a Behaviorist*，1923，p. 282.

② Hull C L, *Principles of Behavior：An Introduction to Behavior Theory*，New York，D. Appleton-Century Company，1943，p. 99.

③ Wolpe J, "Pergamon General Psychology Series," in *The Practice of Behavior Therapy*，4th ed.，New York，Pergamon Press，1973，p. 318.

活中有意识、有针对性地形成良好的习惯，改正不良习惯。幼儿的习惯是在成人的榜样、强化、暗示等的影响下不断地循环往复，从而形成的相对稳固的一种条件反射模式。例如，幼儿的如厕习惯是经过幼时的不断重复练习才得以形成的。随着幼儿年龄的增长，主体意识的增强，成人可以主动引导幼儿去卫生间大小便，不断进行重复练习，帮助幼儿养成一种稳固的条件反应模式。

(二)习惯的稳定性和可变性

习惯的稳定性表现为在某一特定情境下，个体重复某一行为动机或方式。这种行为动机或方式一旦中断，个体在心理上会产生负向的情绪反应。例如，幼儿园教师每天午睡前都会播放《摇篮曲》，但是这天中午因为班里的录音机坏了，所以没能放音乐，有几名幼儿因为没有听到熟悉的音乐，所以在床上翻来覆去睡不着觉，这说明习惯具有稳定性。但这并不是绝对的，习惯可以通过适宜而持续的教育和练习加以改变。美国心理学家威廉·詹姆斯(William James)在其著作《心理学原理》一书中指出，混合物的习惯可以改变，因为它们最终可以归因于混合物的结构，而且外部的力量或内部的张力每时每刻都能够将结构变得和先前不一样。如果身体有足够的可塑性来保持它的完整性，并且当其结构改变时也不会受到破坏，那么习惯就能改变。[1] 如果个体本身具有很强的意志力和自信心，再加上系统的、有益的、长时间的强化，并施加积极的影响，这种稳定性也是可以得到逐渐改变的。因此，在这个原理作用下，一些习惯也是可以得到改变的。例如，一个孩子是"左撇子"，而父母希望他使用右手进行主要的操作。在这种情况下，成人就可以在幼儿每次吃饭、写字的过程中进行慢慢的引导与鼓励，不断矫正幼儿使用左手的习惯。但不得不注意的是，在形成新习惯的过程中面临的主要挑战是，反复出现的环境提示会继续自动激活旧习惯。[2]

(三)习惯的自觉自动性

这是习惯最本质的特征。习惯可以以自主的方式激活，而无须执行控制。[3] 一旦形成习惯，对周围的感知就会自动将响应带入头脑，人们通常会自动进行行动响应[4]，自动化地做出某种行为，而不需要刻意地进行计划和思考。许多习惯是主体无意识地重复的结果，有的习惯只需要一次练习就可以形成。习惯一旦形成，人的一些条件反射就会自动地发生在一定的情境中。例如，幼儿园饭前便后洗手这种行为，是因为幼儿被告知饭前、如厕后一定要洗手。久而久之，每当饭前幼儿都会自觉地去洗手，这种行为不需要刻意去思考或者制订特定的计划。如果在饭前，有的

---

① [美]詹姆斯：《心理学原理》上，方双虎译，78~79页，北京，北京师范大学出版社，2017。

② Labrecque J S, Wood W, "What Measures of Habit Strength to Use? Comment on Gardner 2014," *Health Psychology Review*，2015(9)，pp. 303-310.

③ Evans J, Stanovich K E, "Dual-process Theories of Higher Cognition Advancing the Debate," *Perspectives on Psychological Science*，2013(8)，pp. 223-241.

④ Wood, Wendy, Rünger & Dennis, "Psychology of Habit," *Annual Review of Psychology*，2016，67 (1), pp. 289-314.

幼儿还是经常忘记洗手，则说明他的饭前洗手习惯还没有养成。那么，基于习惯的自觉自动性，家长、教师要有意加强优良习惯的培养，让幼儿终身受益于这种习惯。

(四)习惯的情境性

习惯可以由一定的情境启动，在相同情境下会产生相同反应。换言之，一个具有特定习惯的人，一旦到了特定的场合，习惯就会自觉地表现出来。而且习惯的形成，需要一定的外在因素来起作用，这些外在因素是情境。例如，教师经常与幼儿进行情景模拟游戏，模拟参观博物馆、在图书馆学习时的情境，幼儿在游戏过程中知道在参观博物馆以及在图书馆里学习的过程中走路要静悄悄而且不能大声喧哗，那么幼儿在身临其境的时候，会自动地进行情境启动，规范自己的行为。

(五)习惯的情感依赖性

已经形成的习惯，如若终止会让人感到不悦。也就是说，被抑制或终止的习惯会让主体在类似情境中做出固定的行为反应，如果不这样做，就会引发不安和负向的情感体验。例如，很多幼儿在婴幼儿时期有吸奶嘴的习惯，每天都含着奶嘴，就会产生愉悦感和满足感。若父母决定将幼儿的奶嘴戒掉，他们会感到不适应。

(六)习惯的双重性

习惯的双重性是指习惯有好坏善恶之分。好习惯受益终身，坏习惯祸害终身。从人类社会方面来看，习惯有正当和不正当之别。帮助幼儿养成正当习惯，是教育者的责任。例如，1978 年，75 位诺贝尔奖获得者在巴黎聚会。有人问其中一位："您在哪所大学、哪个实验室里学到了您认为最重要的东西呢?"出人意料的是，这位白发苍苍的学者回答说："是在幼儿园。"那人又问："在幼儿园里学到了什么呢?"学者说："把自己的东西分一半给小伙伴们；不是自己的东西不要拿；东西要放整齐，饭前要洗手，午饭后要休息；做了错事要表示歉意；学习要多思考，要仔细观察大自然。从根本上说，我学到的全部东西就是这些。"他认为一生所学到的最主要的东西，是小时候老师帮助培养的良好习惯。把视线转向另一面，《伊索寓言》中一个死刑犯临刑前流着泪对母亲说道："当初要不是你纵容我偷盗，我也不会因偷盗走上断头台!"从小的偷盗行为没有得到及时纠正，导致他形成偷盗的坏习惯，最终危害自身、危害社会。可见，习惯的好与坏对个人、对社会的影响都是巨大的。

四、习惯与秩序感

秩序是通过时空形式所体现出的事物或要素间和谐统一的运动状态。所谓秩序感就是人对秩序的感受和追求：一方面，表现为由和谐、有序带来的一种愉悦、兴奋和舒适感；另一方面，表现为当人处于混乱、无序时所产生的焦虑、恐惧、急切想改变的情绪体验。[①] 随着幼儿的成长、生活环境的改变，秩序感从生物性感知觉发展为具有社会意义的复杂的情感体验，成为推动习惯发展的助力器。学前期的幼

---

① 易晓明：《秩序感是儿童道德成长中的重要情感资源》，载《学前教育研究》，2002(2)。

儿逐渐对某些自然现象所表现出的规律性产生意识，如四季轮回、昼夜交替的意识。此时家长、教师对幼儿提出的要求，如按时睡觉、吃饭，能够让他们把自己的生活与外界的事物联系在一起并适应它们。此时，个体除了对物的秩序关系、对人与物的秩序关系的感受越来越明确、深入以外，也逐渐意识到人与人的关系，并发现这种关系不是杂乱无规则的，而是存在着明确的秩序。他们会表现出团结、合作的态度，遵守一些群体规则，形成良好习惯，从而获得由人际和谐带来的快乐。在这个过程中，习惯可以得到良好的发展。

曾获得诺贝尔经济学奖的哈耶克(Hayek)也是一位心理学家，他撰写的《心智秩序的结构》(*The Sensory Order：An Inquiry into the Foundations of Theoretical Psychology*)研究了心智秩序在多大程度上由基因遗传决定，在多大程度上是后天习得的，即"天性"与"教养"的争论。哈耶克提出的最具现代眼光的看法是，心智是一套关系或一幅逐渐形成并不断变化的关于生存环境的"地图"或"模型"，它是个体对环境信号加以分类的不断改善(或退化)的工具。这套关系是科层化的，积累在这些科层组织之内的知识，有由基因遗传而来的种群知识——以"感觉器官"的方式存储于每一个体，有由后天体验而来的个体知识——通过神经元网络联结的建立及改变来获得表达，还有情感化的知识——基于远比感觉器官更为复杂的边缘系统与大脑皮质之间的关系网络以及边缘系统与脑干等脑区之间的关系网络。对哺乳动物而言，情感化的知识有助于生命个体在各种危机情境中尽快做出正确的判断。换句话说，那些具备正确的情感定式的个体——或许由于基因突变或许由于后天习得——可在长期演化中生存下来，不论这些情感定式是否可被称为"道德"或"道德判断"。这些知识帮助了生物的延续和繁衍，从而在这一意义上被假设为"正确的"，仅在较高的意识层次上才被意识到的知识。对人类而言，"理性"能够意识到从而能够加以反省和评价的知识，只是人类个体的身心和人类社会整体所积累的全部知识的极小部分。

哈耶克的研究有一个重要的发现，即秩序感是天生的，而习惯是一个人后天养成的，它是在一定的情况下，自动化地进行某种动作的特殊倾向。在幼儿教育中，常常有教师强调班级内幼儿要遵守秩序，但人们常常忽视秩序与习惯的关系，学前期是幼儿秩序感形成的关键期。秩序感是生来就有的，强调的是幼儿自发的对秩序的感知，且会随着年龄的增长而逐步完善并趋于稳定；而习惯是一个人后天养成的，是一种在特定的情况下，自动化地进行某种动作的特殊倾向。习惯可以在幼儿秩序感发展的基础之上，在自身与外在环境的相互作用的过程中逐渐养成。教师应重视幼儿秩序感发展的特点，让幼儿在生活中自主地平衡各种关系，养成良好的习惯。

五、幼儿习惯的培养

蒙台梭利在《童年的秘密》中指出：幼儿发展的一个很重要的时期是对秩序极端敏感的时期，这种敏感期在婴幼儿出生后的第一年就会出现。学前期是幼儿对秩序的需求最为强烈的时期，也是秩序感形成和发展的关键时期。此时如果幼儿执着追求的秩序感被随意改动，会引起他们情绪的波动，还会对幼儿良好习惯的养成产生持久的影响。因此，抓住幼儿秩序感的发展特点，对帮助幼儿养成良好的习惯至关重要。

（一）抓住秩序感发展的关键期，帮助幼儿养成良好习惯

奥地利生态学家洛伦兹（Lorenz）提出的幼儿心理发展的"关键期"（critical period），是指对特定技能或行为模式的发展最敏感的时期或者做准备的时期，是个体发育过程中的某些行为在适当环境刺激下才会出现的时期。如果在这个时期缺少适当的环境刺激或错过关键期后再对幼儿进行教育，可能收效甚微。学前期是人一生中进行启蒙教育的最佳时期，我们应充分利用幼儿的发展规律，促进幼儿身心发展。

学前期是幼儿秩序感发展的关键期，在这期间幼儿对秩序有着强烈的渴望与执着，成人要注意抓住这一良好的时机对幼儿进行习惯培养，创造更多的学习机会，让幼儿身上的各种习惯得以巩固，进而使得习惯沉淀并积累在幼儿的行为上。秩序感是人的一种心理需要，幼儿的秩序感得到满足时，就产生愉悦感。例如，幼儿园中的一名幼儿喝完水把水杯放到杯架上之后，又将其他未按要求摆放好的水杯挨个摆好，这是他所执行的一个自发的并让自己感到高兴的任务。又如，一名幼儿在纸上写写画画的时候，突然不小心画到了自己不想画的地方，这个时候他必须找块橡皮或者其他东西把这个不小心画到的痕迹擦掉才安心。秩序感关乎幼儿对每样物品在他的环境中所处位置的认识，并有将它们归置好的强烈愿望。因此，成人要抓住、利用好幼儿秩序感发展的关键期，认识到秩序感对幼儿习惯形成的重要作用，适时施加指导，使用合理适当的评价与鼓励教育方式，帮助其提高自我感知、主动建构习惯的能力。

（二）家长以身作则，做好榜样示范

班杜拉提出了一套最为综合并且广为接受的模仿理论。他认为，模仿是幼儿生命最初的和最基本的习得行为的方式。通过观察他们生活中最可亲可敬的人的行为进行社会性行为的学习，儿童将这些观察以心理表象或其他符号特征的形式储存在大脑中，来帮助他们进行行为的模仿。[1] 对幼儿的习惯进行培养，少不了成人的榜样示范。对幼儿来说，成人的言行具有权威性，鉴于幼儿好模仿但又缺乏辨别能力的特点，在进行习惯的教育与引导的过程中，成人应注重自身的榜样作用。幼儿处于秩序感发展的关键期，热衷于生活中的一切都是井然有序的，并为之感到愉悦。如果能够在生活和学习过程中遵循幼儿对秩序的热爱与渴求，为幼儿提供一些井然有序的行为示范，则会对幼儿养成良好习惯产生影响。例如，教师要注重个人的仪

---

[1] Albert Bandura & Walters R H，*Social Learning and Personality Development*，New York，Holt Rinehart and Winston，1963，p. 49.

表形象，时刻注意自己的着装、容貌、发型和体态，因为教师的仪容仪表体现的是文化修养和审美情趣，是一种可以帮助幼儿养成良好习惯的无形力量。又如，生活中使用物品后要放回原处，衣物脱下要挂好、叠好等，在成人良好的榜样示范中，幼儿可以"择其善者而从之"，进而形成良好的习惯。

(三)为幼儿的习惯养成提供"有准备的环境"

幼儿的发展是个体与环境相互作用的结果。环境塑造人的发展，环境既可以加快幼儿习惯的养成，也可以阻碍幼儿形成良好的习惯。当人们通过在特定的情境中重复行动来追求目标时，习惯就会在日常生活中形成。[①] 为儿童创造一种"有准备的环境"，包括心理环境和物质环境，这个"有准备的环境"能够适合幼儿的身心发展。幼儿对世界的认识仍处于感性认识阶段，幼儿是借助颜色、形状、声音和动作来认识世界的。[②] 幼儿对其所处的环境有着敏锐的秩序感知，环境的创设对其良好习惯的养成是至关重要的。成人应注意给儿童提供一个整体有序的环境，并且注重环境中各部分的相互依存性。例如，家长应该为幼儿提供一个有序的家庭生活环境：干净整洁的房间，图书、玩具归类摆放，家庭作息时间科学合理，不熬夜、不睡懒觉，尽量为幼儿营造一个与幼儿园作息时间相同的环境，等等。教师应该为幼儿提供一个科学的幼儿园生活环境：幼儿园的环境创设应简单科学，教室地面画上"排队线""斑马线"，活动区角布置安全合理，教师之间、教师和家长之间见面互相问好，教师仪容仪表保持整洁大方，等等。幼儿每天处于这样的环境中，能够感知周围环境的关系，逐渐把握并能够慢慢将其深化，良好的习惯也会在无形之中形成。

(四)遵循幼儿内心的"秩序"，活动中进行习惯的训练

对幼儿来说，仅凭感性的认识还不足以形成习惯。因此，对幼儿进行习惯养成教育还需要一个训练的过程，在真实的活动中让幼儿的行为习惯得以强化。而且学前期的幼儿对秩序十分珍惜和热爱，渴望主动地维护秩序。当环境中出现不协调的信息时，这对他们来说是一种刺激，他们有强烈追求秩序的内心需求，会不由自主地去把东西归置到原处，力求一切井然有序。成人应借此机会为幼儿提供充满"秩序"的活动，寓"秩序感"于"秩序"活动训练当中，帮助幼儿养成良好的行为习惯。例如，教师可以设计"帮助玩具回家""小小椅子排排坐"等幼儿园每天都会遇到的且会经常重复的活动，借助这些充满秩序感的习惯养成活动，不仅可以满足幼儿内心对秩序的执着需求，更重要的是间接地教会幼儿物品摆放的秩序，帮助幼儿养成爱整洁的习惯。

---

① Wood，Wendy，Rünger & Dennis，"Psychology of Habit," *Annual Review of Psychology*，2016，67(1)，pp. 289-314.

② 但菲、刘彦华：《婴幼儿心理发展与教育》，171～172，337页，北京，人民出版社，2008。

📋 **思 考 题**

1. 你是如何理解幼儿学习的？脑科学研究对幼儿的学习有何启示？

2. 请到幼儿园的亲子班或早教中心观察 2 岁幼儿的学习活动，并说明 2 岁幼儿的主要学习方式都有哪些。

3. 请观察 3～6 岁幼儿的主要学习方式，并用案例来说明。

第四章　幼儿学习的动机与学习的迁移

本章提要 ▶

- 幼儿学习动机的主要特点
- 学习动机的理论与幼儿的学习
- 如何激发幼儿学习的动机
- 学习迁移的理论与幼儿的学习
- 如何促进幼儿学习的迁移

要使幼儿积极参与学习活动，就必须激发其学习动机；要使幼儿的学习具有灵活性而非机械学习，就必须促进学习的迁移性。因此，幼儿学习的动机与学习的迁移是幼儿教育心理学研究的重要课题。本章对学习动机的各种理论、幼儿学习动机的主要特点、促进幼儿学习动机的方法、学习迁移的各种理论、促进幼儿学习迁移的策略等进行了深入的介绍。

第一节　幼儿学习的动机及其有效激发

幼儿的主动学习是由动机引起的，这已成为人们的共识。那么，是什么因素促使幼儿想要学习，并愿意努力学习呢？因素是多方面的。"动机"就是用来解释幼儿发起和维持学习行为的重要概念。早期教育越来越重视幼儿的自主学习，关注如何使幼儿学会学习，促进幼儿形成主动学习的意识与能力，激发幼儿学习的兴趣与乐趣。幼教工作者必须了解幼儿学习动机的各个方面，特别是对幼儿学习动机的各种理论、幼儿学习动机的主要特征、如何有效激发幼儿学习动机等问题有比较清晰的认识。

一、幼儿学习动机及其分类

动机（motivation）是指激发、引起个体活动，引导、维持已引发的活动，并促进该活动向某一目标进行的内在动力作用。①② 它主要涉及三方面：①引发行为的动因；②使行为指向某一目的的原因；③维持这一行为的原因。通俗地讲，动机就是使儿童开始行动、维持行动并且决定其行动方向的动力。盖奇和柏林纳将动机比喻成汽车的发动机（强度）和方向盘（方向）。③ 动机不仅激发幼儿如何行动，而且决定幼儿从活动和接收的信息中学到多少知识。那么，什么是学习动机呢？学习动机是指直接推动幼儿进行学习、维持学习，并使该学习活动趋向教师所设定目标的内在心理历程，它是激励和指引幼儿进行学习活动的一种需要。学习动机对幼儿的学习有重要影响。有学者研究了美国 1 至 12 年级共 637000 名儿童动机与学习成绩的

关系，在 232 项动机水平与儿童学业成绩之间的相关系数中，98％是正相关。同时，学者还提出，动机的强度适中，能提高儿童的学习成效，动机过高易使儿童产生焦虑，过低则难以激发儿童学习的欲望（图 4-1）。克隆巴赫和史诺通过研究区分出两种动机：防御性动机和建设性动机。④

防御性动机（defense motivation），指的是儿童学习的焦虑水平，通常是动机过高所引起的。建设性动机（constructive motivation），指的是儿童保持的积极、适中的学习需求。动机和学习之

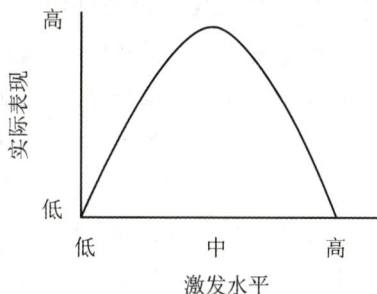

图 4-1　动机激发水平与实际表现之可能关系

间的关系是辩证的，动机能推动幼儿的学习，而学习又能进一步保持或激发幼儿的学习动机。奥苏贝尔认为动机与学习之间的关系是典型的相辅相成的关系，绝非一种单向性的关系。教师在强调动机在幼儿学习中的重要作用的同时，也应看到学习活动本身也能激发幼儿的进一步学习。

(一)幼儿学习动机的分类

1. 普遍型学习动机与偏重型学习动机

普遍型学习动机（general motivation to learn）指幼儿对各项学习活动均有较强的内在学习动力；偏重型学习动机（specific motivation to learn）指幼儿只对某一个或几个领域的学习有较强的动机，而对其他领域的学习缺乏强烈的动机。

2. 内在动机与外在动机

内在动机（internal motivation）指幼儿对学习本身感兴趣从而引发的动机。这种动机的满足在活动之内，不在活动之外，即活动本身构成了幼儿学习的直接动力与

---

① Murphy K P & Alexander P A，"A Motivated Exploration of Motivation Technology，"*Contemporary Educational Psychology*，2000，25(1)，pp. 3-53.

② Pintrich P，"Multiple Goals，Multiple Pathways：The Role of Goal Orientation in Learning and Achievement，"*Journal of Educational Psychology*，2000，92(3)，pp. 544-555.

③ Gage N L & Berliner D C，*Educational Psychology*，3rd ed.，Boston，Houghton Miffilin，1984，p. 372.

④ ［美］理查德·梅耶：《教育心理学》，林清山译，542 页，台北，远流出版公司，1990。

需求。它不需要外界的诱因、惩罚来使学习行动指向目标。外在动机(external motivation)指由外部诱因引起的动机。动机的满足不在活动之内,而在活动之外。幼儿并非对学习本身感兴趣,而是受学习带来的奖励或避免惩罚等的驱使。研究发现,外在动机与内在动机并不是同一个连续体的两端。[①] 一些幼儿可能既希望得到教师的表扬,又因为对学习有兴趣而学习,其内在与外在动机都很高;而另一些幼儿可能两种学习动机都很低,或者其中一个高,另一个低。有经验的教师在帮助幼儿形成学习动机时,会较多强调内在动机,因为随着年龄的增长,这种动机将会越来越显示出其重要性。

(二)幼儿学习动机的内容

有学者认为,对知识价值的认识(知识价值观)、对学习的直接兴趣(学习兴趣)、对自身学习能力的认识(自我效能感),以及对学习成绩的归因(成就归因)等是中小学生学习动机的主要内容。[②] 而对于幼儿来说,我们认为,学习动机主要表现在好奇、兴趣、诱因这三个方面。其中,好奇是幼儿学习最主要的动机,它促使幼儿积极主动地参加学习活动,从而满足内心对探索问题的需要,积极的情绪体验也伴随着出现。由于幼儿的知识价值观、意志、自我效能感等尚未形成,激发幼儿的学习动机也主要从好奇心、兴趣、诱因等方面入手。

1. 好奇

好奇(curiosity)是指幼儿去观察、探索、操作、询问新奇、有趣的事物,从而获得对事物了解的一种原始性的内在冲动。三四岁的幼儿好奇心特别强,他们用各种感知觉去闻、去咬、去拨弄、去凝视(图 4-2)。有时候,你会看到一群幼儿在捏塑泥巴,有些幼儿虽不愿意把手放入泥巴中,但仍会好

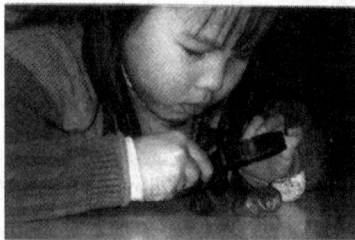

图 4-2　幼儿的好奇心

奇地在旁边专心观看;有时候,幼儿会将闹钟拆开,只为了看看闹钟为什么会嘀嗒响。好奇历来被视为人类求知的最原始的内在动力,而且被认为是与生俱来,不需要学习的。有学者曾说过:"我惊讶于幼儿经久不变的好奇心。他们探索周围的一切,他们用手触摸,用鼻子嗅,用耳朵听,用嘴巴尝,通过这些,他们学习,并经历着激动。"[③]虽然好奇是幼儿与生俱来的,但它同样受到环境与教育的影响。有一些幼儿天性好奇,这可能是因为家长鼓励他们具有好奇心,支持他们提出各种问题。而另一些幼儿却可能在提问时经常受到家长、教师的责备,成人可能抱怨说:"你的问题太多了!"这样的幼儿在以后提问题时会胆小紧张。

---

① [美]斯腾伯格、威廉姆斯:《教育心理学》,张厚粲译,315 页,北京,中国轻工业出版社,2003。
② 陈琦、刘儒德:《当代教育心理学》,120 页,北京,北京师范大学出版社,1997。
③ Deci E, "Work: Who Does Not Like It and Why," in *Notable Selections in Psychology*, Pettijohn T F, Guilford CT, The Dushkin Publishing Group, Inc., 1994, p.217.

信息栏 4-1

如何激发和保持幼儿的好奇心？

一、提供有趣的材料，让幼儿自己去发觉

在幼儿的物品或玩具堆中，放一些安全且新奇的东西让幼儿自己去发觉。例如，在空瓶子里放一些小豆子，并置于玩具堆中。另外，在幼儿的玩具收纳区放一个放大镜，也是可以尝试的做法。

二、在日常生活中做一些改变，为幼儿带来新鲜感

在幼儿熟悉的日常事物中做一些改变，可以引发其好奇心。例如，把幼儿的房间重新布置一遍，为幼儿带来一些新鲜感与惊奇感。

三、带领幼儿参与有趣的户外活动

多接触户外环境，可引发幼儿对生活世界的进一步感知。例如，参观社区的消防队将引起幼儿对火、水和环境安全的注意。教师可以顺应幼儿的好奇心，将相关主题内容融入教学活动之中。

四、为幼儿提供丰富多元的信息

一本有关环境生态的书，可以激发幼儿对自然生态的兴趣；一段有关昆虫的视频，可以打开幼儿的视野；到户外实地观察植物的成长，能满足幼儿的好奇心。

五、提出开放式的问题，与幼儿讨论

开放式而非封闭性的问题能够激发幼儿的好奇心，触发幼儿的思考和探索。打破思考与想象的限制，与幼儿共同寻找相关资料，并协助幼儿用图片或画画等方式来记录和组织自己的点子、想法。

2. 兴趣

兴趣(interest)与动机有着密切关系。它是指幼儿对某人、某物或某事所表现出来的选择性注意的内在心向。兴趣是一种带有情绪色彩的认识倾向，它以认识和探索某种事物的需要为基础，是推动幼儿认识事物、探求现象的一种重要动机，也是幼儿学习动机中最活跃的因素。兴趣可以从幼儿的外在行为去分析。例如，把多件物品呈现在幼儿面前时，

图 4-3　幼儿的兴趣

某件物品特别引起幼儿的注意，即可推知幼儿对此感兴趣(图 4-3)。可以将这一类兴趣视为"偏好"，婴儿出生后就产生了偏好现象。研究发现，引起婴儿视觉注视的是图像的明暗交替模式或轮廓。例如，婴儿在图像识别中，对明暗交界的差异特别敏感。婴儿偏爱明暗对比鲜明的图像，而不喜欢空白无条纹、无明度对比和单色的图像。

兴趣是激发幼儿探索的重要内在动力，而动机的实现与否又会影响到幼儿兴趣

的进一步形成或改变。例如，有的幼儿喜欢美工活动，但教师在区角活动中总是安排他去图书角，该幼儿去美工角的动机总是得不到满足。久而久之，幼儿可能逐渐产生了阅读的兴趣，对美工活动反而不感兴趣了，该幼儿的学习兴趣发生了转变。幼儿的学习兴趣在教育与环境的影响下是可以改变的。

3. 诱因

如果说好奇与兴趣是幼儿学习内在动机的话，那么诱因则是幼儿学习的外在动机。诱因(incentive)指诱发个体行为的外在原因。外在原因通常指环境刺激，但并非任何环境刺激都可以引起幼儿的学习行为，有些环境刺激反而会阻碍、制约幼儿的学习。例如，柔和的室内灯光能促进幼儿的学习，而嘈杂的环境则妨碍幼儿安心学习；教师提供小红花、粘贴纸、小红星等幼儿感兴趣的奖赏物会激发他们学习的渴望；教师对幼儿的失败予以批评讽刺，阻止幼儿积极主动探索则不利于幼儿产生学习动机。

诱因按其性质的不同，可以分为两类：凡是令幼儿趋向或是接近，并由接近而获得满足体验的环境刺激，称为正诱因(positive incentive)，如食物、玩具、小红花、代币等；凡是令幼儿逃离或躲避，并由躲避而获得满足感的刺激，就是负诱因(negative incentive)，如惩罚、批评等。

案例 4-1

小红花

开园第一天，幼儿们对周遭的环境、教师感到有些陌生，哭闹现象比较严重。这边刚安抚好，幼儿们总算安静下来了，一听到别处的哭声便又号啕哭喊了起来。焦急之际，我决定试试奖励小红花的办法。于是，我一边组织幼儿们，一边对他们说："小朋友们，你们看，老师这里有很多漂亮的小红花呢！哪位小朋友表现得棒棒的，鼓励自己勇敢一点，不哭也不闹，甚至关心安慰其他的小朋友，小红花就会去到他的身边，和他做好朋友噢。"幼儿们抬起头来，聚精会神地看着我，哭闹声渐渐停了下来。我把小红花贴到幼儿身上时，看到了一张张可爱的脸。

二、动机理论与幼儿的学习

幼儿的学习既可能受外部力量的激发，也可能受内部力量的驱动。不同学者在解释学习动机时从不同视角出发，形成了各种学习动机理论。

(一)行为主义的强化理论与幼儿的学习

在第二章阐述学习理论流派时，我们详细介绍了行为主义的一些核心概念：条件作用、正强化、负强化等，也讨论了行为主义学者如何运用强化原则控制个体的学习。行为主义不仅用强化来解释学习的发生，而且用强化来解释动机的产生。不少行为主义者，如斯金纳认为，无须将动机与学习区分，因为引起动机与习得行为并无两样，都可用强化来解释。在他们看来，没有必要区分独立的学习理论与动机理论，动机只是儿童强化后的产物。例如，儿童因学习而得到强化（如得到教师和家长的表扬），他们就会有学习的动机；如果学习没有得到强化，儿童就没有学习动机；如果儿童在学习中受到了惩罚，则会产生避免学习的动机。

因此，行为主义所主张的学习动机理论，在性质上是外控的，属于外在动机，而不关注儿童学习的内部动机。

在教育教学中颇为流行的程序教学与计算机辅助教学的心理基础，就采用了强化原理，借以维持儿童的学习动机。班杜拉在理论上属于行为主义学派，但更偏重社会心理取向，其社会学习理论，也含有学习动机的观点。例如，观察学习使幼儿看到同伴的优异表现得到教师的好评，他为了也能得到教师的表扬，模仿同伴的行为，这也属于外部动机。

行为主义的动机强化理论（reinforcement theory）与实践虽然在促进幼儿学习上有一定效果，特别是对年龄尚小的幼儿，他们非常重视身边"重要他人"（如家长、教师）的奖励与批评，因此外部强化确实能起到维持幼儿学习动机的效果。但从幼儿自主发展的观点来看，这种只重外在学习动机而忽视个体内在动机的教学方式，有很多不足。

第一，只重外部控制难以有效激发、培养幼儿的求知欲。只重外在动机而不顾内在动机的做法，很容易诱导幼儿为追求外在奖励而学习，而不是出于对知识的渴求、对问题的探求心、对学习的热情而学习。3～4岁幼儿有强烈的好奇心与求知的兴趣。为此，教师不要刻意地用学习的成效来批评和惩罚幼儿，而应该激发幼儿的好奇心和探索的欲望。采用批评与奖惩的方法，会使得学习成为一种趋奖避罚的活动。

第二，将手段目的化不利于幼儿良好人格的形成。奖励和惩罚是手段，是激励幼儿学习的外在动机，而不是目的。但在实践中却很可能发生幼儿把得到奖励作为学习的主要目的，乃至唯一目的。这样学习就变成了一种功利性活动，一旦缺乏外部奖励，幼儿的学习就失去了主动性。正如杜威指出的，我们并非因为"鹄"的存在才射击，而是为使投掷和射击更加有效和有意义才树立"鹄"的。学习活动原本是一种富有乐趣的探索、求知的过程，但由于外部刺激的引入，幼儿将求学的乐趣转向寻求外部奖励，这反而削弱了幼儿学习的内在动机。

（二）人本主义的需要理论与幼儿的学习

人本主义心理学者把教育视为发展个体内在潜能的过程。在讨论学习动机时，人本主义心理学将其视为个体成长、发展的内在原动力，这与行为主义的外在动机观完全不同。从人本主义心理学家的论述中我们可以发现其对内在动机的重视。

人是永远有动机的。事实上，人在任何时刻都不会没有动机。谈到人的动机之有无时，只能说某些人对其所面对的不愿做的事缺乏动机(而对其他的事仍有动机)而已，但绝不能说他们没有动机。

人本心理学的研究，旨在了解我们人类内在的心理历程……我们内在的需求、欲望、情感、价值观，以及对我们人类行为表现原因的自我解释……这也正是教师们在教学时应先教学生认识他自己的主要原因。①

上述观点表明，行为主义的学习动机理论，主要考虑对幼儿的某种行为给予何种强化，如何给予强化，给予多大程度的强化，从而维持其学习动机。而人本主义的学习动机理论，重视的是创设良好的师生关系与培养和谐的课堂气氛，认为这是维持幼儿学习动机的基本要素。人本主义学者认为，有了良好的师生关系，幼儿就会感受到教师的关爱和支持，增强学习的信心，而不需要外在的奖励，幼儿就会有学习的热情与渴望。有了温馨的课堂气氛，幼儿就会感到安全，而不会产生因失败而受到惩罚的恐惧，他们才会在学习中勇于尝试，敢于尝试错误。

信息栏 4-2
幼儿园教师对幼儿探究行为的支持

幼儿在进行探索时可能会遇到各种挫折和失败，这时教师应支持和鼓励他们继续探究与思考。然而有些教师在幼儿一遇到难题时就立刻给予帮助，甚至是包办代替，对于幼儿的失败或错误，总是迫不及待、想方设法地去"及时"干预。

"琪琪是一个自立、自控能力都较弱的孩子，有一段时间她对剪贴画产生了兴趣。开始，她只是瞪着一双圆眼睛站在旁边看别人做，后来她也开始动手了。她好不容易剪下了一只蝴蝶，往上面涂胶水，却把胶水涂在蝴蝶上了。我的第一冲动是过去告诉她，但我没有这样做，因为我不想剥夺她的试误体验，所以我饶有兴致地关注起来。只见她很满意，准备往墙上贴了。可蝴蝶却粘在了她的手上，她想往墙上粘，却怎么也粘不住，蝴蝶依旧粘在她的小手上。于是，她用另外一只手帮忙，哎，真是越帮越忙，右手获救了，左手又被粘上了，于是右手再去救左手……她停了一下，嗯！翻过来试一试。她把有胶水的这一面(也就是有蝴蝶的这一面)往墙上粘，这一次成功了，哇！蝴蝶真的粘在墙上了。……她笑得那样灿烂。多么可爱、多么能干的小姑娘！"

如果这位教师凭着第一冲动跑过去"帮"了她，会是什么样的结果呢？她在反思中说道："其实，当时我帮她一下，或是教她怎样粘是很容易的，可是孩子得到的是

---

① 张春兴：《教育心理学：三化取向的理论与实践》，301～302 页，杭州，浙江教育出版社，1998。

什么呢？一种技能而已。失去的又是什么呢？失去的似乎就太多了，独立性、求知欲、自己动手的兴趣，而失去的也恰恰是最珍贵的。我庆幸没有剥夺孩子试误的权利，同时我也告诫自己：千万别好心帮倒忙！"可以看出，如果这位教师没能克制自己的冲动念头，去"指导"幼儿，也就使幼儿丧失了一次自主探索与自我发现的可能。正如一位教师所说："给孩子尝试的机会，孩子不一定都能成功，但剥夺了孩子尝试的机会，他将永远不会成功。"

在人本主义动机理论中最有代表性的是马斯洛的动机理论。他认为，个体的多种需要，可按其性质由低到高分为 7 个层次：①生理需要；②安全需要；③爱与归属的需要；④尊重的需要；⑤求知的需要（need to know），指希望理解事物变化的需要；⑥美的需要（aesthetic need），指对美好事物欣赏的需要；⑦自我实现的需要。

马斯洛将前四种需要称为基本需要。它们有一个共同点，即都是由生理或心理缺失导致的，因而又称为缺失性需要（deficiency needs），它对个体身心健康发展是非常重要的，必须得到满足，而一旦这些需要得到满足，个体这方面的动机也会减少。后三种是成长需要（growth needs），如求知的需要、美的需要、自我实现的需要。成长需要不可能得到完全的满足。对幼儿来说，生理与安全需要、爱与归属的需要，需要靠成人创设良好的环境来满足。当这些基本需要得到满足时，幼儿会进一步产生求知的需要，即探索周围事物的兴趣与愿望。例如，在美工区活动中，幼儿有的在画昆虫，有的用废旧材料制作昆虫。"嘻嘻"，突然一阵笑声传来，原来几名幼儿围着朱朱在笑呢。只见朱朱画了一只特别大的瓢虫，瓢虫身上画了许多的斑点。"我画的是十五星瓢虫。"朱朱脱口而出。"不对，不对，没有十五星瓢虫，只有二十八星瓢虫。"这时教室马上炸开了锅，大家纷纷讨论了起来。如果教师当时不问青红皂白予以否定，那么打击的就是幼儿的探究欲和创造的火花。

（三）认知主义的归因理论与幼儿的学习

认知主义的动机理论虽然也将学习动机视为内在动机，但与人本主义所指的内在动机有所不同。人本主义的内在动机，是以自我实现为终极目标的各种需求所形成的内在动力，并认为这种动力是个体与生俱来的。而认知主义认为，学习动机是环境（刺激）与个体行为（反应）之间的中介过程，也就是说，学习动机是个体在外界环境影响下所产生的认知需求。

在现代教育心理学上，认知主义的学习动机理论层出不穷，如费斯廷格的认知失调理论（cognitive dissonance theory）、成就动机理论（theory of achievement motivation）、期望理论（expectancy theory of motivation）、自我价值理论（self-worth theory）、个人专注论（personal investment theory）等。其中，以韦纳（Weiner）的归因理论（attribution theory）最为突出。

韦纳是归因理论的集大成者，其理论受到海德尔（Heider，1958）的归因学说以及罗特(Rotter，1966)的控制点理论的影响。在"某人为什么会表现出那样的行为"的研究中，海德尔提出个体的归因有两种，将行为发生解释为外部环境因素的，称为情境归因(situational attribution)，将行为发生解释为当事人性格因素的，称为性格归因(dispositional attribution)。

受海德尔归因理论的影响，罗特随后提出控制点(locus of control，LOC)概念，用以解释个体的归因。控制点中的"点"主要指"定位"。控制点是指个人在日常生活中对自己与环境之间关系的看法。有些人相信他们能控制自己的生活，而有些人则相信他们的生活是由外部环境所控制的。前者的控制点在内部，称为内部控制点(internal locus of control)，后者的控制点在外部，称为外部控制点(external locus of control)。一个将控制点定位于内部的人会认为成功或失败是自己的努力或能力造成的，一个将控制点定位于外部的人则倾向于认为运气、任务难度等因素导致了自己的成功或失败。显然，前一种人是自主导向者，他的行为取决于内在动机，而后一种人是外在导向者，他的行为取决于外在动机。

有些学者将内部控制点视为自我效能感。[1] 研究发现，就智力水平相当的儿童而言，内部控制点较高者更易取得更好的成绩。[2][3]

🎧 信息栏 4-3

内部与外部控制点的访谈问卷样题(3~6岁儿童)

1. 如果你算术题都算对了，那可能是因为（   ）。

A. 算术是一件非常简单的事

B. 我非常努力学习计算

2. 如果你在幼儿园里没有学会老师教给你的本领，那可能是因为（   ）。

A. 老师教得不太好

B. 我没有很好地听老师讲课

3. 如果爸爸妈妈夸你在幼儿园表现得很好，那可能是因为（   ）。

A. 我真的表现得很好

B. 爸爸妈妈很喜欢我

在海德尔的归因学说和罗特的控制点理论基础上，韦纳提出了三维度归因论(表4-1)。

---

① Bandura A，*Self-Efficacy：The Exercise of Control*，New York，Freeman，1997，p. 37.

② Zimmerman B，"Self-efficacy：An Essential Motive to Learn," *Contemporary Educational Psychology*，2000，25(1)，pp. 82-91.

③ Pajares R & Graham L，"Self-efficacy，Motivation Constructs，and Mathematics Performance of Entering Middle School Students in Writing and Science," *Contemporary Educational Psychology*，1999，25(4)，pp. 406-422.

表 4-1 韦纳成败归因理论三维度分析

控制点位置	稳定性程度与可控制性			
	稳定的		不稳定的	
	可控的	不可控的	可控的	不可控的
内部的	/	能力	努力	身心状况
外部的	/	任务难度	/	运气/外界环境

①因素来源。个体把成功或失败的原因看成内部的还是外部的。在此维度上，能力、努力及身心状况属于内控。

②稳定性。成功或失败的原因是稳定的还是暂时的。在此维度上，能力与工作难度两项不随情境改变，是相对稳定的。

③可控制性。即影响成败的因素是否可以控制。在能力、努力、外界环境、身心状况、任务难度、运气六因素中只有努力一项是可以凭个人意愿控制的。

归因理论还有一个重要的假设：人们都试图维持一种积极的自我形象。[1] 当活动较成功时，个体往往倾向于将成功的原因归结为自己的努力或能力；当活动失败时，个体就会认为失败是由一些自己不能控制的原因造成的（表 4-2）。

表 4-2 幼儿如何解释成功与失败

类别		成功的归因		失败的归因	
		可控	不可控	可控	不可控
稳定	内在	因为我不断地学习，所以我很聪明	无论我做什么，我都很聪明，都会成功	我努力不够	我太笨了
	外在	老师喜欢我	任务很容易完成	老师不喜欢我	我的笔坏了
不稳定	内在	为完成这次活动，我学习很努力	我有时状态很好，有时却不行	这次活动我准备得不充分	我生病了，没有发挥好
	外在	上个星期我送给老师一张贺卡	我很幸运	爸爸妈妈没有辅导我	我这次倒霉透了

韦纳的归因理论对幼儿教育有重要意义。教师若注意引导幼儿进行积极的自我归因，即凡事主动自己承担责任，认定事情可以向好的方向发展，并积极寻求自己可以解决的办法，那么随着幼儿逐渐长大，他能学会自己承担责任，并善于从失败中吸取教训，最终成为把握自己命运的人。例如，当幼儿不小心撞了桌子，成人不要说："桌子不乖，把宝宝撞疼了，桌子该打。"而应该说："宝宝把桌子撞疼了，桌子没有眼睛，宝宝有眼睛呀，宝宝不哭，宝宝下次一定会小心的！"归因理论在教学

---

① Thompson T, Davidson J A & Barber J G, "Self-worth Protection in Achievement Motivation: Performance Effects and Attributional Behavior," *Journal Educational Psychology*, 1995, 87(4), pp.598-610.

活动中得到了较多运用，主要是因为该理论从幼儿的观点出发揭示了学习活动的成败因素。同时它还使教师认识到，帮助幼儿建立起明确的自我观念有重要作用，即形成积极的成败归因，有助于幼儿积极地看待成功与失败，并努力追求成功。

通常，当幼儿得了不好的成绩时，他们最初会归因于运气不好或其他的一些外部的、不稳定的因素。但是，如果连续几次成绩都较差，那么他们就不再将原因继续归于不稳定因素，一个人不可能每次活动运气都不好。这样，幼儿就会逐渐形成学习困难的感觉，久而久之，甚至会产生习得性学习无助感。

🎧 信息栏 4-4

习得性学习无助感

习得性无助（learned helplessness）是指在经历消极体验之后，再面临同样或类似情境时个体所产生的一种无能为力的心理状态与行为表现。如果幼儿从小就形成了这样一种心理与行为表现，将不利于其健康成长。习得性无助的概念是从这样一种理论中推论出来的：儿童由于不断经历来自教师、同伴或幼儿园的活动以及自身的否定反馈，逐步形成条件反射，最终导致学业失败。大量研究发现，如果儿童总是失败，那么他们就会放弃努力，并产生习得性无助感。

有学者将积极归因的儿童称为成功取向型，将消极归因的儿童称为避免失败型。习惯于追求成功的儿童，相信自己能够应付学习活动的挑战，即使失败也把它视为自己努力不够，因此能积极取得进步。教师如果了解儿童的归因类型，就能有的放矢，通过改变其归因而帮助其积极看待学习活动。

🎧 信息栏 4-5

学习动机的其他理论简介

除上述动机理论外，还有许多学习动机理论在教学上具有重要的参考价值。

自我效能理论（self-efficacy theory）[1] 它是由班杜拉提出的。自我效能感是指儿童对自己能否成功地进行某一行为的主观判断。班杜拉认为儿童的期望有两种：结果期望与效能期望。效能期望是指儿童对自己能否进行某种行为的实施能力的判断，即对自己行为能力的推测，如果儿童确信自己能够成功进行某种行为活动，其参与活动的可能性就会大大增加。班杜拉认为儿童对自我能力的正确感知与评估来自四方面的经验：①直观经验，指儿童以往实际从事同类活动的成败经验；②替代经验，指借助观察学习而间接习得别人的经验；③间接经验，指由阅读书本或听到

---

[1] 张春兴：《教育心理学：三化取向的理论与实践》，312页，杭州，浙江教育出版社，1998。

别人的意见而获得的经验；④身心状况，指在参与活动之前儿童对自己身心状况的评估。

成就动机理论（theory of achievement motivation）[1]　最早集中研究成就动机的心理学家有默里、阿特金森（Atkinson）等人。成就动机是指儿童趋于努力获得成功，达到理想目的的倾向。实验研究表明，以成就为动机的儿童坚持学习的时间会更长，即使遇到挫折，也往往会归因为自己还不够努力。阿特金森的研究表明，最初的高成就动机来源于幼儿生活的家庭，特别是幼儿期的教育影响。追求成就的倾向有一个公式：

$$Ts = Ms \times Ps \times Is$$

即追求成就的倾向＝成就动机×成功可能性×成功的诱因值。

避免失败的倾向也有相应的公式：

$$Taf = Maf \times Pf \times If$$

即避免失败的倾向＝避免失败的动机×失败的可能性×失败的消极诱因值。

因此，作为结果的成就动机就是力求成功的倾向减去避免失败的倾向：

$$Ta = (Ms \times Ps \times Is) - (Maf \times Pf \times If)$$

期望动机理论（expectancy theory of motivation）[2]　期望动机理论以其特有的公式而著称：

$$动机＝估计成功的概率×成功的诱因值（M = Ps \times Is）$$

这就是说，儿童学习的动机，取决于他对自己成功机会的估计，以及他对成功价值的评估。如果儿童认为成功的机会是零，那么成功的价值再大，他也不愿去做；相反，如果儿童认为成功了也没有任何价值，那么成功的可能性再大，他同样也不会去做。期望动机理论还指出，在某些情况下，成功概率太高，对动机是有害的。只有当成功的概率适中时，动机才是最强的。

三、幼儿学习动机的主要特征

幼儿的学习动机有如下特征。

（一）内在动机以好奇与兴趣为主

个体学习的内部动机有多种，如努力、能力、兴趣等。在幼儿阶段，内部动机以好奇为主。幼儿从出生就开始探索周围世界，对环境充满了好奇。幼儿总是不停地提问：这是什么？那是什么？为什么？这反映了幼儿对外部世界的好奇与探索欲，充满探究新异事物的兴趣。幼儿刚接触社会，世界上一切事物对他们来讲都是新鲜有趣、具有吸引力的，好奇是幼儿心理的一个特点。他们什么都要看一看，都要摸

---

① 张文新：《高等教育心理学》，163 页，济南，山东大学出版社，2008。

② ［美］罗伯特·斯莱文：《教育心理学：理论与实践》，7 版，姚梅林等译，246 页，北京，人民邮电出版社，2004。

一摸，都要问一问。

婴幼儿好奇的发展历程大致如下：半岁的婴儿开始萌发感知兴趣，看见来人表现出情感色彩，如乐、笑、哭，好奇心促使他伸手抓东西，情感兴趣逐渐表现得更加明显，听到音乐、熟悉的声音就欢乐地手舞足蹈，能伸手抓物，会看成人的脸色；1岁左右对音乐的强弱逐渐感兴趣，开始注意周围事物，对与自己相同的群体产生兴趣；2周岁进入托班的幼儿，对同龄人的群体兴趣明显增强，动作与口语一起表达，喜欢与人交往，会抢玩具等；2~3岁幼儿和成人对话时喜欢提出要求，从要什么，不要什么，到爱与特定的人玩，喜欢新玩具；4~6岁的幼儿语言迅速发展，各种动作日趋协调，好奇好问，个性初具雏形，能长时间参加感兴趣的游戏。

随着年龄增长，幼儿的内部动机逐渐从好奇变为兴趣。兴趣与好奇有联系，兴趣常常表现为幼儿的探究，但与好奇又有区别。不同之处在于，好奇更多受外在环境的影响，表现为在外部新异刺激的影响下受到吸引，它更多体现为新异刺激所引起的一种普遍性。兴趣虽然也表现为幼儿的好奇与探索，但它更多体现的是个体性，与个体的内在倾向相关联。例如，不同的幼儿有着不同的兴趣，有的喜欢拟实物类玩具，如玩偶娃娃、过家家用品、娃娃家具、电话、飞机、车子等；有的喜欢情感宣泄类玩具，如敲打台、橡胶刀棒、玩具枪等；有的喜欢投射内心世界类玩具，如粉笔、报纸、剪刀、黏土、面具、球、沙盘、各类画具及绘画材料、手掌形布偶等。

智力超常儿童的兴趣倾向明显突出，求知欲望强烈，学习兴趣高，对感兴趣的游戏全神贯注，对某些活动产生浓厚的兴趣，有不达目的不罢休的韧劲。相反，智力发展迟滞的幼儿，对周围事物的兴趣较弱。

(二)外在动机逐渐增长

幼儿外在的学习动机逐渐增长，主要表现为渴望得到成人的肯定、鼓励和表扬。教师在幼儿心目中有很高的威望，幼儿在各种活动中总是力求得到教师的鼓励，包括精神鼓励和一些物质鼓励(如教师的微笑、口头表扬、食物奖励及小红花等)。虽然幼儿对学习已产生内在动机，逐渐具有探求与认识外部世界的认知需求，但是外在动机在幼儿的学习活动中仍然是大量的、重要的。幼儿仍然离不开教师的支持与肯定。教师对幼儿内在动机的激发起着重要作用。为了获得教师的赞扬，幼儿能够坚持完成较枯燥的学习任务。教师会运用各种外在动机激励方法，引导幼儿进行学习活动。例如，幼儿非常喜欢(内在动机)去建构角玩大型积木，而不愿意去美工区画粘贴画。教师规定，必须先在美工区玩20分钟，然后才可以到建构角去玩。幼儿为了服从教师的规定，得到教师的表扬，先去美工区活动，这就是出于外在动机。有经验的教师采取另外的方法，她让幼儿按自己的意愿到建构角活动，当幼儿玩了一段时间以后，教师引导他把搭建大型积木的活动与美工区的活动结合起来，如用粘贴画美化大积木，同样可以激发幼儿参与美工活动的动机。这就是以幼儿的内在动机为基础，以教师的引导激发外在动机，从而进一步培养幼儿新的内在动机。

(三)较稳定的学习成败归因的形成

前面我们指出，内外控制点与学习动机有重要联系。研究表明，7 岁时幼儿已形成较稳定的内外归因。对我国幼儿成败归因稳定性的研究表明，从他人总体评价、他人具体评价以及日常生活选择三个维度对幼儿进行了内外控制点的访谈，两周后进行重测的结果证实，5～6 岁是形成较稳定的学习成败归因的年龄，6 岁儿童已初步形成比较稳定的内外控倾向。结果见表 4-3。[①]

表 4-3 5～6 岁四种同伴交往类型幼儿的内外控稳定性

变量	受欢迎型	被拒绝型	一般型	被忽视型
r	0.916	0.833	0.834	0.708
n	34	22	23	24
t	18.32**	6.08**	6.04**	4.35**
p	<0.01	<0.01	<0.01	<0.01

注：＊＊代表在 0.001 水平上差异显著。

四、培养幼儿学习动机的有效方法

(一)设置"问题情境"，激发幼儿的认知兴趣与求知欲

认知失调理论指出，在面临认知冲突时，儿童的认知兴趣与求知欲会被激发起来。因此，教师应创设激发幼儿探索的"问题情境"，即在活动内容与幼儿已有的认知结构之间产生一种"不协调"或"矛盾"，激发幼儿产生"这是为什么?""为什么会是这样的呢?"这样一些"冲突性"问题，从而引导幼儿主动探索与发现。同时，教师还要设计有趣的活动内容，让幼儿积极参与学习活动，这就要做到让幼儿"动"起来。这个"动"不仅仅是"手动"，更重要的是"心动"，即幼儿内在学习动机的激发和思维的活动。例如，可以借助现代多媒体技术，运用 Authorware，Photoshop，3ds Max 等软件制作教学课件。不断变换的画面、情趣盎然的动画，会使幼儿感到新奇、有趣，从而大大激发幼儿的学习兴趣。此外，教师还要特别注意对幼儿提问的方式，特别是运用开放式提问(open-ended question)而非封闭式提问(yes/no question)。开放式问题不仅可以激发幼儿的想象，而且可以引导幼儿主动探索。

例如，一位教师在让小班幼儿学习各种水果的特征时，为了激发幼儿的学习动机，设置了"小小水果店"的活动，在活动中创设了各种问题情境，采用了开放式的问题(图 4-4)。

"我的水果店开张啦，欢迎大家来买水果。"

"你想买什么? 它是什么颜色的?"

"你们买了什么水果? 请你摸一摸手里的水果，摸上去感觉怎么样?"

"现在，苹果、香蕉、橘子宝宝都躲进了这个袋子里，请小朋友们把它们找出来。"

---

① 姜勇：《大班四种社会交往类型幼儿的内外控制点研究》，载《心理发展与教育》，1995(4)。

图 4-4　幼儿园教师的开放式提问

(二)重视幼儿学习活动中的游戏动机

游戏是幼儿认识世界的重要方式。游戏适应幼儿心理发展的需要，符合幼儿心理发展的水平。形式多样的游戏可以在最大程度上淡化教育痕迹。

皮亚杰指出游戏有三种类型：①练习性游戏，也称机能性游戏或感觉运动游戏，指幼儿为了获得某种愉快体验，而单纯重复某种活动或动作。②象征性游戏，幼儿主要依靠象征来进行思维活动。在游戏中，幼儿以假想的情境和行动方式，将现实生活和自己的愿望反映出来。③规则性游戏，以一些有规则的竞赛性游戏为主，如下棋、玩弹子、打球等。教师可以运用这三种类型的游戏，激发幼儿玩的动机，并在游戏中学习各种知识与能力。

例如，幼儿的语言学习不应采用简单、直接的记诵方式。教师可以运用多种游戏方法，激发幼儿的游戏动机。语言类的游戏形式非常广泛，角色游戏、结构游戏、智力游戏、表演故事、歌谣、歌曲、绘画、涂色、手工制作、猜谜、下棋、拼图等都属于语言游戏。教师要尽量运用多种教学手段，尽可能采用语言游戏形式，保证丰富的教学内容和充足的语言信息量。教师不应该为了让幼儿巩固几个词语而在一节教学课上只安排简单的词语游戏，而要充分激发幼儿的游戏动机，使他们首先喜欢上这些游戏，然后在游戏中学习到词汇。幼儿往往将歌谣视为能够在生活中随意玩的语音游戏，说唱歌谣培养了儿童对语言发音规则的敏感性，并使幼儿感知到语言节奏、韵律的美。歌曲可以很有效地激发幼儿的兴趣，和同伴一起唱歌对幼儿来说是一件非常开心的事情。有些歌词幼儿未必理解其意思，但丝毫不会影响演唱和参与游戏。在获得音乐美的同时练习语言发音，特别是词与词之间的连读和多音节词的拆读等。在学习韵律诗时，儿童一边听，一边说，一边表演相应的动作。这样，可以尽可能多地调动幼儿的感官，有助于幼儿将韵律诗长时间地储存在记忆中。

角色表演也是幼儿喜爱的游戏形式，幼儿在理解和体验故事情节发展变化的基础上，学习故事中较完整、较复杂的语言表达，并用学到的语言进行简单的故事续编或仿编。在角色游戏中，幼儿会使用各种言语策略，运用各种语气、语调来贴切地向他人传达自己的信息。在表演故事、体验角色的过程中，幼儿的言语积极性最高，且句型运用表现出完整性、简洁性、丰富性的特点。

(三)为幼儿学习创设安全、开放、温馨的氛围

根据马斯洛的需要层次理论，幼儿在产生求知需求前，必须满足其基本需要，如生理需要、安全需要、归属与爱的需要等。因此，为激发幼儿学习与探索的主动性，教师必须创设安全、开放、温馨的学习氛围。安全，指的是让幼儿在生理和心理上感觉到安全。研究表明，处于依恋期的幼儿，其探索与学习是以重要的依恋对象——母亲为"安全基地"的，当母亲在他的身边时，他的探索兴趣就会提高，母亲的离去则会使幼儿感到焦虑，降低主动探索的可能性。开放，指的是幼儿天生就是探索家、发现家，要让幼儿有自由探索的可能。教师有时出于"安全"考虑，不许幼儿做这个做那个，束缚了幼儿的手脚，也就阻碍了幼儿探索与求知的欲望。温馨，指的是教师要为幼儿学习创设宽松的氛围，特别是当幼儿探索失败、学习不成功时，教师不应指责，而要宽容幼儿的失败，在温馨的学习环境中，幼儿不会因自己的失败而退缩，而是大胆探索与发现，保持学习的动力。

信息栏 4-6

幼儿学习的安全基地

"安全基地"(secure base)是由安斯沃斯(Ainsworth)提出的，它依据的是依恋理论。依恋理论是鲍尔比(Bowlby J)和安斯沃斯共同创造的结晶。鲍尔比是英国精神分析师，曾师从客体关系理论学派的克莱恩(Klein)。与其他当代精神分析学，如客体关系理论(object relation)和自我心理学(self psychology)一样，鲍尔比的依恋理论在学前心理学领域具有突出贡献。

安斯沃斯将鲍尔比的理论大面积地付诸实证研究，在此过程中依恋理论也得以丰富。著名的"陌生人情境"(stranger situation)方法，区分了三种幼儿对母亲的依恋模式。"安全基地"理论认为，幼儿生活中的重要照看者是他们学习与生活的"基地"，借助此基地，幼儿才可能探索世界。1～2岁的时候，幼儿处于依恋关系明确期。在此阶段，幼儿对特定人的偏爱变得更强烈。由于幼儿运动能力的发展，他们可以去主动接近亲近的人和主动探索环境，同时他们把母亲或看护人看作一个"安全基地"，从此点出发，去探索周围世界。当有安全需要时，又返回看护人身边，然后再进一步去探索。

值得指出的是，安全基地的意义不只在于它为幼儿提供了安全舒适的平台，而是由于有了这个安全基地，幼儿会更积极主动地探索周围世界，同时在探索的过程中，"视线"都离不开这一安全基地。幼儿要求确保他能放心地看到这个"安全基地"，他知道当情境需要时，如因有陌生人出现而感到有压力时，他可以返回

这个"安全基地",寻求父母或看护人的庇护。可以说,"安全基地"保证了幼儿放心地投入游戏与探索活动中。"安全基地"为幼儿提供了安全地探索世界的可能。

(四)让幼儿体验学习的成功与快乐

获得成功与快乐是幼儿学习的重要动力。假如幼儿在追求成功的过程中屡遭失败,学习动机就难以维持。教师必须针对幼儿学习的个别差异,使每个幼儿都获得成功的体验,以期在努力之后获得满足,肯定自己的价值。教师在评定幼儿学习时,应该重视幼儿学习的努力与进步,并予以积极表扬。教师不能用"一刀切"的标准,使某些幼儿总是受到批评。例如,美国个别化教育计划(IEPS)特别强调儿童的学习和绩效目标,这一计划首先对儿童在每学期要努力获得哪些学习目标做一个整体说明,然后使儿童通过获得每阶段目标的成功,产生学习的快乐体验,激发儿童对下一阶段学习的兴趣及对学习成功的渴望,使其获得近期目标所带来的成功感。这种方案不仅适用于教育,而且适用于其他领域。例如,有人询问粉刷房间的工人,他是怎么独自完成所有的枯燥的粉刷任务的。工人回答说,他一次只刷一面墙,每次刷完都感到自己做得非常成功。

(五)运用适当反馈激发幼儿的学习动机

韦纳的归因理论指出,幼儿内部或外部归因的形成与教师的评价和影响有关,教师的反馈对幼儿的学习归因与学习动机有很大影响。教师的反馈无论是正面的(赞许或鼓励)还是负面的(批评或训斥),均会成为幼儿对自己学习成败归因的根据。例如,当幼儿失败时,教师对他说:"你的能力就是比较弱,你看你,又失败了。"经常得到这种消极反馈的幼儿,就会感觉自己能力差,对自己的失败进行内部归因,从而降低了学习的兴趣与动力。相反,如果教师对这名学习失败的幼儿做出外部归因的评价:"这次任务太难了,所以失败了,但你的总体能力还是很强的,下次你再努一把力,发挥得好一些,就会成功。"得到积极反馈的幼儿就会将失败归因为自己还不够努力,因而在以后的学习中会更加努力,增强学习动机(表4-4)。

表4-4　教师对幼儿学习成败的归因反馈

情境	内部归因	外部归因
幼儿成功时	"你的能力很强" "你的天赋很高"	"这次成功是因为题目容易" "你的运气太好了"
幼儿失败时	"你的能力太差" "你的天资不行"	"题目太难了" "你的运气不太好"

研究表明,当幼儿成功时教师给予内部归因评价,失败时给予外部归因评价,有助于幼儿学习动机的激发与维持。

第二节 幼儿学习的迁移及其培养

学习是一个连续的过程，新的学习必须依赖个体已有的知识经验和认知结构，而新的学习过程又会对个体原有的知识经验、态度技能、认知结构产生影响。这种新旧学习之间的相互影响就是学习的迁移。迁移有时表现为对学习的积极影响，有时则表现为消极影响。探讨幼儿学习迁移发生的规律，以此作为教育教学的理论依据，有针对性地改进教学活动是非常必要的。人们关注迁移现象还有一个重要原因：即使在同一领域，知识与技能的种类也是多样的，个体不可能在有限的时间内学习所有的知识与技能。于是就产生了一个想法：使某些知识或技能的学习，对其他知识、技能的形成和发展产生积极的影响。

一、学习迁移的分类

通常，学习的迁移是指先前学习中所获得的知识、技能、情感和态度等对后来的学习或解决新问题的影响。但迁移不仅表现为先前的学习对后继学习的影响，而且表现为后继的学习对先前学习的影响。例如，学习了建构主义的教学理论，有助于进一步丰富与深化先前所学的认知主义学习理论。因此，迁移是"在一种情境中所获得的技能、知识和理解或形成的态度对在另一种情境中获得的技能、知识和理解或形成的态度产生的影响"（Sawrey）。简言之，迁移可理解为"一种学习对另一种学习的影响"。

学习迁移可以从多种角度进行分类。

(一)顺向迁移与逆向迁移

从迁移向度来说，迁移既可以是顺向的，即先前学习对后继学习的影响，称为顺向迁移（forward-reaching transfer），也可以是逆向的，即后继学习对先前学习的影响，称为逆向迁移（backward-reaching transfer）。例如，当幼儿面临新的问题情境时，如果他利用原有的知识、经验与技能去解决新问题，就是顺向迁移；反之，如果幼儿原有的知识经验不足以运用到新的问题情境中，需要对原有的知识结构进行补充或重组，即后继学习对先前学习的影响，就是逆向迁移。就迁移的向度来说，它有些类似于皮亚杰认知结构理论的同化与顺应说。我们以往关注较多的是顺向迁移，而忽视了逆向迁移。实际上，在面临新问题时，幼儿由于已有经验不能解决这一新问题而引起对已有认知结构进行重组（逆向迁移），这对幼儿的学习来说同样非常重要。"认知不协调"所产生的认知结构冲突，会激发幼儿产生学习动机，并促进其认知结构的重组与完善。

(二)正迁移与负迁移

从迁移的效果来看：它可以是积极的，称为正迁移（positive transfer）；也可以是消极的，称为负迁移(negative transfer)。

正迁移是一种学习对另一种学习积极、正向的影响，包括一种学习使幼儿具备了进行另一种学习活动的良好准备状态，一种学习节约了另一种学习所需要的时间，或者已具备的知识经验使幼儿有效地解决面临的新问题。正迁移又分为两种：横向迁移(lateral transfer)和竖向迁移(vertical transfer)。横向迁移是指幼儿把已学到的知识经验推广到其他内容和难度相类似的情境中。竖向迁移是指不同内容、不同任务难度的两种学习之间的相互影响与迁移，它又可分为两种：一种是自下而上的迁移，是指已有较容易的学习对难度较高学习的影响，即逐渐深入的学习；另一种是自上而下的迁移，指较高层次学习原则的掌握对较低层次学习的影响，即先掌握概念，再运用它去学习较低层次的具体应用。

负迁移是指一种学习对另一种学习的消极影响，或者两种学习之间的相互干扰、阻碍。例如，汉语拼音的学习有可能干扰英语音标的学习。又如，习惯了用手指帮助数数的幼儿，在学习加减法时会更多依赖手指去帮助计数。再如，教幼儿认识"星期"时，幼儿先前所获得的数数经验对认识"星期"就有负迁移的作用。教幼儿"今天星期一，明天星期二；今天星期二，明天星期三……"，幼儿很快就掌握了从星期一到星期六的先后顺序，这是正迁移。但是当问及"今天星期六，明天星期几"时，大多数幼儿会认为，明天是星期七。这就是负迁移。除了前面的学习对后面的学习有迁移作用外，后面的学习对前面的学习也有迁移作用。例如，幼儿初学会"6"的写法时，很少出现书写方面的错误，但在学习"9"的写法后，幼儿往往会把"6"写成"9"，这是后继学习"9"的写法对前面所学的"6"的写法产生的负迁移。

信息栏 4-7
双语学习会使幼儿产生语言混淆吗?

在欧美国家，一些言语治疗师和医生建议，正在培养孩子使用双语的家长，在同孩子交流时停止使用其中的一种语言。一般来说，医生建议停止使用非母语。例如，在美国，医生会建议家长停止和孩子使用西班牙语对话而改用英语，而在佛兰德斯，医生则建议家长停止使用英语而改为用荷兰语与孩子对话。他们这样建议主要是基于这种考虑：幼年时接触两种或多种语言会使孩子语言混淆，并产生严重的语言学习障碍。虽然尚未有确切的研究发现双语学习一定会使幼儿产生语言混淆，但是在某些情况下确实可能存在学习的负迁移，这需要家长在进行幼儿双语教育时予以重视。

(三)低路迁移和高路迁移

由萨洛曼和帕金斯(Salomon & Perkins)提出的这两种迁移，分别发生在不同的情境中。低路迁移(low-road transfer)的发生是自然的、自动化的。一个非常熟练的技能从一种情境迁移至另一种情境时，通常不需要思维或者只需要很少的思维，这就是低路迁移。例如，一旦你学会了骑某一辆自行车，或会开某一辆汽车，你就有可能把这些技能迁移到另一辆自行车或汽车。高路迁移（high-road transfer）需要个体有意识地将某种情境中学到的抽象知识应用于另一种情境。例如，幼儿学习了绘画技能，然后他将这种技能运用到美工活动中，先用蜡笔画好动物图像，然后再裁剪。

（四）特殊迁移和非特殊迁移

从迁移发生的方式上看，迁移又可分为特殊迁移（specific transfer）和非特殊迁移（non-specific transfer）。前者是指某一领域的学习直接影响另一领域的学习，后者是指迁移产生的原因尚不明确，既可能是原理、原则的迁移，也可能是态度、情感方面的迁移。例如，幼儿在学习数学时总是获得成功的体验，从而产生了学习数学的动机与乐趣，并扩大为对音乐、美工等都有学习兴趣，这样的迁移可能是由动机、兴趣等因素引起的，并不一定是数学领域的学习对音乐、美工活动的学习有迁移作用。

从迁移发生的学习领域看，迁移不仅发生在知识、经验和动作技能的学习上，而且也发生在情感和态度的形成方面。例如，教师要求幼儿学会自我负责，自己收拾玩具，在培养幼儿形成自我责任心的同时，也可能使幼儿发生对他人的责任心、同情心等方面的迁移。

二、迁移理论与幼儿学习的迁移

对学习迁移的系统研究始于 18 世纪中叶。此后，研究者们从不同的理论视角出发，解释了迁移发生的原因。

（一）形式训练说

形式训练说（formal discipline theory）以官能心理学（faculty psychology）为理论基础。以沃尔夫（Wollf，1679—1754）为代表的官能心理学派提出了迁移的形式训练说。官能心理学认为人的心智（mind）是由许多不同的官能组成的。这些官能主要包括注意、意志、知觉、想象、推断、判断等。不同官能的组合，构成各种不同的心理活动。教学对儿童起的作用，主要在于训练形式，而不在于内容，因此称为形式训练说。按照形式训练说，迁移就是儿童的某种官能得到训练而发展的结果。某些学科具有训练某一或某些官能的价值，如拉丁语、希腊语等古典语言和数学具有训练记忆、推理和判断的心理官能的作用，因此必须重视古典语言和数学的作用，而不必重视英语、法语和其他实用知识的学习。这一学说在欧洲盛行了 200 多年，得到了一些实验心理学家的支持。例如，詹姆斯（James）于 1890 年的研究发现，记忆的改善不在记忆能力的改善而在于记忆方法的改善。形式训练说的倡导者之一洛克曾说过："研究数学一定会使人心获得推理的方法，当他们有机会时，就会把推理的方法移用到知识的其他部分去。"[1]

20 世纪初以后,由于实验心理学的不断完善,形式训练说不断遭到驳斥。其中最有冲击力的影响来自桑代克的研究。1924 年,桑代克对 8500 名学生的学业成绩与智商分数之间的迁移做了研究。3 年后,他又对另外 5000 名学生重复进行这一实验。他设想:如果某些学科在发展"心智"方面比其他学科更有效的话,那么在智力测验上必然也是如此。然而结果表明,学习传统学科的学生,并没有比那些原来智商相同,但选择实用学科的学生有更大提高。因此,形式训练说逐渐被桑代克的相同要素说取代。

(二)相同要素说

在对形式训练说进行批评的同时,桑代克等人提出了相同要素说(identical element theory)。根据实验,他们得出这样的结论:发生学习迁移,是由于练习与迁移之间有相同的要素,二者之间的相同要素越多,则迁移性越强,反之迁移性越弱。

桑代克比较了学习前智商相当的学生在选修不同科目后的智商变化情况,以了解不同科目对智商的迁移情况。例如,在一年内甲、乙、丙三名学生的修课情况(表 4-5)。

表 4-5　学生修课情况表

学生	几何	拉丁语	公民课	戏曲	化学	簿记	法语
甲	无	有	有	有	有	有	无
乙	有	有	有	有	有	无	无
丙	有	无	有	有	有	无	有

测量学生整个学期智商变化的情况,可以确定各种课程的迁移效应。例如,比较甲和乙的智商,可以确定几何和簿记两门课的迁移效应,因为其他各科目均相同。桑代克从实验中总结出只有当两种训练机能之间有相同的要素时,一种机能的变化才能改变另一种机能的习得。

(三)概化理论

相同要素说提出后受到了概化理论的否定。概化理论(generalization theory)认为,迁移的发生条件不在于任务之间的表面相似性,而在于儿童对有关知识的概括性理解。也就是说,相同要素说强调任务本身的特点,即任务的共同要素,而概化理论则强调儿童能否概括出可迁移的原则与概念。

概化理论是贾德(Judd)依据水中打靶实验的结果提出的。他认为儿童在经验中学到的原理原则是迁移发生的主要原因。后来,亨德里克(Hendrik)等人改进了贾德的实验,把学生分成三组,第一组不加任何的原理指导,第二组学生学习简单物理学的折射原理,第三组则进一步指导,给他们解释水越深,目标所在位置离眼睛

---

[1]　张焕庭:《西方资产阶级教育论著选》,87 页,北京,人民教育出版社,1979。

所见的位置就越远。实验结果见表 4-6。

表 4-6　水下击靶迁移实验中水深和练习次数与迁移程度

组别		所需练习次数		迁移的进步(%)
		水深 6 英寸①	水深 2 英寸	
第一组	机械练习	9.10	6.03	34
第二组	了解折射原理	8.50	5.37	37
第三组	了解折射原理和深浅比例	7.73	4.63	40

这说明，第二、第三组由于理解了概括化的原理，迁移的效果优于第一组学生。

概化理论还影响了其后一些迁移理论，如格式塔的转换理论（transposition theory）。格式塔学派的代表人物韦特海默认为，迁移的关键在于儿童对情境中各种关系的顿悟，顿悟所获得的往往是关于情境关系的原理与规则。如果两个问题具有相同的深层结构关系，那么对其中一个问题的练习将对另一个问题产生迁移。学习定式理论（learning set theory）同样也受概化理论启发。定式理论的奠基人哈罗（Harlow）认为，迁移的效果取决于学习者通过练习而获得的定式力或学习能力。学习定式理论可以看作概化理论的一种革新，它不认为儿童是通过顿悟来解决新问题的，而认为，能够从一种情境迁移到另一种情境中去，才是儿童掌握了学习能力。

（四）认知迁移理论

20 世纪 60 年代以来，认知心理学家从知识获得与运用角度探讨迁移发生的条件和机制。通过对这些研究成果的概括，特别是在人类学习与记忆的信息加工理论的基础上，罗耶（Royer）提出了认知迁移理论（cognitive transfer theory）。这种理论认为，迁移的可能性取决于儿童在记忆搜寻过程中提取相关信息的可能性。这一观点与概化理论较为一致。认知迁移理论认为领会是学习迁移的必要条件。我们在没有领会的情况下也可以获得信息，但是那些未经过领会的信息的迁移性非常低。因此，若要形成学习迁移，首先必须领会知识。这样，教育问题就变成了如何增加儿童提取课堂学习所获得相关材料的可能性。罗耶还提出，任何增加交互联结网络"丰富性"的教育方法，都有助于提高迁移的可能性。这一思想影响了斯皮罗的认知灵活性理论以及随机通达教学思想的产生。

20 世纪 80 年代以来，学界涌现出解释迁移机制的许多新理论。严格地说，这些理论并不是全新的，它们引入了认知心理学研究的新成果，发展了已有的迁移理论。其中以下四种理论的影响最大。

1. 图式理论

运用儿童知识结构解释迁移发生机制的图式理论，与罗耶的认知迁移理论基本

---

① 1 英寸＝2.54 厘米。

一致,但阐述更为细致。它被看作概化理论的现代版本,是在奥苏贝尔的有意义学习理论的基础上发展起来的。图式理论主要建立在问题解决迁移研究的基础上,强调图式获得和规则自动化①对迁移的影响。库伯(Cooper)等人认为,图式获取和规则自动化对问题解决的促进作用是不同的。图式获取对迁移问题的解决具有重要促进作用,而规则自动化则对相似问题的解决具有促进作用。他们不仅考虑到图式的作用,而且还考虑到图式中操作的自动化,为迁移理论提供了完整的框架。

2. 共同要素理论

从迁移任务和训练任务之间的关系解释迁移机制的共同要素理论,是桑代克相同要素说的现代版本。不同之处在于,共同要素理论引入了产生式概念,以产生式规则取代相同要素说。1989 年,西格利和安德森(Singley & Anderson)在《认知技能迁移》(*The Transfer of Cognitive Skills*)一书中系统阐述了"共同要素理论"(theory of common elements)。按安德森的观点,知识可分为陈述性知识与过程性知识。前者是包括事实、概念、原理的知识;后者是关于解题过程或操作程序的知识,表现为"条件—动作"形式的产生式规则。这一理论认为,熟练技能的形成是陈述性知识被"编辑"为过程性知识的结果。同时,一种任务的产生式规则,不能用于另一种不同任务,这一结论被称为"知识使用的特定性原则"。根据这一原则,安德森指出,两种技能发生迁移的条件是它们必须具有相同的过程性知识,如果两种技能共用较少的过程性知识,即使它们使用相同的陈述性知识,它们之间也将很难迁移。

3. 元认知理论

元认知是指认知主体对自己的认知过程、结果及与之相关的活动的认知,它使主体能够监控自己正在进行的认知活动并进行调节。元认知主要表现为结果预期、自我指导、自我评价、自我调整等。研究发现,学习能力差的幼儿通常缺乏元认知能力,不仅对自己的学习任务、方法缺乏意识,而且也不善于调控自己的学习过程。布朗和普林克泽(Brown & Pulinchser)进行了元认知学习策略培养的研究,期望儿童能将习得的元认知策略迁移到新的学习情境中。研究发现,经过训练后,儿童能掌握元认知策略,并迁移到其他学习活动中。元认知训练实际上就是帮助儿童"学会学习"。实践表明,儿童的学习困难常常是因为缺乏有效的元认知能力。通过自我提问、自我评价、自我调节等元认知训练,儿童能掌握有效的学习方法,并进行迁移。

4. 认知灵活性理论

作为建构主义学习理论的一个重要分支,认知灵活性理论由斯皮罗等人提出。它接受建构主义学习理论的基本观点:学习是学习者主动建构内部心理表征的过程。

---

① 库伯和斯韦勒(Sweller J)指出,如果一个问题能很明显地用从先前问题中抽取的图式加以解决,就不应将它视为迁移问题,而应看作相似问题。在这种情况下,儿童所形成的"迁移"不是图式的获得(因为并没有增加新类型的问题),而是解题操作的自动化,即多次练习的结果。解题操作自动化可以看作规则自动化。

认知灵活性，是指学习者通过多种方式建构自己的知识，以便在情境发生根本变化的时候能够做出适当的反应。其含义是，学习者在学习复杂和非良构领域的知识时，要通过多维表征方式才能完成对知识意义的完整建构，达到对知识的全面理解。通过多维表征建构的知识，能够较好地迁移到其他领域。这是因为在非良构领域中，从单一视角提出的观点是不充分的，只有超越单一概念维度的多维知识表征，才能完成对复杂和非良构领域知识的建构；学习者对知识有了全面的理解之后，就能够在各种不同的情境中灵活地运用知识。认知灵活性相当于我们所说的活学活用。

三、促进幼儿学习的迁移

为促进幼儿的学习迁移，教师要注意以下几方面。

(一)关注情感因素对幼儿学习迁移的影响

各种学习迁移理论从不同侧面探讨了儿童的学习迁移，但也存在不足，特别是对情感因素在幼儿学习迁移中的重要影响有所忽视。对幼儿来说，影响学习迁移的一个重要因素是情感，特别是幼儿对学习和对幼儿园的态度。如果幼儿认为幼儿园是一个令人愉快的、能获得有益知识和经验的地方，而且他与教师和同伴建立了良好、融洽的关系，那么学习迁移较容易产生。相反，如果幼儿对教师、幼儿园有害怕或厌恶的情绪，则不利于其学习迁移。

例如，涛涛对美工制作一直不感兴趣，他甚至说："我最讨厌美工活动。"但在"小小迎新春"的主题活动中，教师却发现他对美工制作产生了兴趣，这是为什么呢？原来，新年快到了，他很想和小伙伴们一起过一个快快乐乐的新年，但小朋友们不愿意让他参加。因为每个参加过新年活动的小朋友都自己做好了漂亮的头饰，而涛涛却没有，小朋友们说如果他要参加的话，就必须和他们一样，也要有一个头饰。于是，涛涛只好去做头饰了，虽然做得不好看，但小朋友们接纳了他，涛涛很高兴，慢慢地对美工活动也感兴趣了。

(二)幼儿学习迁移离不开具体事物的支持

概化理论和认知迁移理论均指出，儿童在学习迁移中必须形成共同原则、一般概念，这样才能引发迁移。但这些理论可能更适用于少年儿童。对幼儿来说，其思维发展处于具体运算阶段，未完全形成抽象逻辑、概括推理能力，因此幼儿产生学习迁移，常常要借助具体、形象、直观的事物，如图片与实物。幼儿学习迁移更多表现在先后学习内容间、较为具体的相同要素之间的相互影响，而不是抽象概括的原理。因此，相同要素说、共同要素理论更能解释幼儿的学习迁移过程。

(三)丰富幼儿的日常生活，使其在学习中发生迁移

概化理论和图式理论均强调幼儿原有知识经验和认知结构在学习迁移中的重要作用。为了促进幼儿的学习迁移，必须丰富幼儿在日常生活中的各种体验与经验。认知灵活性理论的奠基人斯皮罗指出，学习情境主要体现在生活中。生活中充满了

各种各样的知识，要使幼儿能解决不同生活情境中的新问题，就必须丰富幼儿的生活实践，使他们形成对生活的丰富体验与感性认识，这有助于幼儿在学习中更好地迁移。

例如，教师在"说说我家几口人"的活动中，事先设计好家庭成员调查表，请幼儿填写好家庭成员，并说说自己的家里都有哪些人。通过这样的活动，幼儿开始对类似的社会调查活动产生兴趣，并能迁移到其他调查活动中。

(四)提高幼儿的分析与概括能力

幼儿的分析能力和概括能力是影响学习迁移的又一重要因素。如果幼儿分析能力和概括能力强，那么他就很容易分析概括出新旧知识之间的共同点，掌握新旧知识之间的联系，这样就有利于知识经验的迁移；反之，就很难将以前所学的知识、技能迁移到当前的学习中来。

幼儿的分析能力和概括能力也是在知识学习和不断迁移中形成和发展的。要提高幼儿这方面的能力，教师应该在教学过程中对幼儿进行相应的训练。布鲁纳认为，这方面最有效的方法就是"发现法"。让幼儿在分析、比较、概括中掌握知识，不但让其"知其然"，还要让其"知其所以然"。例如，教师在进行数学教学时，如果只是把有关知识"灌"给幼儿，就没有真正启发他们的思维。幼儿学到的是僵化的知识，对后继学习极少能起到迁移作用，幼儿在运用这些知识的过程中，亦缺乏相应的灵活性。

思考题

1. 请结合理论与实践谈谈如何激发幼儿的学习动机。

2. 请观察幼儿的学习活动，找出学习迁移的案例，进行分析。

3. 在各种迁移理论中，你最认同哪种理论？请说明理由。

4. 如果你是幼儿园教师，你会采用哪些方法促进幼儿学习的迁移？

第五章　幼儿学习的个别差异与适宜性教学

本章提要▶

- 什么是学习的个别差异
- 幼儿学习个别差异的表现
- 什么是适宜性教学
- 幼儿适宜性教学的主要方式

　　幼儿的个性特征、学习风格、已有经验各不相同，个别差异现象在幼儿学习中普遍存在，是教师实施教育活动必须考虑的重要方面。了解幼儿学习的个别差异，有助于针对每一幼儿的学习特点、兴趣与能力水平开展适宜性教学。本章围绕幼儿学习的个别差异与适宜性教学进行系统阐述，以帮助大家充分认识幼儿学习中的差异。

第一节　重视幼儿学习的个别差异

　　学习中个别差异现象无处不在，也是教师进行教育活动时不可忽视的。一个班如果有 25 名幼儿，那么教师面对的就是在学习上具有不同风格的 25 个个案。尊重幼儿学习中的个别差异也是时代发展的需要。个体的成长既有规律性，又有特殊性，每个个体的发展在遵循人类发展规律的同时，又有其独特性。个别差异的提出是以人为本观念的重要体现。现代幼儿教育不是要求孩子整齐划一地发展，而是在发展中体现出个人的独特性与差异性。以幼儿园区角活动中美工区投放材料为例，每名幼儿在美工活动中水平不一，因此，教师在布置美工区环境时要注意投放符合不同幼儿发展特点与水平的各种层次的材料，充分考虑幼儿的个别差异，让每个幼儿都能在活动中发现自己的进步，体验成功的快乐，增强自信心。例如，在剪纸区投放直线条的作品及弧线条的作品，引导能力较弱的幼儿学习剪直线条，而能力强的幼儿剪弧线条。

意大利瑞吉欧创始人洛里斯·马拉古兹(Loris Malaguzzi)在《不，一百种是在那里》的诗篇中充分指出了幼儿学习的个别差异性。

The child is made of one hundred.

The child has a hundred languages

a hundred hands

a hundred thoughts

a hundred ways of thinking

of playing, of speaking.

A hundred, always a hundred

ways of listening

of marveling

of loving

a hundred joys for singing

and understanding

a hundred worlds to discover

a hundred worlds to invent

a hundred worlds to dream.

The child has a hundred languages

(and a hundred hundred hundred more)

but they steal ninety-nine

the school and the culture

separate the head from the body.

They tell the child to think

without hands

to do without head

to listen and not speak

to understand without joy

to love and marvel

only at Easter and Christmas.

They tell the child

to discover the world already there

and of the hundred

they steal ninety-nine.

They tell the child that

work and play

reality and fantasy

science and imagination

sky and earth

reason and dream

are things

that do not belong together.

And thus they tell the child

that the hundred is not there.

The child says：

No way. The hundred is there！

中文译文：

孩子，是用一百种组成的。

孩子有一百种语言，

一百双手，一百个想法，

一百种思考、游戏、说话的方式。

一百种总是一百种倾听、惊奇、爱的方式，

一百种歌唱与了解的喜悦，

一百种世界，

等着孩子们去发掘，

一百种世界，

等着孩子们去创造，

一百种世界，

等着孩子们去梦想。

孩子有一百种语言，

但是他们偷走了九十九种。

学校和文化，

把脑袋与身体分开。

他们告诉孩子：

不要用脑袋去想，

不要用双手去做，

只要倾听不要说话，

了解但毫无喜悦。

只有在复活节与圣诞节的时候，

才去爱和惊喜。

他们告诉孩子：

去发现早已存在的世界。

而一百种当中，

他们偷走了九十九种。

他们告诉孩子：

工作与游戏，

真实与幻想，

天空与大地，

理想与梦想，

不是同一国的。

因此他们告诉孩子，

一百种并不在那里。

孩子说：

不，一百种是在那里。

教育心理学一直非常关注儿童学习的差异。我们在第一章曾指出，教育心理学能够成为一门独立的实验科学，应该归功于桑代克。他于1903年出版了《教育心理学》一书，详细说明学习的概念，这是近代教育心理学的真正开端。1913年，他将这一著作扩充为三大卷，其中一卷的主要内容就是个别差异。他提出的学习个别差异理论，成为教育心理学的重要研究领域。学习差异，更是幼儿教育心理学研究的主要课题。为促进幼儿的学习，教师除了熟悉幼儿的一般发展状况外，还必须了解每一个幼儿的学习特点。因为每一个幼儿的成长模式及成长步调都不同，个性气质不同，学习风格不同，已有经验也各不相同。重视幼儿学习的个别差异，教师在教学时就会主动运用各种教学方法。加德纳认为，学校有必要提供给幼儿各种学习方式并扩展其思考层次。幼儿年龄越小，彼此的背景差异越大，教学的方法及素材也越需要多样化。

有学者指出，幼儿的特质、家庭的环境、文化的内涵、先前的群体学习经验都会影响认知能力及品质。幼儿的特质及潜能本来是各不相同的，但是当教师用统一标准要求幼儿时，幼儿的社会与认知发展就因此受到戕害。假如我们希望扭转这种局面的话，就必须重视课堂里每个幼儿的差异，适才适性施教。

普通心理学上的个别差异一般是指个性差异，即个体之间在稳定的心理特点上的差异，包括性格、能力、兴趣等方面的差异。幼儿教育心理学所指的个别差异，着重分析幼儿在幼儿园学习活动中表现出来的个体差异。在这里，个别差异指幼儿在幼儿园学习与教学情境下，在智力、能力、性别、学习方式、学习志向水平等方面的差别。个别差异研究旨在提高幼儿学习的动机水平，最大限度地激发幼儿已有的能力，促进幼儿的学习。

美国幼儿教育协会（National Association for the Education of Young Children，NAEYC）曾指出，教师在决定什么样的教育对幼儿有益的过程中，必须掌握以下三种重要知识。[1]

第一种：幼儿发展与学习的知识。幼儿在不同的年龄都会有不同的发展及学习特质。这些知识能帮助我们对各个年龄层的幼儿有概括性的了解，知道什么样的活动、教材、互动对他们是安全、健康、有趣的，并且是他们力所能及的，同时还具有挑战性。

第二种：幼儿的个别发展状况。要了解群体里每个幼儿的特质、兴趣及需要，以针对不可避免的个别差异调整教育方式。

第三种：幼儿所处的社会及文化。要了解幼儿的生活背景，才能确保他们的学习经验是有意义、有相关性的，并能显示对幼儿及其家庭的尊重。

美国幼儿教育协会还指出了幼儿教育的最大问题是对个别差异关注不够，"幼儿园教育方式仍然无法真正重视个别差异的存在，并配合孩子的差异调整教育方式。明知每个孩子都不同，却要求每个孩子要在同一时空、用同样的方式学习"。下面两个案例表明了个别差异的重要性。

案例 5-1

美国埃德蒙德社区学院对学习中个别差异现象的重视

美国华盛顿州埃德蒙德社区学院（Edmond Community College）的课堂上除了一名教师讲授外，还有一名教师面向学生打手语，因为这个班上有几名听觉障碍学生。

案例 5-2

一封家长的来信

班上有一个幼儿每次吃饭都是最后一名，教师没有认识到这是幼儿的个别差异现象，而要去"矫正"他的行为。教师在家园联系册上写要求，请家长予以配合。几

---

① Bredekamp S & Copple C：《幼教绿皮书：符合孩子身心发展的专业幼教》，洪毓英译，22 页，新竹，和英出版社，2000。

天后，家长给教师回了信。

"每次都盼望着阅读家园联系册，但今天看完老师们的来信，心情十分沉重。……从另一个角度来看，吃饭不好似乎也受先天不足的限制，给各位老师确实增添了很多的麻烦。除表达我的歉意之外，请各位老师能给予更多帮助。同时，诚挚地请求各位老师在吃饭的问题上少给孩子一点批评。或许我的观点并不正确，但我认为：对孩子将来一生的成长来说，足够的自信、健康的心态才是最为重要的。如果从小因先天的因素，如吃饭慢之类，而习惯于做'最后一名'，习惯于被批评，或许有些不值。可否多给孩子一些鼓励，多创造一些机会让他不至于每一次吃饭都是最后一名?"

这封信给我们很多启示，特别是要充分重视幼儿的个别差异。

第二节　幼儿学习中的个别差异

幼儿学习中的差异主要有学习能力差异、学习类型差异、性别差异等。

一、幼儿学习能力的差异

学习能力包括智力、先前知识、创造能力等。例如，加德纳(Gardner)的多元智能理论反映了儿童在智能方面的差异。加德纳的研究指出，每个人至少有7种智力中心，即语言智力、逻辑或数学智力、音乐智力、空间或视觉智力、运动或身体智力、人际智力(与他人相处的能力)、内在智力或内省智力(洞察和了解自己的能力)(表5-1)。这7种智力在不同幼儿身上的发展优势不同。3岁幼儿的智力优势中心已有明显差异，有的擅长语言，有的擅长音乐，还有的擅长空间或视觉等。教师必须发现并尊重这种差异，确保教学的高效率和高质量。

表 5-1　加德纳的多元智能理论

智力	主要成分	典型职业或性格
①语言智力	对声音、词汇的感受力，对语言各种功能的感受能力	诗人、新闻工作者
②逻辑或数学智力	数字运算、逻辑辨识、推理思考能力	科学家、数学家
③音乐智力	对旋律、节奏、音调的鉴赏制作能力	作曲家、提琴家
④空间或视觉智力	正确辨识视觉世界并予以转换的能力	航海家、雕刻家
⑤运动或身体智力	支配身体、操纵物体的能力	舞蹈家、运动家
⑥人际智力	辨识他人心境、喜好、期望且有效适应的能力	治疗专家、推销员

续表

智力	主要成分	典型职业或性格
⑦内省智力	认识自己的长短处、期望、能力，能体认自己的情绪并有效诱导行为的能力	有自知之明的人

根据加德纳的多元智能理论，我们可以发现案例 5-3 中的两名幼儿在学习能力方面存在差异。妮妮在语言智能、数学智能上比较强，但在运动智能上有所不足；安安在运动智能、社交智能上比较突出，但在空间智能上则比较欠缺。多元智能为我们了解幼儿各领域的学习与发展提供了比较清晰的图谱，有助于教师更好地认识幼儿的学习。

案例 5-3

妮妮与安安在学习能力方面的差异

妮妮与安安在学习能力方面的差异见表 5-2。

表 5-2 妮妮与安安在学习能力方面的差异

妮妮	安安
妮妮的体形比一般同年龄的孩子大，但是在肢体动作的发展方面却比同年龄的孩子慢。4 岁的时候，她还不会左右交替一步一步上下楼梯。她有一个比她大 5 岁的姐姐。妮妮一直想在语言游戏和数学问题方面赢过姐姐，因此妮妮的词汇及沟通能力已经相当于七八岁孩子的程度了。3 岁的时候，有人送她一个玩具娃娃，她居然说："谢谢你，我正巧需要一个娃娃。"她对数字的理解力也很强。新来的幼儿园老师请她数数，妮妮不客气地问老师："是要从 1 数起，还是要 2 个 2 个地数？5 个 5 个地数？还是 10 个 10 个地数呢？"但是，妮妮与小朋友相处时还不是非常自在。有时候要靠姐姐或大人的帮助才能加入一群孩子的游戏。	安安是家中的独生子，而且是个早产儿。4 岁时，安安在同年龄的孩子中算是比较瘦小的。但是他的肢体协调能力很好，喜欢运动，而且很会打球，只要有人扔球给他打，几乎是百发百中。想学会新的技能时，安安会在一旁观看。除非他已经非常笃定自己能胜任无虞，否则他绝不会上场小试身手。虽然老师一直鼓励他画画，但是他似乎不怎么有兴趣。平常也不见他有特别练习，但是有一天，安安却坐了下来，认真地画了一幅画。安安非常有同情心，跟园里的孩子都相处得很好，似乎天生就懂得用语言解决争端，从来不用拳头解决冲突。

二、幼儿学习类型的差异

学习能力是单极的，从零到最大的级别排列，可以说，学习能力差异是以水平层次体现的，学习类型或学习方式差异则常常是两极的。

学习类型（learning style）又叫学习风格或学习方式。它主要包括认知风格、学习策略、内外控制点、焦虑、兴趣、态度等。例如，有些幼儿易冲动，而有些幼儿则较为谨慎；有些幼儿喜欢自己做出决定，有些则依赖教师或同伴的帮助；有些幼儿喜欢通过听来学习，而有些则喜欢通过摆弄操作来学习。

学习类型的概念最初由美国圣约翰大学的邓恩(Dunn)夫妇提出。关于学习类型的含义，研究者们的观点不尽一致。有的学者认为学习类型是一种学习方式或学习倾向，如亨特认为"学习类型是描述儿童在教育情境里最有可能出现的学习方式，它是指儿童如何学，而不是已经学到了什么"[1]。有的学者认为学习类型是一种方法或策略，如舒梅克认为"学习类型是一种方法或策略，每个人的学习方法都来自一些特殊的策略，而这些策略是一个人学习类型的表现"[2]。迈克姆等人认为"学习类型是儿童在他们的教育经验中碰到问题时所用来解决问题的方法"[3]。有的学者将学习类型看作一组行为表现，如克菲认为"学习类型包含认知的、情绪的、心理的行为，这些行为是学习者用来知觉学习环境，与环境交互作用，并向学习环境反映的一种稳定的指标"[4]。有的学者则把学习类型看作一种行为处事方式，如格里克等人认为"教师的教学类型和儿童的学习类型，其实就是个人的处事方式"[5]。还有些学者把学习类型与认知类型(cognitive style)看作同义词，喜欢用"认知类型"来解释一个人对环境反应及行为或适应的方式。

根据上述研究者对学习类型含义的不同阐述，有学者对学习类型进行了综合分析。[6]

①学习类型直接参与学习活动，并影响学习效果。学习类型不同于其他个性心理特征。学习活动的进行必须借助于学习类型的中介，才能对学习活动产生间接的影响。

②学习类型是个人对学习情境的一种特殊反应倾向或习惯方式。由于个人身心特点的差异，不同的人对不同学习刺激会表现出不同的偏向和习惯方式。例如，有的儿童喜欢合作学习，有的则喜欢独立学习；有的喜欢听觉刺激，有的喜欢视觉刺激，还有的喜欢动觉刺激。

③学习类型的差异通过个体的认知、情感、行为习惯等方面表现出来。

④学习类型具有独特性、稳定性。因为学习类型是一种习惯的学习方式，所以它具有一致性、稳定性；而且每个人的学习方式都有其特殊之处，这体现了人与人

---

[1] Hunt D E, "Learning Style and Student Needs: An Introduction to Conceptual Level," in *Student Learning Style: Diagnosing and Prescribing Programs*, NASSP, Reston, Reston Publishing Company, 1979, pp. 34-51.

[2] Schmeck R R, "Inventory of Learning Processes," in *Student Learning Styles and Brain Behavior*, NASSP, Reston, Reston Publishing Company, 1982, p. 11.

[3] Malcom P J, Lutz W C, Gerken M A & Hooltke G M, *Learning Style Identification Scale Handbook*, California, Publishers Test Service, McGraw-Hill, 1981, p. 6.

[4] Keefee J W, "Assessing Student Learning Styles: An Overview," in *Student Learning Styles: Diagnosing and Prescribing Programs*, NASSP, Reston, Reston Publishing Company, 1979, pp. 18-29.

[5] Gregorc A F & Ward H B, "Implication for Learning and Teaching—A New Definition for Individual," *NASSP Bulletion*, 1997, 61(406), pp. 20-26.

[6] 刘海燕、李浩然、邹文：《学习类型的理论研究简介》，载《心理学动态》，1998(2)。

之间的独特差异。

帕克(Park)的研究指出，按学习风格分，学习者主要有两类，一类是序列性学习者(serialist)，另一类是整体性学习者(holist)。前者偏爱以序列步骤的方式学习，而后者喜欢以分层的方式学习(如由上而下的学习)。采取序列性策略的儿童，一般把重点放在一系列子问题上。他们在把这些子问题联系在一起时，十分注重其逻辑顺序。他们通常都按顺序一步一步地前进，只是在学习过程快结束时，才对所学内容形成一种比较完整的看法。而采取整体性策略的儿童在完成学习任务时，往往倾向于预测整个问题可能涉及的各个子问题的层次结构，以及自己将采取的方式，他们的视野比较宽，能把一系列子问题组合起来，而不是一碰到问题就立即着手一步一步地解决。麦卡锡(McCarthy)提出了4MAT学习模态(分析的、想象的、常识的和动态的)，在教育方面得到了广泛应用。4MAT后来又被邓恩等人进一步开发。学习风格的模型能很好地帮助教师注意到幼儿学习中的个体差异。①

儿童的五种学习类型：视觉型、听觉型、身体型、书面型和群体互动型。"视觉型学习者"当学习内容以图像的形式出现时，学习得最好；"听觉型学习者"通过音乐和谈话，学习得最好；"身体型学习者"当他们能全身运动、体验和实验时，学习得最好；"书面型学习者"喜欢阅读，他们喜欢从书本上吸取知识，他们偏好自己阅读而不愿意别人为他们解释；"群体互动型学习者"偏好讨论或其他需要大家一起参与的活动，他们喜欢交换意见。虽然这五种学习方式都可能为每个学习者所使用，但不同方式的使用程度与效率会有差异。因此，教师要认真观察研究和尊重每一名幼儿的学习类型。

请阅读表5-3，它有助于你了解自己的学习风格。

表 5-3　三种学习风格②

当你	视觉的	听觉的	肌肉运动知觉和触觉的
拼写	你是否试着看字？	你是否大声说出字或使用语言方式？	你是否写下字词，以确认其准确与否？
谈话	你是否不喜欢听得太多？你是否经常用这些词，如看、图片、想象？	你是否喜欢听但是不耐烦说话？你经常用这些词，如听、音调、思考？	你是否喜欢做手势而且使用表达的动作？你是否经常运用这些词，如感觉、接触？
注意	你是否因为一些看上去不整洁的事分心？	你是否经常因为声音或噪声分心？	你是否经常因为你周围的活动分心？

①　Dunn R & Dunn K，*The Complete Guide to the Learning Strategies Inservice System*，Boston，Allyn & Bacon，1999，p. 12.

②　Colin Rose，*Accelerated Learning*，London，Topaz，1987，pp. 154-155.

续表

当你	视觉的	听觉的	肌肉运动知觉和触觉的
再一次遇见某人	你忘记名字但是记得脸或记得遇见的地方。	你忘记脸但是记得名字或记得你们的谈论。	你记得你们一起做的事。
因公联络人	你偏爱直接的、面对面的交谈。	你偏爱通过电话交流。	你喜欢在参与活动时交流。
阅读	你喜欢在描述性的场景停止阅读进行想象活动。	你喜欢会话和交谈或听到人物的谈话。	你偏爱武打小说。
在工作中做新的东西	你喜欢看示例，如图表、PPT或海报。	你偏爱言语的指导或与他人谈话的方式。	你偏爱跳跃性的方式。
用计算机需要帮忙	你自己看图例。	你呼叫他人或邻居帮忙，或对着计算机发怒。	你继续在计算机上尝试努力。

信息栏 5-1

测试你的学习风格

　　研究者们开发了许多关于学习风格的测验，你可以自行在网络检索，填写问卷，了解自己的学习风格。

案例 5-4

幼儿学习方式的个体差异

　　"老师，电脑还没说完，琦琦就按'开始'了。"我回头一看，是豆豆在向我诉苦。

　　"你还没有听明白游戏的规则，琦琦就让游戏开始了，是吗？"

　　"是。都好几次了。我不想跟他玩儿了。"

　　"那你问问他听明白游戏规则没有。他要是听明白了，你可以让他教你呀；要是他也不明白，你请他和你一起再听一次，好吗？"

　　"好吧。"豆豆赶紧回到自己的电脑前。

　　"你会玩吗？……那你再跟我一起听一遍这个，它会告诉咱们怎么玩的。你要是没听完就按'开始'，我就不和你玩了。"豆豆不满意地对琦琦说。说完，豆豆抢过鼠标，熟练地退出游戏，又重新进入，然后紧紧握着鼠标不松手。……"你听，它说这个是选一个颜色，然后，电脑上出现哪个字，就在这几个里面找。你明白了吗？"豆豆一边指着键盘，一边指着显示器，向同伴说明游戏方法。……"咱们开始玩吧。"说着，他们进入了游戏。

　　幼儿的认知方式是有差异的：有的幼儿属于听觉型，倾向于语言、文字的领悟，靠语言去学习，按指令进行操作；有的幼儿属于视觉型，经常按照自己的方式去寻求游戏的方法。

　　豆豆在日常生活中的表现——玩玩具、做游戏通常按照自己的方式寻求方法，是一个典型的视觉型幼儿。通过几次电脑活动，我发现他在操作电脑时表现出来的知觉方式和平时截然不同，能够踏踏实实坐下来，认真仔细地把游戏规则听完、听懂，并且很乐意这样做。这就说明虽然幼儿的认知方式是相对稳定的，但不是一成不变的。教师可以通过为幼儿创设或改变认知环境，调整幼儿的认知方式，以更好地达到教育目的。

　　（摘自 http://baby.sina.com.cn/news/2005-01-12/14949.shtml。引用日期：2021-09-27。）

三、幼儿学习的性别差异

　　生理性性别差异由遗传决定，社会性性别差异非生物遗传的单一影响，主要源于社会实践和风俗习惯的不同。许多社会学家否认性别的二分法观点，认为男女之间的相似性远远超过了他们之间的差异。[①] 随着社会变迁，性别之间的社会性差异逐渐减少，男女之间的社会性差异取决于他们的社会地位、教育、种族和职业等。两三岁的孩子，开始知道自己是男孩还是女孩，渐渐懂得男孩女孩的区别。通过模仿同性别的人，逐渐出现性别角色心理的萌芽。例如，女孩子爱玩娃娃，男孩子爱玩小汽车；女孩子爱打扮，男孩子就没有兴趣。在这里，成人的作用是相当大的。例如，大人更多为女孩子提供玩具娃娃，给男孩子买汽车。如果孩子的行为符合社会期望，大人往往加以鼓励；不符合男孩或女孩性别角色的行为，就会被制止。例如，男孩过于文静，会受到批评，说他不像男孩子；而那些十分活泼好动的女孩子，则会被叫作"疯丫头"，说她不像女孩。成人对女孩子的顺从行为要求较多，对男孩子的"不听话"则比较宽容。男女幼儿的性别差异，就这样在日积月累的生活事件中，无形中逐渐养成。

　　性别差异不仅会影响幼儿学习某些技能的速度，还会影响到学习的方式。例如，婴幼儿期在身体发育方面，女孩比男孩发育得更快、成熟得更早些。学龄前的女孩比男孩更善于跳跃，做节律运动，保持平衡。以后，男孩会在跑、跳、投等方面超过女孩，女孩则仍在单脚跳方面保持优势。女孩在智力发展的某些方面比男孩快一些。大部分女孩开口说话比男孩早，在遣词造句方面也比男孩要好些、早些。女孩说话时句子更长些，这不仅表现在学习说话的早期，在以后的生活中也是如此。女孩似乎阅读和写作也要比男孩早，她们在语法和写字方面也更胜一筹。在数学方面，从童年到少年，女孩的算术比男孩稍强。可是在此之后，男孩在数学推理方面就要

---

　　① West C & Zimmerman D H, "Doing Gender," in *The Social Construction of Gender*, Lorber J, Newbury Park, CA, Sage, 1991, pp. 13-37.

略显优势。几乎每个年龄段的男孩都显出胜于女孩的空间想象力。

不只是在认知领域，在社会性学习领域，同样也存在着性别差异。一项有关幼儿独立性的性别差异研究表明(表5-4)：男孩独立性得分集中在45～54和35～44的分数段里，分别集中了40%和28%的人；女孩独立性得分集中在55～64和45～54的分数段里，分别集中了33%和62%的人。男孩的均值低于女孩，男孩有12%集中在25～34的分数段里，而女孩没有。女孩总体独立性水平较男孩高。[①]

表5-4 幼儿独立性的性别差异研究

分数段	男孩 $N=40$				女孩 $N=40$			
	N	Σ	$\overline{X}$	百分比/%	N	Σ	$\overline{X}$	百分比/%
55～64	8	460	57.5	20	13	788	60.6	33
45～54	16	787	49.2	40	25	1238	49.5	62
35～44	11	447	40.6	28	2	84	42.0	5
25～34	5	161	32.2	12	0	0	0	—

在社会交往学习方面，研究者对小、中、大班男孩112人、女孩133人进行了轮流意识、合作等的调查(表5-5)，结果发现，不同性别幼儿的社会交往学习存在非常显著的差异，特别是在轮流意识、合作上，女孩的学习水平显著高于男孩。杨丽珠等人的研究也表明，幼儿自我控制能力同样存在性别差异，女孩普遍在自我控制能力上要强于男孩。[②]

表5-5 幼儿社会交往的性别差异

项目	性别	好	中	X^2 值	概率 P 值
分享物	男	54.46	45.54	0.003	0.959
	女	54.14	45.86		
分享快乐	男	82.14	17.86	3.408	0.065
	女	90.23	9.77		
轮流意识	男	41.07	58.93	10.324	0.001^{***}
	女	61.65	38.35		
意见的接受性	男	77.68	22.32	2.665	0.103
	女	85.71	14.29		
纠纷解决方式	男	41.07	58.93	1.493	0.222
	女	48.87	51.13		

---

① 杨瑞清：《关于5～6岁儿童独立性发展现状及性别差异的调查研究》，载《教育科学研究》，1998(4)。

② 梁拴荣：《幼儿社会交往能力发展研究》，载《山西大学师范学院学报》，1999(1)。

续表

项目	性别	好	中	X^2 值	概率 P 值
合作	男	42.86	57.14	4.455	0.035***
	女	56.39	43.61		

陈会昌(1993)调查了全国 7 省市 1842 名 3~9 岁儿童的社会性发展，包括社会性情绪、社会认知、社会适应、遵守生活常规、遵守道德规则、同伴关系、意志品质、独立性、自我概念、道德品质、社会技能等多个方面。结果发现，在上述内容中，女孩显著高于男孩的有五个维度，即社会技能、自我概念、意志品质、道德品质、社会认知，在社会适应和社会情绪两个分量表中，无显著性别差异。调查表明，在 3~9 岁儿童的社会性发展方面，女孩略优于男孩，而且这种差异表现在社会性的大多数方面。

四、学习类型的代表性理论

下面我们介绍两种有代表性的学习类型理论。

(一)按活动状态区分的学习类型理论

库伯学习类型理论的优点在于结合了荣格等人(荣格、勒温、杜威、皮亚杰)的理论，同时又有完整的统计数据来支持其学说。此学说将学习牵涉的活动状态分为四种：具体经验化(concrete experience，CE)、抽象概念化(abstract conceptualization，AC)、反思观察(reflective observation，RO)、积极实验(active experimentation，AE)，一个完整的学习牵涉所有的活动状态，即这四种活动，会构成一个学习循环(learning cycle)。

然而，这四种活动中，具体经验化、抽象概念化在特性上是对立的，反思观察、积极实验也是对立的。因此，在完整的学习过程中，存在因活动对立而形成的张力，导致儿童会停留在一个他比较偏好的象限中，即形成其学习类型(类型Ⅰ、Ⅱ、Ⅲ、Ⅳ)，他们在课堂上的学习主要是为了满足其各自的疑问重点(各为 why，what，how，what if)。库伯的学习理论具有积极的教育意义，它指出，教育的目的在于鼓励发挥所有的学习类型的特点以求得全面的了解。

类型Ⅰ的儿童喜欢问为什么(why)，关心知识背后的动机，想知道其用途，并对发明背后的一些不为人知的小故事感兴趣。因此，他们喜欢的授课方式通常是启发性较高的，能诱发动机的双向的沟通或分组讨论。

类型Ⅱ的儿童喜欢问是什么(what)，喜欢抽象的表达，他们喜欢"教师讲述"的方式。他们还喜欢自己读教科书，以求取知识，喜欢教师板书，看教师解题。

类型Ⅲ的儿童喜欢问怎样做(how)，喜欢回家演练习题或做实验。通过动手操作、做的过程来学习。他们喜欢计算机辅助教学、样品展示与参观。

类型Ⅳ的儿童喜欢问如果这样，会有什么结果(what if)，喜欢开放式的习题(如不规定题目的期末报告)或开放式的实验，也喜欢上台报告。

(二)邓恩的学习类型理论

邓恩夫妇在20世纪70年代的研究中将学习类型分为四大类24项要素，在其80年代的研究中，又在上述四大类24项要素的基础上增加了第五大类3项心理要素。[1][2]

第一类，环境类要素，包括儿童对学习环境安静或热闹的偏爱，对光线强弱的偏爱，对温度高低的偏爱，对坐姿正规或随便的偏爱。例如，有的儿童需要安静，有的能容忍声音的干扰；有的需要室内温暖，有的需要室内凉爽。

第二类，情绪类要素，包括自我激发动机，家长激发动机，教师激发动机，缺乏学习动机，学习坚持性强弱，学习责任感强弱，对学习内容组织程度的偏爱等。例如，有的成就动机强，有的成就动机弱；有的坚持力强，活动未完成绝不中止，有的坚持力弱，常常半途而废；有的责任感强，做事尽力而为，有的责任感弱，随便应付了事。

第三类，社会性要素，包括儿童是否喜欢独立学习，是否喜欢结伴学习，是否喜欢与成人一起学习，是否喜欢与各种不同的人一起学习。有的儿童需要团体参与，有的喜欢个人独处。

第四类，生理性要素，包括以下方面内容：喜欢听觉刺激，还是喜欢视觉或动觉刺激；学习时是否爱吃零食；清晨学习还是下午或晚上学习效果最佳；学习时是否喜欢活动。

第五类，心理性要素，包括大脑的分析和综合，大脑左右两半球的使用偏好，沉思与冲动等因素。

第三节　针对个别差异的适宜性教学

一、适宜性教学

适宜性教学源于美国的发展适宜性教学主张。发展适宜性教学(DAP)是美国幼儿教育协会在1987年的《幼教绿皮书：符合孩子身心发展的专业幼教》声明中提出的。它认为，适宜性包括两方面的适宜：年龄适宜与个别差异适宜。随着对儿童学习方式差异的认识不断深入，以及多元文化社会中儿童社会文化背景的差异性的凸显，美国幼儿教育协会对适宜性教学又提出了改进措施，更加突出教学中

---

① Dunn R & Dunn K, *Teaching Students Through Their Individual Learning Style：A Practical Approach*, Reston, Reston Publishing Company, 1978, pp. 5-17.

② Dunn R & Dunn K, *Teaching Students to Read Through Their Individual Learning Styles*, Upper Saddle River, Prentice Hall, 1986, pp. 4-14.

的个别差异适宜性。

美国幼儿教育协会发布的《幼教绿皮书：符合孩子身心发展的专业幼教》中，提出了幼儿发展与学习的 12 大原则，其中第 3 条是关于个别差异的适宜性教学的。

> 孩子间的个别差异至少有两种：个别发展状况的差异与个体独特性的差异。每一个孩子都是一个独特的个体，每个人的发展模式、开窍的时间点、人格、脾气、学习类型、成长经验及家庭背景都不同。所有儿童都有其长处、需求及兴趣。有些孩子则在学习与发展方面有特别的需求或能力。即使同龄的孩子之间也有极大的差异，因此，儿童的年龄只能作为发展成熟度的粗略指标。
>
> 个别差异不仅存在，而且也应该受到尊重。因此，老师在规划课程以及与孩子互动时，必须尽可能"因人施教"。"因人施教"并不等于个人主义。事实上，"因人施教"不会单纯以孩子的年龄作为施教的考虑，也不会期望他们的表现一定要达到某个预定的标准，更不会有任何其他忽略个别差异的状况。鼓励孩子对自我高度期望当然是很重要的事，但是，严格要求孩子一定要达到某种整齐划一标准的话，则是不了解幼儿发展与学习的个别差异。[①]

在个别差异的适宜性教学中，教师不仅需要为每名幼儿创造机会，使用他们所偏好的学习方式帮助他们增强学习优势，而且还要帮助他们发展其他相对较弱的学习领域。按照美国幼儿教育协会的观点，个别差异的适宜性教学主要包括以下四方面的差异：能力差异、文化差异、兴趣差异、发展差异（表5-6）。

表 5-6 符合幼儿个别差异的适宜性教学方式[②]

类型	适宜的教学方式	不适宜的教学方式
能力差异	教师十分了解每一个幼儿，会根据每个幼儿的能力、发展程度、学习取向设计活动内容。课程的设计、大人与幼儿的互动以及环境的布置明显兼顾幼儿的能力差异。	教师明知幼儿的发展状况不一，但还是要求所有的幼儿在同样的期限内学会某些技能。
文化差异	教师会将幼儿的家庭文化与语言融入学校的文化中，因此，幼儿感到被接纳，而且有归属感。每个人都重视并认同别人的文化与家庭的价值。幼儿学会尊重与欣赏彼此的异同之处。	忽略个人与文化的差异。没有将幼儿的种族、语言或文化体现于课堂中，因此有些幼儿根本不觉得自己是班上的一分子。 过于强调个别幼儿的差异之处，以致幼儿觉得自己与团体格格不入。

---

①② Bredekamp S & Copple C：《幼教绿皮书：符合孩子身心发展的专业幼教》，洪毓英译，30 页，新竹，和英出版社，2000。

续表

类型	适宜的教学方式	不适宜的教学方式
兴趣差异	教师平常留心每个幼儿的兴趣,并依据这些平日的观察及教学目标,准备不同学习性质的活动及学习计划,以供幼儿选择或自行规划。幼儿可以根据自己的兴趣,从中选择喜欢的活动,如演戏、建构、科学、数学活动、棋艺游戏、拼图、读书、电脑、美劳及音乐等。教师也会运用这些不同的教具及活动规划学习活动。例如,演一场在餐馆吃饭的戏,让他们对文字产生兴趣,并体会文字的用途,如看菜单、填写点菜单,以及数学计算概念,如使用钱及收银机。	活动的规划严格呆板,很少给予幼儿自行选择的机会。教师已经替幼儿做完大部分的事,如剪好各种形状的纸片,或是预先替他们完成实验步骤。幼儿如果有自己的方式,也会受到教师的责备。教师认为让幼儿学习大人的方式是比较重要的。教具千篇一律,极少更新。幼儿既没有新的玩具可玩,也缺乏可以挑战自己能力的机会。
发展差异	残障或是有特殊问题的幼儿也能参与班上的活动,包括社会、智能以及体能方面的活动。必要时,教师会予以协助。尽量让残障幼儿在正常的教室内接受治疗或其他的服务,使他们觉得与正常活动衔接无痕,产生群体归属感,其他的幼儿也比较认同其为群体的一员。	只是名义上将残障幼儿或是有特殊问题的幼儿编排到正常班级中,但是,实际上,这些幼儿的大部分活动都是由特教教师在别处进行指导。因此,他们对教室的情况并不是很了解,而且教师也不熟悉他们的特教课程,因为他们认为特教教师自会教导他们。即使在一般的教室中,这些有特殊需要的幼儿还是会被限制于某一特定的区域内。

随着社会发展,适宜性教学的概念已从年龄差异的适宜性转向个别差异的适宜性。

二、适宜性教学法的主要方式

适宜性教学方式主要有以下几种。

(一)资源利用模式

它充分利用幼儿的长处和优点,以求人尽其才。在传统的大班教学模式下,很难使每一名幼儿都能运用其所长。因此,教师要多开展区角活动,发现幼儿的优势领域。正如多元智能理论所指出的,幼儿的智能优势中心已经有了明显的差异,有的擅长语言智能,有的擅长音乐智能,还有的擅长空间或视觉智能等。我们必须尊重这种差异,才能保证教学的高效率和高质量。

(二)互补模式

通常幼儿在某一方面会有所不足,这可以改由另一方面的强项去补偿,以求"失之东隅,收之桑榆"。例如,某一幼儿阅读能力差,因而舍文字为媒介,而改以录像教学,辅助其学习。每一名幼儿均有不同的学习表现,存在个别差异。具体在教育教学中，那些在某项智能比较占优势的幼儿，在与他们求知方式吻合的学习活动中取得成功后，会很自觉地协助那些在该项智能较为弱势的，或对学习活动提不起兴趣的幼儿，采取不厌其烦的态度去帮助他们进行活动。教师要把握好幼儿好学的心理，提供有效的学习环境及材料，让幼儿的学习潜能萌发出来。

（三）治疗模式

针对儿童某一方面的能力缺陷，给予有针对性的教育。例如，"补偿教育"就是为促进社会经济地位不利的儿童掌握基本认知学习技巧的治疗教学。

补偿教育是指针对在经济上处于不利地位、没有机会享受正规教育、丧失良好教育权利的儿童（包括学龄前儿童和学龄儿童）进行的教育。补偿教育是以"文化剥夺理论"为基础的。它认为经济上处于贫困状况的儿童，之所以在学校中难以获得学业上的成功，是因为其在语言、阅读、认知、社会性以及情感等方面存在能力不足或缺陷。造成这种能力不足的根本原因是社会和文化背景的限制。要想从根本上改变这种"经济和文化上的贫困→智力低下、发展缓慢→学业不佳→就业不利→贫困"的恶性循环，就必须对这些儿童在教育上提供帮助性政策，即补偿教育。因此，补偿教育的目的是通过向这些所说的文化欠缺的儿童提供特殊的教育计划以弥补他们在语言、阅读、认知、社会性以及情感等方面的缺陷。

（四）性向与教学处理交互作用模式

性向与教学处理交互作用理论（theory of aptitude-treatment interaction，ATI）也译为"教学相适"理论，由克隆巴赫（Cronbach）提出。他指出教学（T）应配合儿童的性向（A），教师对不同性向的儿童，应提供不同的教育措施，以发挥最大的教学效果。它对教育的启示在于，没有任何一种教学与教材可以适合所有儿童。教师不应轻易放弃儿童，而要采用适宜的教学方法。该理论指出，各种教学方式互有长短。特别是对不同类型的儿童，相同的教学可能产生不同的效果。

（五）个别化教学方案

个别化教学方案（individualized educational program）最先用于特殊儿童的干预和矫正，为其提供个别化的、有针对性的方案。伴随着对幼儿个体差异、个体发展的关注，它逐渐在教育领域中得到应用，即为每个幼儿的发展提供个别化的、适宜的教育方案。

教育上提倡个别化教学，其对象涵盖全部儿童，目的在于针对儿童的个别差异，提出适合每个儿童的教学方案。个别化教学过程需要先了解教学对象，之后进行教学，也就是先评价而后教学。因此，个别化教学的特色在于它是一种"评价—教学"的过程。亦即先了解、鉴定每一名儿童的学习情况与特殊需要，然后为其提供适当而且必需的教学。

个别化教学的形式有很多，诸如诊断教学、直接教学、系统化教学、精熟学习（也称掌握学习）等。这些个别化教学形式虽然名称不同，但均重视对儿童的诊断，以及符合个别需要的教学方法。

个别化教学的策略可归纳为下列三种。

1. 调整儿童的学习速度

传统教育中，课程与教学设计面向全体儿童，安排好固定的学习进度。因而，教师面对学习速度较快或较慢的儿童，必须经过调整学习时间，才能适应其需求。有些个别化教学模式，允许所有儿童依照自己的速度去学，即自定步调(children self-pacing)的方式；有些则提供额外的时间，供儿童自行练习或教师提供补习；有些模式则允许少数学习能力较强者提前学习较高阶段的课程。

2. 提供多样性教材

有些个别化教学模式偏重教材的设计和编制。通常将教材细分成许多单元，并设计成适合不同掌握程度的多套教材。有些模式则另外编制自学教材、练习教材、补充教材等供儿童选择使用。

3. 调整教师的角色

传统的班级教学，教师是知识的传递者，是教学活动的主角，这会导致儿童学习被动，依赖教师。小班教学以个别化教学需要为目标，调整教师的角色，减少教师的权威色彩，以温馨、尊重、包容的态度面对儿童，启发儿童主动学习。教师的任务以教学设计为主，教师扮演协助者或引导者的角色。

在个别化教育方案中最常用的是档案评价，即为每个幼儿设立相应的学习档案，根据其不同的学习特点进行个别化指导(参见第十一章内容)。

信息栏 5-2

教师关于个别差异的经验交流

教师 A：个体差异包括"不同特点""不同水平"

要在充分肯定幼儿的学习、发展独特性的基础上，尊重个性、承认差异。根据每个幼儿的不同特点与水平实施有差异的教育，使每个幼儿的个性、潜能得到最大限度的发展，使幼儿的健全人格得以形成。

教师 B：通过不同形式关注个别差异

我们幼儿园开展过一系列的研究与探索。例如，在个别化学习中，为不同发展水平的幼儿提供丰富的材料与和谐自由的环境，让其自主选择，满足其不同的需要和兴趣；在教师预设的活动中，通过分层指导、小组探索、分享交流等方式，关注每个幼儿的差异和潜质，让不同的幼儿以不同的方式充分表现，合作创新，解决问题；在幼儿的自主游戏中，通过安排自由选择玩伴和材料，让幼儿自主开展活动，让不同能力的幼儿有多样性的探索和创造性的玩法。

教师 C：搭设不同的发展平台

如何为不同的幼儿搭设不同的发展平台？第一，幼儿的发展是有差异的，要让每个幼儿在原有基础上获得最优发展，那就要既在不同活动中体现幼儿思维、记忆、想象、言语、情境等共同的主体活动因素，又关注到每个活动中幼儿发展水平、发展方向、发展潜能的差异性。第二，我们面对不同的幼儿时，应为其创设多样的发展平台，提供多样的活动形式，让幼儿在多样活动中拥有自主选择的机会。选择带来自由，自由让想象驰骋，想象放飞幼儿的思想，张扬幼儿的个性。

案例 5-5
尊重幼儿个体差异的学习活动

活动一："小精灵电视台"

让幼儿在关注周围社会、生活信息的过程中，通过自己的理解，选择予以传递与表达的信息。活动人数：10～12人。

活动二："小博士编辑部"

在积累生活经验、阅读经验的基础上，用符号予以表征。幼儿通过看、听、问等途径获取信息和材料，然后编辑成广告、小报、海报等，体验自由表达与创造的乐趣。活动人数：16～20人。

活动三："哈哈剧场"

幼儿自主设计、制作道具和节目单，并用各种动作演绎童话故事或生活中的有关事件。活动人数：16～20人。

活动四："爱心小天使"

以爱心服务为核心，通过为小班、托班弟弟和妹妹服务，为幼儿园服务，为社区老人、特定对象服务等，体会关爱他人的快乐，增强责任意识。活动人数：15～20人。

活动五："小天才创作室"

以相关的内容探索为主题，如面和泥、水和纸、磁和铁等，让幼儿把生活经验与想象、制作、探索相结合。活动人数：20～25人。

活动六："中华武术"

让幼儿在适当的武术学习过程中体验到乐趣。活动人数：25～30人。

思考题

1. 请谈谈你是如何理解马拉古兹的诗《不，一百种是在那里》的。

2. 请评述库伯和邓恩的学习类型理论。

3. 请设计一个小实验，观察并比较幼儿学习的差异。

4. 请观察某幼儿园教师的教育活动，并分析其教学活动是否考虑到幼儿学习的差异。

第六章　幼儿社会性学习与教育

本章提要 ▶

- 理解社会性学习的概念
- 掌握幼儿社会性学习的相关理论
- 理解幼儿社会性教育的原则与方法
- 了解评价幼儿社会性的测量工具

社会性不仅是影响幼儿认知学习的重要因素，而且是幼儿学习与发展的重要内容。幼儿社会性的学习与教育受到人们越来越多的关注与重视。本章在分析社会性基本概念的基础上，深入探讨当前幼儿社会性学习的前沿理论，特别是群体社会化理论。同时，本章介绍了幼儿社会性学习的几种测量工具，以及幼儿社会性教育的主要原则与方法。

社会性作为儿童心理发展的重要组成部分进入研究者的视野，最初是在 20 世纪 30 年代。80 年代后，随着认知心理学影响的减弱，社会性发展备受发展心理学者的关注。幼儿社会性学习的理论和实证研究数量均呈逐年增加态势，该领域成为与认知发展研究并驾齐驱的研究领域。社会性发展，或者说社会化，是一个进程，在这个进程中，儿童"吸取"周围文化或亚文化群的价值观念、风俗习惯和看法，"文明以止，人文也。……观乎人文，以化成天下"。通常，社会性研究涉及生物学基础、社会行为起源、家庭和社会关系的影响、社会认知、自我控制、攻击性行为、道德和利他行为、性别角色差异等广泛领域。

在幼儿的学习与发展中，不仅有认知、语言、创造性等领域的学习，而且还有社会性的学习。研究表明，幼儿社会能力是影响其认知、语言学习的重要因素之一。例如，交往与参与是幼儿进行学习活动的重要途径。幼儿通过与家长、教师、同伴等的社会互动，习得日后成为有效社会成员所需要的行为。维果茨基发现，儿童学习离不开社会交往互动，交往可以将他人的活动、习惯、语言、思想内化为自身的品质与结构。建立富有成效的合作气氛是幼儿教育的基本要求。有意义的社会交往可以使幼儿专注于学习活动。幼儿知晓他们的学习成果（如绘画、小制作等）被同伴分享、欣赏时，会更加努力地学习。

我国自 20 世纪 80 年代中期开始从关注"认知与智育"转向重视个性与社会性。分别有王振宇、周宗奎、张文新等出版了儿童社会性发展与教育的专著。[①] 江苏教育出版社 2002 年翻译出版的劳拉的《儿童发展》（第五版）一书中第四、第五部分专门介绍儿童个性与社会性发展及发展背景。[②] 1983 年出版的威利等人的《儿童心理学手册》（第三版）也专设第四卷介绍儿童社会性发展领域的研究结果。我国心理学刊物发表的研究报告中，有关儿童社会性发展的研究在数量上已接近甚至超过认知发展的研究。[③] 1980—1988 年，在我国公开发行的五种心理学学术期刊（《心理学报》《心理科学通讯》《心理发展与教育》《心理学探新》《心理学动态》）上，共发表 95 篇有关儿童社会性发展与教育的文章，占总论文数的 38%。这些均表明幼儿社会性学习与教育日益受到关注与重视。

第一节　社会性概述

一、社会性发展的概念

不同学者对社会性发展有不同解读。例如，社会性是发展心理学的一个领域，它总是根据个体与环境的相互作用观点来看待发展变化。儿童的社会性是由其稳定的内部结构和通过遗传与环境因素相互作用而形成的那些特性。[④] 齐格勒等人强调人的社会性主要包括人的社会知觉和社会行为方式。[⑤] 通过社会知觉，人们觉察他人的想法，向他人表达行为的动机和目的；通过社会行为的学习，人们掌握约定俗成的举止方式、道德观念，从而能够适应社会。特质论者主张，在儿童社会性的心理结构中，起最重要作用的特质因素有四个：信念、情绪、态度和价值观。[⑥] 墨森等人则认为，社会性包括儿童学习社会性情绪、对父母的依恋、气质、道德感和道

---

① 王振宇等著《儿童社会化与教育》（北京，人民教育出版社，1992），周宗奎著《儿童社会化》（武汉，湖北少儿出版社，1995），张文新著《儿童社会性发展》（北京，北京师范大学出版社，1999）。

② ［美］劳拉·贝克：《儿童发展》，吴颖译，南京，江苏教育出版社，2002。

③ 张文新：《儿童社会化发展》，489～490 页，北京，北京师范大学出版社，1999。

④ Bergan J R & Dunn J A, *Psychology and Education：A Science for Instruction*，New York，Wiley，1976，p. 132.

⑤ Zigler E，Hodapp R M & Edlison M，"Themes in the Debate about Normalization：Rejoinder,"*American Journal on Mental Retardation*，1990(95)，pp. 15-16.

⑥ Kohlberg L，"Revisions in the Theory and Practice of Moral Development,"*New Directions for Child Development*，1978(2)，pp. 83-88.

德标准、自我意识、性别角色、亲善行为、对自我和攻击性的控制、同伴关系等。[1]

国内学者更多从广义和狭义的角度来理解社会性。广义的社会性是指由人的社会存在所获得的一切特性，也就是我们上述的"社会属性"。狭义的社会性指由于个体参与社会生活、与人交往，在他固有的生物特性基础上形成的那些独特心理特性，"是人的一种心理特性，它是指人们进行社会交往，建立人际关系，理解、掌握和遵守社会行为准则，以及人们控制自身行为的心理特性"。"它们使个体能够适应周围的社会环境，正常地与别人交往，接受别人的影响，也反过来影响别人，在努力实现自我完善的过程中积极地影响和改造周围环境。"[2]

幼儿社会性是指在幼儿阶段，由于社会文化、教育等因素的影响，个体对待自己与对待别人的行为，随着年龄增长而逐渐产生改变的过程。在谈到社会性时还常提到社会性发展(social development)，社会性发展的过程即社会化(socialization)过程。幼儿在社会化的过程中，由原本单纯的自然人，经由社会环境中与人、事、物的互动，逐渐学习到认识自己、了解他人，并进而在与他人的交往关系中学习如何待人接物、遵守规则、关爱他人等合乎社会规范的一切态度、观念与行为。

二、社会性分类

有学者将儿童的社会性划分为人际关系、社会规范和自我发展三个维度(王振宇，1992)。陈会昌(1994)通过因素分析，将儿童社会性发展分为七个主要维度，即社会技能、自我概念、意志品质、道德品质、社会认知、社会适应能力和社会性情绪。石绍华(1990)在统计有关社会性发展的文献时，通过元分析方法将儿童社会性发展的全部文献分为社会认知、社会情感、社会行为、自我和社会性的发生机制五个领域。当然，还可以做如下划分：①按逻辑分，可以分为社会认知、社会情感、社会行为；②按内容分，可以分为社会性品质——同情心、责任心、自制力、自信心、克服困难的意志力等，社会性行为——积极行为，如合作、分享、谦让、助人，消极行为，如招惹、打架、抢占、说难听话等。

20 世纪 70 年代以来，在儿童社会性发展的某些方面，出现了许多量表、问卷和其他测量手段。例如，气质测验，儿童依恋行为，儿童的利他行为，儿童的道德判断，自我概念及个体被社会接受的程度，社会认知等。

幼儿社会性学习有多个方面，如社会认知、社会情感、社会行为等。由于社会能力、良好同伴关系在幼儿社会性学习与发展中具有突出的重要作用，在此，我们着重分析这两方面的学习。

---

[1]　Mussen P H, Conger J J, Kagan J & Huston A C, *Child Development and Personality*, 7th ed., New York, Harper & Row, 1990.

[2]　陈会昌：《儿童社会性发展研究》，载《心理发展与教育》，1994(增刊)。

第二节　幼儿社会能力与学习

社会能力是幼儿社会性学习的重要组成部分，它不仅影响幼儿的人际交往、心理健康、生活与学习质量，而且在很大程度上可以预测个体将来的人际关系、情绪情感调控和社会适应能力等方面的发展水平。[①]

一、社会能力及其构成

关于社会能力的界定主要有两种观点。一是认为社会能力是个体体现在社会交往中的能力，它保证个体在社会交往情境中以社会接受或尊重，同时使个人和他人受益的方式与他人进行相互作用。二是认为社会能力是个体在社会交往中表现出的行为能力和品质。我们认为第二种观点更全面地揭示了社会能力的内涵与特征，它不仅包括社会交往、行为能力的一面，而且包含社会性品质的一面。

关于社会能力的构成主要有四种观点。一是认为社会能力由社交的和亲社会的（sociable and prosocial dimensions）两个维度构成。[②] 二是认为社会能力由积极与消极行为、对压力的反应以及同伴接纳性三个维度构成。三是认为社会能力由社会交往发起与亲社会定向两个维度构成。四是认为社会能力由亲社会行为和社会技能构成，而社会技能包括人际行为、与自我有关的行为、与任务有关的行为。

我们认为社会能力的构成主要有三个维度：社会交往能力（包括交往主动性、交往策略等），亲社会行为能力（包括助人、合作、分享、对他人负责等）和社会适应能力。社会交往能力是幼儿发起、维持和调整社会交往和关系的基本能力；亲社会行为能力是幼儿在社会交往中表现出对他人或群体利益的利他态度和行为的能力[③]；社会适应能力是幼儿对社会生活的适应能力，如适应幼儿园、学校的生活。社会交往能力是幼儿亲社会行为能力和社会适应能力发展的前提与条件，而亲社会行为能力的发展则会带动与促进幼儿的社会交往能力和社会适应能力的发展。因此，社会交往能力、亲社会行为能力和社会适应能力是幼儿社会能力的三个重要维度，三者缺一不可。

二、社会能力的价值

社会能力对幼儿的学习与发展有重要作用。首先，社会能力有助于幼儿建立积

① Coie J D, Dodge K A & Kupersmidt J, "Peer Group Behavior and Social Status," in *Children's Status in the Peer Group*, Asher S R & Coie J D, New York, Cambridge University Press, 1990, pp.17-59.

② Chen X, Wu H & Chen H, "Parental Affect, Guidance and Power Assertion and Aggressive Behavior in Chinese Children," *Parenting：Science and Practice*, 2001(1), pp.159-183.

③ Eisenberg N, Damon W & Lerner R M, *Handbook of Child Psychology：Social, Emotional and Personality Development*, 6th ed., Hoboken, John Wiley & Sons, 2006, p.646.

极的同伴关系。在同伴关系中，社会能力扮演了重要的角色，它直接影响幼儿在团体中的社会地位。具有较强社会交往技巧，能与不同的伙伴互动，有结交朋友的知识、同理心，能从他人角度思考事情与问题的幼儿，往往在同伴中较受欢迎。相反，社会交往能力较弱、自我中心、缺乏同情心和同理心的幼儿，则往往不受同伴欢迎。社会能力的提高有助于幼儿建立积极、良好的同伴关系，使其处于受同伴欢迎的地位，被更多同伴接纳。

其次，良好的社会能力有助于幼儿情绪情感、人格和心理健康的积极发展。研究表明，社会适应能力与幼儿积极情绪情感、良好人格个性品质的形成高度相关。[①]在社会活动中经常合作、友好、助人的幼儿通常有较高的自信心、自尊心和自我效能感，并且心情愉快，活泼开朗。此外，社会能力还作为一种保护性因素，减少不利因素对幼儿心理健康发展造成的消极影响。[②] 例如，离异家庭儿童如果因较高的社会能力而发展出良好的同伴关系，那么父母离异对他们情感的消极影响要比那些社会能力低的儿童小得多。美国早期干预计划的最早倡导者之一伊·齐格勒曾指出，为了促进幼儿心理健康发展，社会能力，而不是智商，应该成为先行教育之类的干预计划的主要内容。

最后，社会能力还有助于幼儿认知能力的发展。传统教育认为儿童的学习是"个体式"的，即单个个体独立的学习过程，而在现代教育中，儿童的学习不仅有"孤独""个体式"的学习，合作学习、同伴互助学习、小组探究学习等都是重要的学习形式与途径。在合作学习中，小组的每一个成员都要主动地参与整个学习过程，研讨、交流、对话，不仅有助于幼儿了解同伴对某个问题的想法，同伴思考问题的方式，同伴学习的风格与特点，同伴对自己学习、操作过程的评价与反馈，而且也有助于幼儿增强学习活动的兴趣，促进其活动过程中灵感的迸发，以及学习同伴的长处，弥补自己认知与学习的不足。这样，幼儿的学习就成了一种随时可以得到帮助，激发新思维的过程，其学习与认知能力也在社会交往中得到进一步提高。

三、社会能力的影响因素

幼儿社会能力的形成与发展受多种因素影响，其中，幼儿自身因素、同伴、教师以及文化差异等是影响儿童社会能力发展的重要因素。

(一)幼儿自身因素对社会能力发展的影响

首先，幼儿的人格、个性特征是影响其社会交往主动性的重要因素。研究表明，被拒绝、被忽视型幼儿比受欢迎型幼儿在人格、个性品质上表现出更多的内向、冲

---

① Rubin K H, Bukowski W & Parker J G, "Peer Interactions, Relationships and Groups," in *Handbook of Child Psychology*, Vol.1: *Theoretical Models of Human Development*, 5th ed., Damon W(Series Ed.) & Lerner R M(Vol. Ed.), New York, Wiley, 1998, pp. 619-700.

② Garmezy N, Masten A S & Tellegen A, "The Study of Stress and Competence in Children: A Building Block for Developmental Psychopathology," *Child Development*, 1984(55), pp. 97-111.

动等特征。国外的研究同样表明，自卑、情绪低落、易激惹的幼儿更容易攻击同伴，也更多地被同伴拒绝。因此，教师的指导必须考虑儿童的人格、个性特征。一方面要培养幼儿形成积极的人格、个性品质；另一方面要特别关注那些内向、情绪低落、自卑、易激惹的幼儿，对他们进行特别的社会能力的指导与培养。其次，观点采择能力（perspective-taking）是影响幼儿社会能力，特别是亲社会行为能力的重要影响因素。观点采择是幼儿区分自己与他人的观点，以及发现这些不同观点之间关系的能力。观点采择能力强的儿童能站在他人的角度，感知、判别他人的情绪情感状态，理解他人的需求与需要，这就为其做出利他行为，如助人、分享、谦让等提供社会认知基础。最后，社会信息加工机能是影响幼儿社会能力的重要认知因素。按照社会信息加工模型理论，幼儿的社会行为是一系列信息编码的过程，包括社会线索编码、对社会线索的解释理解、目标澄清、完成反应建构、反应决定，以及实施行为等过程。影响社会能力的社会认知加工模式主要有两种：①认知理解归因模式，即幼儿如何理解、解释他人的行为。研究表明，攻击性幼儿对同伴非故意碰撞自己的行为常作敌意理解，表现出更多的攻击行为。[①] ②心理理论（theory of mind）的反应决定模式，即幼儿根据社会情境的线索、已有的社会交往经验对自己的行为做出预期，并付诸行为。例如，那些心理推测能力比他人强的幼儿能预测当自己侵犯、欺负能力弱的同伴时，可能不会遭到他们的反抗，因而做出攻击性行为。

（二）同伴对幼儿社会能力的影响

当幼儿从家庭进入幼儿园后，同伴对其社会能力发展的影响日益显著。哈里斯（Harris J R）提出了群体社会化理论，认为同伴对儿童社会能力的影响甚至大于家庭。安娜·弗洛伊德和索菲·唐的经典研究指出，同伴关系可以补偿亲子关系的缺失，在纳粹集中营中的孤儿由于同伴间的互相关心体贴、安慰照顾，因而能摆脱童年的阴影，并在社会能力上得到较好发展。哈特普的研究也指出若没有与同伴平等交往的机会，幼儿将难以学习有效的交往技能。[②] 同时，同伴关系还会影响幼儿的社会适应能力。良好的同伴交往使儿童顺利度过发展的各个转换时期，如朋友的陪伴可以使入学儿童更容易适应学校学习环境，小幼衔接更为顺利。

（三）教师对幼儿社会能力的影响

虽然家庭是儿童社会能力发展的最初场所，但当儿童进入幼儿园之后，教师就起着越来越重要的作用。教师作用主要体现在三个方面。一是改善与提高幼儿在家庭中未能很好发展的社会能力。研究者发现儿童社会能力形成中的一个值得注意的情况——递归现象（recursive cycle），即在家庭中形成的消极社会认知与行为，如果

① Dodge K A, "Behavioral Antecedents of Peer Social Status," *Child Development*，1983(54)，pp. 1386-1399.

② Hartup W W, "Peer Relatiens," in *Handbook of Child Psychology*，Mussen P H，New York，Wiley，1983，Vol. 4，pp. 103-196.

没有得到有效的教育干预，那么在幼儿园中会继续恶化。[①] 因此教师必须对儿童消极社会行为进行必要的干预。二是根据幼儿不同的社会能力水平与特点，有针对性地为其创设交往的机会。教师在为儿童创造交往的条件与机会前，必须事先了解其社会认知及社会行为的水平，依据其社会能力的情况制定相应的教育培养方案。三是教师直接参与幼儿的交往活动，在交往中给予榜样示范、引导帮助，培养幼儿良好、积极的社会交往能力与品质。

(四)文化差异与幼儿的社会能力

不同文化对幼儿的社会能力有不同的理解。许多研究表明，社会交往能力和亲社会倾向在不同文化中有不同界定。例如，在我国，亲社会态度和行为更受重视和鼓励，而西方一些国家对此却未必重视。同时，我国对于幼儿的社会交往能力不够关注，而西方国家非常重视。针对这一特点，教师应注意儿童的文化、家庭背景，特别是在经济全球化背景下，越来越多的外籍人士来华工作，他们的子女也进入我们的幼儿园，因此，教师必须认识到文化差异对儿童社会能力的影响，并给予适当的社会交往能力的指导。

四、教师在幼儿社会能力学习中的指导

(一)通过理解能力指导促进幼儿社会能力的发展

理解能力指导旨在引导、帮助儿童正确感知、判断、理解他人(包括同伴、教师、家长等)的情绪情感状态，并能从他人角度看待问题。社会理解能力指导可通过以下两种方法来进行。

1. 引导幼儿关注他人的情感

引导幼儿注意他人的情感，这是培养儿童社会能力的重要方面。因为，社会能力是儿童在社会交往活动中表现出来的能力。社会交往是两个或两个以上主体的共同活动，如果儿童不能注意同伴的需要，只顾按自己的意愿来进行活动，那么就可能发生争执与冲突。无论是社交能力，如协商、对话、交流，还是亲社会能力，如助人、关爱、抚慰、分享、谦让等，都需要幼儿注意到他人的情感需要。为了帮助幼儿注意他人的情感需要，教师的指导方式可以采用面向集体的方法。例如，在讨论某一项活动时，教师可以邀请每一位幼儿发表自己的意见，提出自己的观点，同时征求其他幼儿对这一观点的看法，并引导幼儿注意倾听同伴的观点，使其认识到同伴的想法与自己的不一定相同，自己的观点未必就是别人的观点。教师的指导也可以因个别情境而产生。例如，教师正在和一名幼儿玩积塑游戏，突然班上的保育老师胃疼了，教师发现了这一情况，但幼儿并没有注意到，这时教师引导幼儿观察："哟，王老师是怎么了，她怎么捂着肚子？她脸色这么难看，还有汗珠滴了下来，你

---

① Ladd G W, "Having Friends, Keeping Friends, Making Friends, and Being Liked by Peer in the Classroom: Predictors of Children's Early School Adjustment," *Child Development*, 1990(61), pp. 1081-1100.

说她是怎么了？"通过教师这样的指导，幼儿能逐渐学会关注他人的情感。

2. 指导幼儿积极理解他人的行为

攻击性强的幼儿常常把同伴的过失行为理解为故意的，因而对同伴做出攻击反应。因此，教师要帮助幼儿从积极角度理解同伴的行为。例如，一名幼儿在建构角搭积木，同伴从旁边跑来，一不留神碰倒了积木，搭积木的幼儿非常生气，朝他又嚷又叫，这时教师可以引导他："呀！你搭的高楼被撞倒了，可他心里也很难过，他是有急事所以跑得特别快，他是不小心撞的吧！好吧，那我们一起再来搭。"这样，教师通过唤起幼儿的移情，引导幼儿注意到他人的情感，从积极的角度理解同伴的行为，帮助幼儿建立初步的社会理解能力，为其发展积极、适宜的社会交往能力奠定基础。

（二）通过交往能力指导促进幼儿社会能力的发展

幼儿社会能力缺乏常常表现在社会交往能力方面，包括交往态度、交往技能、亲社会行为倾向与技能等。例如，某幼儿很想参加同伴的活动，但不敢主动询问："我可以和你们一起玩吗？"又如，某幼儿对身体不适的同伴感到同情，但不知该采用哪些方法去抚慰、关心他。我们在观察中发现，不少幼儿在教师不舒服时被激发了同情感，但缺乏亲社会技能，他们一起挤到教师身边，却不知可以为教师做点什么。因此，对幼儿的指导是非常有必要的。

第一，教师应指导幼儿用正确的言语表达自己的想法。幼儿同伴交往的最大障碍是不能准确地表达自己的情绪情感状态和观点，使同伴了解自己的感受和体验。教师要帮助幼儿清晰地描述和表达自己的情感、需要和想法。对于不同发展水平的幼儿，教师的引导应有所不同。例如，对不知如何直接表达自己想法的幼儿，教师的建议可以是直接引导，"告诉津津，'请递给我那盒水彩'"；而对另外一名不知如何与同伴协商的幼儿，教师的建议是，"让玲玲知道，当她摇动桌子的时候就打扰了正在画画的小朋友"。

第二，教师应给予幼儿轮流活动（turn-taking）的指导。幼儿常会为一个好玩的玩具而争执、争抢，此时教师可以指导他们采用"轮流玩"的方法。事实上，很多的社会交往活动，如谈话、讨论等都需要"轮流"进行。怎样指导幼儿学会轮流活动是令教师头疼的问题。困难之一是正在玩的幼儿不愿把手中的玩具给同伴玩，而是只顾自己玩。二是等待玩的幼儿不耐烦，要去抢正在玩的幼儿手中的玩具。通常教师在指导幼儿分享、轮流时只是要求玩的幼儿谦让，却忽视了对等待的幼儿的指导。事实上，在这种交往情境中教师应对玩的幼儿和等的幼儿都进行指导。例如，玲玲在玩新的玩具，而强强在一旁等，他等得不耐烦了，去抢玲玲手里的玩具。这时教师把强强拉到身边说："我知道你很想玩，但我们可以看一看玲玲是怎么玩的，你认真地看一看，告诉我她是怎么玩的，玩得好不好。"接着教师又走到玲玲身边，轻声说："你看强强一直在旁边等，他一定很着急，你有什么办法让他不着急？"在这一情境中教师不指责玩的幼儿没有谦让，也没有指责等的幼儿缺乏耐心，而是对玩的幼儿和等的幼儿都进行了有针对性的轮流活动的指导，这样的指导有助于儿童社会能力的提高。

第三，教师应给予幼儿角色扮演的指导。角色扮演指导是教师帮助、引导幼儿通过在角色游戏、情景剧中的人物扮演来体验、理解、感悟人物当时的心情，站在他人角度思考问题。教师应有意识地为幼儿创设各种人际交往情境。例如，如何与他人交朋友，如何参与别人正在进行的活动，如何邀请朋友参加自己的活动，如何请求别人帮忙，或者想玩别人的玩具时，应该怎样向别人说，等等。让幼儿在情境中扮演各种角色，与同伴一起讨论解决问题的方式，澄清处理问题的方法，使其在游戏活动中学会正确的行为方式。

第四，教师还要给予幼儿分组配对的指导。如果说前三种指导是教师直接指导的话，那么，分组配对指导则是教师对幼儿的间接指导。同伴也是幼儿学习社会交往技能与技巧的重要来源。同伴的帮助和榜样示范常常能提高幼儿社会交往的能力。教师的指导作用不仅表现在对幼儿的直接指导上，而且还体现在为幼儿创设有利于同伴互相学习的环境，让幼儿彼此相互学习上。教师在安排小组活动时可以将受欢迎的与不太受欢迎的幼儿分在一个小组里。这样的配对方式可以使受欢迎的幼儿在社会交往活动中帮助不太受欢迎的幼儿，并促进不太受欢迎的幼儿观察学习、模仿受欢迎幼儿有效的社会交往技能与技巧。同样教师也可以把被忽视的幼儿分在一个交往主动性较强的小组里，这样可以使内向的幼儿得到同伴的支持，变得主动起来。

第三节　幼儿的同伴关系

同伴关系也是幼儿社会性学习的重要内容。同伴关系是一个多层次、多侧面、多水平的网络结构。

一、社会测量法：同伴关系测量的重要手段

研究幼儿同伴关系可以运用社会测量法。社会测量法由莫雷诺（Moreno）提出。莫雷诺在分析人际关系时使用的社会测量法至今仍在影响现代社会网络定量分析的发展。20 世纪 60 年代至今，新的矩阵分析方法不断被引入同伴关系分析中。社会网络分析在心理学中也沿着早期社会心理学家莫雷诺开辟的道路前进，并且汲取了其他学科的有益营养。

社会测量法是测量幼儿在团体中地位与影响力的一种方法，通过该方法可以了解幼儿的社会交往能力与同伴关系。社会测量法主要有三种。

(一)同伴提名法

班级中每一名幼儿按照一定标准提名一定数量的同伴。每名幼儿所得的积极提

名分数被看作同伴接纳的指标。相反，消极提名分数则意味着幼儿被同伴拒绝的程度。由于消极提名可能会提醒或强化幼儿对同伴的消极看法，因此在研究中教师应谨慎使用消极提名法。

(二)同伴行为描述法

它实际上是一种结构化的提名程序。"班级戏剧"是其中的重要方法：幼儿假想自己是戏剧导演，给同伴"对号入座"地分派一系列积极或消极角色。例如，"如果要演一个领导能力强的角色，你认为在你们班上谁最适合？"

(三)同伴等级评定法

这实际上是问卷法，即将班上每名幼儿的姓名依次排列，随后用五点或七点利克特量表等级评定尺度，要求幼儿标明对每个人的喜欢程度。

信息栏 6-1
同伴网络分析的一些软件简介

由于数学方法的广泛运用，网络分析的术语很快占领众多研究领域。除了使用SPSS，SAS，Stata 对有关网络数据(主要是自我中心网络数据)进行处理之外，根据网络分析的原理，目前，已经设计了大量的网络分析软件，包括从数据录入到建模、画图与生成报告等一系列的功能。在研究中使用的网络分析软件主要有以下几种。

- Ucinet：研究者使用较多的网络分析软件。
- NEGOPY：历史悠久的网络分析软件之一，比较容易使用，也是国内心理学者使用过的网络分析软件(方晓义，1995，1997)。
- Blanch：使用属性以及关系两种分析方法来进行研究，可以生成网络动力学模型并进行模拟，它以节点、链接和方程构成的系统，描述链接的强度和节点的属性随着时间变化而变化的规律。
- SociometryPlus：根据莫雷诺的思想设计的社会测量软件，提供建立群体继而分析群体关系以及生成矩阵报告的功能。
- SocioMetrica Suite：是评估、构建和分析社会网络数据的软件包。SocioMetrica LinkAlyzer 是其中的第一个组件，它从面向自我的数据，依据被提名者的属性进行匹配，给社会网络图增加节点，从而构建出社会测量数据。
- Pajek：免费的大型网络分析软件包，参考材料较为丰富。

二、幼儿同伴关系的五种类型

根据社会测量法，幼儿同伴关系主要有以下几种类型。

受欢迎者：得到同伴正面的提名多，负面的提名少。

被忽略者：得到同伴正面及负面的提名都少。

被拒绝者：得到同伴负面的提名多，正面的提名少。

有争议者：同时得到同伴正面及负面的提名。

一般者：得到同伴正面或负面的提名都属一般程度。

表6-1、表6-2、表6-3反映了受欢迎者、被忽略者、被拒绝者的一些显著特质。

表6-1 受欢迎者的特质

项目	提名次数
学习成就	学习好(11)
外表	漂亮(4)、可爱(1)
社会技巧	热心助人(11)、友善(5)、不攻击人(2)、有领导能力(1)
个性	活泼开朗(4)、不与人计较(3)、健谈(2)、大方(2)、自信心强(1)、快乐(1)、风趣(1)、文静(1)、爱干净(1)、不骄傲(1)
运动/才艺表现	运动好(3)、喜欢运动(1)

表6-2 被忽略者的特质

项目	提名次数
学习成就	学习中等(4)、学习差(3)
外表	不干净(1)
社会技巧	不善于表达(2)、不善与人交际(1)、不会犯大错误(1)、乖巧(1)、凡事依顺(1)、守规矩(1)
个性	安静不说话(10)、内向(6)、孤僻(2)、害羞(1)
运动/才艺表现	无专才(1)

表6-3 被拒绝者的特质

项目	提名次数
学习成就	学习好(2)、学习差(2)
外表	不爱干净(3)、声音沙哑(1)
社会技巧	自私(5)、不守规矩(4)、攻击性强(4)、捉弄别人(2)、不合群(2)、说人坏话(2)、会打小报告(2)、爱讽刺人(1)、不讲道理(1)、好批评(1)、骄傲(1)
个性	小气(2)、脾气坏(2)、坏习惯(2)、好胜心强(2)、爱表现(1)、心胸狭窄(1)、情绪不稳(1)
运动/才艺表现	无

三、教师如何指导幼儿改善同伴关系

针对同伴关系中处于被忽视和被拒绝境况的幼儿，教师要掌握适当的指导方法，改善其同伴关系。值得指出的是，一些幼儿之所以处于被忽略境况，与教师不适宜的教育行为有很大关系。有些教师眼里只有"优秀"幼儿，很少关注发展较慢的幼儿，导致发展较慢幼儿被忽略。

(一)被忽略者

被忽略幼儿的心理特点是自信心弱，常因害怕挫折或被同伴取笑而不敢有所表现；多为较安静、内向、守规矩者。因其没有声音，无特别好或消极的表现，也不会、不敢为自己争取表现的机会，就被同伴甚至教师视而不见，以致大家几乎忘了他们的存在。对这些幼儿，教师不仅不能忽视他们，还要通过多种方式来帮助他们。

- 鼓励其勇敢地表达己见或参与同伴的讨论和游戏。
- 给其表现的机会，如帮教师做事(发美工纸)，或在午餐时帮助教师分发碗筷。
- 引导较活泼的同伴带领他一起进行活动。
- 主动关心或给予特别的注意，发掘其才能，让其展现或耐心等待其表现的意愿，引起同伴的注意。
- 以游戏方式鼓励其参与活动。
- 与家长联系以了解幼儿的家庭状况与幼儿在家的表现。

教师要做到经常注意被忽略的幼儿，肯定其能力及聪明才智，并给予口头褒奖，提高其自信，让他们重新认识自己，也改变同伴对他们的看法。同时，适宜的社会技巧也是被忽略幼儿所需要学习的，如主动提供协助、表现友善的微笑或言辞、主动接近兴趣相同的同伴，或加入游戏团体的技巧等，都可以通过教师的指导、演练来获得。此外，教师还要帮助幼儿懂得不是每个人都一定会在任何时间、地点被任何人接受的，偶尔被拒绝并没有关系，还有其他的选择或继续努力。至于来自家庭的问题，就需要教师与家长共同合作来加以解决。

(二)被拒绝者

和被忽略者的特质相比，被排斥或被拒绝者的特质较多样化，教师辅导的方式也因幼儿的个别差异而有所不同。

- 建议幼儿保持整洁的外表。
- 个别谈话，使其明了被拒绝的原因，提醒其自我约束，并指导与人相处的技巧。
- 赞美其优点，增强其自信心。
- 安排被拒绝者与受欢迎者一起游戏，以起到潜移默化的功效。
- 给予他们为班级服务的机会，并当众夸赞其良好行为，以获得同伴的认同与接纳。
- 与班上幼儿讨论改变被拒绝者言行的方法。
- 以角色扮演、小团体活动方式让幼儿有机会表达自己及倾听他人不同的想法或感受，进而学习同理心及角色取代的概念。
- 请家长配合改善。

第四节　幼儿社会性学习与教育的理论

一、柯尔伯格的道德发展论

柯尔伯格(Kohlberg，图 6-1)是道德发展心理学的建立者，他运用实证方法建立起儿童道德认知发展的理论。他认为，在道德发展过程中，儿童的道德发展遵循一种普遍的顺序原则。同时，道德判断并不单纯是一个是非对错的问题，而是在面对具体的道德情境时，个人从他人、自我、利弊以及社会规范等多方面考虑所做的价值判断。

柯尔伯格在 1969 年出版了《道德思想与行动发展分期》一书，提出了著名的三水平六阶段道德发展理论(表 6-4)。[①]

图 6-1　柯尔伯格

表 6-4　柯尔伯格的道德发展阶段论

时期	发展阶段	心理特征
前习俗道德水平 (9 岁以下)	①避免惩罚、服从取向	只从表面看行为后果的好坏。盲目服从权威，旨在逃避惩罚。
	②相对功利取向	只按行为后果是否带来需求的满足来判断行为的好坏。
习俗道德水平 (9～15 岁)	③寻求认可取向	寻求别人认可，凡是成人赞赏的，自己就认为是对的。
	④遵守法规取向	遵守社会规范，认定规范中所定的事项是不能改变的。
后习俗道德水平 (16 岁以后)	⑤社会法制取向	了解行为规范是为维持社会秩序而经大众同意建立的。只要达成共识，社会规范是可以改变的。
	⑥普遍伦理取向	道德判断以个人的伦理观念为基础。个人的伦理观念用于判断是非时，具有一致性与普遍性。

柯尔伯格的道德认知发展理论得出了人类道德认识发展遵循由他律到自律的原则。这一原则的教育启示是，要想促进幼儿的道德发展，就要先教他们遵守既定的行为规范，从适当的行为开始培养。由于幼儿的道德认知是"告知"的，而非"自知"的，因此，对幼儿来说，为其订立明确可行的行为习惯与道德规范是非常必要的。

---

① Kohlberg L，"Stage and Sequence：The Cognitive Developmental Approach to Socialization," in *Handbook of Socialization Theory and Research*，Goslin D，Chicago，Rand McNally，1969，p. 376.

二、群体社会化发展理论

1983年，马考比和马丁在回顾有关父母对儿童影响的大量文献后，得出结论：亲兄弟姐妹或收养子女虽都在同一家庭条件下被抚育长大，却没有发展出相同的个性。他们认为，这些结果在很大程度上表明，父母给予孩子的生理环境及对家庭中每个孩子而言都相同的父母特征，对孩子的影响是微乎其微的。因此，父母的行为对孩子没有什么影响，或者说在同一家庭中，父母对每个孩子产生影响的方面也是十分不同的。

美国心理学家哈里斯受其启发，通过研究提出了群体社会化发展理论（group socialization theory），认为儿童社会化主要是在群体中实现的。[1][2][3] 1995年，她在美国的《心理学评论》上发表了《儿童的环境在哪里——群体社会化发展理论》，首次提出了群体社会化理论，否认家庭环境影响的绝对重要性；1998年，哈里斯又出版了《教养的迷思》一书，批评和否定了父母对儿童的成长有决定性作用，更为详尽地论述了群体社会化理论。

图6-2表示儿童能从很多途径学习文化知识和行为，传递是从个体向个体进行的，图6-3表示传递是从群体向群体进行的（群体社会化发展理论）。一个心理群体对其成员心理有重要意义，他们通过社会比较而紧密联系在一起，遵从同样的准则与道德。他们从群体中得出所谓正确的行为、标准、信仰等，群体对他们的态度与行为有很大影响。可以说，这个定义也是对社会化较好的描述。

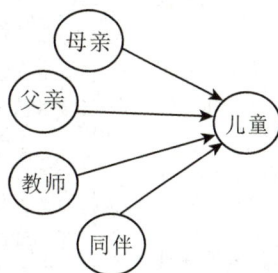

图6-2 儿童从很多途径学习文化知识和行为

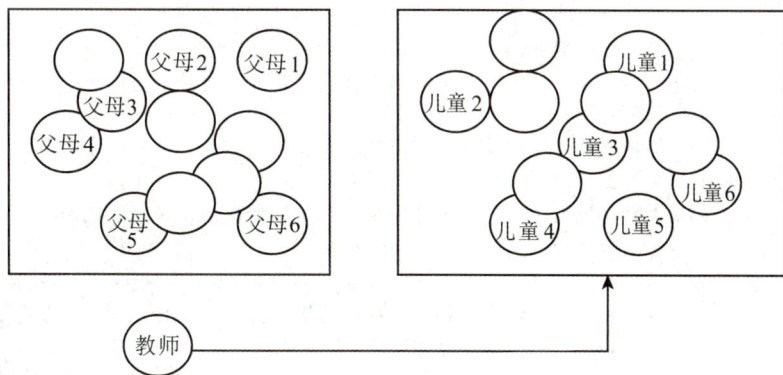

图6-3 传递是从群体向群体进行的

---

① Harris J R，"Where is the Child's Environment？A Group Socialization Theory of Development，" *Psychological Review*，1995，102(3)，pp. 458-489.

② Harris J R，*The Nurture Assumption：Why Children Turn Out the Way They Do*，New York，Free Press，1998，pp. 168-171.

③ Harris J R，"Socialization，Personality Development，and the Child's Environments：Comment on Vandell，" *Developmental Psychology*，2000(36)，pp. 711-723.

　　哈里斯通过研究发现，幼儿是独立地习得家庭内和家庭外行为的。家庭外的社会化发生在童年期和青春期的同伴群体中。根据这两个假设，群体社会化发展理论认为，家庭环境对儿童心理特征没有长期影响，对儿童留下明显长远影响的是他们与同伴共享的环境。很多心理学家发现，尽管父母对待孩子的方式千差万别，多数儿童最后还是得到了健康成长。儿童之所以能健康成长，是因为无论在什么社会，对儿童有重要而深远影响的环境主要不是家庭，而是儿童的游戏群体。正如非洲的谚语："是村庄养育了孩子。"在一个村里，总是有一个儿童群体的，正是这个相同的群体养育了儿童(表 6-5)。

表 6-5　群体社会化的理论假设①

成分	假设
特定条件下的社会化和个性发展	①孩子单独地习得在家庭内外如何做。 ②个性包括先天部分及后天习得的特定情境下的行为系统。 ③当孩子成长时，家庭外行为系统逐步取代、超越家庭内行为系统，并最终成为个性的一部分。
家庭外的社会化源泉	①受进化影响，动物天生是群居的。 ②人可以对一个以上群体感到认同。在特定条件下群体认同感会十分突出。 ③家庭之外孩子认同的群体是同伴群体，他们有相同的年龄、性别、种族、青春期、兴趣、能力等特征。 ④认同一个群体应遵从其准则与行为规则，这使得群体成员不断同化。
以群体发展来传递文化	①父母并不直接向子女传递文化。文化是从父母群体(及其他文化来源)传到同伴群体的。 ②只有在被群体多数人接受的条件下，孩子才会把从家中习得的行为传递给同伴群体。来自特殊家庭的儿童不会把家中的行为教给同伴。 ③孩子在扬弃成人文化和创造自己新文化的同时，形成了他们自己的群体文化。在儿童期，不同年龄儿童可能经历几种不同的自己创造的群体文化。
加大组间差异的群体间发展	①群体内友好与群体外敌对的现象来自不同的进化机制，人与动物均存在这些现象。 ②人类的群体内友好与群体外敌对产生了群体对比效应，从而扩大了原本也许并不大的组间差异。
组间个体差异的发展进程	①在所有动物群体中，均有不同的等级地位，对人类而言，持续存在的定位不同会对个性发展有长期影响。 ②同伴间的比较使孩子知道自己的长处和短处，也使每个孩子在同伴中都有一个相对的定位。

续表

成分	假设
同化与异化	①当群体认同突出时，组内同化与组间比较最容易产生。当有其他群体存在时，群体认同感最强烈。 ②群体内同化与群体外异化并不相互排斥。孩子们在某些方面会与同伴更接近（社会化），同时又在另一些方面与同伴更有区别。

(一)同伴群体内的同化与异化

由于进化的作用，人类倾向于加入和适应一个群体。在任何文化和社会形态中都存在儿童的游戏群体。家庭外的社会化就发生在同伴群体之中。在同一群体中，并存着同化和异化两种现象，它们共同影响着幼儿人格的发展。

模仿同伴榜样贯穿于整个儿童期和青少年时期，进入幼儿园后，儿童倾向于在穿着、言谈、举止等方面与同伴群体保持一致。群体认同多数成员认同的规则，一旦某个成员不遵守这种群体规则，他就会受到严厉的"制裁"，直到他"改正"为止。这种因同伴群体的强制作用而产生的行为一致性对人格发展有长期的影响。正是这些同化现象使得同一群体的幼儿逐渐相似。

由于异化的作用，群体成员也会有不同的特性。群体成员也可能倾向于把自己看作一个独立的个体而非相似的成员，这时则会发生异化。在群体中，幼儿由于人缘不同，会有不同的角色定位，这种群体内角色定位的差异会对幼儿人格发展产生深远的影响，如不受欢迎的幼儿通常自尊心弱。与此同时，同一群体中的幼儿通过社会比较，能提供关于自己优势或弱势的信息，从而明确自己在群体中的角色，这种社会比较，加大了成员之间的个体差异，并对幼儿后来的发展有重要的影响。

(二)文化通过群体传递

幼儿的社会化主要通过文化的传递机制进行。根据群体社会化发展理论，幼儿向父母学习了一些东西，但不一定是通过自己的父母，而可能是通过父母同辈群体。正如幼儿之间相互影响一样，成人之间也相互影响，尤其是关于孩子的教养方式，社会经济水平、种族或邻里关系相同的妇女容易结成同辈群体。由这些父母教养的孩子，往往上同一所幼儿园，可能受到同样的价值观和抚育方式的影响。因此，幼儿在家庭中习得的大部分行为和态度也会被群体中其他儿童习得。根据同化现象，同一群体中多数成员共有的行为习惯会被整个群体接受，来自非典型家庭的幼儿则不会把在家中学习到的行为传递到同伴群体中。也就是说，对儿童个体来说，文化传递要经过同伴群体的过滤。

总之，同伴群体是儿童社会化的主要环境因素。遭到同伴排斥会对儿童产生严重的负面影响。和父母缺失相比，同伴缺失的危害可能更严重而持久。哈里斯以发生在科罗拉多州一个小镇上的事件为例，两个男孩带枪闯进校园，击毙12人之后开枪自杀。在这种情况下，孩子的父母成了众矢之的，但这个案例的父母和其他大多数类似案例的父母一样，没有任何证据说明他们做错了，这两个男孩的父母都是负责任、有爱心的。哈里斯深信这事与男孩们在学校的经历有很大关联，他们在学校中受到同伴的排斥，被视为外人。

哈里斯颠覆了传统的教育观念，否定了父母在儿童社会化中的绝对影响，认为社会化主要在同伴群体中完成，儿童将来成为什么样的人，往往是父母无力控制的。群体社会化发展理论为哈里斯赢得了声誉，哈里斯获美国心理学会乔治·米勒奖(George A Miller)，《教养的迷思》一书获得了《纽约时报》非小说类好书奖。当然，其理论也招致很多非议和批评，甚至被视为"异端邪说"。但无论如何，群体社会化发展理论为我们研究幼儿的社会性学习提供了新的视角，引起了教师对同伴群体的关注与重视。

三、幼儿社会性教育的原则

庞丽娟根据幼儿社会性学习的特点，以及社会性教育培养的实验研究，指出了如下有效原则。[①]

(一)情感支持性原则

教师在与幼儿的日常交往中，要积极地建立双向接纳和爱的情感联系，并在教育过程中有意识地以积极的社会性情感感染、激发幼儿的社会性情感。

社会性教育与认知教育有很大不同。在认知教育中，幼儿接受知识、认识事物现象的效果，更多取决于知识的正确性及其是否有趣、有吸引力。但在社会性教育中，教师对幼儿行为的指导、情感的培养、价值观念的教导等，如果离开了幼儿与教师间的积极情感互动，则几乎不可能有良好的教育效果。师生间的积极关系，教师在教育过程中积极的情感投入，既为幼儿的社会性发展提供了良好的心理背景，也为教育、指导提供了良好的基础。

情感支持性原则的核心内容包括以下两个方面。

1. 建立接纳与关心的情感联系

在幼儿园中，教师是幼儿最主要的交往对象。教师对幼儿的基本情感态度和倾向对幼儿社会性教育效果至关重要。

首先，教师必须爱幼儿。不管幼儿是否聪明、机灵、乖巧、招人喜欢，教师在与幼儿交往时都必须持有温暖、亲切、关心、慈爱的态度，给幼儿以安全感和亲近感。这将使幼儿情绪积极愉快，乐于与教师接近、交流，也更愿意接受教师的教导。

其次，教师应积极接纳、尊重幼儿。教师在与幼儿的接触中，要通过对幼儿的关注、微笑、点头、肯定性手势、身体接触(如抚摸、拍头)和鼓励性言语(如表扬、赞赏)等，使幼儿有一种充分的被重视感和被尊重感，并有一种充分的被接纳感，感受到自己为教师所喜爱和接纳，使幼儿与教师的相互作用在温馨、和谐的气氛中

[①] 庞丽娟：《儿童社会性教育(录像)》，北京，北京师范大学出版社，1999。

发生。

最后，教师应对幼儿持有理解、支持的情感态度。幼儿年龄较小，难免能力弱，行为夸张，甚至常常好心办坏事。对此，教师必须坚持理解、鼓励、支持的原则，积极肯定和鼓励幼儿，不仅要给幼儿以具体方法、策略上的支持，更要给予情感、心理上的支持，给幼儿努力克服困难、行为进步的动机与力量。

2. 积极的情感投入和情感激发

要培养幼儿积极、良好的社会性情感和行为，教师不仅应当在教育活动和日常生活中以积极、温暖、友善的态度对待幼儿，还应有意识地在教育过程中积极投入自己的情感，以此感染、带动幼儿，对幼儿的行为产生深刻影响。例如，张老师因地上有水不小心滑倒了，虽并无大碍，但看得出她摔得有些疼痛。这时，一群幼儿经过，他们或旁观，或看看便走开，或愣着不知所措，或哈哈大笑地说："真好玩，老师那么大了，还摔跤。"这时王老师看见了，马上急切地冲了过去，查看张老师哪里摔疼了，焦急、关切地询问："张老师，你怎么样？哪儿不舒服？"在确认张老师并无大碍后，王老师向张老师眨了眨眼，接着转过头对幼儿们说："张老师摔得那么难受，该怎么办？"在老师的真情感染、带动下，幼儿们逐渐地参与进来，他们有的从教室里找来了急救箱，有的给张老师扇风通气……王老师的真情投入，感染、激发了幼儿们的善良情感，使其行为发生了很大的变化，他们在积极的投入、参与中受到了一次深刻的教育。

（二）行为实践原则

教师在幼儿社会性教育中，不仅要重视向幼儿传递社会认知观念、技能、知识，而且必须为幼儿提供大量实践的机会，并对其行为实践进行指导。

对幼儿进行社会性教育时，教师不仅要使幼儿逐渐掌握积极的社会性认知和情感，更重要的是要让他们在实际的生活、活动中把相应的观念、认识、情感变为行动，尤其是能在以后相应的情境中自觉做出适宜的社会行为。如果仅仅注重幼儿认知上的教育，而缺乏情感上的打动，或行为上的实际锻炼、实践，则会导致幼儿在社会性发展上的言行不一，认知和行为严重脱节。

因此，教师要给幼儿提供大量的行为实践的机会。只有在实际的生活、活动过程中，幼儿才能进行社会知识经验、行为规则具体学习的实践，并将与规范和自己行为有关的社会知识转化为实际行动，通过实践逐渐养成习惯，内化为一种品质。

行为实践还意味着教师应当避免看见幼儿产生什么问题就不加区别地包办处理，而应当有意识地把有教育意义的问题展现给幼儿自己，让他们有机会协商、讨论，并在教师的引导下自己解决问题。例如，在发生拥挤，解决幼儿间的抢夺或帮助某些幼儿解决困难时，教师不一定要利用自己的权威和指令来处理这些问题，可以有意识地将这些问题摆到幼儿面前，让幼儿尝试用自己所学的社会知识、行为规范，具有的本领、能力，来分析讨论、商量解决这些问题。为此，教师既要充分意识到在每日生活中发生的各种事件，哪怕是一件小事的教育意义，又要相信幼儿的潜力，锻炼幼儿的能力。

此外，应当特别注意引导、帮助幼儿将其在特定教育活动或情境中学到的认知、行为迁移到更广泛的日常生活情境中去。这一点非常重要。因为幼儿通常很少主动地将其在某一教育活动或情境中学得的认知、行为推广、迁移到其他相应场合。例如，在教师对幼儿进行了小朋友摔倒后应予以帮助的教育之后，有的幼儿就只会在本班或基本相同的情境下做出帮助行为，而不能在其他场合(如院子里、马路上看见其他班小朋友，不认识的弟弟、妹妹、老人摔倒了)助人。社会性教育的目的是使幼儿能够在不同的时间、地点、人物、情境等条件下，只要他人需要帮助，都能表现出同类的行为，而非局限于特定的情境，即要让助人行为成为幼儿行为习惯的一部分，成为幼儿一种内化了的行为品质。

(三)榜样作用原则

教师要通过自身行为及幼儿行为向全体幼儿提供行为范例，影响幼儿的社会性学习与发展。

根据社会交往理论和班杜拉的观察学习理论，幼儿对其周围人物言行的有意或无意模仿是其社会化中很重要的学习方式与过程。越是在个体发展早期，榜样的影响作用越大。幼儿的模仿对象非常广泛，包括日常生活中经常交往的教师、同伴和自己的父母等。作为幼儿的榜样，教师、家长等的积极的社会行为会促进幼儿适宜的社会行为的形成。

1. 教师应当非常重视自身对幼儿的榜样作用

由于教师作为幼儿园中幼儿最主要的交往者与教育者，加之在幼儿心目中的权威地位，教师是幼儿模仿的重要对象。教师从观念、价值选择到言行举止，从心理行为特征到外表着装特征等无时无刻不在潜移默化、有力地影响着幼儿。教师自身的社会认知，对事对物的看法、对工作的态度及为人处世的态度，都可能深刻影响到幼儿社会性发展的性质和水平。教师如何处理自己的人际关系，如何对待同事和幼儿的行为，常常成为幼儿对待他人的行为反应的基础。教师待人亲切友善、热心助人，无形中为幼儿树立了正面榜样。

2. 教师对待他人与幼儿的情感态度是其榜样作用的重要部分

集体教育机构中的教师，与幼儿的相互作用都不是单一、独立地存在的，教师对某一幼儿的情感态度都会直接影响到周围的幼儿。对一名幼儿的关心、体贴不仅温暖了这一名幼儿的心，也将带动其他幼儿产生类似行为；而类似冷漠、训斥的态度不仅使其他幼儿感到害怕、惊吓，而且使其习得消极行为，非常不利于幼儿社会情感和行为的发展。

3. 幼儿同伴间的影响日益增大

在幼儿园每日的生活中，幼儿主要的交往对象是两类人：教师和同龄伙伴。同伴的一言一行同样成为幼儿观察、学习的对象，同样极大地影响着幼儿的社会行为。随着幼儿年龄的增长，其认同与期望接纳的心理越来越强，同伴对幼儿社会性的作用日益增大。同时，同龄伙伴的榜样及榜样行为也使幼儿感到贴近，易于理解和模仿学习。许多研究发现，交往频率高的幼儿间行为相似性更大，这有力说明了同伴对幼儿社会行为的影响。因此，教师必须注意观察、了解幼儿间的同伴交往及其行为，关注其交往中的事件及一言一行，及时、有意地为幼儿树立积极的行为榜样以供幼儿学习，及早意识到可能发生的问题以避免消极行为的模仿。

（四）一致性原则

1. 教师自身态度的一致性

教师应力求自己态度前后一致。教师如果对同一种行为的要求经常前后不能保持一致，不仅会让幼儿感到迷惑，无所适从，而且会使得正确或适宜的行为得不到应有的强化，消极行为得不到有效的抑制。教师的要求和态度前后不一致，更可能使幼儿潜在地"感到"可循可不循。这样，在幼儿中就难以形成自觉、系统的良好社会性行为。

2. 幼儿园园内教师间的一致性

幼儿园园长、各班带班和配班教师以及其他各类工作人员，在对待幼儿的社会性发展上都应持有一致的观念、态度和行为。幼儿园就是一个小环境，不同的工作人员实际上都对幼儿产生了意想不到的、潜在而深刻的影响。因此，一个班里两位带班教师之间、带班教师与配班教师之间的一致性是至关重要的。如果一个教师重视幼儿社会性的培养，而另一个教师不重视因而也不予积极配合，甚至在自己与幼儿的交往、教育中对幼儿存在相反、消极的影响，这将直接影响到该班幼儿社会性的整体发展水平与状况。

3. 家园一致性

社会性发展是幼儿所面临的各种社会环境综合效应的结果，其发展的性质、水平、特点不仅受幼儿园各方面的影响，同时取决于幼儿的家庭环境，父母的教育观、教育态度以及行为方式等，取决于幼儿园教育和家庭教育的共同一致性。但在教育实践中，家庭教育和幼儿园教育常常存在不一致甚至很大差异，由于缺少沟通、协调等，二者间还可能存在某些抵触。尽管教师对幼儿在分享、合作、谦让、自制等方面有大量的教育和指导，但是一些家长却教孩子在幼儿园任意拿取玩具、独占玩具，在家放任孩子为所欲为；在幼儿园，教师对幼儿进行友爱、善良的教育，而有的家长却让孩子不能示弱或吃亏，"他打你，你就打他"。类似这些家园教育不一致的现象，在相当大程度上削弱乃至抵消了教师在幼儿社会性发展上所做的努力，使教师的教育培养起不到应有的积极作用。因此，家庭与幼儿园等教育机构在幼儿社会性发展上的指导与要求必须保持一致，这对幼儿社会性的健康、良好发展是极为重要的。

（五）随机教育原则

教师在幼儿日常生活、交往中要随时随地抓住一定的时间或时机对幼儿进行即时教育。换句话说，就是要充分利用幼儿日常生活、游戏、活动、交往中存在的偶发事件、情境中的教育机会，以发挥其潜在的教育意义。

随机教育是幼儿教育必不可少的重要组成部分，在幼儿社会性教育中尤其具有特殊重要性。因为幼儿社会性发展是一种特殊的发展，它不同于某一方面认知的发展或知识的获得，不可能仅仅通过几次专门的教育活动就能实现。幼儿社会性的积极发展或消极变化甚至倒退，随时都有可能由于受到社会环境的影响而发生。社会性发展是一个长期的、连续不断的过程。

首先，教师必须认识到随机教育不是一种"捎带"教育，更不是可有可无的，而是渗透、延伸到日常生活中去的，是完整教育过程必不可少的部分。随机教育是在生活中随机发生和进行的，但在教师的观念中必须有明确的教育目的和意识，是为实现幼儿社会性教育目标、内容及根据本班幼儿实际情况而有目的、有意识、有选择地进行的，绝不是"顺带"教育或"随便"教育，更不是在处理儿童行为问题时顺带、随便地说两句。

其次，教师必须做一个善于发现教育时机的有心人，善于捕捉教育机会，甚至为加强和实现对幼儿的社会性教育，主动积极地寻找和创造教育机会。这样既对教师的敬业爱岗、责任心、爱心提出了新的要求，同时要求教师在教育过程中保持对幼儿活动、行为及周围环境的敏感性，随时注意观察和了解，以随时发现、及时把握教育契机，进行有针对性、及时有效的教育。

最后，教师要有随机教育策略与方法的意识。既然随机教育是幼儿教育的一部分，也是有目的、有意识的教育过程，教师就必须有随机教育中的策略和方法意识，注意方式方法。在随机教育中，教师必须充分发挥自己的主导作用，通过提问、话语、表情等引导幼儿积极参与到情境、事件中，启发和引导幼儿展开思考、分析、讨论，对幼儿的积极行为及周围的良好现象进行适时、恰当的正强化，对幼儿的消极行为及周围环境中的不良现象进行及时的干预与矫正，以充分发挥随机教育在幼儿社会性教育上的积极作用。

第五节　幼儿社会行为的评定

在评价幼儿社会性学习与发展时，通常要对其社会行为进行评定，即评定幼儿在与人交往、适应社会中表现出的行为。幼儿社会行为问题的测量工具主要有康氏儿童行为量表和阿肯巴克儿童行为量表。

一、康氏儿童行为量表

康氏(Conners)儿童行为量表包括父母症状问卷(PSQ)和教师评定量表(TRS)。该量表在美国已广泛应用于行为科学、儿童精神病学及儿童神经病学等领域。父母症状问卷共有48个需要父母回答的问题。使用前首先向父母解释问卷的使用方法，要求对每一个问题都要如实、准确地填写。每个项目(问题)均采用四级记分："完全没有"(记

0分），"有一点"（记1分），"问题较严重或经常出现"（记2分），"很严重"（记3分）。

父母症状问卷经过因素分析处理可测出6个方面的问题：品行障碍、学习问题、心身问题、冲动—多动、焦虑、多动指数。6个分量表各有自己的项目，如多动指数与问题4、7、11、13、14、25、31、33、37、38有关，焦虑与问题12、16、24、47有关，学习问题与问题10、25、31、37有关。用量表各有关问题得分的总和除以问题的数目，结果即为各有关分量表的得分。例如，多动指数与上述10个问题有关。10个问题的总分除以10，即为幼儿的多动指数。根据统计研究，多动指数平均分高于1.5即提示注意缺陷多动障碍。

教师评定量表（见附录6-1）共设28个问题，各问题的记分同样分为0、1、2、3四个分级。经因素分析，该量表可分为5个方面的问题：攻击行为、注意力不集中、焦虑、多动、人际关系（社会—合作）。较为重要的多动与问题1、5、7、8、10、11、14、15、21、26有关，多动指数的计算方法同父母症状问卷，如指数高于1.5，即提示有多动的可能。

二、阿肯巴克儿童行为量表

阿肯巴克儿童行为量表（Achenbach child behavior checklist，CBCL）也是西方国家常用行为量表（见附录6-2），分两大部分。第一部分有七大项目，归为3个主要分量表；第二部分有113个项目，经因素分析归为9方面的内容。该量表适用于测查4～16岁儿童的社会能力和行为问题，由家长根据孩子半年内的情况做出分级评定。该表所测查的社会能力主要包含儿童的体育运动能力、社会交往情况和在校学习状况，行为问题包括的因子范围较广，有抑郁、交往不良、强迫倾向、社会交往退缩、多动等。不同年龄和性别的儿童在因子的数量和名称上有所不同。

中南大学湘雅医学院精神卫生系儿童精神医学教研室的苏林雁、李雪荣、万国斌、杨志伟、罗学荣等对该量表进行了标准化，制定了湖南地区的常模。其信度、效度检测的结果认为6～16岁儿童的常模适用于我国儿童，4～5岁儿童常模的信度、效度不够理想，应该慎用。

📖 思考题

1. 请运用同伴提名法分析某班幼儿的同伴交往类型，并说明如何改善被忽略型与被拒绝型幼儿的同伴交往状况。

2. 你是如何理解群体社会化发展理论的？请对这一理论进行评述。

附录6-1 康氏教师用儿童行为问卷（教师评定量表）

	0	1	2	3
1. 坐立不安 2. 不应出声时出声				

	0	1	2	3
3. 想要什么应立即满足				
4. 自以为聪明(无礼、顶嘴)				
5. 常发脾气、行为不可捉摸				
6. 对批评过分敏感				
7. 易分心,注意力不持久				
8. 扰乱其他同学				
9. 好幻想、做白日梦				
10. 常常生气、板脸				
11. 情绪变化迅速、剧烈				
12. 好争吵				
13. 对权威很顺从				
14. 活动过多,一刻不停				
15. 容易兴奋、冲动				
16. 过分要求教师关注				
17. 明显地不受同学欢迎				
18. 易于受其他同学领导				
19. 游戏时不公平,不守规则				
20. 缺乏领导才能				
21. 做事有头无尾				
22. 幼稚、不成熟				
23. 不肯认错,总怪别人				
24. 不能和其他孩子和睦相处				
25. 与同学不合作				
26. 做事易灰心				
27. 与老师不能合作				
28. 学习有困难				

附录 6-2　阿肯巴克儿童行为量表(摘选)

第一部分　一般项目(略)

儿童姓名:〔　　　〕　　　父亲职业:〔　　　〕

性　　别:〔　　　〕　　　母亲职业:〔　　　〕

年　　龄:〔　　　〕　　　填 表 者:〔　　　〕

出生日期:〔　　　〕　　　填表日期:〔　　　〕

说明:

1. 父母职业请填具体,如车工、鞋店售货员、主妇等。

2. 填表者代码:1=父亲,2=母亲,3=其他人。

第二部分　社 会 能 力

请仔细阅读每个句子所描述的行为,根据您的孩子近半年的表现,对其情况进行评定，将所选答案、数字或字母写在[　　　]内。

Ⅰ.(1)请选出孩子最喜爱的体育运动项目(如游泳、棒球等)的数量：[　　　]

A. 无爱好　　　　B. 一种爱好　　　　C. 两种爱好　　　　D. 三种或三种以上

(2)与同龄儿童相比，他(她)在这些项目上花去多少时间？[　　　]

A. 不知道　　　　B. 较少　　　　　　C. 一般　　　　　　D. 较多

(3)与同龄儿童相比，他(她)的运动水平如何？[　　　]

A. 不知道　　　　B. 较低　　　　　　C. 一般　　　　　　D. 较高

Ⅱ.(1)请选出他(她)在体育运动以外的爱好(如集邮、看书、弹琴等，不包括看电视)的数量：[　　　]

A. 无爱好　　　　　B. 一种爱好　　　　C. 两种爱好　　　　D. 三种或三种以上

(2)与同龄儿童相比，他(她)在这些项目上花去多少时间？[　　　]

A. 不知道　　　　B. 较少　　　　　　C. 一般　　　　　　D. 较多

(3)与同龄儿童相比，他(她)的爱好水平如何？[　　　]

A. 不知道　　　　B. 较低　　　　　　C. 一般　　　　　　D. 较高

第三部分　行为问题

请根据最近半年内的情况对您的孩子进行评定。请将所选答案的数字写在各题号后的[　　　]内。

1＝没有此表现，2＝偶尔有此表现，3＝明显或经常有此表现。

1.[　　]行为幼稚与其年龄不符。

2.[　　]过敏性症状。

3.[　　]喜欢争论。

4.[　　]哮喘病。

5.[　　]举动像异性。

6.[　　]随地大便。

7.[　　]喜欢吹牛或自夸。

8.[　　]精神不能集中，注意力不能持久。

9.[　　]老是想着某些事情，不能摆脱，强迫观念(说明内容[　　　])。

10.[　　]坐立不安，活动过多。

11.[　　]喜欢缠着大人或过分依赖。

12.[　　]常说感到寂寞。

13.[　　]糊里糊涂，如在云雾中。

14.[　　]常常哭叫。

15.[　　]虐待动物。

第七章 幼儿的创造性学习与培养

本章提要▶

- 什么是创造性，什么是创造性学习
- 幼儿创造性学习有哪些特点
- 哪些因素影响幼儿的创造性学习
- 如何培养幼儿的创造性

重视幼儿创造性学习与培养是早期教育的重要趋势。本章探讨幼儿创造性的内涵、表现、特征及其测量，分析影响幼儿创造性学习的各种因素，并在此基础上提出促进幼儿创造性学习的主要方法。

案例 7-1

有没有必要公开展示个别小组的新创意?

这段时间，我们开展了有关"桥"的主题活动。一组的公路桥造好了。一组的洋洋突发奇想，把白色的双面胶带粘在桥面上，用来做车道标志线。老师对一组的创意十分赞赏，在总结活动中公开展示了他们的作品，其他幼儿都对他们投以美慕的眼光。

原以为公开展示一个好的创意能激发出更多更好的创意，但没有想到……二组明明造的是人行天桥，却也莫名其妙地加上了标志线；而三组原来已经画了一半的桥面也中途停工，改用双面胶带贴桥面了……

于是，我们开始反思，究竟怎样才能培养幼儿的创造性?

第一节 幼儿创造性概述

创造性是儿童的一种重要能力，也是时代发展对人才素质的要求。创造性并不是什么神秘的天赋特性，它是每个健康儿童都具有的内在心理能力。早在 1943 年，陶行知先生就在《新华日报》上发表了《创造宣言》，提出"处处是创造之地，天天是创造之时，人人是创造之人"的主张。

一、创造性的含义

自从吉尔福特(Guilford，1897—1987)1950 年就任美国心理学会主席时发表题为《创造性》的著名演说以来，创造性研究受到了各国心理学者的关注。由于学者们各自的理解不同，对创造性的定义有百余种。倡导创造性研究的吉尔福特认为创造性包括：

①对问题的敏感度，即容易接受新事物，发现新问题的能力；

②流畅性，即思维敏捷、反应迅速，对于特定的问题情境能顺利提出多种反应或答案；

③灵活性，即具有较强的应变能力和适应性，具有灵活改变定式的能力，能自由联想；

④独创性，即产生新的、不同寻常思想的能力，表现为产生新奇、罕见、首创的观念和成就；

⑤再确定性，即善于采用特定事物的多种使用方法和机制的能力；

⑥洞察力，即能通过事物表面现象，认清其内在含义、特性或多样性的能力，进行意义变换的能力。

对于创造性的定义，目前还是众说纷纭。有学者综合许多创造性定义，发表题为《创造性是瞎子摸象》的报告，指出创造性概念有其复杂与不明确性。不同学派心理学者的视角各不相同，于是产生了对创造性的不同解读。

联想主义心理学认为，创造性思维过程是指在有关因素之间形成新奇的联结，被联结的因素相互之间距离越是遥远，那么这种思维过程就越具有创造性。格式塔心理学强调内在"心理场"在个体问题解决中的作用，认为创造性思维就是重新组织问题，使其形成新的完形的过程。精神分析心理学则主张创造性思维的本质在于暂时放弃那种阻塞思路，妨碍形成新的解决问题办法的逻辑的、理性的思维。他们重视"潜意识"以及"与内驱力有关的冲动和观念"在创造性思维中的作用。人本主义心理学认为，创造性不仅是一种独特的思维过程，而且与个性因素密切相关，尤其与"对经验的敏感性"和"不轻信原理和概念"的品质有关。

有学者认为，创造性是一种行为表现，而且该行为表现的结果往往比较新奇，还富有价值，创造是不受成规限制而能灵活运用经验以解决问题的思考能力。还有学者认为，创造性是指个体在支持的环境下，结合敏觉、流畅、独创、精进的特性，通过思考的历程，对事物产生分歧性的观点，赋予事物独特、新颖的意义，其结果不但使自己也使别人获得满足。[1]

虽然上述观点是从不同角度出发的，但都主张创造性是超越普通逻辑推理的一种复杂的心理活动。我们将幼儿创造性界定为幼儿根据一定的目的或意愿，在已有知识经验的基础上，用新颖、独特的方法产生具有个人价值的产品的心理品质。

创造性研究大体上经历了四个阶段。[2]

第一阶段(约1869—1907年)。1869年，英国学者高尔顿(Galton)出版了《遗传与天才》一书，公布了他所研究的977名天才人物的思维特征，该书是国际上研究创造性的第一部文献。这一阶段出版或发表的文献，大多从理论上进行探讨，并对"创造性"的"先天"与"后天"关系问题展开辩论。这一阶段尚缺乏实验研究。

第二阶段(约1908—1930年)。心理学家把创造性划入"人格心理学"，对创造性进行个性心理分析。该阶段的主要特点是，采用传记、哲学思辨的方法研究文艺创作中的创造性，并将这种创造性作为人格或个性的表现。

第三阶段(约1931—1950年)。心理学家们开始研究创造性的认知结构和思维方法。

第四阶段(约1951—1970年)。此阶段以吉尔福特在美国心理学会年会的一次题为《创造性》的演讲为起点。他指出，以往对创造性研究太少，需要加强相关的研究。1957年苏联人造卫星上天，成为刺激美国加强创造性研究的一种动力。

二、幼儿创造性的表现

有学者认为，对成人来说，创造性是指成人形成了有创意的想法，制作了有创造力的作品，对幼儿来说则应关注其创造性的过程[3]，而不是创造性的结果。例如，幼儿拿着一根小木棒东敲敲，西碰碰；把积木推倒重新建构一个物体；拿着玩具在沙堆里挖"地道"，做"蛋糕"；幼儿商量以另一种方式开展游戏，共同去探索水的三态、风的形成、种子的生长。这些活动在有些成人看来并没有什么发现与成果，但对幼儿来说，其意义却很大。这些看似简单的活动丰富了幼儿的感知，发展了幼儿的创造性思维。

与成人侧重创造成果的创造性不同，幼儿的创造性就是幼儿回忆过去的经验，并对这些经验进行选择、重新组合，加工成新模式、新思路或新作品的过程。幼儿创造就是运用自我表现材料，进行想象游戏，解决问题或想出新结论的能力。例如，小班的幼儿常常会问老师"蚊子有几条腿？""苍蝇为什么在天花板上不掉下来？"等，这些问题就是幼儿创造性的反映。

---

[1] 陈龙安：《创造思考教学的策略》，38页，北京，科学技术文献出版社，2002。

[2] 央视国际：《林崇德：创造性人才 创造性教育 创造性学习》，http://www.cctv.com/education/20041208/100577.shtml，2021-06-21。

[3] Barron F, David M & Harrington, "Creativity, Intelligence, and Personality," *Annual Review of Psychology*, 1981, 32, pp.439-476.

费什金在研究中指出，幼儿的创造性是一种萌芽的创造力。[①] 由于幼儿期思维直观形象性的特点，幼儿的这种创造更多是"初级创造"，是"表达式创造和生产式创造"。具体表现在以下方面。

(一)幼儿创造性的前提是了解和接触事物的"心向"

了解和接触事物的"心向"，即具有好奇心是幼儿创造性的重要前提。3～6岁儿童对周围事物有强烈的好奇心，总有问不完的问题。例如，一个小女孩在公共汽车上向父亲提出了几个问题：车子朝前开，树为什么不和我们一起朝前跑，而非要往后跑呢？小孩子吃饭、喝牛奶就能长大，那树吃什么、喝什么才能长大？是不是吃树叶？车子来了，为什么有的人不上车，还要在下面等，车子上人又不多？又如，有位4岁多的幼儿参观了科技馆中的地震馆后问："为什么会地震？""可以叫地不震吗？"这种好奇心，即了解和接触事物的"心向"是创造的巨大动力，是发挥创造力不可缺少的条件。

(二)幼儿创造性就是善于组织自己的"材料"

对幼儿来说，创造性并非要创造一个新奇的产品，而更多表现为能根据相关经验，组织这些经验与材料。例如，幼儿会根据自己的经验摆弄新奇的东西，会拆钟，他会看是什么在推动指针走；拆开玩具按自己的意愿重新组装，或者利用普通材料和各种废弃物制作玩具等。在摆弄操作过程中，幼儿不断组织自己的经验与"材料"，这同样是发挥创造性的过程。

(三)幼儿的创造性突出表现为想象力

爱因斯坦曾经说过，想象力比知识更重要。因为知识是有限的，而想象力概括着世界上的一切，推动进步，并且是知识的源泉。1987年诺贝尔医学奖得主，美国麻省理工学院教授图根加沃(Tongawa)也曾说过，人类原本就拥有发挥创造性的本能。幼儿的创造性在很多时候表现在想象力上。这与其年龄特点有重要关系。3～6岁的幼儿正处于探索周围事物的关键时期，好奇心强，较少受社会文化的影响，如"桌子"在成人看来就是吃饭、看书、写字的地方，但幼儿则会认为它还可以是"藏猫猫"的地方。幼儿的想象力十分丰富，较少受已有知识、经验的制约。

(四)幼儿的创造性常常体现于游戏活动中

游戏是幼儿的天性，游戏蕴藏着幼儿的学习需要和教育契机，幼儿能创造性地反映现实生活，这一点在游戏中体现得最为淋漓尽致，这是由游戏的本质决定的。在游戏活动中，幼儿经常会有创造性的表现。例如，角色扮演游戏就是一种创造性游戏，是幼儿根据自己的生活经验，以想象为中心，主动、创造性地反映周围现实生活的游戏。幼儿的游戏是对周围生活种种现象的再现或模仿，但这种再现或模仿并不是简单地、直接地再现周围生活现象，而是幼儿再造想象、创造想象的结果。

[①] Fishkin Anne S & Johnson Aileen S，"Who Is Creative? Identifying Children's Creative Abilities," *Roeper Review*，1998，21(1)，pp. 40-47.

例如，在一次有关车辆的主题活动中，幼儿说马路上的车型都是方形、梯形的，不好看，"如果有各种形状的车，该多好"。教师立刻对幼儿富有新意的想法表示赞赏，并鼓励幼儿运用已学的技能去进行创造性尝试。果然，一辆辆童趣盎然的动物车在幼儿们手中诞生了：小猫改装成警车，长颈鹿改装成多层车，蚂蚁改装成垃圾车，大象改装成洒水车……各种功用的车辆，都根据动物的不同特征、习性来组装。

第二节　幼儿的创造性学习与测量

一、幼儿创造性学习的特征

前面我们探讨了创造性的定义，下面分析什么是幼儿的创造性学习。创造性学习（creative learning）一词来自"创新学习"（innovative learning）。创新学习的概念最早出现于1979年出版的《学无止境》[*No Limits to Learning*，作者是博特金（James W Botkin），埃尔曼杰拉（Mahdi Elmandjra），马利察（Mircea Malitza）]一书。创新学习与传统的学习方法——维持学习（maintenance learning）相对，维持学习是获得固定的见解、方法、规则以处理已知和再发生的情形的学习。它对于封闭的、固定不变的情形是必不可少的。创新学习是能够引起变化、更新、改组和形成一系列问题的学习，它的主要特点是综合性，适用于开放的环境和系统以及宽广的范围。

维持学习和创新学习的另一区别在于，维持学习要解决的问题来源于科学权威，解决方案容易被公众理解和接受。对创新学习而言，问题解决本身比其被接受更重要，它们在与更大的社会环境整合中获得价值和意义。因此，创新学习的关键目标是在充足的时间内扩大观念的影响范围。

幼儿的创造性学习是指幼儿在学习活动中运用其所具有的创造性人格特征与创造性思维的过程。它强调幼儿在学习中的主体性和能动性，强调自我建构、自我发现在学习中的重要作用。这里，创造性成了学习品质之一，即能够创造。特兰因格在1980年简要地总结了创造性学习的重要性：当教师不在身边时，创造性学习有助于儿童有效地学习；它为解决无法预料的未来的问题创造了可能性；它可以引起生活中的重大变化；它能产生强烈满意感和愉悦感。那么，幼儿的创造性学习有哪些特征呢？

（一）创造性学习强调学习的主动性

首先，幼儿是主动的学习者。教育目标，尤其是创造性教育目标能否实现，要在幼儿的游戏和学习活动中体现出来。在创造性学习目标上，幼儿不仅能获得教师传授的知识，还能对教师所传授的内容进行思考，提出疑问，自主而有选择地吸收。

其次，幼儿是学习活动的主人。儿童学习的积极性是成功学习的基础，当幼儿主动学习、主动认知、主动获取教育内容时，他们就能更好地认识世界，促进自我发展。从一定意义上说，主动学习是创造性学习的基础。教师的教相对于儿童的学是外因，外因必须通过内因才能起作用。幼儿是创造性学习的主人，创造性学习只有在幼儿主动学习的过程中才能实现。

最后，幼儿是探索者和追求者。在创造性学习活动中，幼儿是积极的探索者和追求者。对幼儿来说，学习不只是知识的简单增加，学习的每一部分都会与某种学习经验、知识、文化相互贯穿，并导致其态度、个性、人格及未来选择方向发生变化。例如，有位教师曾记录了这样一则案例：

> 我不由想起上过的一节美术课。那是小班的手指点画——花，当时，我用红颜料在画纸上点了一下，然后问小朋友："这像什么？"孩子们的回答五花八门："这像小花""这像红豆"……而澈澈小朋友的回答却让人惊讶："这是小老鼠的牙齿！""哦？"我当时觉得好笑，就问他："小老鼠的牙齿怎么会是红色的？""那是因为小老鼠偷东西吃，把牙齿硌掉了，所以牙齿上面都是血呀！"我听了真是又惊又喜，是呀，为什么这非得是小花之类的东西？它不可以是孩子们心中生动有趣的故事吗？[①]

只有发挥主体性，创设有助于幼儿自由发挥想象的空间，才能使幼儿的学习更有创造性。

(二)创造性学习离不开学习动机

幼儿的学习水平往往取决于其"爱学"的程度。幼儿的学习活动，是由各种不同的动力因素组成的整个动机系统激发的。其心理因素主要是需要及其各种表现形态，诸如兴趣、爱好、态度、理想和信念等，此外，还有情感因素。从事学习活动，除去有心理上的需要之外，还要有满足这种需要的学习目标。这种学习目标包括学习目的、内容和成果。由于学习目标指引着学习的方向，可把它称为学习的诱因。学习目标同幼儿的需要一起，成为学习动机系统的重要构成因素。

有研究表明，幼儿的创造学习与其兴趣、动机密切相关，见表7-1。

表 7-1 幼儿的创造性与其兴趣、动机相关

组别	项目	图流畅	图独创	数流畅	数独创
超常组	兴趣	0.60***	0.67***	0.49**	0.34*
	动机	0.52**	0.27*	0.48**	0.41*
常态组	兴趣	0.71***	0.70***	0.65***	0.44**
	动机	0.66***	0.58***	0.24*	0.31**

注：* $p<0.05$，** $p<0.01$，*** $p<0.001$。

---

① 薛小玲：《为幼儿创造自由想象的天地》，载《学前教育》，2001(2)。

从表 7-1 可知，幼儿的创造性与其兴趣、动机呈显著相关。

创造性学习来自创造活动的学习动机，因此创造型幼儿的学习动机系统有其独特的地方。在学习兴趣上，创造型幼儿有强烈的好奇心，有旺盛的求知欲，对智力活动有广泛的兴趣，表现出出众的意志品质，能排除外界干扰而长期专注于某个感兴趣的问题；在学习动机上，创造型幼儿对事物的变化机制有深究的动机，渴求找到疑难问题的答案，喜欢找缺点并加以批判，且对自己的直觉能力表示自信；在学习态度上，创造型幼儿对感兴趣的事物愿花大量的时间去探究；在思考问题的范围与领域上，往往不为教师所左右。

(三)创造性学习追求有创意的学习目标

创造性学习的目标主要不是知识与技能的获得，而是在学习过程中提高创造性能力与水平。创造性学习在一定意义上是一种创造性活动。创造性学习的一项重要指标是通过产生创造性产品来体现的。产品是看得见、摸得着、易于把握的。尽管这种产品不必直接得到实际应用，也不见得尽善尽美，但形成创造性产品是创造性学习的重要目标。在学习途径上，创造型幼儿对语词或符号特别敏感，能在与别人的交谈中，利用一切机会捕捉问题、发现问题。

(四)幼儿创造性主要体现为自我表现性创造

创造性有五种主要形式。一是表现性创造，指自发的自由活动，如绘画、写作与游戏表演。二是技术性创造，以熟练精巧为特色，如儿童的动作和操作活动。三是发明性创造，指发明新颖设计或新的组合，如小制作、小发明。四是首创性创造。这种创造更多是一种革新、标新立异，提出新的思维方式。五是杰出的创造，创造出艰深的原理或精深的思想。对于幼儿来说，其创造性学习活动主要是表现性创造，特别是体现在创造性游戏中。表现性创造通常是指幼儿借助想象来表现其创造性。例如，幼儿在朗诵儿歌时还会自己想象出一些动作，而不一定完全按照教师教的动作。又如，日本《超级变变变》电视节目中一名小女孩通过所穿的小背心表现出"富士山"的形状，这就属于表现性创造。

二、幼儿创造性的测量

吉尔福特认为创造性思维有三个主要特点：流畅性、独创性和灵活性。思维的流畅性是指在限定时间内产生观念数量的多少。思维的灵活性是指摒弃以往的习惯思维方法，开创不同方向的能力。思维的独创性，是指产生不寻常的反应和打破常规的能力。这是从创造性思维层面来探讨创造性。还有的研究者从个性角度出发来考查创造性，认为创造性不只是具有创造性思维，还与个体的人格特征，即创造性人格有关。

关于创造性人格，吉尔福特提出了八条：高度的自觉性和独立性；旺盛的求知欲；强烈的好奇心，对事物的运动机制有深究的动机；知识面广，善于观察；工作中讲求条理性、准确性、严格性；丰富的想象力，敏锐的直觉，喜好抽象思维，对智力活动与游戏有广泛的兴趣；富有幽默感，表现出卓越的文艺天赋；意志品质出众，能排除外界干扰，长时间专注于某个感兴趣的问题。

提出创造力三维模型理论的斯滕伯格也非常重视个体的创造性人格，其理论中的第三维即人格特质，由七个因素组成：对含糊的容忍，愿意克服障碍，愿意让自己的观点不断发展，活动受内在动机的驱动，有适度的冒险精神，期望被人认可，愿意为争取再次被认可而努力。可见，要培养和造就创造性人才，不仅要重视培养创造性思维，而且要特别关注创造性人格的训练；不能简单地将创造性视为天赋，应把它着重看作后天培养的结果。根据心理学者的研究，我们介绍一些有关创造性的测量工具。[①]

（一）创造性思维测量

创造性思维测量着重对儿童的创造性思维特点进行测查，通常包括思维的流畅性、变通性、独创性、精密性等方面。

1. 托兰斯创造性思维测验

由托兰斯（Torrance）设计的托兰斯创造性思维测验（Torrance tests of creative thinking，TTCT）是公认的较好的测查儿童创造性思维的工具。该测验编制于 1966 年，是应用广泛的创造力测验，适用于各年龄阶段。托兰斯测验由言语创造性思维测验、图画创造性思维测验以及声音和语词的创造性思维测验构成。这些测验均以游戏的形式组织和呈现，测验过程轻松愉快。言语测验由七个分测验构成。前三个测验是根据一张图画推演而来的，它们分别是：A. 提问题；B. 猜原因；C. 猜后果。后四个测验是：A. 产品改造；B. 非常用途测验；C. 非常问题；D. 假想。图画测验有三个，都是呈现未完成的或抽象的图案，要求被试去完成，使其具有一定的意义。这三个分测验分别是：A. 图画构造；B. 未完成图画；C. 圆圈（或平行线）测验。声音和语词测验的指导语和刺激都用音频形式呈现。它包括两个分测验：A. 音响想象；B. 象声词想象。这三套测验的记分有所不同，言语测验从流畅性、变通性和独创性三方面记分；声音和语词测验只计独创性得分。

2. 南加利福尼亚大学测验

吉尔福特根据 1957 年提出的智力三维结构模型理论，编制了发散思维测验，也称南加利福尼亚大学创造力测验，发表于 1960 年。吉尔福特认为发散思维是创造力的外在表现，他将该测验发展为一套创造力测验。该测验由言语测验和图形测验两部分组成，共 14 个项目。言语部分有 10 个项目：字词流畅、观念流畅、联想流畅、表达流畅、多种用途、解释比喻、效用测验、故事命题、推断结果、职业象征。图形部分包括 4 个项目：作图、略图、火柴问题、装饰。这套包含 14 个分测验的测验适用于初中生。另一套包含 5 个言语分测验和图形分测验的测验适用于初中以下的

---

① 俞国良、曾盼盼：《中小学生创造力的测量和评价》，载《山东教育科研》，2001(Z1)。

儿童。这两套测验都根据被试反应的数量、速度和新颖性，依照记分手册的标准记分。

3. 芝加哥大学创造力测验

该测验是美国芝加哥大学的两位心理学家盖策尔斯和杰克森在 20 世纪 60 年代初编制的，共有 5 项分测验，其中有些源自吉尔福特的创造力测验。这 5 个分测验分别是语词联想、用途测验、隐蔽图形、完成寓言、组成问题。该测验适用于小学高年级至高中阶段学生，可集体施测。其记分标准——反应数量、新奇性、多样性分别对应流畅性、独创性和变通性。

4. 沃利奇-凯根测验

该测验由沃利奇和凯根在 20 世纪 60 年代中期编制，侧重联想方面的发散思维测验，其评价程序主要源自吉尔福特的工作，但有两点不同。其一是测量的内容只限于观念联想的生产性和独创性；其二是施测无时间限制，以游戏形式组织，施测气氛轻松。测验共 5 个项目：3 项是言语的，包括举例、多种用途、找共同点；2 项是图形的，包括模式含义和线条含义。该测验从反应数目和独创性两方面记分，适用于中小学生，1968 年经修订后适用于幼儿。

(二)创造性人格测量

创造性人格测量着重测查儿童是否具有创造性的人格特征，如好奇心强、有鲜明的个性意识倾向、有较强的意志品质、探究兴趣强烈等。

1. 发现才能团体问卷

该问卷是莱姆和戴维斯(Rimm & Davis)于 1980 年研究出来的一种测试方法。其使用和研究范围很广。它包括 3 个年级型，初级型用于一、二年级，基本型用于三、四年级，高级型用于五、六年级。问卷分别由 32、34 和 33 道是非题组成。该测验主要测量小学生的独立性、坚持性、变通性、好奇心、兴趣广度、过去的创造活动及爱好等。例如：

我有一些很好的看法(测独立性)；

猜容易的谜语最有趣(测坚持性)；

我喜欢玩我熟悉的游戏，不喜欢玩新游戏(测变通性)；

我喜欢把东西拆开，看它们是怎么回事(测好奇心)。

2. "你属于哪一类人"测验

托兰斯在 1965 年编制了一个简便、易行、相对有效的创造性人格自陈量表——"你属于哪一类人"测验。该量表包括 66 个从 50 项有关研究中收集来的创造性人格的特征。其中的项目均是自选形式，即选择式，其目的是让受测者本人提供其创造性人格特征的报告，以了解他们的创造性水平。下面是该量表中的一些例题：

A. 办事情、观察事物或听人说话时能专心致志；

B. 完成老师布置的作业后，总有一种兴奋感；

C. 习惯于寻找事物的各种原因。

该量表的评分标准是符合描述的给 1 分，最后得出总分。测量结果分 4 个等级：0～9 分是差，10～13 分是一般，14～17 分是好，18～20 分是很好。

3. 探究兴趣问卷

该问卷有两个版本，分别适用于初中生和高中生。该问卷包括 60 道自陈题目，分别测量创造性、独立性、冒险性、坚持性、好奇心、内省性、幽默感、艺术兴趣等特点以及创造性活动的个人背景、兴趣和爱好等。测验项目以五点量表的形式出现，其等级分别为"否""有点""一般""有""是"。

第三节 幼儿创造性的影响因素与教育培养

一、幼儿创造性的影响因素

托兰斯曾指出有五大因素制约了美国儿童创造性的发展：过分重视成绩，养成儿童不敢有超常或越规行为；在社会团体压力下，个人不得不放弃自我的独立特点；教师不鼓励甚至阻止儿童提出书本之外的问题；社会上过分强调两性角色的差异，忽视女生从事科学创造性思维的能力；把游戏与工作截然分开，使工作情境过分严肃。

🎧 **信息栏 7-1**

逐渐消失的创造性

记得电视台有这样一档节目：记者将一张普通的报纸揉成一团，问幼儿园的孩子们："你们说这是什么？"孩子们争先恐后发表自己的观点："是一个球。""像一个灯笼。""是一个蛋。""不对，是一个恐龙蛋！""像一个苹果。"孩子们的答案出人意料的充满创造性思维。记者又问小学生，孩子们的回答基本是："一张报纸。"偶尔有孩子说："是一个球。"到了中学，学生们说："一张报纸被揉皱了。"而大学生更具理性："一张废纸。"孩子们的创造性是怎样丧失的？

在当前，制约儿童创造性学习的因素主要有以下方面。

(一)过于重视幼儿模仿，使其不能创造性地自由学习

"只重视知识传授是一种有严重缺陷的教育"，这在教育界已成为共识。人们常常认为幼儿是幼稚、无知的，乐意把知识经验拿出来让幼儿照着样子去做，学他们所知道的东西并为之兢兢业业、一丝不苟地努力，唯恐不能把自己全部的知识传授给幼儿，唯恐幼儿不能学到手，不能很好地掌握。幼儿学得好，就认为幼儿聪明、优秀、出色，没有辜负他们的期望。幼儿的接受能力和模仿能力因此也许会变得优秀，但他们积极

主动探索未知世界的意识也因之而淡漠，幼儿原有的创造性学习动机和初衷被人为地扼制住了。模仿、照搬成了幼儿学习的主要方式。有些幼儿遇到自己不知道的东西和不懂的事时，一律用轻松的口吻回答："老师又没教过，我怎么知道。"因此，教育者必须最大限度地让幼儿自由地去发现、创造适应自己的学习方法和认识方法，充分体现他们的能动性、积极性，这是保护和培养幼儿创造性的有效途径。

(二)限定幼儿的思路，使其不能创造性地自由思维

培根说过，只有顺应自然，才能利用自然。幼儿成长过程中离不开教师的培养，但在幼儿的一切活动中都有教师的"影子"晃来晃去，反而会限制幼儿的创造性。幼儿渴望依靠自己的力量长大成人，教育必须顺应和尊重幼儿的这份天性，尽管幼儿的想法有时显得有悖于常理。例如，有个小朋友喝水时被水噎了一下，他马上说："我把水囫囵咽了。"其实这就是幼儿的自然，是属于他自己对事物的特别感受。而对一种现象的表述，是积极投入地运用了自己的头脑和体验的。这种"创造性"的思维方式是符合现代教育中新的目标要求的。教育者应该小心地保护和最大限度地开发它。但多数情况下，教育者总是习惯把幼儿的思维引导到自己思维的轨道上加以界定，对不同于自己的思维情境采取无视、否定甚至取笑的态度：不能那样想，要这样想；不能那样做，要这样做。

(三)苛求秩序，使其不能创造性地自由探索

不管对什么事，一旦好奇，幼儿就要去弄个明白，但并不是每次的探索道路都畅通无阻。同时，幼儿的探索不是那么容易的，他们要从管束和限制中突围出来，才可以实现探索的愿望。有几则事例足以说明幼儿探索的艰辛：上午下雪了，幼儿们从一进教室就很兴奋地议论着有关"雪"的话题。到了9:30，张老师开始组织活动，内容是剪纸手工，但幼儿们的注意力不太集中，总是去看外面飘飘扬扬的雪花。张老师有些着急："眼睛都看哪儿呢，要认真观察老师的演示。"过了一会儿，张老师安慰幼儿："咱们赶紧把手工作品完成，谁先做好就带谁出去玩雪。"幼儿们发出一阵欢呼。10:00左右，张老师让幼儿们穿好外套出去玩雪，但这时雪已经停了，地面的积雪并不多，幼儿们发出遗憾的叹息声。又如，教师带幼儿去公园散步，教师强调不能捡路上的石子和其他东西，小心扎手。可是一部分幼儿还是经不住好奇，冒着挨批评的风险捡了起来。教师问他们为什么不听话时，他们都有"充分"的理由："我实在想看看、摸摸这个石子。""我不小心就捡起来了。""别人都捡，我也捡了。"对于不小心滑出"轨道"的幼儿，教师通过劝说、讲道理，把他们拉了回来；对于硬要"以身试法"的幼儿，教师则采取惩罚的手段，令他们离开，到一边去。受到惩罚的幼儿无奈沮丧的心情自不必说，可还有反其道而行之的幼儿，不认为惩罚有什么不好，因为这样正好求得了解脱，得到了自由，值得庆幸。有一位幼儿在回家的路上兴奋地告诉妈妈："今天我们几个小朋友不听话，老师把我们罚到了寝室，老师不管了，我们玩得可痛快了！"

二、幼儿创造性的教育培养

(一)创设情境，激发求知欲

求知欲作为一种动机在智力活动中的作用相当大，它是推动人进行活动以达到一定目的的内部动力。学起于思，思源于疑。研究表明，疑能引起幼儿的探究反射，即求知欲得到了激发，有了这种反射，思维便应运而生。

例如，有位教师设计了这样一个活动情境——"怎样使浮的东西沉下去，沉的东西浮上来"。教师给每组幼儿准备了一个大盆，盆里有许多浮的、沉的物品，旁边篮子里有许多辅助材料，如油泥、橡皮筋、易拉罐、玩具、小汽车等。幼儿在活动中个个跃跃欲试，情绪高昂。在这样的活动中，教师通过创设良好的环境激发幼儿的创造性。

(二)营造宽松的活动环境

教育既有培养创造精神的力量，也有压抑创造精神的力量。在活动过程中教师应尊重每个幼儿，宽容其错误，允许他们发表新意见，提出新见解，尊重幼儿差异，充分解放幼儿的创造力，为各层次、类型的幼儿创造性思维能力的培养提供理想空间，营造宽松的环境。若教师在评论错误或片面的见解时，善于肯定其中有价值的部分，让幼儿多一点成功体验，则会激励其进一步探索。教师恰当的评论可激发幼儿积极思维，反之必然抑制幼儿思维。

例如，有位教师利用绘画培养幼儿的创造性。她通过实际经验发现，幼儿在专心作画时，如果教师不断问他在画什么、想什么，甚至说，你这画得不好，那画得不像，那么幼儿就可能失去作画的兴趣与欲望，从而放弃自己正在创作的主题。幼儿的探索行为必须在一个自由、宽松的环境中才能实现。教师应尽量少干预幼儿的创造活动过程。

(三)有意识支持并促进幼儿的创造性思维

创造性思维包括了各种思维形式。创造性思维是以感知、记忆、思考、联想、理解等能力为基础，以综合性、探索性和求新为特征的高级心理活动。创造性思维有两种最基本的类型：发散思维和辐合思维。

创造性活动要经过从发散思维到辐合思维，再从辐合思维到发散思维，多次循环而完成。这两种思维是辩证的、相辅相成的，其中发散思维占主导地位。教师可根据发散思维的特点在以下几方面有意识地进行培养。

①展开联想，培养发散思维的流畅性。流畅性指发散思维的量，即在较短时间内产生较多的联想。世界上客观事物总是相互联系的，具有各种不同联系的事物反映在头脑中，可以形成各种不同的联想。

②克服思维定式，培养发散思维的变通性。变通性是指发散思维的灵活性，即思维能做到触类旁通，举一反三，突破常规。思维定式是人对刺激情境以某种习惯方式进行反应。思维定式有助于迅速找到解决问题的途径，但有时也会使人陷入定

式的陷阱。

③肯定幼儿超常思维，培养发散思维的独创性。独创性是指发散思维的新奇成分。在活动过程中有些幼儿时常表现出超常、独特、非逻辑性的见解，教师要及时肯定。这是培养发散思维独创性的方式。

创造性思维不能孤立培养，作为创造能力的成分之一，它与创造性人格的培养密不可分。缺乏创造性人格，会制约幼儿创造性思维的发展。教师应全面培养幼儿的创造性人格和创造能力，使二者协调发展，让培养目标落到实处。

案例 7-2

教师的支持与鼓励

阳阳是个小男孩，今年5岁了。他很喜欢玩"枪炮"类的玩具。一次，教师教幼儿们折六瓣花，阳阳却用纸悄悄地折起了"飞镖"，周围许多男孩子跟着学了起来。这时，教师并没有立即制止他，也没有批评他，而是取出一把折好的"手枪"给阳阳欣赏。阳阳望着教师折的"手枪"，羡慕极了，并请求教师教他折。教师告诉他，"手枪"的折法和六瓣花其实没什么不同，只是最后组合的方式不一样，要想做出一把"手枪"，得先折出和六瓣花相同的部件。听了这些话，阳阳开始专注于课堂活动。他目不转睛地看着教师每一步的折法，很快就参照教师的步骤折出了一把小巧的"手枪"。教师肯定了他的作品，接着鼓励他想一想还能拼插出什么样式的"武器"。于是，阳阳又埋头摆弄起来。他发现如果在"手枪"的把柄处插上两个"纸筒"就可以折出一挺"机枪"了。他兴奋极了，立刻把这个重大发现告诉了教师。教师高兴地回应了他，并让他把自己的发现分享给全班的小朋友们。看到小朋友们投来羡慕的目光，阳阳心里满满的成就感。阳阳的这一发现激发了全班幼儿创造和发明的热情。教师宽容的品格和尊重、开放的教育方法是幼儿探索、好问的保护伞和推动力。幼儿的创造性只有得到教师的理解、宽容和爱护，才能得到顺畅的发展。

(四)培养幼儿的好奇心与想象力

好奇心与想象力是创造力的翅膀，富于好奇心与想象力正是幼儿天然的心理特征。幼儿的想象力有时很奇特，甚至异想天开。对幼儿想象出来的东西，创造出来的"作品"，教师不能简单地认为是"瞎想""胡闹"而予以指责和否定，而要采用适当的方法激发幼儿的创造性。例如，向幼儿提供适当的材料，请幼儿在大小不同的圆上作画，要求不得重复；或者提供"一根绳子"让幼儿自己摆弄，并说出摆出的图案是什么；绘画时，幼儿可以把太阳涂成绿色等各种颜色。这些不仅能反映出幼儿奇特的想象力，而且表明他们有一颗强烈的好奇心，对周围新鲜事物表现出浓厚的兴趣。爱提问、爱追究是每个幼儿的天性，"这是什么？那是什么？"，甚至刨根问底地问："这是为什么？""那是为什么？"这是幼儿求知、探索精神的体现，是创造性的萌芽。伟大科学家爱因斯坦在回答他何以有如此大的创造发明时说："我没有什么特别的才能，不过是喜欢刨根问底地追究问题罢了。"因此，教师与家长要鼓励幼儿多提问，对于幼儿没完没了的提问，要给予耐心正确的回答，应该为幼儿创设一个宽松的物质和心理环境，让幼儿充分地联想、想象、交谈和表现。在游戏活动、体育活动、艺术活动中，对幼儿的独特表现和想法要加以鼓励，不要以成人的眼光看待和衡量幼儿的创造性思维。同时，还要给予正确的引导，如带幼儿外出参观时，要善于启发诱导幼儿多观察、多提问，提示幼儿："这是为什么？"只要循序渐进，逐步加深，幼儿观察越仔细，想象就越丰富，提的问题就越多，思路就越开阔。

鼓励幼儿动手动脑，"解放儿童的创造力"的同时，还要"解放孩子的头脑、手脚、眼睛、嘴巴、时间和空间"，这是陶行知先生倡导的"六大解放"。首先是"解放孩子的头脑"，让他能想。其次是"解放他们的双手"，使他们能干。要积极鼓励幼儿动手动脑、进行探索。著名教育家苏霍姆林斯基说过，"儿童的智慧在他的手指尖上"，动手动脑有利于激发幼儿的创造性。例如，在美术活动中可利用泥塑、绘画、折纸、剪纸、雕刻、编织等培养幼儿的创造性思维，使他们善于观察、想象，这样做有利于幼儿创造性思维的培养。要在幼儿活动能力培养中发展其创造性思维。要根据年龄特点、体力、知识和经验，组织幼儿做简单的玩具、标本、模型，使他们参加穿、插、拼、搭、挑等各种用手操作的游戏，在动手实践中逐渐变得心灵手巧。

(五)蒙台梭利的感知训练与幼儿的创造力

蒙台梭利教具及其感知训练方法对幼儿学习有重要促进作用，也受到国内外学前教育界的认可与欢迎。蒙台梭利认为3～6岁儿童首先应该从感知训练开始，使他们直接接触实物，储存大量的感性经验。教具是具体的，可以丰富儿童的感性知识，儿童利用它们可以自由地摆弄、操作、比较、分类、鉴别等。经过多次手和脑的活动，幼儿可以从认识物体的外部，发展到认识事物之间的关系。有了丰富的感性经验之后，幼儿就会对事物进行概括，去发现、思考、判断、推理，举一反三，从而使思维抽象化。幼儿创造力的形成不是凭空的，它需要大量知识经验的积累。蒙台梭利教学法正是强调了儿童感知觉的反复练习，这可以帮助幼儿获得大量知识经验。必须科学认识反复练习与创造性的关系。正如蒙台梭利所说的，她对很多练习要求精确，目的是使儿童锻炼肌肉的协调和鉴别能力。为此必须用一定的教具、一定的方式和一定的步骤，帮助儿童反复练习。有些动作需要按固定的步骤练习，为的是让儿童容易学会、记住，做得正确，便于检查。经过重复练习形成习惯后，儿童做得既快又省力，而且会主动而有信心地去做。等到儿童掌握基本方法后，允许他们自己变化、创新。

最后我们再列举一些促进幼儿的创造性学习的方式(表7-2)。

表 7-2　关于幼儿创造力的教学

方式	内容举例
鼓励幼儿对假设质疑	让幼儿想象，如果改变一些经典故事中的主人公的命运，会有什么结果。
鼓励幼儿冒一些合理的风险	为幼儿提供一个安全的环境来练习一些身体技巧。
鼓励幼儿坚持不懈	在第一次尝试失败以后，要向幼儿表现出坚持不懈的精神；当幼儿努力学习新的技巧时，一定要给予表扬。
允许犯错误	鼓励幼儿尝试新的活动，即使他们做得不好也没关系。
为创造性思考提供时间和机会	只要有可能，就要鼓励幼儿以新的方法来玩玩具或使用教室的资源。例如，用冰棍棒和建筑用纸来做一个三维的形状或一个新的玩具，如风筝。
奖励创造力	表扬幼儿在艺术或其他作业，以及各种技能提高上所做出的各种努力。

思 考 题

1. 你如何理解幼儿的创造性学习？

2. 请观察幼儿的区角活动，并举出能反映幼儿创造性的活动。

3. 请尝试寻找一些有关幼儿创造性评定的工具，并运用它来评价幼儿的创造性。

4. 如何理解蒙台梭利的感知训练对幼儿创造性的培养？

第八章　婴幼儿的语言学习与教学

本章提要▶

- 幼儿语言学习的主要理论
- 幼儿语言学习的代表性观点
- 教师在幼儿语言学习中的角色
- 怎样促进 3 岁前婴幼儿的语言发展
- 如何促进 3～6 岁幼儿的语言发展

　　本章围绕婴幼儿语言的学习与教学，介绍婴幼儿语言学习的重要理论，特别是读写萌发理论、全语言教学理论、多元智能（语言智能）理论。在此基础上进一步对婴幼儿语言学习的有效教学方法进行分析，以帮助大家初步了解婴幼儿语言学习及其教学，并尝试运用语言教学的有效策略与方法。

　　语言是人类特有的传递信息的工具，是人类心理交流的重要手段，它不仅与个体的认知发展存在密切关系，而且对个体的社会性发展有重要作用。对于幼儿语言（包括口语、书面语）学习与教育，存在两种主要观点。一是根据语言要素（字词、句等）的组成方式来学习和教育，即把重点放在掌握语言这一学科领域，中小学生学习语文主要采用这一取向。二是把语言作为交往工具，在交往的现实生活中学习，即把重点放在掌握交往工具（把读、写也作为交往工具）。这不同于中小学生的语言学习，它是一种生活取向的语言学习观。当代幼儿教育更认同后一种取向。

　　传统观念认为，婴幼儿尚未接受正式的读写教学之前，是没有读写能力的。然而有关婴幼儿早期读写发展的研究指出，婴幼儿在日常生活中能持续地探究、验证、觉察文字和有关读写的概念。①② 婴幼儿在日常生活中经常能接触环境中的文字，

---

　　①　Baghban M，*Our Daughter Learns to Read and Write*，New York，International Reading Association，1984，pp. 25-93.

　　②　Teale W，"Emergent Literacy：Reading and Writing Development in Early Childhood，" *National Reading Conference Yearbook*，1987(36)，pp. 45-74.

如食品包装袋、商店标牌、商品价格标签、电视节目中的文字、汽车站牌、门牌等，并且有机会运用读写工具，如用纸、笔随意涂写，这是幼儿早期语言学习的开端。

美国哈佛大学心理学家加德纳(图 8-1)提出的"多元智能理论"主张个体至少具有七种智能，这七种智能既是学习的内容，也是人们发现问题、解决问题的途径。[①] 在七种智能中，语言智能可以说一出生即开始发展。婴儿呱呱坠地不久，就表现出强烈的语言学习迹象。幼儿语言智能的学习与教学越来越受到重视，是因为许多研究发现：语言能力与认知发展之间存在密切关系，甚至是结合为一体的。本章就婴幼儿语言的学习进行详细阐述，同时提出有效促进婴幼儿语言学习的教学主张。

图 8-1　加德纳

第一节　幼儿语言学习的理论

一、幼儿语言学习的传统理论

幼儿是如何学习语言的？虽然许多语言学家、心理学家、神经生理学家共同参与研究，但至今仍未完全窥探深奥微妙的语言发展。例如，幼儿的心智发展如何让幼儿能以抽象的符号代替物体？如何让幼儿用抽象的符号组成他们不曾听过的句子？综合以往的心理学研究，我们将语言学习理论概括地分为行为主义学习理论的观点、乔姆斯基先天论观点、皮亚杰认知理论观点，以及维果茨基的社会学习观。

(一)行为主义学习理论的观点

行为主义学者认为幼儿语言能力的获得源于外部环境给予的强化作用，也就是说语言获得是经过一系列的刺激和反应联结而成的。如果在语言使用过程中获得肯定，使用者会感受到所使用的语言是正确的，遇到类似的情境会继续使用这种语言。假如得到负面反馈，使用者会感到用错了，再遇到类似情境时则不再使用。该理论的基本假设是，人倾向于反复做出能使他获得满足的行为。幼儿之所以会模仿，是因为当他们模仿时会得到父母愉快而温暖的回应，同时也可以获得他们想要的事物。因此，行为主义者认为，语言的学习与获得始于通过强化所形成的模仿。在这种强化的过程中，幼儿最终能使词语与环境中的重要事物结合，如"再见""瓶(奶)瓶"。受此理论影响，为培养幼儿正确的语言习惯，教师进行反复的口头语言练习。行为主义的语言学习理论，在 20 世纪 60 年代末期受到质疑，渐渐被注重大脑心智活动

---

① Gardner H & Hatch T, "Multiple Intelligences Go to School: Educational Implications of the Theory of Multiple Intelligences," *Educational Research*，1989，18(8)，pp. 4-9.

的认知理论取代。

(二)乔姆斯基先天论观点

乔姆斯基(Chomsky,图 8-2)假设人类生来就具有复杂的语言结构,这些结构组成了"语言获得装置"(language acquisition device,LAD)。[①] 这一组装置有分析语言输入的知觉和认知能力,也就是说如果有适当的语言刺激,幼儿就能够经由大脑的黑盒子,将吸收进来的语言加以整理,自然而且很快地学会复杂的语言系统。这一理论主张,幼儿之所以学会说话,是因为人类具有发展语言的自然、天生的能力。幼儿学习语言的能力不是鹦鹉学舌般的模仿与强化的结果,而是将他们随处听到的语言加以整合的能力。以英语为例,幼儿学习在名词后加 s 以表示复数,就产生了幼儿学习

图 8-2 乔姆斯基

语言时的概括化现象,错误地将单复数同形的 sheep 加 s 变成 sheeps,将 paper 加 s 变成 papers。斯罗宾的研究结果对幼儿学习语言的先天论观点(the nativism theory)提出了有力的支持例证。他的研究对象是 40 多名来自不同文化的幼儿。斯罗宾分析不同文化背景的幼儿在发展语言规则上所采用的策略。结果发现,幼儿在语言发展上,确实使用了一些共同的策略与原则。例如,幼儿发展出的语言策略中,有"注意字尾""留意字的顺序与词素""避免将字重新排列"等。这一研究证明,幼儿早期的语言学习存在一定的先天结构。但很多学者认为,先天论的观点仍是一种推论,其中的假设也缺乏事实根据,很难具体完整地解释幼儿如何获得复杂的语言能力。

(三)皮亚杰认知理论观点

皮亚杰(图 8-3)认知发展理论认为,幼儿的心智成长是幼儿在环境中经由探索、解决问题而建构出来的。皮亚杰强调幼儿的成长是有阶段性的,幼儿在单词句阶段,所发出的语词以具体感觉到的物体为主,即皮亚杰所说的感觉动作阶段。从 2 岁开始,幼儿的表达大多反映了以自我为中心来思考事物,常说出此时、此刻所想到的事物,不在意听者是否听懂他的意思,这正是皮亚杰所说的前运算阶段。7 岁之后则进入具体运算阶段,再发展进入抽象思考的形式运算阶段。皮亚杰的认知发展理论提醒大家,要在具体、真实、丰富、有趣、有意义,与幼儿生活相关的情境中探索幼儿时期的语言学习,培养幼儿用语言来解决问题的能力。

图 8-3 皮亚杰

---

① Chomsky N,"Linguistics and Cognitive Science:Problems and Mysteries,"in *The Chomskyan Turn*,Kasher A,Cambridge,Blackwell,1991,pp. 26-55.

(四)维果茨基的社会学习理论

维果茨基(图 8-4)认为语言的学习是社会化和文化的行为。通过与周围成人的互动,与同伴的合作,幼儿的语言智能可以超越他现有的水平。维果茨基在研究中提出幼儿的学习与发展有两种水平:一种是真正发展水平,即幼儿已经建立的现有水平;另一种是潜在发展水平,也就是说经由成人指引或同伴之中较有能力者一起合力沟通、合力解决问题的过程,可达到更高一级的水平。维果茨基提出"最近发展区"这一概念,指经由教师的引导,幼儿在真实、有趣、有意义的情境中探索和学习,能获得同伴以及教师的社会性支持,则幼儿的语言学习所获得的成功经验,有利于促进其语言能力的提高。

图 8-4 维果茨基

幼儿读写萌发(emergent literacy)、全语言教学(whole language approach)、合作学习(cooperative learning)等理论均受到社会学习理论的影响。

二、读写萌发理论

读写萌发理论是幼儿语言学习的重要理论。幼儿读写能力(literacy)在生活中会逐渐发展。最初幼儿借助表情、手势与人沟通,接着以口语的方式沟通,然后意识到读与写也是与人沟通的方式。因此,幼儿读写发展是社会化的过程,这个过程是在环境中渐渐萌发的。例如,幼儿看到 P 就知道是停车场,看到"自己的名字"知道那是有意义的。这一研究的发现打破了传统语言教学者所认为的学习有阅读准备度(reading readiness)之说。20 世纪五六十年代有关阅读的课程与教学,强调儿童阅读之前要先具备与阅读有关的认知技巧,如手眼协调,会分辨语音、字形和字义等。也就是说幼儿在阅读之前,必须接受一系列可能与阅读有关的认知技巧和感觉运动,在这些技巧未成熟之前,幼儿不宜阅读或书写。读写萌发理论对此进行了批评,认为读写从婴幼儿期就已经开始了。

读写萌发的概念起源于新西兰的克雷(Clay),1966 年他在奥克兰大学完成的博士论文《萌发的阅读行为》(*Emergent Reading Behavior*)中,第一次使用"读写萌发"这个词。20 世纪七八十年代是该领域研究的兴盛期。各种采用质的取向的跨文化研究发现,幼儿通常是在实际的读写经验中学习和发展读写能力的。[1][2] 心理语言学家古德曼(Goodman)在 1986 年的研究中发现,60% 的 3 岁幼儿,80% 的 4 岁和 5 岁的幼儿,能阅读情境中的环境文字。例如,他们会读麦当劳柜台上端的"菜单",点

---

[1] Mason J M, Kerr B M, Sinha S & McCormick C E, "Shared-book Reading in an Early Start Program for At-risk Children," *National Reading Conference Yearbook*, 1990(39), pp. 189-198.

[2] Teale W & Sulzby E, *Emergent Literacy: Writing and Reading*, Norwood, Ables, 1986, p. 86.

自己喜欢的鸡块；他们会读男女厕所不同的标识；他们会指认出石油公司特有的火把标志；他们会正确地操作电梯的楼层和开关门按钮；他们会依餐厅或戏院的灯的指示找到出口。三四岁大的幼儿也会"画"字给你看，他们会先从涂鸦开始，然后发展成渐具形体的图画。不要小看这些不成章法的涂鸦与图画，这些正是幼儿早期的书写形态。有些发展较快的幼儿，会开始在所画的图旁书写一些类似文字的符号。不管是涂鸦还是图画，幼儿大多可以头头是道地说出故事来。幼儿的涂鸦和图画甚至类似文字的符号，都是幼儿早期的书写产品。

总之，读写萌发理论强调，应激发幼儿的内心产生读写的内在需要，这种需要促使幼儿自然发生读写的动力。在真实、自然、完整、有趣、有意义的情境中，幼儿发展听说读写能力。幼儿在互动中能自然地运用口头语言和书面语言，具有表达自己的想法和了解他人思想的能力。[1]

三、全语言教学理论

全语言（whole language）的概念来自有关读写萌发的研究。[2] 全语言强调语言是"完整"的，不可简单地割裂成语音、字词和句子等片段。这些片段不能拼凑成幼儿日常生活中的真实语言。因此，语言学习必须是整体的，很难划分为语言内容或语言技巧。儿童在丰富的语言环境中，自然地进行谈话、阅读和书写；儿童在与周围人们的谈话中自然地学习说话；儿童从日常的人际交往中自然地发展出他们自己的语言规则系统；儿童在进入幼儿园接受正式教育之前，已经在日常生活中学习语言，他们的学习是整体的。

（一）全语言教学观

全语言教学又称为整体语言教学。严格来说，它不是一种教学法，它是一种观念、一种态度、一套有关幼儿如何学习的信念。全语言教学观无论在理论上还是在实物操作上，都有很扎实的理论基础，这些支持的理论来自语言学、社会语言学、人类学、心理学和教育学等方面的研究。全语言教学观是一种逐渐发展、自然累积的教学观念，而不是单纯根据某一家的学说形成的，它是综合各相关领域多年的研究成果发展出来的一套完整的教学观。

全语言教学观的实施是全面性的，不是一星期安排几天的语言教育活动，或在一天中某一个时段进行的。全语言教学观的实施融入幼儿每日生活中。不管是每天进行的课程教学，幼儿园每天例行的活动，还是家庭中的亲子互动，都要求以全语言的理念进行。这种全方位、整体性的语言学习观念，不局限于某一本书或某一系列的阅读。它也不是一套教材，更不是只注重读写技巧的教学法。

全语言教学观对阅读准备的观点，也不同于传统的语言教学法。对于幼儿的阅

---

① Goodman K，*What's Whole in Whole Language?*，Portsmouth，NH，Heinemann，1986，p. 18.

② Neuman Judith M，*Whole Language：Theory in Use*，Portsmouth，NH，Heinemann，1985，pp. 3-4.

读准备，传统的观念非常强调技巧取向(skill-based)的能力发展，偏向幼儿发音、注音符号、语法等的熟练度和正确度。全语言教学观则以理解(comprehension)取向来诠释幼儿的阅读准备，学习活动强调帮助幼儿与故事内容互动，进而理解语言的沟通功能，而不是语言技巧的学习和练习。这种由整体到局部的语言学习观，是基于建构主义的学习观，它主张幼儿的读写能力是通过主动参与阅读及写作的具体实境，通过与语言互动而自然发展的。

(二)以幼儿为中心的语言学习课程

全语言教学的课程应该跟随幼儿，而不是让幼儿来跟随课程。在传统语言教学中，儿童必须使用相同的教材，由教师来主导课程的进度，儿童无法"跑"太快，也不能落后别人太多。全语言教学课程则是以幼儿为主导的课程规划，强调支持促进各发展阶段幼儿潜能的学习活动。教师在幼儿的学习过程中，担任引导者、促进者的角色，幼儿尽情地"画"字、用涂鸦来表现他的想法，分享他的个人经验，或阅读喜欢的图书。教师不刻意要求幼儿做语言技巧的练习，但一旦幼儿有意愿主动探索，教师就适时提供有意义的信息，帮助幼儿学习。

全语言课堂里的教师鼓励幼儿与他人互动交谈，建构自己的知识。教师提供丰富多样、多变化的学习活动，促进幼儿听说读写等能力的发展。教师鼓励幼儿寻求多元的表达方式。例如，他们可以用说的、演的、唱的、画的、写的，甚至可以用舞蹈的方式，来表达一个故事或个人的经验。全语言教室是活泼动态的，充满社会性互动，并且处处可见幼儿主导的听说读写各式各样的学习活动，是令人向往的、有趣的教室。

(三)让幼儿成为早期的阅读者和书写者

语言学习是一个很自然的过程，幼儿早期的牙牙学语，就是语言学习的开始，两三岁开始的涂鸦，就是早期的书写行为。幼儿会将他们的认知反映在书面上，他们模仿画字，甚至会自创类似文字的符号，这些早期的书写行为和内容，与幼儿的生活经验有很大关系。幼儿会将昨天动物园的所见所闻，呈现在今天的自由创作上。幼儿会将前几天看到听到的故事，转述给好朋友，共同分享，或"写"在画纸上。对幼儿来说，写作不仅是单纯的文字或语法，书写应该是把自己的想法、感觉或要传达的信息写在纸上的一种游戏。大多数幼儿会"阅读"自己的书写作品，甚至会念给教师听，这些书写的作品就成了有意义的沟通，幼儿就是在这种反复不断制造有意义沟通的过程中，自然学会阅读和书写的。

(四)成人要经常为幼儿朗读故事书

幼儿成为一个成功的阅读者，主要依赖大量的听觉经验，尤其是低龄儿童，缺乏阅读经验，必须依靠成人与他共读，积累阅读经验。当幼儿反复倾听自己喜爱的故事时，他们会不自觉地沉浸在故事的想象世界中，关心故事里的主人翁。如果讲故事的人能与幼儿谈论故事情节，共同探讨故事的意义，幼儿就可以拓展他的认知视野。全语言教师不仅能为无法自行阅读的幼儿朗读故事，而且可以为已经能自行阅读的幼儿说故事，并时常创造机会，鼓励幼儿互相分享故事，增加教室中听说读写的互动。

(五)教师的态度是幼儿语言学习的关键

全语言教学的成败在于教师的态度，教师应将每一位幼儿看作主动的学习者，相信他们都能、也都愿意学习。这种尊重每名幼儿，相信每名幼儿都将成为能读能写的小读者、小作家的态度，是促进幼儿语言发展的最大催化剂。这种态度也促使教师在规划课程与学习活动时，处处以幼儿的需要、兴趣和能力为依据。对幼儿在语言学习过程中可能产生的自然错误，教师也能以包容的态度处理，让每名幼儿勇于尝试与表达。因此，教师对幼儿学习的评价，常常采用强调过程的形成性评价，通过观察，记录幼儿的学习情形。评价的方式也不宜采用技巧取向的纸笔测验，而应以听说读写多元呈现方式，来观察幼儿的语言发展。

信息栏 8-1
儿童语言研究分析系统(CHILDES)

一、开发背景

语言学、心理学和认知科学都密切关注儿童语言习得方面的研究。语言不仅是发展心理学的主要研究对象，也是哲学、语言学、心理学和认知科学经常争论的焦点。但是，研究儿童语言并非易事。研究者首先必须获得真实自然的儿童语言材料。我们可以通过录音、录像把儿童在自然状态下使用语言的情况记录下来，然后把录音或录像转换为文字材料，进行分析研究。把录音或录像转换为文字是一件费时费力的工作。1小时的儿童语言现场录音或录像，依据研究者的目的往往需要花10~14小时来录写；因为作为研究用途的录写应尽可能记录较全面的信息，光记录话语是不够的，还要记录话语的语调、说话者的表情、说话的环境以及话语是否连贯等信息。

美国卡内基梅隆大学心理系儿童语言研究中心建立的国际儿童语言资源交换系统CHILDES，使用计算机语言研究分析方式来储存、运算和交流儿童语言材料，已经成为世界各国儿童语言研究者通用的语言研究分析系统。

二、系统组成

1. 输入格式CHAT

CHAT(codes for the human analysis of transcripts)录写系统是CHILDES的一个重要贡献。它是一个看似复杂却十分灵活的多层次编码方案，专为电脑录写自然语言(free speech)设计。在CHAT被开发出来之前，研究人员各自独立编码录写自然言语，致使语言数据无法共享。CHAT的发展完善经历了五六年时间。在世界各地研究人员的共同努力下，如今已成为世界上第一个通用的自然语言录写编码系统。

2. 分析系统 CLAN

CHILDES 的另一个重要贡献就是 CLAN(child language analysis)数据分析程序。它由卡内基梅隆大学的电脑编程人员设计，是用电脑来对 CHILDES 数据文件进行自动分析的工具。

3. 储存语料 DATA

CHILDES(child language data exchange system)是大型儿童语言语料库。该语料库的名称为儿童语言数据交流系统。

第二节　幼儿语言教学的策略与教师的角色

语言学家认为语言习得（language acquisition）与语言学习（language learning）是不同的概念。语言习得是指儿童在自然的情境之下模仿、观察学习到语言的用法。而语言学习则是指在刻意安排、设计的情境、教材中儿童有系统、有步骤地学习语言规则。①②③ 瑞恩斯（Rains）等人认为最理想的语言学习是在自然情境之下真实的、有趣的、有意义的学习，是幼儿主动想学的、与幼儿生活经验有关的学习。④ 这实际上主张语言学习概念向语言习得靠拢。这一观点受到美国幼儿教育协会、国际阅读学会（IRA）和国际儿童教育学会（ACEI）的赞同。

一、幼儿语言教学的策略

古德莱德在他的著作《有个地方被称作学校》中介绍了他所调查的美国 1000 多个教室，他描述道："很少有学校要求儿童建构、绘图、表演、角色扮演或创造东西，儿童没有机会使用大脑中大部分的学习区域，教师使用太多的语言，太依赖教科书，用固定的教学模式。"⑤他认为要促进幼儿有效的语言学习，教师就必须掌握有效的教学策略。

(一)温馨、丰富、真实的语言环境

教师安排有意义的、真实的生活环境，使幼儿在所处的环境中可看到丰富的书本、纸、笔、海报等，吸引幼儿去好奇、探索、记录。教师在活动中尤其对于已经

---

① Krashen S, *Second Language Acquisition and Second Language Learning*, Oxford, Pergamon, 1981, p. 135.

② Goodman K, *What's Whole in Whole Language?*, Portsmouth, NH, Heinemann, 1986, p. 18.

③ Gibson L, *Literacy Learning in the Early Years: Through Children's Eyes*, New York, Teachers College Press, 1990, p. 36.

④ Raines S & Canady R J, *The Whole Language Kindergarten*, New York, Teachers College Press, 1990, p. 13.

⑤ Goodlad J I, *A Place Called School: Prospects for the Future*, New York, McGraw-Hill, 2004, p. 231.

发生、正在发生或即将发生的事，鼓励幼儿加以描述、表达或写下他的意念、想法，长久浸染之下，自然能增进其语言智能。

(二)师生共同确定主题，共同计划

在学习环境中教师与幼儿探讨感兴趣的主题，共同制订计划，探讨所需要的材料和资源。教师先是示范，进而引导幼儿共同参与，渐渐地使幼儿成为活动的主导者，教师成为在旁的协助者、催化者、支持者，主题活动结束后，可展现幼儿活动成果。

(三)经常给予阅读、书写示范

依据幼儿的个别差异，选择适当的书籍。教师要从幼儿的语文背景和生活经验出发，引导幼儿讨论与发表意见，并将口语转化成"经验图表""看板展示""橱窗展示""出版我的小书"等方式。教师应该创设幼儿语言学习、交流的机会，帮助幼儿大胆、自信、正确地表达。

(四)倾听、积极反馈

幼儿是通过"听"学会说话的，要仔细听幼儿话语中所要传达的信息，并给予积极、正面的反馈。幼儿获得越多的肯定与尊重，则越乐意表达，正如婴儿第一次发出"爸爸""妈妈"声音时，获得了父母极大的回应与鼓舞。

(五)鼓励尝试使用语言

在幼儿听说读写的过程中，难免会有用语不当、表达结结巴巴等情况。教师应多给予示范、观摩、阅读的机会，鼓励幼儿大胆尝试。教师要鼓励幼儿表达，敢于说话。因为每个幼儿的语言能力是有差异的，教师应尊重幼儿的心理特点和心理需要，抓住时机，选择适宜的谈话内容、方式和场合，选择他们感兴趣的内容引发话题，鼓励幼儿的每一次表达，并让其通过语言表达体验到语言交流的意义、成功和快乐。当幼儿词不达意或语句不完整时，教师不要急于或者刻意加以纠正，以免造成幼儿产生心理压力、挫折感或压抑感，从而降低其表达的主动性、积极性。因此，鼓励幼儿敢于表达自己的观点甚至比幼儿说得是否正确更为重要。

(六)肯定期待

教师的态度会影响幼儿语言学习的成效。教师要时常肯定幼儿的语言经验。对于幼儿在语言上的表现，教师要适时、适地地给予积极回馈与肯定。教师在幼儿完成了任务时要给予及时的表扬，在幼儿遇到问题或困难时要及时地予以鼓励。教师的鼓励对幼儿来说是一种力量，诸如"嗯，真不错！""好样的！""好的，请继续讲下去"等语言，加上教师亲切的表情，会使幼儿受到极大的鼓舞，能够增强幼儿语言表达的自信心。

二、教师在幼儿语言学习中的角色

幼儿阶段是一个快速学习与快速成长的时期，为促进幼儿语言智能发展，教师

身担重任。如何完成这一重任呢？综合学者们的研究，我们归纳如下。

(一)经验明朗化

在多元智能教学中，费尔德曼(Feldman)提出两个影响智能发展的经验，那就是经验明朗化(crystallizing experiences)和经验麻痹化(paralyzing experiences)。[①] 加德纳进一步发展了这种观点，认为使经验明朗化或具体化的是一种点亮智能并使之出现，趋于成熟的火花。例如，在爱因斯坦小时候，父亲指导其看指南针，在他小小的心灵中引发了探究宇宙奥秘的意念。而经验麻痹化则是一种充满羞耻、内疚、恐惧等的负面情绪，遭遇此负面情绪的人，容易关闭学习智能之门。若幼儿在语言学习的过程中时常遭遇负面的评语，则其语言智能之门将会关闭。教师应尽可能地使幼儿经验不断明朗化，加以鼓舞和肯定，让幼儿有成就感。

(二)灵活运用教学策略

教师要能灵活并恰当地运用语言教学的策略。教学策略可依据时间、地点、主题、情境的不同而不同。大致可分为以下七种策略。

①经验图表。用图表表示今日小帮手的姓名、日期、星期、天气状况、探讨的主题名称、探讨的内容、今日活动的回顾等。

②实地参观访问。配合主题安排参观访问，参观途中，教师讲解访问的重点，幼儿分享心得。

③文字展示。配合节庆制作卡片，橱窗展示幼儿作品(附作者介绍、作品说明)，采购单，通知单，标示牌，统计图，活动海报等。

④演讲、讨论、辩论、朗读。在活动中，邀请幼儿演讲、针对主题讨论、朗读故事书、发表个人心得、看图说故事。

⑤表演游戏。可让幼儿真实探索阅读和书写的过程与目的，借助布偶、纸偶、棒偶，或是角色扮演，以戏剧的形式展现。

⑥语文游戏，如文字接龙、填字游戏、绕口令、猜谜、造句。

⑦成果展示。主题活动结束之后，师生一起加以统整，并举行发表会，让幼儿将知道、听到、观察、了解的内容，以各种方式展示出来。

(三)榜样示范者

在幼儿语言学习过程中，教师的示范角色有重要影响。德蒙等人的研究发现："学习和经验会导致脑部生理上的改变。置身在积极的、营养的、刺激的和互动的环境里，我们可以持续开发、强化心智能力。"[②]教师即示范者，示范语言的沟通，包括发音、用词、用句、态度礼仪、肢体动作、书写的示范、积极倾听、以语言解决问题等，对幼儿的语言智能吸收有相当大的影响。

---

① Feldman D H, "Giftedness as a Developmentalist Sees It," in *Conceptions of Giftedness*, Sternberg R J & Davidson J E, New York, Cambridge University Press, 1986, pp. 285-305.

② Diamond M E, Petersen R S, Harris J A & Panzeri S, "Investigations into the Organization of Information in Sensory Cortex," *The Journal of Physiology*, 2003(97), pp. 529-536.

（四）自我提升、协同教学

教师应先了解自己的语言智能。如果发现语言能力并非自己的专长，教师要自我调整，积极进修，提升语言能力。阿姆斯特朗（Armstrong）建议，可组织教师团队利用同事的专长协同教学，也可以通过与专家学者合作，发展、改进教学。美国哈佛大学的加德纳和塔夫茨大学的费尔德曼教授共同合作进行的光谱计划（project spectrum），就是一个成功的例子。他们配合当地儿童博物馆的主题展示，使教学活动活泼、丰富，且符合幼儿学习的需求。教师与学者的合作并结合社区的资源，研究发展出适合幼儿的教学模式。

（五）寻求专业的协助

在教学过程中，班上如果有较特殊不发言或发音不清楚的幼儿，应该立刻积极寻求语言学专家或语言治疗师的协助，或请家长带幼儿到相关医疗机构治疗，抓住幼儿语言治疗的最佳时机。

语言的学习对正常人来说从一出生就开始了，而且一直在发展。借助语言，幼儿逐渐了解周围的世界，与周围人维持紧密联系，将学习的过程呈现出来。语言智能发展的情况关系到个人学习的成功与否。专家学者强调幼儿听说读写能力的培养与提升，应该让幼儿在自然、有趣、温馨、好奇、自主自发的情境下获得。维果茨基曾说，如果成人能提供丰富的互动环境和积极的活动引导，则孩子可获得较大的学习成效。儿童语言学习设备及教材的种类见表8-1。

表8-1　儿童语言学习设备及教材的种类

学习设备及教材种类	说明
学习机	含卡片阅读机及计算机学习机，只需将字卡放在卡片阅读机上刷过，便能发出该字卡上字的读音，或是按压计算机学习机上的按钮便可发出正确读音。
有声书	以声音辅助图像学习，无论是儿歌还是小故事，配合妈妈的陪伴一起律动，可让学习更生动有趣。
组合教材	指结合以上数种教材整套出售，虽然这样可以满足一次购齐的需求，但家长仍应多比较多询问，看看其内容或难易度是否适合家中幼儿。

第三节　婴幼儿语言的学习与促进

脑科学研究发现，婴幼儿期是个体口头语言发展的关键期，它对儿童以后阅读、书面语言的发展起着重要的奠基作用。

一、影响婴幼儿语言发展的内外因素

婴儿获得说话能力的过程，历史上很早就为人们所关注。英国国王詹姆士一世

(1566—1625)为了弄清楚这一问题，曾经提出要把两个婴儿放养在一个孤岛上，由一个聋哑护士抚养。如果这两个婴儿能自发说话，就可证明语言是人类天生的能力。当然，他并没有这么去做。现代语言心理学研究表明，婴幼儿语言的发展既离不开正常发育的大脑，也离不开丰富、适宜的语言环境。语言学者认为，婴儿(infant)和宝贝(baby)这两个词在概念上均与语言的发生有关。婴儿一词是从拉丁文"in＋fans"派生出来的，意思是"不会说话的人"(non-speaker)。宝贝一词则来自英语"babble"，即"婴儿的咿呀学语声"。事实上，婴儿与养育者的"交谈"在其学会用词之前就已发生了。

（一）内在因素——正常发育的大脑

言语获得需要有正常发育的大脑。"狼孩"卡玛拉 14 岁时进入人类生活环境，在之后的 4 年中，经过研究者耐心训练，她学会了说几个词，但并没有获得正常的语言能力。世界上大约发现过 30 个这样的儿童，对他们施以语言训练的结果是类似的：他们都未能学会或恢复言语能力。

（二）外在因素——良好的语言环境

言语获得还需要正常的语言环境。婴儿的大脑加工材料是在与养育者之间的"听—说"联系中得到的。正常的养育者与婴儿的言语交流是语言材料的来源。听觉和大脑器官均正常的婴儿，单纯生活在由聋哑父母组成的家庭中，如果没有其他言语刺激与支持环境，很难产生有声语言。可见，养育者对婴儿的语言刺激对其语言发展有重要影响。研究显示，听觉受损婴儿的发音落后于正常听觉婴儿，正常婴儿的咿呀语出现在 6～10 个月，而听觉受损的婴儿则迟至 11～25 个月，后者较少产生辅音。可以认为，对正常和持续地发展到正常音节发音范围来说，养育者对于婴幼儿的言语交谈，保持足够的信息输入是必需的。有研究者对 6 个月、8 个月、10 个月的法国、中国、突尼斯、阿尔及利亚的婴儿观察发现，从发音到词的出现，既有普遍性，又有特定语音特殊性。

信息栏 8-2

提供有效的语言环境

研究表明，由父母为其提供大量的图画书的、经常得到语言交流的儿童的语言发展较好。缺乏与父母语言交流的儿童的语言发展水平受到限制。

德国与芬兰两国相邻，芬兰儿童经常能收看德国的电视节目。然而研究发现一个有意思的现象，虽然不少芬兰婴儿经常收看德国电视，但他们在进入学校后正式学习德语时的表现与在童年时未收看过德语节目的儿童没有显著差异。这表明，缺乏语言交流的人际环境，即使幼儿看电视，也未必能学会语言。

以往早期教育有一个误区，认为成人只要给婴儿提供正常的语言环境就可以促进其语言发展。信息栏 8-2 中的案例告诉我们，在语言环境中最重要的是人，而不是没有人与之交流的"纯"语音环境。成人只有通过与婴幼儿的亲切交流，才会促进儿童语言发展。布鲁纳的言语获得支持系统理论支持了这种观点。结合乔姆斯基的"语言获得装置"理论，布鲁纳提出了语言获得支持系统理论。他认为，婴儿在说出第一个词之前，已通过父母的养育学到很多语言素材，通过日常生活中自然而然的人际交往，前言语时期婴儿已学到一些基本的交流方式。因此，他提出婴儿具有一种"语言获得支持系统"（language acquisition support system，LASS）。LASS 是一种特别的结构，它用生活中获得的活动规则去构建语言信息，去扶持脑内的"语言获得装置"，从而保证婴儿从前语言水平持续地发展到语言交流水平。

二、3 岁前婴幼儿语言发展的有效促进

（一）婴幼儿学习语言的途径

1. 模仿

模仿是婴儿最初掌握语言的主要途径。当然，模仿的情况多种多样。婴儿学习语音依靠模仿，掌握语词和语句也主要依靠模仿，在模仿的基础上产生理解与创造。

学习语音方面的模仿主要有以下三种。

发声性模仿。从两个月开始，婴儿听见别人的声音，自己也会发声。因此，与婴儿多说话，可以引起婴儿模仿发音。起先，婴儿的这种发声并非对别人语音的确切模仿，但是这种发声对婴儿的语言发展有促进作用。以后，婴儿常常从成人之间的谈话中，提取个别语词，高兴地模仿起来。虽然他不懂得其中的意义，但是有利于发展他对语言的兴趣和发音练习。

双向性模仿。妈妈在面对婴儿时，一般会用接近婴儿语言特点的方式说话。例如，在语音、语调方面，用高音调，用夸张的语调；在用词方面，多用实词，少用虚词；在语句方面，句子较短，较少修饰形式，较少复合句，每句话的层次较少，较多重复，说话较清晰，速度较慢；等等。即使是没有受过专业训练的妈妈，也会采用这种方式。她们是从与孩子交往的实践中得来的。而这正符合科学研究的发现：婴儿模仿成人的语言，往往是成人先模仿婴儿，然后才是婴儿模仿成人。在婴儿学习发音阶段，他往往在无意中发出一些语音，成人这时有意识地模仿婴儿发某个音，婴儿就此模仿成人，继续反复发该语音，逐渐掌握那种语音。

按成人要求模仿。2~3 岁，特别是将近 3 岁的孩子，能够开始按照成人的要求直接模仿发音。这时成人可以告诉孩子看着成人发音的口型，模仿发音。一般在孩子发音不正确时，成人可以使用这种方法。对于语言理解力较好的孩子，还可以加上语言指导。例如，年龄小的孩子常常会由于发音时用力不足，而不能正确发音。他在不会发 f 音的时候，成人可以告诉他轻轻咬住下唇，然后用力模仿成人发出该音。成人也可以用游戏的方式让婴儿模仿发音动作。例如，教孩子发 f 音，可以把

一张薄纸放在下唇上，同时让孩子看着口形，练习发"飞、风、饭"等音，借助感受纸片的变化来学习。

在学习语词方面，婴儿也大量依靠模仿。例如，成人指着灯，反复说："灯。"孩子反复模仿说："灯。"他就逐渐学会"灯"这个名词。大人一边拿着抹布擦桌子，一边说："擦，擦。"孩子反复看见"擦"桌子的动作，同时听见词的声音，也逐渐学会"擦"这个动词。在学习一些虚词时，也是如此。例如，在说"小鸭摇摇摆摆走""小猫走路静悄悄"时，孩子都是在模仿"摇摇摆摆"或"静悄悄"走路的基础上，结合有关词句，然后学会这些词。以后，他能够同时用语言和动作描述小鸭子或小猫走路的样子。

婴幼儿学习用词和说出句子，主要也是依靠在生活中的模仿。语言的使用是约定俗成的，无论是语音还是用词造句，都必须按照本民族或所属人群的习惯方式进行。因此，在早期教育中，要给孩子大量的语言材料，让孩子模仿。

2. 强化

在婴幼儿的语言学习中，强化起很大的作用。婴儿说出词后，得到大人的肯定或表扬，就是受到正强化，他会心情舒畅，加强信心。反之，如果总是被批评，他就失去进一步学习语言的积极性。因此，成人必须提高对婴幼儿说话的敏感性，帮助他正确说话。例如，孩子说："一双裤子。"家长可以说："你是想说'一条裤子'吧？"这样，既让孩子得到了模仿的榜样，又避免了直接否定。此外，还要避免在孩子说话时包办代替，怕孩子说不好而替他说出来，或是急于满足孩子的需要，客观上剥夺了孩子学说话的机会。强化原则常常用于教孩子练习说话和纠正不良说话习惯。

3. 理解＋创造

婴幼儿在学习语言的过程中，不只是单纯模仿，而是有自己的创造。婴幼儿常常会说出一些成人意想不到的话。例如，有个孩子不好好吃饭，妈妈为了让他多吃一点，总是用"帮小猴子吃一口""帮大象吃一口"等话来哄他吃。一天，他在外面玩，妈妈让他回家，他不愿意，他对妈妈说"让我帮小猴子玩一次""让我帮大象玩一次"等。妈妈只好一次又一次地等着他。在这里，孩子既是模仿，又是创造，他把妈妈对他说的话，运用于新的场合了。

婴幼儿在学习语言的过程中，为什么会出现模仿中的创造呢？因为语言是与思维相联系的。虽然婴幼儿对事物理解的水平很低，和成人的理解很不相同。但是婴幼儿说出的语词和句子，总是有理解的参与。婴幼儿对语言的理解，往往是根据他的具体经验得来的。例如，有个孩子听到爸爸对妈妈说："我今天在路上碰到了爷爷。"过了一会儿，他突然撞到爸爸身上说："爸爸，你们是不是就这样'咚'，碰上了的？"在这里，他是依靠自己对碰撞的经验来理解的。

婴幼儿对语言理解水平不高的主要表现之一，是把同音不同义的字混淆，分不清其间的差别。例如，一个两岁多的孩子在看妈妈下棋，听到说："把你这个棋子吃掉。"他着急地一边摆手一边说:"妈妈,棋子是塑料的,有毒,不能吃。"又一个孩子听到爸爸说:"(电脑上的)这一段不要了,删掉!"他赶紧拿起奶奶的扇子,说:"我来扇!"孩子此类语言,常常使成人感到惊讶又可笑,因为成人已经习惯运用正确的表达方式,从来没有想到把同音字如此混淆。不少人把孩子的这种语言现象称为孩子说话的创造性。这种解释有一定的合理性,因为孩子从来没有听见别人这样运用过有关的词,就这个意义上说,是他首创的。其实,从孩子发展的角度,可以认为这是孩子思维的特点——理解的笼统性或分化不足在词义上的反映。

从词类看,婴幼儿掌握的主要是名词和动词,因为它们是和他所接触过事物的具体形象相联系的,便于理解。因此,帮助婴幼儿学习语言,提供丰富的感性知识是很必要的。但是,使用不当也会干扰孩子的学习。例如,有个 2 岁的孩子,奶奶教他认"猫"字,指着猫,同时发出猫的叫声"喵"。以后好长时间,孩子总是"猫""喵"分不清,因为猫的叫声比"猫"的字形更形象,更容易进入孩子的记忆。

婴幼儿常常把某个词和具体的情境联系起来。例如,一天,在大街上,1 岁多的孩子突然指着一位老人喊:"白毛浮绿水爷爷。"原来,他把白发爷爷和学过的唐诗《咏鹅》里的"白毛浮绿水"这一句话连在一起了。这也反映出婴儿思维的笼统性,缺乏分化能力。

(二)促进婴幼儿语言发展的有效策略

在促进婴幼儿学习语言时,最重要的是要调动婴幼儿的多种感官来学习语言。

1. 积极回应

积极回应是指养育者要敏感地意识到婴幼儿的言语活动,并予以积极反馈,有研究者称之为"接过孩子抛过来的球"。美国学者哈利特·约翰(Harriet Johnson)指出教师需要与"孩子在一起"(be with it),即教师要对每个孩子的言语发展保持敏感性和积极回应。教师要尽可能敏锐地捕捉到促进幼儿言语发展的时机,回应幼儿的言语活动。例如,当幼儿说"球,球"时,教师观察他的行为表现,认为他是想要玩球,于是就对他说:"你是要玩球,是吧?"

2. 运用非言语交流

两岁前婴幼儿与成人的交流以非言语交流为主,因此,养育者不要因为孩子不会说规范的语言而忽视他们的言语发展,而要充分运用手势、体态语言与他们交流。成人的一个动作、一个表情、一个微笑往往能带动孩子与他一起愉快地交流。国外有研究者提出,培养婴幼儿的身体符号语言(body sign)在幼儿以后的言语发展中具有重要作用。

3. 使用儿化语

儿化语(baby talk)是一种"指向婴儿的言语"(infant direct speech),是母亲最易使用的与婴儿相互作用的言语形式。儿化语具有一些特征:

音韵特征,包括较强的音韵,较宽的音频范围,多样化和夸大的音调等。

简化特征，包括简短的言辞，较缓慢的速度，短语间的较长停顿，较少用助动词等。

丰富化特征，较多使用重复话语，即时的重复或经过短暂间隔之后的重复。

词语特征，把一些词语以重叠音或相近音并列，以示亲昵，如"妈妈""猫猫"。

内容特征，把运用的词语限制在婴儿涉及的主题方面。

运用儿化语的重要意义在于：它能吸引婴幼儿的注意；能调节婴幼儿的激动水平，容易与婴幼儿交流感情；儿化语的音韵修饰有利于婴幼儿的言语加工和语言理解。

当然，过于简单化的儿化语结构会影响婴幼儿语言结构的发展。然而研究者发现，使用儿化语较多的是母亲，父亲很少运用儿化语。父母双方运用有所不同的语言，有助于婴幼儿语言的发展。

4. 帮助婴幼儿拓展语言

在婴幼儿所说的句子上添减，并示范正确的语言表述，向婴幼儿提问或向他们描述事情，可使他们愿意更多地用语言谈论。

5. 适应每个婴幼儿的发展与需要

每个婴幼儿都有自己掌握语言的步调。教师要发现婴幼儿在家里的交流方式，教师要熟悉婴幼儿语言发展的关键点和提示点，适应每个婴幼儿的学习风格，帮助家长进行专业的评价。

6. 运用图画书和讲故事

提供有趣的图画书，让孩子掌握此类活动的主动权，即他不想看书的时候不要强迫。借助道具和木偶讲故事。

7. 使用语言游戏

为婴幼儿提供丰富的环境，让他们沉浸在语音节奏游戏、手指游戏、唱歌和装扮游戏之中。

8. 创设良好环境

提供安静、宁静的环境，尽量不要采取大组活动，不要连续地放音乐，不要用电视机；为安静活动、阅读及唱歌等活动分别安排区域；安排幼婴儿可能感兴趣或熟悉的事情以便他们有话可说；提供开放的游戏材料，如衣物(用于装扮游戏)、积木等，鼓励婴幼儿在开放的游戏中运用复杂的语言。

三、3～6岁幼儿语言发展的有效促进

(一)指导幼儿掌握正确的语音

幼儿在4岁时基本上掌握了全部的语音，但在某些发音上还存在一定的困难，不能正确、清晰地发音。教师可以采取以下措施帮助幼儿掌握正确的发音。

1. 以自己的正确发音为幼儿做出榜样

幼儿学习发音，主要是模仿成人的发音，教师是他们主要的模仿对象。因此，

教师的语音一定要正确，要纠正自己在发音上存在的错误。同时，注意给予幼儿示范，与幼儿讲话时，教师说话的语速要慢，吐字要清晰，让幼儿能正确判断声音是如何发出的，尤其是那些对幼儿来说存在难度的语音，教师一定要让幼儿注意到此音的口形与部位，让幼儿在潜移默化中学会正确发音。

2. 采用多种方法教给幼儿正确的语音

针对幼儿发不准或容易发错的音，教师可以选择一些绕口令进行语音练习。绕口令短小精悍，富有节奏感，容易为幼儿喜爱，也容易被幼儿掌握，它既可以纠正幼儿不正确的发音，也可以培养和提高幼儿学习普通话的兴趣。教师也可以组织其他语言活动，如讲故事、诗歌朗诵、话剧表演等，让幼儿练习正确发音。教师还可以采用生动有趣的教学游戏帮助幼儿练习发音，让幼儿在游戏中轻松愉快、毫无负担地纠正不正确的发音，学习正确发音。

3. 耐心纠正幼儿的错误发音

对于那些发音不准的幼儿，教师要有耐心，不斥责，以免伤害幼儿的自尊心。教师也不要强化和模仿幼儿的错误发音，以免加深幼儿的错误概念。在纠正幼儿的错误发音时，教师不要急于求成，要坚持不懈，让幼儿经常进行练习。

(二)帮助幼儿进行阅读准备

早期阅读是指幼儿从口头语言向书面语言过渡的前期阅读准备和前期书写准备。其中包括知道图书和文字的重要性，愿意阅读图书和辨认汉字，掌握一定的阅读和书写的准备技能等。尽管在幼儿阶段，儿童不需要具备文字能力，但在口头语言向书面语言过渡的时期，他们有必要认识口语与文字的对应关系，有必要掌握看懂图画书的基本技能和初步辨认自己的名字和常见字。因此，帮助幼儿进行早期阅读准备是非常重要的。

教师可以通过各种有目的的活动，如儿歌、游戏的形式来帮助幼儿进行阅读准备。例如，在活动区，特别是角色区内投放幼儿熟悉的图书中涉及的角色和物体，从而给幼儿提供复述和表演所读故事的材料和机会。当幼儿完成作品时，鼓励他们学写自己的名字。让幼儿有机会制作与幼儿园课程内容及自己生活经验有关的图书，有机会参与制作小组或全班小朋友合作完成的图书。鼓励幼儿把自己听到或创编的故事画成一幅一幅与故事内容情节相符的图画，再装订成一本书，讲给老师、同伴听，或投放到图书角，供大家阅读欣赏。发动幼儿收集废旧图书、图片，并把这些图书和图片上的动植物剪下来，指导幼儿重新组合，贴在一张张白纸上，引导幼儿充分发挥想象，画上背景，装订成册，最后创编故事。

(三)培养幼儿的言语能力

语言知识是言语交流的基础，而进行言语活动还需幼儿能对言语进行领会，并能准确、流畅地表达自己的观点，因此，教师还需要培养幼儿的言语领会能力和言语生成能力，也就是听说读写的能力。

　　提高幼儿的倾听能力很重要。听觉是重要的信息通道，倾听是一种重要的言语能力。但由于幼儿自我控制能力还较弱，维持有意注意的时间还较短，同时幼儿对于倾听的价值不清楚，或者缺乏有效的倾听方式，因而幼儿在言语交流中可能会不注意倾听，或者没有进行有效的倾听。针对这些情况，教师可采取以下措施提高幼儿的倾听能力。

　　使幼儿认识到倾听的价值。教师要为幼儿讲述倾听的价值与意义。倾听表达了对讲述者的尊重，利于形成友好的交流氛围；通过倾听，幼儿可能学到新的语言知识，借鉴他人的语言组织及表达方式；最重要的是，通过倾听能获得更完全、更准确的信息。使幼儿在认知上明确了倾听的重要性之后，教师还可以组织专门的言语活动或灵活运用日常的言语事例，从正反两个方面让幼儿感受到倾听的益处，体验到不进行倾听的不良结果，从而加强幼儿对倾听的重视。

　　培养幼儿的倾听技巧。首先，培养幼儿对他人的言语保持专注。幼儿要对他人的话语给予充分的注意，在他人讲述时礼貌地停下自己手中的事情，用眼睛注视着对方，全神贯注地倾听，并积极用表情或简短的语言对他人的话语进行回应，表现出对对方话语的兴趣。同时，幼儿要接纳对方的言语习惯，忽略言语的方式而关注言语的内容，并对他人的想法持中立的态度，表示出理解与接纳，即使自己不赞成，也要等待对方讲完后再提出自己的看法。其次，帮助幼儿学会引导对方的言语，了解更多的信息。在倾听时，幼儿可以适时地进行提问或做出回应，这不仅可使对方感受到关注，还可使对方的话题朝自己想要的方向持续下去，以使自己获得更完全、更准确的信息。最后，教会幼儿从多个方面综合分析对方的想法。言语是表达思想的方式之一，但个体可以对之进行调控，出现言不由衷的现象。因此，幼儿在倾听时要进行多方面的观察，对方的眼神、手的活动、身体的姿态、腿的动作，以及当时谈话的情境，结合多个方面综合分析对方的话语，从而更准确地理解对方的想法。

(四)培养幼儿的阅读能力

　　言语的领会不仅包括对话语的倾听，还包括语言阅读。在现代社会，阅读越来越成为人们获取信息的重要途径，通过阅读，人们可增长知识、开阔眼界、陶冶情操。对于幼儿来讲，阅读还具有特殊的价值。阅读使幼儿学到优秀的语言模式，了解语言的恰当组织形式，学习如何与他人进行言语交往，有利于发展理解力，促进内部言语和思维的发展，为书面表达奠定基础。研究表明，3～8岁是幼儿阅读发展的关键期，因此教师要积极培养幼儿的阅读能力。

　　1. 培养幼儿阅读的兴趣

　　教师首先要让幼儿明晰阅读的价值与意义，然后可从形式和内容两个方面着手，激发幼儿的阅读兴趣。幼儿以具体形象思维为主，因此，提供给幼儿的阅读材料的色彩要美观，字体清晰而突出，并且配有精美的插图，这样的形式容易吸引幼儿的注意力，而精美的插图也有助于幼儿对内容的理解。在阅读材料的内容上，教师应选择那些充满童趣的文章，而且其语言需简洁明快、朗朗上口，使幼儿既容易理解，又容易诵读。另外，教师还要创设良好的阅读环境，营造浓厚的阅读氛围。在教室中设立阅读角、图书架，放置适于幼儿阅读的书籍等，或为幼儿订阅适合其年龄特点的刊物，这都有助于激发幼儿的阅读兴趣，促使幼儿主动阅读。

2. 防止幼儿养成使用不良阅读方式的习惯，培养其良好的阅读习惯

幼儿常常出现下列阅读方式：①出声阅读，即阅读时发出声音。阅读对幼儿来说是有一定难度的活动。遇到困难时，幼儿会用发出声音来帮助，因此在阅读时容易发出声音。即使有些幼儿能进行无声的思维，但仍喜欢出声阅读或唇读，或者在头脑中想着读音，这样的阅读方式与幼儿的年龄特点、生理发展水平有关。但是，如果养成习惯会影响思维的速度，还会对他人形成干扰。②指读。有些幼儿为了集中注意力，习惯采用指读的形式，这不仅影响阅读的速度，而且遇到生字或生词时容易停顿下来，妨碍对整段和整篇文章进行全面理解。③回读。有些幼儿一遇上不懂的字或词，就返回句首甚至段首进行重读；还有幼儿具有这样的心理定式，认为自己第一遍肯定读不懂，因此反复多次进行，浪费了大量的时间。教师要帮助幼儿改变这些阅读方式，使幼儿认识到这些方式的不良影响，同时对幼儿进行经常的提醒与督促，组织幼儿进行反复练习，从而养成良好的阅读习惯。

（五）培养幼儿的表达能力

倾听和阅读属于言语的领会过程，是个体对外界言语信息的接收。而表达属于言语的生产过程，是个体通过语言向外界传递自我的思想、感情。教师不仅要培养幼儿对言语信息的领会能力，同时还要培养幼儿的言语表达能力。表达能力是个体运用语言文字阐明自己的观点、意见或抒发思想、感情的能力。对幼儿来说，在言语活动中，表达能力主要是指口语表达能力。

幼儿在1岁左右已开始学着讲话，随着年龄的增长，口语表达能力不断提高，基本能表达出自己的思想、感情，但幼儿的口语表达在连贯性、逻辑性和丰富性上还较差，需要提高。教师可以采取以下措施来提高幼儿的口语表达能力。①鼓励幼儿的言语行为。口语表达能力只有在不断的言语实践中才能得到提高，但有些幼儿由于对自己能力不自信，或者担心自己表达不清，而不愿讲话或不敢讲话。因此，教师要帮助幼儿克服不敢讲话的胆怯心理，鼓励幼儿积极与他人交流。对于那些表达能力较弱、不敢开口讲话的幼儿，教师首先要对其发言行为予以肯定。幼儿讲话时，教师要认真倾听，并积极用话语或非言语方式如表情、动作等进行回应与反馈。当幼儿出现停顿时，他们可能是在思索如何继续下面的话，此时教师要耐心等待，如果幼儿仍不能将话题继续下去，教师再提出恰当的问题引导幼儿继续发言。教师不仅自己要鼓励幼儿的发言，还要提醒家长对幼儿的话语予以关注，对其话语表示理解与接纳，鼓励幼儿说话。另外，教师还应对幼儿进行教育，提醒他们要尊重同伴的发言，不随意打断他人的话语。②为幼儿创设多种发言机会。课堂是幼儿进行

学习的主要场所，教师要充分利用课堂培养幼儿的口语能力。在课堂上，教师要避免说得过多，幼儿言语实践太少，或因担忧课堂秩序而限制幼儿的言语活动。教师要创设机会让幼儿练习口语，如让幼儿朗诵诗歌、复述故事，教师提问让幼儿回答，或者组织讨论活动让幼儿各抒己见、相互交流等。在课堂外，教师也要有意无意地多与幼儿交谈，鼓励幼儿表达自己的观点与看法。教师还可以组织丰富多样的游戏活动，诸如讲故事、朗诵会、话剧表演、演讲比赛等，促进幼儿对语音、语调进行精细的锤炼，提高幼儿的口语水平。另外，教师也要多为幼儿组织合作性的活动，鼓励幼儿之间的言语交往。由于这种交往平等、轻松、自然，幼儿更容易在语言上相互学习与模仿。③提高幼儿口语的质量。教师不仅要让幼儿想说、多说，还要让幼儿会说。教师应为幼儿提供与日常生活相关的阅读材料或动画片等，让幼儿在阅读、观赏的同时，学习其中的优美词句，丰富自身的口语。同时，教师还要为幼儿树立良好的榜样，用词用语都要正确、规范。与幼儿进行言语交流时，对幼儿表达不准确或不通顺的地方，在其表达完后教师要进行温和的纠正，示范正确的表达方式，并注意丰富幼儿的词汇。

📒 **思 考 题**

1. 你最认同哪一种幼儿语言学习的理论？为什么？

2. 请观察某幼儿园教师的语言教学活动，并分析其在语言教学活动中运用了哪些策略促进幼儿的语言学习。

3. 如何根据婴儿的语言学习特点促进其语言学习？

第九章 幼儿的游戏与引导

本章提要 ▶

- 理解幼儿游戏的基本概念、分类和影响因素
- 了解有关幼儿游戏的理论流派
- 掌握游戏中幼儿心理的发展
- 掌握指导幼儿游戏的方法策略

陈鹤琴先生在《儿童心理之研究》中提到"游戏是儿童的生命"，游戏对"儿童的生活有莫大之功益"。几乎整个童年，儿童都是在游戏中度过的，游戏是儿童认识世界与自己的主要方式。本章对幼儿游戏的基本概念、分类和影响因素，幼儿游戏的理论流派，幼儿游戏心理特征的发展，以及幼儿游戏的引导等方面进行深入介绍。

案例 9-1

自发游戏的魅力 ①

今天，有几个孩子来得特别早，他们看到放在活动室里的大灰狼和小动物的头饰，就自发地玩起了"大灰狼抓小动物"的游戏。

游戏开始了，"大灰狼"一出现，所有"小动物"都躲到了活动室的一个角落里，相互挤压着。马上就有孩子觉得这样不安全，提议道："不好，会把小动物挤痛的，我们应该搭一个小动物的家！"很快就有幼儿搬来了几张椅子，围成了一个"家"。当"大灰狼"再次出现时，大家立即躲进"家"中。这时，"大灰狼"学《三只羊》的故事情境，用脚踢、用头顶"小动物"家的门，"小动物"们齐心协力顶住大门，还告诉大灰狼："我们的门是用钢筋水泥做成的，你撞不倒的，还会把你撞得头破血流！""大灰狼"摸摸自己的脑袋，不服气地说："我找个金刚钻把你们家的门打个洞，再钻进去

---

① 孙珊红：《自发游戏的魅力》，载《幼儿教育》，2013(25)。

吃你们。"说完，嘴里发出"哒哒哒"的凿洞声。眼看"家"快不安全了，"小动物"们又说："我们会喷出水来把你冲走！""大灰狼"说："我用大吸管把你们喷出的水装进一个大袋子里，这样你们就不能把我冲跑了，哈哈！""小动物"们又说："我们喷出火来把你烤熟！""大灰狼"又说："我根本就不怕火！"……这时，只见"大灰狼"趁大家不备抓起一只"小动物"准备带走，谁知抓的是一只"乌龟"。这时"乌龟"把头一缩说："大灰狼，我变成了一块石头，让你吃！""大灰狼"一咬便龇牙咧嘴，灰溜溜地跑了。"小动物"们欢呼起来："哦，我们战胜大灰狼了！"

没有剧本，没有导演，也没有事先排练，我不禁为孩子们的表演喝彩。他们的想象那么丰富，创造力那么强，玩得那么投入、愉快，这样的情形在教师主导的活动中很难见到。而这正是自发游戏的魅力。我们应该给予幼儿充分游戏的机会，鼓励幼儿自主选择游戏内容、伙伴和材料，支持幼儿创造性地开展游戏，体验自主游戏的快乐和满足。

第一节　幼儿游戏的基本原理

"游戏是儿童的生命"，没有不做游戏的儿童，没有不喜欢游戏的儿童。人们随时都能看到幼儿在进行各式各样的游戏，他们或是玩过家家，扮演"爸爸"或"妈妈"，或是表演"小红帽"的故事，或是搭建"高楼大厦"，丰富多彩的游戏不仅能促进幼儿身体运动技能的发展，还能促进幼儿感知、语言、认知、社会性和情感情绪等方面的发展。然而，受传统价值观念的影响和社会发展条件的制约，即使到了今天，仍有人不理解幼儿游戏：或是轻视游戏的价值，将其与"玩"等同；或是剥夺幼儿"游戏"的时间。为了更好地发挥游戏对幼儿身心发展的促进作用，我们需要理解幼儿游戏的基本原理，包括明确幼儿游戏的基本内涵和特征，了解幼儿游戏的分类及影响因素，这也是掌握幼儿游戏引导技巧的基础和前提。

一、幼儿游戏的基本概念

关于"游戏"，学界一直没有一个普遍认同的定义，不同领域的学者对游戏的界定有着自己的侧重。首先，从语言学角度看，约翰·赫伊津哈（Johan Huiz1nga）通过对希腊语、梵语、日语、汉语等几十种语言中"游戏"一词的语义分析发现，有多少种语言就有多少种游戏的界定，如现代欧洲语言中的"游戏"泛指某些轻松的行为和运动，覆盖面扩展为许多组概念。[①] 汉语中对游戏一词有"玩""游""嬉""遨"等几种

---

① ［荷］约翰·赫伊津哈：《游戏的人：文化中游戏成分的研究》，何道宽译，32～38页，广州，花城出版社，2007。

表达方式，强调闲逛、游玩、玩耍之意。① 通过对不同语言中游戏概念的分析，我们发现，它们具有相似之处，都将游戏与动作联系在一起，强调游戏是一种轻松、自主、休闲的娱乐活动。

其次，从生物学角度看，学者从不同的角度对游戏进行了界定。例如，席勒（Schiller，1759—1805）和斯宾塞（Spencer，1820—1903）认为游戏是过剩生命能量消耗的过程，把游戏看作一种生物本能的活动，一种发泄过剩能量的活动；格鲁斯（Groos K）认为幼儿先天的本领不能适应未来生活的需要，因此需要加以练习，游戏是练习成年后维持生存所必需的技能的活动。尽管生物学对游戏的解释是相互矛盾的，但就是这种矛盾促使人们进一步考察游戏的相关问题，推动游戏理论的发展。

再次，从社会学角度看，游戏是人类社会的活动现象，是一种社会文化现象。维果茨基提出游戏是在真实的实践外，在行动上再造某种生活现象的活动，在这个过程中，幼儿凭借语言，以角色为中介，了解、学习和掌握基本的社会关系。② 艾利康宁（Ellikoning）也指出游戏是借助想象，再现人与人之间的关系的活动。③ 游戏在人类不同历史发展阶段都普遍存在，并且游戏形式的变迁反映了历史的发展过程。在不同社会文化下，游戏的内容和形式也有所不同。在西方，游戏多是力量型、运动技能型的对抗类游戏；在东方，个人技能技巧型游戏较多，如七巧板、华容道和文字游戏等。

最后，从教育学角度看，游戏是幼儿有目的、有意识、积极地反映个体经验的活动。教育家乌申斯基（Ushinski）指出，游戏是一种活动，这种活动的性质是自觉的、有意识的、有目的的。④ 幼儿为满足自己生理和心理方面的需要，把在现实生活中获得的经验和印象，通过语言和行动在游戏中反映出来。这种反映不是原封不动地再现，而是经过加工制作后创造性地再现。游戏符合幼儿生理和心理发展需要，能给其带来愉悦的情绪体验，是幼儿主动的、自愿的、愉快的活动，正如马卡连柯（Makarenko）指出的，游戏是幼儿主要的活动，幼儿甚至在做重要工作的时候，也经常将其当作游戏。⑤

可见，游戏是幼儿有目的、有意识、积极地在假想情境中反映现实生活的活动，是幼儿主动的、自愿的、愉快的重要活动。游戏通常是指幼儿运用一定的知识和语言，借助各种物品，通过身体运动和心智活动，反映并探索周围世界的一种活动。⑥

---

① 丁海东：《学前游戏论》，8 页，济南，山东人民出版社，2001。
② 吕晓、龙薇：《维果茨基游戏理论述评》，载《学前教育研究》，2006(6)。
③ 杨兴国：《艾利康宁游戏理论述评》，载《四川职业技术学院学报》，2010，20(2)。
④ ［俄］乌申斯基：《乌申斯基教育文选》，张佩珍、冯天向等译，208～209 页，北京，人民教育出版社，1991。
⑤ 王春燕、陈倩巧：《游戏整合幼儿园课程的可能性与策略》，载《学前教育研究》，2008(7)。
⑥ 《中国大百科全书·教育》，500 页，北京，中国大百科全书出版社，1985。

二、幼儿游戏的特征[①]

国内外学者对游戏的特征提出了各自的观点，国外学者提出的特征主要包括"三内说"、四因素、五因素、六因素等（Neumann，1971；Krasnor & Peplerp，1980；Catherine Garvey，1982；Rubin，1983），强调游戏者对游戏的控制、游戏者积极的情绪体验、游戏是虚拟的、游戏是自发的等。国内学者提出的特征主要包括主动性、虚构性、兴趣性、形象性和社会性等。总之，学者都强调游戏中幼儿的积极情绪、内在动机和自由选择，以及游戏的虚构性和过程导向。[②]

(一)积极情绪

游戏总是伴随着幼儿的欢声笑语，正如马卡连柯在其讲座"游戏"中提到的"游戏能使儿童愉快"[③]，即使在规则性要求很高或较为紧张或严肃的游戏中，幼儿体验到最多的也是愉悦的感觉。维果茨基也曾提到"游戏的重要特征就是能够产生快乐的规则"[④]，这是因为幼儿通过游戏获得的积极情绪体验超越了其他情绪带给他的感受，甚至有些幼儿游戏在成人看来是非常危险的，幼儿还是乐此不疲，似乎没有感受到危险，反而充满了愉悦。

(二)内在动机

游戏的动机来自游戏者内心，自身的需要促使他们进行游戏活动。游戏本身就是自得其乐的，它使幼儿摆脱束缚，追求自由，获得真实、丰富的情感体验与感悟。正如米舍莱（Michelet）所言："游戏显然是一种无偿的活动，除了它本身带来的娱乐外，没有其他目的。"[⑤]在游戏过程中，幼儿以行动来实现自身的内在动机，如在骑"马"的游戏中，幼儿将骑马的内在动机转移到"木棍"假想物上，这个过程实现了"马"意义的转移，从而使幼儿有"马"可骑。

(三)自由选择

爱游戏，是幼儿的天性。幼儿对于游戏有着自己的理解，他们认为游戏是自己可以自由选择的一种活动，反之，就是一种"工作"。金（King）的研究发现，对于幼儿来说，如果是自己选择的就是游戏，如果是老师分配的就是工作。[⑥]

(四)虚构性

虚构性也是幼儿游戏的一个主要特征。幼儿能够在想象情境下从现实的束缚中解脱出来，它将游戏与日常生活区分开来。幼儿未被满足的欲望可以在虚构情境中

---

① 刘焱：《儿童游戏通论》，144～149 页，北京，北京师范大学出版社，2008。

② [美]詹姆斯·约翰森、詹姆斯·克里斯蒂、弗朗西斯·华德：《游戏、儿童发展与早期教育》，马柯译，14～15 页，南京，南京师范大学出版社，2013。

③ 吴式颖：《马卡连柯教育文集》下卷，161 页，北京，人民教育出版社，1985。

④ 转引自姜勇：《国外学前教育学基本文献讲读》，310 页，北京，北京大学出版社，2013。

⑤ 转引自瞿葆奎：《教育学文集》，十一卷，182 页，北京，人民教育出版社，1991。

⑥ 转引自上海市学前教育网：《一、游戏的特征与定义》，http://www.age06.com/Age06Public/SPEAuditing/PostPreview.aspx? view&ContentID=769933，2021-06-21。

得到满足，如有的幼儿想骑马，这个愿望不易实现，但是在游戏中，幼儿可以利用一根木棍，将其想象为一匹马，在这个过程中，木棍把马的意义从一匹真正的马身上抽离出来了，成为幼儿基本心理结构发展的关键。此外，虚构性使幼儿处在一种"好似"的立场看待周围的世界，有助于其摆脱此时此地的限制，通过以物代物和以人代人，尝试无尽可能。

(五)过程导向

幼儿在游戏时主要关注活动本身，而非活动目标，因而无须承受太多实现目标的压力，可以在游戏过程中尝试各种方式。值得注意的是，在具有竞赛性的游戏中，仍体现着游戏的过程导向，原因如下：①实现目标需要过程；②竞赛游戏从本质上来说也是一种规则性游戏，服从规则恰恰是通往愉悦感的捷径[①]，幼儿体会到的这种积极的情绪体验超越了其对胜利的渴望。

三、幼儿游戏的分类

幼儿游戏内容丰富、形式多样，有的幼儿喜欢角色扮演，有的幼儿喜欢户外运动，有的幼儿喜欢独自游戏，有的幼儿喜欢与他人合作。如同游戏概念一样，学者对游戏的分类提出了不同观点。一般而言，心理学侧重于按照幼儿心理活动的发展分类，如将认知发展和社会性发展作为分类标准。教育学侧重于将游戏作为一种教育手段来分类，如将教育的功能作为分类标准。[②]

(一)根据幼儿认知发展的特点进行分类

认知心理学者通常按照幼儿认知发展的特点与水平，将游戏分为感觉运动游戏、象征性游戏、结构性游戏和规则性游戏。

1. 感觉运动游戏

感觉运动游戏是0～2岁婴幼儿最典型的游戏，也是最早出现的游戏形式，也被称为"练习性游戏"或"机能游戏"。婴幼儿最初将自己的身体作为游戏中心，之后逐渐摆弄与操作具体物体，从简单的、重复的练习中尝试发现、探索新的动作，通过感知和动作来认识环境、与人交往，主要表现形式为徒手游戏或重复操作物体，如反复摇晃木棒，绕着房间跑圈等。

2. 象征性游戏

象征性游戏是2～7岁幼儿最典型的游戏形式。2岁以后开始大量出现，4岁以后是比较成熟的阶段。象征即用具体的事物表现某种特殊的意义，事物的意义发生了转换，幼儿在这个过程中创造了"意义/实物"的结构，即语词的意义和实物的意义在这个结构中主导并决定了幼儿自身的行为[③]，"以物代物"和"以人代人"是象征的

---

① 转引自姜勇：《国外学前教育学基本文献讲读》，310页，北京，北京大学出版社，2013。
② 本书中游戏的分类采用了刘焱《儿童游戏通论》一书中的分类标准。
③ 转引自姜勇：《国外学前教育学基本文献讲读》，311页，北京，北京大学出版社，2013。

表现形式。象征性游戏的主要特征是模仿和想象，如"过家家"等。

3. 结构性游戏

结构性游戏是幼儿利用各种结构材料来建构、反映现实生活中的物体的活动。它是游戏活动向非游戏活动的过渡，前期带有象征性，后期逐渐成为一种智力活动。结构性游戏材料丰富，可以发展幼儿对物体的形状、色彩、大小、轻重等方面的认知，获得结构、造型等方面的知识技能，还能培养幼儿的审美情趣。典型的结构性游戏包括幼儿堆雪人、用沙筑碉堡、用积木或雪花片积塑搭建模型等。

4. 规则性游戏

规则性游戏是两个及以上的幼儿在一起，按照一定的规则进行的、具有竞赛性质的游戏。规则性游戏不仅有助于发展幼儿的思维能力、运动能力和艺术感受能力，还有助于幼儿认识、理解和遵守规则。规则性游戏的内容十分丰富，如以锻炼观察力、记忆力和思维为内容的智力游戏，以走、跑、跳等活动为内容的体育游戏，以唱歌、舞蹈等为内容的音乐游戏。

(二)根据幼儿社会性发展的特点进行分类

游戏的分类也可根据幼儿在游戏中的社会参与水平来进行，根据社会参与水平的不同，幼儿的游戏分为以下六种。

1. 无所事事或偶然行为

幼儿无所事事，行为缺乏目标，以无休止的随机活动打发时间。例如，注视"碰巧"引起兴趣的事物，玩弄身体，在椅子上爬上爬下，偶尔看着他人，随着教师坐在固定的位置目光却四处漂移等。

2. 旁观行为

幼儿有针对性地观看他人游戏，偶尔与游戏者交谈，主要是提出问题或提供建议，没有通过肢体动作介入他人游戏。旁观游戏可能是游戏，也可能不是游戏。

3. 独自游戏

幼儿在近距离内，专注玩耍各自手中与伙伴不同的玩具，不存在关于游戏行为的交谈。独自游戏中，幼儿出现的言语行为，或者指向自己的游戏，或者指向两人游戏以外的行为动作。

4. 平行游戏

幼儿各自操作着和旁边幼儿相同或相近的玩具，相互之间存在模仿等行为，同时伴随相应的言语交流，但并不与其他幼儿进行交谈。平行游戏中幼儿间没有合作行为，一个人离开后，另一个人还会继续玩下去。

5. 联合游戏

两名或多名幼儿在一起，进行相似(有可能相同)的活动，相互之间可能存在自发配合的动作，但由于每个幼儿仍以自己的兴趣和愿望为中心，因此联合游戏缺少共同计划及明确的分工与合作。一个幼儿的退出并不会影响游戏的进行，其他幼儿会继续玩下去。

6. 合作游戏

两名或多名幼儿在一起，围绕共同的游戏主题，采取分工合作的游戏方式，共同计划和组织活动的目标、结果及材料的使用。

(三)根据游戏中占优势的心理成分进行分类

我们还可以根据幼儿在游戏中占优势的心理成分的不同，将游戏分为机能游戏、想象游戏、欣赏游戏和创作游戏四种。

1. 机能游戏

机能游戏是2岁以前婴幼儿的典型游戏，2岁以后有减少的倾向。这种游戏以感觉器官的感受和身体的运动为主要成分，占优势的心理成分是"机能性快感"，如上下楼梯、捉迷藏等。

2. 想象游戏

想象游戏也被称为"模拟游戏"，是指利用玩具来模仿各种人和事物的游戏，游戏中占优势的心理成分是模仿与想象。一般从2岁左右开始，随着年龄的增长而逐渐增多，典型的想象游戏有"过家家""开火车"等。

3. 欣赏游戏

欣赏游戏又被称为"美感游戏"，是幼儿作为听众或者观众以理解为主的游戏，是一种接受性游戏。欣赏游戏大约2岁时出现，但幼儿对所见所闻的理解直到四五岁才会加深，典型的欣赏游戏有看图画书、看电视、听故事、听音乐、参观动物园等。

4. 创作游戏

创作游戏也被称为"结构性游戏"。与欣赏游戏不同，创作游戏不是"被动"地观赏而是"主动"地创造与建构，进而欣赏自己创造成果的活动。这种游戏一般2岁左右开始出现，4～6岁时数量较多，典型的创作游戏有搭积木、绘画、折纸、玩沙等。

(四)根据游戏教育功能进行分类

受苏联的影响，长期以来，我国幼儿园习惯按照教育作用对游戏进行分类，将幼儿园游戏分成两大类：创造性游戏和规则性游戏。其中创造性游戏包括角色游戏、结构性游戏、表演游戏，规则性游戏包括智力游戏、音乐游戏、体育游戏。

1. 创造性游戏

创造性游戏充分体现了幼儿的自主性，是幼儿时期的典型游戏，是幼儿创造性地反映生活内容的游戏，游戏主要是由幼儿依照自己的兴趣爱好和知识能力进行创造的过程。其中，角色游戏是指幼儿通过扮演角色，运用想象，创造性地反映个人生活印象的一种游戏，典型的想象场景有超市、美发屋、娃娃家等，是学前期最典型、最有特色的游戏，也是最有代表性的象征性游戏。结构性游戏是幼儿利用各种建筑、结构材料的游戏，典型的材料有积木、积塑、沙、土、金属部件等。表演游戏是幼儿根据故事、童话等内容，通过动作、表情、语言、扮演角色等进行创造性表演的游戏，通常有幼儿表演、木偶表演、桌面表演、皮影表演等。

2. 规则性游戏(教学游戏)

规则性游戏是根据幼儿发展的要求编制的，一般由游戏的目的、玩法、规则和结果四部分组成，其中规则是此类游戏的核心。如果按照游戏的特点来界定，它不属于严格意义上的游戏，只是教师为了教学的需要而编创的，我们按照习惯称之为"教学游戏"，或按照其规则的严格性称之为规则性游戏。其中，智力游戏是以生动有趣、活泼新颖的游戏形式，使幼儿在轻松愉快的活动中增长知识、发展智力的游戏。音乐游戏是在歌曲或乐曲伴奏下进行的游戏。体育游戏则是以身体练习为主要内容，以发展基本动作为目的的游戏活动。

需要指出的是，创造性游戏也是有规则的，规则性游戏也是有创造的。只不过创造性游戏的规则是内隐的，对游戏活动的制约是潜在的；规则性游戏的规则是外显的，对游戏活动的制约是公开的。

此外，加维(Garvey C)根据游戏活动对象进行分类，将游戏分为以身体运动为材料的游戏、以物体为材料的游戏、以语言为材料的游戏、以社会生活为材料的游戏、以规则为材料的游戏。还有对于民俗起到传承作用的民间游戏，是由历代人民群众创编并在民间得以流传的游戏，它具有群众喜闻乐见的游戏内容和形式，并在儿歌、民谣、顺口溜的伴唱下进行各种动作，如"丢手绢""捞鱼""跳皮筋""种莲子""剪纸""折纸"等。[1] 随着社会发展而产生的电子游戏，主要指的是任何形式的计算机娱乐软件以及基于各种电子控制平台的单机或网络游戏，种类丰富，可以分为角色扮演类、模拟仿真类、动作类、冒险类、运动类、桌面类等。[2] 需要注意的是，游戏分类是为了更深入地研究游戏的本质与特征以及在实践中的操作。由于游戏本身具有复杂性和多样性，而且各类游戏的呈现往往是相互交叉的，随时会发生相互之间的转化，因此，我们应该看到现实中游戏活动的复杂性，不能简单地将其割裂。

四、幼儿游戏的影响因素

游戏除了受幼儿身心发展水平的影响外，还受幼儿所处物理环境和社会环境的影响。游戏的物理环境因素、社会环境因素和个体因素是影响游戏开展的三大因素。

(一)物理环境因素的影响

物理环境对幼儿游戏的影响主要表现在室内空间、户外环境、游戏时间和游戏材料方面。

---

① 林崇德：《中国优生优育优教百科全书·优教卷》，350～351页，广州，广东教育出版社，2000。
② 吴航：《游戏活动与幼儿教育》，167～168页，北京，人民教育出版社，2012。

1. 室内空间

在室内空间方面，空间密度和空间结构对游戏产生较大影响。空间密度是指幼儿在游戏环境中所占人均空间大小，即室内拥挤程度的指标，数值越小显示越拥挤。空间密度的公式如下：空间密度＝(房间大小－不可用的空间大小)/孩子人数。史密斯和康洛利的研究发现，空间越拥挤，粗大动作的游戏行为越少，当人均 7 平方米降到约 2.3 平方米时，会影响幼儿的社会性行为，增加其交往合作的频率。但继续降低到人均 1.4 平方米时，攻击性行为会显著增加，团体游戏则明显减少。[1]

空间结构主要探讨的是室内空间的开放和分隔，以及如何安排空间分隔。活动区的不同分隔形式会对游戏产生不同的影响，如分隔物不能太高，因为太高的分隔物会阻挡幼儿对陈列的材料物品设备的视线；区域之间的过道要宽敞清晰，以便幼儿能分辨清楚各活动区域，从而有利于其在各活动区的适当流动；互补区域应安排在互相邻近的位置，如积木区和"娃娃家"角色扮演区；相互干扰区域应远离和封闭，如积木区和图书区。[2] 游戏设备的摆放位置也会影响幼儿游戏行为的发生，有研究发现，在场地中心位置的游戏设备比角落位置的更能引起幼儿游戏。

信息栏 9-1

教室空间安排的调整[3]

威林(Willing)的个案研究反映了合理的教室空间安排的重要作用。她带的孩子是 3～4 岁的幼儿，自由游戏期间，很多幼儿粗野地嬉戏打闹，还有很多攻击性行为，而且他们很少光顾"娃娃家"等角色游戏的区角参与游戏，所以她开始反思自己教室的问题(图 9-1)，她发现目前的教室存在以下问题。

①教室中间太空了，使得孩子们追逐打闹。

②游戏区(积木区、图书区、艺术区和"娃娃家")的布置不太好。例如，"娃娃家"位于教室开放区的一角，没有"家"的感觉，"娃娃家"的器具散布在整间教室内。

③一些相邻的活动区互相干扰，如吵闹的积木区与安静的图书区放在一起就不合适。

④教室里没有清楚的活动路径，从教室的进口到另一端，孩子们必须沿着积木区走(这常常会弄倒孩子用积木搭建的作品)，又要穿过一排艺术区使用的桌子，导致孩子们产生很多冲突。

威林重新布置了教室：她移走了桌子，增加了几个分隔物将大空间间隔开，制

---

① 张莹、华爱华：《游戏时长对幼儿积木游戏行为与作品的影响》，载《学前教育研究》，2009(2)。
② 华爱华：《幼儿游戏理论》，189～190 页，上海，上海教育出版社，2000。
③ [美]约翰逊：《游戏与儿童早期发展》，华爱华译，271～273 页，上海，华东师范大学出版社，2006。

造了一条清楚的活动路径。她将几个游戏区重新安排，使得游戏区之间不产生冲突（图 9-2）。

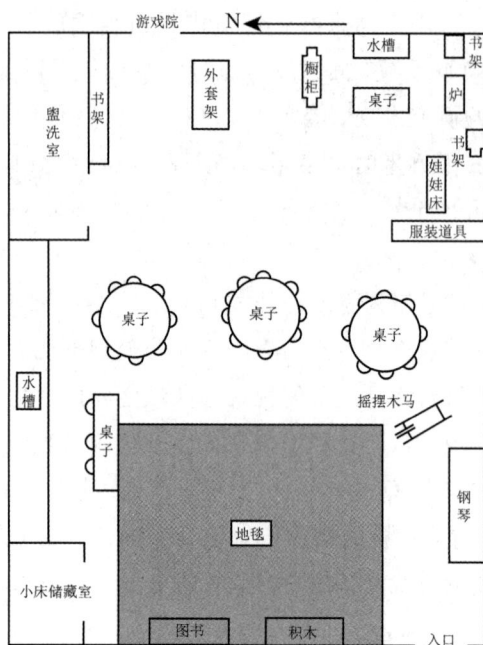

图 9-1 威林最初的教室空间安排

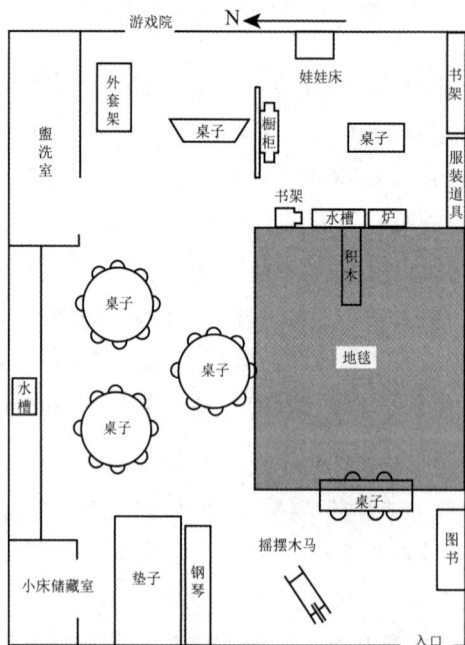

图 9-2 威林调整后的教室空间安排

经过一星期的适应，孩子们的游戏开始有所变化，"娃娃家"和积木区的游戏增多了，粗鲁及攻击性行为也显著减少了。威林发现自己用在解决孩子争端和维护孩子纪律的时间也减少了，有更多的时间在孩子游戏时进行互动。

2. 户外环境

户外环境从结构特征上来看，分成传统的游戏场地（只安置一些固定常规的运动设施，设施之间缺乏联系）、创造性的游戏场地（提供多样化的游戏设施）和冒险性的游戏场地（利用自然环境和各种废弃物规划的游戏场地），每种游戏场地对幼儿游戏的发展各有利弊。弗洛斯特（Frost）和康普贝尔（Compbell）比较了 52 名二年级儿童在传统的游戏场地及创造性的游戏场地的游戏行为，发现两个场地所产生的认知性游戏行为次数有明显差异（表 9-1）。[①] 另外，还有学者对各类户外游戏场地的设计特点进行了总结（表 9-2）。[②]

表 9-1　二年级儿童在不同游戏场地中游戏行为的比例

场地	社会性游戏	认知形态的游戏		
	平行游戏	功能性或运动性游戏	建构或戏剧性游戏	规则性游戏
传统的游戏场地	29.5%	77.9%		√
创造性的游戏场地	12.6%	43.7%	√	

注：表中打"√"表示次数多于另一个空白。

表 9-2　户外游戏场地设计特点

设计特点	传统的游戏场地	创造性的游戏场地	冒险性的游戏场地
联结性	－	＋＋	＋
材料的灵活性	－	＋	＋＋
逐渐递增的挑战	－	＋	＋
多样化的经验	－	＋	＋＋
功能性游戏	＋＋	＋	＋
建构性游戏	－	－	＋＋
象征性游戏	－	＋	＋＋
团体游戏	－	＋	＋

注："－"表示弱，"＋"表示强，"＋＋"表示极强。

3. 游戏时间

游戏时间是幼儿游戏的重要保证，相关研究表明，游戏时间的长短影响幼儿认知等方面的发展。幼儿在约 30 分钟的游戏中才能逐渐发展出有利于社会和认知等层面的较高层次的游戏形式，包括完整的游戏活动、团体游戏、建构游戏等；而幼儿

---

① ［美］Frost：《儿童游戏与游戏环境》，江丽莉译，179～180 页，台北，五南图书出版公司，1997。

② ［美］约翰逊：《游戏与儿童早期发展》，华爱华译，289 页，上海，华东师范大学出版社，2006。

在约 15 分钟的时间内往往只能进行一些旁观游戏、平行游戏以及模仿游戏等。[①] 充裕的时间是幼儿尝试和探索各类游戏的前提：时间充足，幼儿能够尽情地投入，愉快地探索；时间不足，幼儿不仅不能感受游戏的乐趣，反而会因为自身的想法得不到实施，进而厌倦游戏。对于幼儿而言，每天自由游戏的时间一般不少于 1 小时。[②]

4. 游戏材料

英国对幼儿园儿童的一项研究发现，97％的幼儿在自由游戏期间会使用某些玩具。[③] 不同的游戏材料对幼儿游戏的选择具有某种定向功能，有学者对其进行了归纳，具体见表 9-3。

表 9-3 不同的游戏材料对不同游戏类型的促进作用

游戏材料	社会性水平		认知水平		
	非社会性*	团体性	功能性	建构性	戏剧性
家务游戏玩具		+			+
娃娃		+			+
化妆服装		+			+
交通工具		+			+
积木	+	+		+	+
拼图	+			+	
穿珠子	+				
剪刀、颜料	+			+	
黏土、橡皮泥	+		+		
沙、水	+		+		

注：＊非社会性指独立游戏和平行游戏。

游戏材料的数量和搭配也会影响游戏的主题和品质。有学者做过这样的实验，他将两个大小、形状、颜色、开孔数一样的大纸板进行装饰，一个装饰成汽车，一个装饰成无实物形象的抽象物，结果在游戏中，儿童利用装饰成汽车的纸板箱玩耍的主题均与汽车有关。刘焱的研究也表明，玩具材料的种类、性质、数量搭配的关系影响着幼儿游戏的发生与发展。[④]

(二)社会环境因素的影响[⑤]

社会环境对幼儿游戏的影响主要表现在家庭、玩伴、媒体技术等方面。

1. 家庭的影响

和谐的亲子关系及亲子间的安全型依恋关系对幼儿的游戏有很好的促进作用。

---

① 黄瑞琴：《幼稚园游戏的课程》，114 页，新北，心理出版社，1992。
② 丁海东：《学前游戏论》，111 页，济南，山东人民出版社，2001。
③ ［美］约翰逊：《游戏与儿童早期发展》，华爱华译，300 页，上海，华东师范大学出版社，2006。
④ 刘焱：《儿童游戏的当代理论与研究》，198～203 页，成都，四川教育出版社，1988。
⑤ 华爱华：《幼儿游戏理论》，198～208，上海，上海教育出版社，2000。

研究表明，良好的母子关系，可以使孩子的好奇心和求知欲增强，有积极探索的热情，善于社会交往，游戏积极性高。[①] 还有研究表明，父母对幼儿游戏的性质产生不同的影响，对于 2 周到 6 个月的婴儿来说，母亲主要引发和保持视觉游戏，父亲主要引发触觉、肢体运动游戏。[②]

家长的育儿态度也会影响幼儿游戏品质。例如，敏感型家庭（过度保护孩子）的孩子不能独自游戏，与别人游戏易听从别人意见，好模仿，也容易旁观别人游戏；冷漠型家庭（放任自流）的孩子往往自立性和独立性较强，游戏中自主意识较强，但缺乏必要的交往技能，游戏中不能很好地理解别人。此外，家庭结构是否完整也会影响幼儿游戏。赫瑟林顿（Hetherington）的研究发现，在不完整家庭中的幼儿更易情绪焦虑，这会影响他们社会性和想象力的发展以及思维的变通性，使其游戏水平较低。此外，研究还发现家庭破裂对男孩的影响会更深，更难以调节。[③]

2. 玩伴的影响

是否拥有游戏玩伴影响幼儿游戏的内容和复杂程度。鲁本斯坦（Rubenstein）和豪斯（Howes）的研究表明，比起独自玩，与玩伴一起玩的游戏更趋于复杂化，幼儿似乎更易发现物体的性质，更多地运用想象和装扮来使用物体。[④] 此外，幼儿有了玩伴还有助于游戏社会性和合作性的增强。玩伴的熟悉程度也将影响幼儿游戏的类型，相关研究表明，装扮游戏较多发生在熟悉的玩伴之间，不熟悉的玩伴之间更多开展平行的机能性游戏，而且熟悉的玩伴间的游戏频率更高。

同龄幼儿或混龄幼儿也会影响游戏的进行。没有与年长者的交往，会减少幼儿提升游戏技能和增加经验的机会；没有与年幼者的交往，会影响幼儿社会责任心、自主感和组织能力的补偿发展；没有与同龄玩伴的交往，幼儿会失去比较的机会和社会合作的可能。因此，应提供幼儿与各年龄阶段幼儿游戏的机会。此外，玩伴的性别也会对游戏产生不同的影响。

3. 媒体技术的影响

在日常生活中，幼儿会用一部分时间去看图画书、听广播、看电视、玩电子游戏等。尽管这些游戏也是幼儿自愿选择的，但与其他游戏形式相比，它们的发展更多地受制于技术的发展。随着网络技术的发展，其在教育中发挥着越来越重要的作用，在学前教育领域亦是如此，但水能载舟亦能覆舟。例如，媒体为幼儿提供了可模仿的形象模式，这会影响幼儿创造性想象的发展；过多的屏幕刺激、快速移动的图像和屏幕频道间的跳跃，会影响幼儿注意凝聚力的发展。[⑤] 还有研究指出电子游戏用户低龄化趋势明显，有 5.21% 的幼儿在 1～2 岁就已经接触电子设备并开始玩

① 缪小春：《儿童早期经验在心理发展中的作用》，载《心理科学》，2001(3)。
② 明玉君：《幼儿心目中的父母角色形象研究》，硕士学位论文，上海师范大学，2010。
③ 刘金花：《儿童发展心理学》，210 页，上海，华东师范大学出版社，2006。
④ 刘焱：《儿童游戏的当代理论与研究》，209 页，成都，四川教育出版社，1988。
⑤ 华爱华：《幼儿游戏理论》，206～207 页，上海，上海教育出版社，2000。

电子游戏了，而由于不少家长媒体素养不高，其对幼儿玩电子游戏的认识还比较浅显，部分家长甚至将电子游戏作为让幼儿保持安静的重要手段，这些都不利于对幼儿电子游戏进行有效约束。[①]

此外，课程方案对幼儿游戏的影响也是举足轻重的。幼儿园的课程方案往往分成两类：一类是以幼儿为中心组织起来的，一类是以教师为中心组织起来的。前者更多地激发了幼儿想象性游戏，后者更多地引发了幼儿操作性游戏。

（三）个体因素的影响

个体因素对幼儿游戏的影响主要表现在性别差异、个人偏好等方面。

1. 性别差异

研究发现游戏的性别差异在出生后的第二年就已显露出来，并随着年龄的增长而愈加凸显，主要表现在游戏类型、玩具、角色等方面的选择上，如男孩比女孩更喜欢户外的假装游戏，而女孩则比男孩更喜欢室内装扮性游戏。有研究发现某些玩具更受男孩或更受女孩偏爱，莱茵戈德（Rheingold）和库克（Cook）对96名1~6岁儿童的房间进行调查发现，女孩房间中放的更多的是娃娃，男孩房间中更多的是磁铁、宇宙飞船等。[②] 还有研究发现，幼儿在游戏中更倾向于选择同性伙伴，而且随着年龄的增长这种倾向越来越明显，并提出3岁的幼儿在游戏中已表现出同性倾向，且不同性别的游戏伙伴在游戏行为上也存在差异，同为男孩的游戏伙伴比同为女孩的在游戏中更易发生争夺玩具等冲突。[③]

2. 个人偏好

幼儿不同的认知风格会形成不同的个人偏好，个人偏好的不同也会形成不同的游戏风格。有学者对游戏中幼儿认知风格方面的个体差异进行了研究，结果发现，有些幼儿易被人际互动吸引，而有些幼儿更喜欢单独活动。还有学者发现了场依存型和场独立型两种不同的幼儿认知风格。其中"场独立"的幼儿具有喜欢感知物体、能够把物体从场景中分离出来、不服从权威、有自己的价值判断等特征，他们更喜欢单独游戏，不迷信权威，分析能力强，记忆能力和解决问题的能力较强；而"场依存"的幼儿具有依赖周围感知场景、相信权威、对人有兴趣等特征，他们更喜欢社会性游戏。[④] 还有学者对同一性别幼儿游戏行为与其认知风格之间的关系进行了研究，发现二者密切相关，其中大部分场依存型女孩选择了"娃娃家"，而场独立型女孩则全部选择了除去"娃娃家"以外的独自活动（如积木、手工粘贴等）。[⑤]

---

① 任振林：《家庭中幼儿玩电子游戏情况调查研究：以重庆市S区为例》，硕士学位论文，重庆师范大学，2018。

② 邱学青：《学前儿童游戏》，166页，南京，江苏教育出版社，2005。

③ 武建芬：《幼儿自由游戏活动中同伴交往的特点》，载《学前教育研究》，2008(5)。

④ 萨拉科、周欣：《儿童的游戏行为和认知风格》，载《心理发展与教育》，1991(3)。

⑤ 邱学青：《学前儿童游戏》，164页，南京，江苏教育出版社，2005。

第二节　幼儿游戏理论流派与教育

在历史上，人们很早就注意到了儿童的游戏，在一些思想家、教育家的著作中就可以找到有关游戏的零星论述。如《韩非子·外储说左上》有云："夫婴儿相与戏也，以尘为饭，以涂为羹，以木为胾，然至日晚必归饷者，尘饭涂羹可以戏而不可食也。"这种以泥土为饭食、以木头为肉块的幼儿过家家的游戏，直至今日仍是如此。但是真正尝试系统地解释游戏的原因与功能的、建构系统化的游戏理论，直到18世纪才开始出现。

不同的学科从不同的角度看待游戏。大体上说，生物学家和生理学家容易把游戏看成生物和人的本能，人类学家倾向于把游戏看成幼儿学习求生本领的过程，社会学家往往把游戏看成幼儿社会化的必备条件，历史学家容易把游戏看成文化发展的动因之一。[①] 本节主要按照时间顺序探讨游戏理论与教育的发展，分别从古典游戏理论、现代游戏理论以及游戏理论的新视角探讨幼儿的游戏与教育。

一、从古典游戏理论看幼儿的游戏与教育

古典游戏理论在19世纪初起源于欧洲和北美洲，受到达尔文进化论的影响，以人的起源为核心，探讨人类各种行为的起源问题。古典游戏理论主要想解决的问题是游戏为何存在以及游戏的目的何在。在达尔文进化论的影响下，它们都试图在人类的本性或本能中寻找上述问题的答案，因此带有浓厚的生物学色彩，主要是主观思辨的产物。每一种理论都或多或少地解释了动物乃至人类的游戏行为，直到今天仍影响着我们对游戏的理解。

（一）剩余精力说（精力过剩说）

这是最早出现的游戏理论之一，初见于18世纪德国诗人和哲学家席勒的著作中。他认为游戏与审美活动的性质相同，都是超越了功利活动范围的"自由活动"，后由19世纪英国哲学家斯宾塞发展并形成"剩余精力说"。这种游戏理论认为：游戏是机体的基本生存需要（吃、喝等）得到满足之后，仍有富余的精力的产物。因此，游戏就是"剩余精力的无目的的消耗"，这里的"无目的"应理解为"无功利目的"。而因为小动物和人类幼儿还不需要对自己的生存承担责任，所以全部精力都是"剩余的"，并且通过游戏被消耗掉。

剩余精力说能够解释为什么高等动物的游戏行为要远多于低等动物：因为低等动物需要将所有时间和精力都用于生存活动上，忙于逃避天敌、寻找食物、照料后

---

① ［荷］约翰·赫伊津哈：《游戏的人：文化中游戏成分的研究》，何道宽译，7 页，广州，花城出版社，2007。

代等；而高等动物由于在智力、体力等方面占有优势，在完成上述生存活动的同时，有更多的精力来从事与生存无关的活动。剩余精力说也能够解释为什么幼儿较成人将更多的时间用于游戏：在游乐场、动物园等充满游戏精神的地方，我们常能观察到兴致勃勃的幼儿和跟在他们身后精疲力竭的成人；因为成人照料幼儿耗尽了自己的精力，而幼儿却有大量的过剩精力。但这一理论不能很好地解释为什么我们同样可以观察到幼儿即使精疲力竭也要坚持游戏。虽然剩余精力说对幼儿游戏行为的解释力度有限，但它的确是游戏研究领域的"拓荒者"。后来出现的新的游戏理论，很多是在这个理论的基础上或是在批判这个理论的过程中发展起来的。

游戏的剩余精力说启示我们幼儿通过游戏消耗剩余精力，在教育生活中，要充分尊重幼儿的游戏精神，增强教育生活的游戏性特征，帮助幼儿消耗"剩余的"精力。教育者要根据幼儿精力的消耗情况来调节幼儿的游戏活动的方式与内容。

(二)松弛消遣说(松弛说)

与剩余精力说不同，松弛消遣说认为人之所以游戏不是因为精力的"剩余"，而是因为精力的"缺乏"或"不足"。这一理论的提出者德国哲学家拉扎鲁斯(Moritz Lazarus，1824—1903)认为，工作消耗了人的精力，使人感到身心疲惫，这种疲劳需要一定的休息和睡眠才能消除。人们进行游戏或消遣性娱乐活动时，也可以从现实生活的工作压力中解脱出来，从而恢复精力。另一位哲学家帕特里克发展了他的思想，认为随着技术革命的发展，现代人的工作越来越倚重于注意的坚持性、抽象的分析推理等心理能力，使其负担和压力比从事单纯的体力劳动时更重。成人之所以游戏，是因为注重抽象推理、集中注意力、坚持性等心理能力的工作使人疲劳，只有运动性的游戏才能使人恢复精力。幼儿之所以游戏，是因为尚未形成发达文明所倚重的上述心理能力，他们不能工作，能做的事情就只有游戏。[①]

松弛消遣说可以解释当代成人为什么喜爱休闲娱乐活动：在一天高强度工作后，进行一些体育活动或是不同的脑力活动(如下棋、玩电子游戏等)有助于恢复活力。但这个理论受到了很多反对与质疑：该理论认为幼儿缺乏上述心理能力，这与幼儿游戏的实际情况不符；按照此理论推断，成人比幼儿工作时间长，消耗了更多精力，那么就应当需要更多的游戏时间来消除疲劳，而事实并非如此；身心的疲惫需要通过睡眠和饮食恢复，在这种情况下，游戏减少的是疲劳的感觉，而非真正恢复了精力。

游戏的松弛消遣说启示我们，幼儿游戏是为了恢复精力而进行的活动。因此，在教育实践活动中要安排幼儿的脑力活动与体力活动交替进行，如在幼儿园的一日生活中将幼儿的动、静活动有效结合，通过游戏帮助幼儿缓解疲劳，恢复精力。

[①] Patrick G T W，*Psychology of Relaxation*，Boston and New York，Houghton Mifflin Co.，1916，pp. 52-53.

(三)预演说(前练习说、生活准备说)

德国哲学家格鲁斯在批评"剩余精力说"的过程中提出了自己的理论。他认为"剩余精力说"没有充分认识到儿童游戏的价值,大自然创造了游戏,不仅仅是为了让幼小的动物无目的地发泄剩余的精力,也是为了使其获得未来生活所需要的能力。动物在刚出生时只具备一部分不完善也不成熟的生存本能,游戏则具有生物适应的作用,是它们练习和完善成年所需的生存技能的安全方式。[①] 例如,小猫追逐线团是为了练习捕鼠,幼年狮子互相撕咬打闹是为了练习成年生活所需的捕猎技能。格鲁斯认为自己的理论同样可以用来解释人类的游戏行为。例如,幼儿在社会角色游戏中扮演父母的角色,是在练习成年后如何为人父母;幼儿在搭积木或是玩其他结构游戏时,也能为未来从事建筑活动打下基础。

格鲁斯强调幼年期游戏对未来生活的意义,对于扭转当时人们认为儿童游戏无甚价值的传统观念具有积极意义。但是这一理论也存在明显的缺陷:它过于依赖"本能"的概念,将"本能"作为发展的核心驱力,把动物的游戏与儿童的游戏等量齐观,因而对于很多游戏行为解释力不足。我国儿童教育家、儿童心理学家陈鹤琴就曾提出:"试问,儿童做狗、做猫的化装游戏,是不是预备他将来做狗做猫的?"[②]但是,如果我们不局限于"本能练习"的概念,而从更为广泛的意义上来看待"预演",幼儿的确是在游戏中锻炼着身心两方面的能力、发展着兴趣、逐步形成稳定的人格特征等。正如苏联教育家马卡连柯所言,"儿童在游戏中怎么样,当他长大的时候,他在工作中也多半如此",幼儿游戏的确可以被看作为成年期生活所做的准备。[③]

游戏的预演说强调幼儿的游戏对未来生活的重要意义,幼儿通过游戏活动对未来生活进行预演,获得未来成年生活所必备的能力。这启示我们在教育生活中,注重教育与生活的联系,帮助幼儿做好迎接未来成年生活的准备。

(四)复演说

美国心理学家霍尔(Hall,1844—1924)认为,格鲁斯忽视了过去,因此他关于儿童游戏是为未来生活做准备的观点是片面的。在霍尔看来,儿童游戏是对人类祖先生活的"回忆"。

19 世纪末,科学家发现人类胚胎的发育过程与人类进化过程类似,如在人类胚胎发育的某个阶段长出了类似鱼鳃的器官组织。由此产生了"复演"的概念,即独立个体的发展过程复演或重演了物种的进化发展过程。霍尔将复演说引入了儿童游戏,他认为人类胚胎的发展重演了动物进化(从原生物到人)的过程,儿童期的发展则重演了人类进化的过程。例如,儿童喜欢爬树、挂在树枝上荡秋千,是处于动物阶段的人类祖先的反映;玩布娃娃、挖掘沙土,是处于农业—家族阶段的人类行为的反

---

①　Groos K,*The Play of Animals*,New York,D. Appleton and Company,1898,p. 24.

②　陈鹤琴:《陈鹤琴全集》第一卷,154~155 页,南京,江苏教育出版社,2008。

③　吴式颖:《马卡连柯教育文集》下卷,159 页,北京,人民教育出版社,1985。

映；分组进行有规则的对抗或合作游戏，是处于部落阶段的人类行为的反映。霍尔还认为，种族的本能在游戏中找到了"宣泄"(cathartic)的通道。例如，通过打闹追逐的游戏，既复演了原始人类的生存斗争，也宣泄和摆脱了现代生活中不再需要的狩猎的原始本能。在游戏中，儿童逐渐减弱由原始冲动所引起的本能行为的倾向，向着更高级、更复杂的当代人类社会的文明行为发展。

霍尔的理论建立在生物学家拉马克(Lamark)的获得性遗传学说[①]的基础上，但拉马克的学说本身至今未得到承认，因此复演说也缺乏可靠的科学依据。而且，对于现代社会幼儿所钟爱的汽车、太空船之类的科技玩具以及一些反映当代社会生活的幼儿游戏，复演说都无法做出解释。但是霍尔的确关注到了儿童游戏的社会历史性，虽未能做出正确的解释，却启迪了之后的学者从社会历史的角度考察游戏。

复演说基于社会历史的角度考察幼儿的游戏，认为儿童游戏是对人类祖先生活的"回忆"，儿童期的发展过程复演了物种的进化过程。因此，复演说启示我们在教育生活中应尊重幼儿游戏的社会历史性特征，为幼儿提供良好的游戏情境。

古典游戏理论的产生，以及人们对于游戏本质和目的的认识，都受到所处的社会历史条件的制约。当时自然科学的实验方法刚刚被引入心理学的领域，达尔文的进化论为人们解释自然与社会提供了新的思想方法论。尽管这四种主要的古典游戏理论皆有缺陷，但正是它们使游戏成为科学研究的对象，为后人的研究奠定了基础，影响着人们对幼儿游戏与教育的认识(表9-4)。时至今日，在幼儿的游戏与教育生活中，人们可能仍在不自知的情况下持有这些理论的某些观点。例如，许多人认为如果幼儿总是安静地坐着，他们逐渐累积的精力就需要通过激烈的活动来释放；也有人使用"充电""待机""放电"等比喻来形容幼儿的饮食、睡眠和游戏活动。

表 9-4 古典游戏理论

理论	倡导者	主要观点
剩余精力说	席勒/斯宾塞	满足生存需要之后消耗过剩的精力
松弛消遣说	拉扎鲁斯/帕特里克	恢复在工作中消耗的精力
预演说	格鲁斯	练习未来生活所需的技能
复演说	霍尔	复演进化的历史，消除原始的本能

二、从现代游戏理论看幼儿的游戏与教育

20世纪20年代之后出现并发展起来的游戏理论被称作现代游戏理论。在"现代

---

① 即生物在个体生活过程中，受外界环境条件的影响，产生带有适应意义和一定方向的性状变化，并能够遗传给后代的现象。由法国进化论者拉马克于19世纪提出。强调外界环境条件是生物发生变异的主要原因，并对生物进化有巨大推动作用。由于这种现象在生物界还难以证实，现在一般不予承认。参见《农业大词典》，北京，中国农业出版社，1998。

主义"的视角下，科学方法和实证主义成为时代的主要思潮，单纯的理论构建和逻辑推理已不能满足实践的需要；好的游戏理论必须包含经得起实证检验的假设，检验的方法主要是实验研究和细致的观察。现代游戏理论不仅仅解释游戏为什么而存在，更重要的是解释游戏在儿童发展中的作用，以及指出在某些情况下游戏行为的必要前提。它主要包括精神分析学派的游戏理论，以皮亚杰、布鲁纳和萨顿-史密斯（早期）为代表的认知发展游戏理论，以维果茨基、艾利康宁、列昂节夫为代表的社会文化历史学派的游戏理论、游戏的唤醒调节理论和元交际理论等。

（一）精神分析学派的游戏理论

精神分析学派的游戏理论产生于 20 世纪初期，又称为"发泄说"或者"补偿说"，主要代表人物有弗洛伊德（Freud，1856—1939）、埃里克森（Erikson，1902—1994）、蒙尼格（Menninger，1893—1990）和伯勒（Peller，1952）（表 9-5）。精神分析学派认为，一切生物存在的基础是一些与生俱来的原始的本能冲动以及与本能冲动有关的欲望，这些冲动和欲望在动物界往往可以无所顾忌地直接表现出来，但在人类社会，社会道德的规范约束是不允许这些潜意识之中的原始欲望和冲动表现出来的。如果这些冲动和欲望长期受到压抑，又找不到适宜的宣泄途径，就会造成心理失常。游戏就提供了一个宣泄的途径，儿童在游戏的过程中可以发泄情感，补偿现实中无法实现的愿望，从而得到身心的愉悦和发展。

表 9-5　精神分析学派游戏理论的代表人物及主要观点

游戏理论	代表人物	主要观点
弗洛伊德游戏观	弗洛伊德	游戏受唯乐原则驱使，补偿现实中不能实现的愿望，调节受挫经历。
掌握理论	埃里克森	游戏能降低焦虑、补偿性地满足儿童愿望，协调儿童人格发展。
宣泄理论	蒙尼格	人生来就有一种攻击性倾向，游戏是宣泄攻击性驱力的合法的、为社会所允许的途径。
角色选择理论	伯勒	儿童游戏有着深刻的情绪原因，儿童对角色的选择往往基于对某个人（角色原型）的爱、尊敬、嫉妒、愤怒或恐惧的感情。

精神分析学派并非发端于心理学而是发端于精神病学，因此其游戏理论带有明显的临床诊断色彩；对儿童游戏的个案分析强调游戏者先前的生活经历和情感体验，对于游戏原因的解释带有学者主观臆测的成分。但是精神分析学派强调游戏对人格发展、心理健康的价值，使人们认识到游戏是重要的、具有发展意义的活动，尤其对人们重视儿童的模仿游戏及象征性游戏、角色扮演等产生了巨大的促进作用。这启示我们在教育生活中要从精神分析学角度出发，充分认识到幼儿游戏对幼儿身心发展的重要地位，重视幼儿的游戏体验，丰富幼儿的游戏内容和方式。幼儿有天生

的欲望，如果这种欲望得不到表现，就会产生一系列心理问题。游戏能够帮助幼儿摆脱现实生活中的强制和约束，能给幼儿提供一个合理的途径来宣泄负面情绪。在教育生活中，教师要重视游戏对幼儿身心发展的重要作用，为幼儿提供能够与周围环境互动的机会，有效促进其人格的发展。

(二)认知发展游戏理论

皮亚杰的发生认识论自20世纪60年代以来在世界范围内产生了广泛的影响。以他为主要代表人物的认知发展游戏理论提倡在儿童认知发展的总框架中考察儿童的游戏，把游戏看作智力活动的一个方面，学习新的复杂客体和事件的方法，巩固和扩大概念和技能的方法，使思维和行动相结合的方法，思维活动的一种表现形式。总体来说，游戏不仅可以反映幼儿的认知水平，而且能促进幼儿的认知发展。

认知发展游戏理论开拓了从儿童认知发展角度考察儿童游戏的新途径，尤其是反对将儿童游戏看作孤立的本能活动。认知发展游戏理论经过长期观察和研究提出了游戏发展的阶段论，并由此引发人们一系列关于游戏与认知发展的实证研究，极大地丰富了人们对于儿童游戏的认知发展价值的认识，对于传统的游戏和学习相对立的观点是一个巨大的冲击(表9-6)。

表 9-6 认知发展游戏理论代表人物及主要观点

代表人物	主要观点
皮亚杰	从认知活动的本质来看，游戏的特征是"同化"超过了"顺应"，"主要是功能性的同化或是再生性的同化"。其主要功能在于：①对新的、不完善的心理机能进行练习巩固；②帮助儿童解决情感冲突，实现在现实生活中不能满足的愿望。
布鲁纳	游戏是一种将个体行为结果、学习结果最小化的途径，让个体处于一种危险性较小的环境中；游戏为个体提供机会去尝试在功能性压力下的行为之间的联系，而这些联系在其他情境下是无法尝试的，即游戏扩大了儿童的行为选择范围，使其学会更灵活地解决问题；游戏所培养的灵活性对工具的革新发展具有十分重要的作用。
萨顿-史密斯	①装扮游戏中的象征转换可以让儿童摆脱传统的心理联想，采用新的不同寻常的方法将观点结合起来。 ②尽管无法证明游戏与创造性之间的直接关系，但是游戏确实可以发展儿童的有效回应技能、对多样材料使用表征方法的灵活性、社会性进步(如自我控制)等。 ③游戏发展作用的影响因素多样，包括游戏的种类、游戏者个性与认知风格之间的个体差异、游戏所属的文化等。

在关于儿童游戏的动机和机能的问题上，认知发展游戏理论与精神分析学派的游戏理论有一定的相似之处。他们都把"儿童世界"和"成人世界"看成独立、冲突的两个世界，注重游戏在认知不成熟或发展不平衡阶段帮助儿童处理情感问题的价值。

心理学家辛格夫妇(Singer & Singer)则针对弗洛伊德和皮亚杰的游戏理论提出

了相反的游戏的积极认知情绪观点。他们认为，情绪情感（而不是内驱力）在人的动机中起着中心作用。游戏能够为幼儿提供逃避不愉快现实的环境和气氛，使他们产生愉快、肯定的情绪体验，改变受挫的情绪状态，从而间接实现对行为的控制。辛格夫妇和其他一些人的研究表明，想象游戏通常伴随着肯定的情绪表现，喜欢玩想象游戏的孩子的攻击性比较低，更能够利用内部心理和线索来控制自己的行为，在烦闷无聊的环境中耐心等待的时间更长，更能消除厌烦的情绪。①

认知发展游戏理论认为游戏是思维活动的一种表现形式，认为游戏能反映幼儿的认知发展水平，且能促进幼儿的认知发展。这启示我们在教育生活中要充分认识幼儿游戏对于认知发展的重大价值，依据幼儿的认知发展水平，引导幼儿的游戏活动。

（三）社会文化历史学派的游戏理论

社会文化历史学派又称为维列鲁学派，是20世纪30年代左右苏联乃至全世界最有活力的心理学流派之一。社会文化历史学派的游戏理论又被称为"活动游戏理论"或"游戏的活动论"，主要代表人物有维果茨基、艾利康宁和列昂节夫等。核心观点有：①游戏是一种有目的、有计划的社会性活动，需要成人的指导；强调成人与幼儿的交往，并且认为成人在幼儿游戏的发生、发展过程中起决定作用。②游戏是幼儿的一种主要活动。在幼儿园里，我们经常会看到幼儿在"娃娃家"模仿成人社会生活的游戏情境，这是因为"幼儿游戏反映并影响他或她所生活的文化背景，并受文化背景的影响"②。

维果茨基是社会文化历史学派的创始人，他反对把游戏看成儿童的一种本能行为，认为游戏具有社会性的本质。他认为游戏有两个主要特征：一是儿童在游戏中创造了一种"想象的情境"，二是游戏是有规则的。想象的情境和游戏的规则是任何一种形式的游戏都具有的特征。游戏对儿童的发展有重大的价值，游戏中幼儿的表现总是超过他的实际年龄，高于他日常的行为表现。③ 游戏不仅创造了儿童的"最近发展区"，而且对其意志、道德、智力等方面的发展具有重要意义。

艾利康宁从角色游戏起源的角度揭示了游戏的社会性本质，并将角色游戏的形成和发展划分为三个阶段。第一阶段是幼儿与成人的协同活动阶段，主要内容是掌握物品的用法。第二阶段是最初的动作概括化阶段，成人把物品的用法教给幼儿以后，幼儿看到模拟的碗等物品玩具，就会再现这些动作。在第三阶段，动作进一步概括化并与物体分离，出现角色的萌芽。

列昂节夫论述了儿童游戏的缘由以及游戏作为幼儿主要活动的原因。他认为游

---

① 何梦焱、刘焱：《面向21世纪 培养儿童的游戏性》，载《学前教育研究》，1999(1)。

② Kieff J E, Casbergue R M, *Playful Learning and Teaching: An Introduction*, Boston, Allyn and Bacon, 2000, pp. 1-6.

③ Cole M, John-Steinier V, Scribner S & Souberman E, *Mind in Society: The Development of Higher Mental Processes*, Cambridge, Harvard University Press, 1978, p. 102.

戏起源于儿童心理发展的矛盾，游戏的发展与儿童心理发生的最重要的变化有关，而且那些准备使儿童过渡到新的、更高发展阶段的心理过程，就是在游戏中得到发展的。游戏的特点是，行为动机在于活动的过程，不在于活动的结果。① 在游戏中，幼儿运用实际的、社会性的操作与行动掌握人类的现实。

社会文化历史学派强调游戏和社会实践的关系，认为幼儿游戏活动反映的是幼儿所处的生活文化背景，同时也受社会文化背景的影响，游戏促进儿童表征思维能力的发展和儿童意志行动的发展。这启示我们在教育生活中，充分发挥游戏的社会性功能，加强教育者对儿童游戏的引导作用。

现代游戏理论从不同的立场和角度分别论述了游戏的性质和功能。总体来看，大致可以区分出三条主要的线索：一条是以精神分析理论为先驱的偏重情感的线索，强调情感的成熟与游戏的关系；一条是以皮亚杰理论为先导的偏重认知的线索，强调认知的发展与游戏的关系；一条是以苏联活动理论为核心的偏重社会性本质的线索，强调社会实践与游戏的关系。这样三条线索的划分，并不意味着它们之间存在着不可逾越的界限，某些观点之间的确有异曲同工之处，各种不同的游戏理论帮助我们从不同的角度去思考游戏的价值与教育的意义，拓展我们认识游戏与教育的深度和广度。

三、从游戏理论的新视角看幼儿的游戏与教育

与古典主义、现代主义的客观性、确定性相对，新的游戏理论更加关注多样性、相对性、丰富性。

(一)游戏的唤醒理论

游戏的唤醒理论是从认知心理学的游戏理论中发展而来的，主要代表人物有伯莱因(Berlyne)、艾利斯(Ellis)、亨特(Hutt)和费恩(Fein)等。其核心概念"唤醒"(Arousal)可以被看作中枢神经系统的一种机能状态或机体的一种驱力状态。

在传统的生物内驱力理论看来，人和动物的一切行为都直接或间接地指向满足食物需求、解除痛苦等基本的生物需要，以"降低"或"释放"由这些生物需要引起的内驱力。但是机体不仅有食物、睡眠、性等生理需要，还有探索、寻求刺激和理解等非生理性的、认知的需要。在外界刺激作用下，这些认知需要可以引起活动内驱力、探究内驱力。游戏正是这类内驱力作用的产物。当外界环境出现新异刺激时，机体会产生主观上的"认知不确定性"，机体的唤醒水平升高，使机体感到紧张和焦虑。为维持"最佳唤醒水平"，机体采取"探究"(exploration)的行为方式来降低唤醒水平。当环境刺激过于单调、贫乏时，机体会感到厌烦、疲劳，唤醒水平低于最佳状态。在这种情况下，机体会采取主动"寻求刺激"的行为方式，这种行为方式就是游戏，其作用在于避免厌烦等不良的"唤醒"状态，提高唤醒水平并使其恢复到最佳

---

① 黄秀兰：《列昂节夫》，载《外国心理学》，1981(2)。

状态，表现为机体主动影响环境的倾向。

游戏的唤醒理论启示我们关注幼儿生活环境中刺激的适宜性。缺乏刺激对幼儿发展固然不利，但是过多过强的刺激则会使机体唤醒水平升高；当超过唤醒水平的最佳范围后，幼儿的游戏行为会被抑制，探究行为会变得刻板、防御性成分增加，甚至出现知觉逃避现象。

(二)游戏的元交际理论

"元交际"是指处于交际过程中的交际双方对对方真正意图或所传递的信息的意义的辨识与理解。它是"交际"的"交际"，是隐藏在显性的或外在的交际之后的抽象的或意义含蓄的交际。俗语常说的"说话听声，锣鼓听音"，就是指要理解"元交际"所传达的"意义"。

英国人类学家贝特森(Bateson)最早把游戏与"元交际"联系在一起。他发现，游戏中的许多动作，如果是发生在实际生活中，将会引起非常严重的后果，但是因为发生在游戏中，就不被当回事。由此贝特森提出，所有的动物在游戏的时候都会发出某种适应性的信号，以使伙伴知道所发生的动作是"真的"还是"假装的"，即发出一种"这是玩啊！"的信号。元交际能力是一种非常重要的社会性交往能力，游戏是一种信息和意义的交流和沟通过程，元交际是它的根本特性。从个体发生的角度来看，儿童的元交际能力是在成人影响下、在与成人相互作用的社会性游戏中形成并发展起来的，最早萌发于母婴游戏中，之后逐渐迁移到同伴游戏中并发展成熟。也就是说，游戏的顺利开展建立在"元交际"能力基础上，同时儿童在游戏中发展"元交际"能力。这启示我们在教育生活中要充分发挥幼儿游戏的"元交际"功能，帮助幼儿提高社会性交往能力，加快社会化进程。

(三)人类发展生态学的游戏理论

布朗芬布伦纳(Bronfenbrenner)在其所著的《人类发展生态学》(*The Ecology of Human Development*)一书中提出了人类发展生态学理论的核心理念——生态系统理论。[①] 他认为真实自然的环境是影响儿童青少年发展的主要源泉，人的心理也处在生态环境中，人的发展离不开人与环境的相互作用。在他的理论中，生态指的是有机体或个人正在经历着的、变化着的，或者与个体有着直接或间接联系的环境。生态系统则是指儿童生物学属性的气质和性情与儿童发展的诸多环境因素的结合体。这个环境是各种层次、不同性质的环境相互交织在一起，构成的一个既具有中心、又向四处扩散的网络。这个生态系统从里到外包括微观系统(microsystem)、中间系统(mesosystem)、外系统(exosystem)和宏观系统(macrosystem)。每个层次的系统都和上下级系统相互包含、交互作用。这种模式，将直接经验的微观系统放在了由两个或更多的微观系统组成的中间系统中，按照次序，每一个水平的系统又嵌套在外系统中。与每一个同心圆都相同的圆柱是时间系统(chronosystem)，意指每一个

---

① 虞永平：《学前课程的多视角透视》，340页，南京，江苏教育出版社，2006。

同心圆系统的内容都将随时间的推移而变化。

我国学者吴航认为,只从发展心理学的分类学视角研究学前儿童游戏的做法已受到广泛的质疑,只有从更为深刻和全面的生态学视角出发,才有可能还原学前儿童游戏生活的"真实情景",因为生态"情境"是学前儿童在游戏中实现"意义建构"的平台,是学前儿童在游戏中沟通、对话的背景,更是把握学前儿童游戏全景的必要条件。[1] 幼儿是意义的主动建构者,对生活世界的意义建构是其所有活动的最终目的。基于此,对于幼儿游戏的研究就需要了解幼儿游戏的生态情境,正是在复杂的情境中,幼儿才能解读并构建对生活的理解。生态学的研究视角要求将幼儿的游戏放到更为广阔的社会情境脉络中,游戏的具体展开要求游戏者与游戏者之间、游戏者与游戏材料之间、游戏者与游戏时空之间、游戏者内部各因素之间进行对话、互动、沟通与交流。

(四)批判教育学的游戏理论

批判教育学是一种具有政治性的、站在弱势群体的立场用阶级分析的方法批判资本主义社会意识形态下教育现实问题的理论。它最早发源于德国,之后在美国等国家逐渐发展成熟,批判教育学自传入中国以来,受到我国教育学者的普遍重视。[2]

批判教育学的基本思想是近代资产阶级社会发展过程中所强调的个人自由(personal freedom and liberty),即个人不论在什么处境之下,都必须被视为有自由意志的主体,即使是婴儿或学步的小孩,都必须被看作是为自己而行动的、自由的个人。但事实上人们是受到压迫的,尽管有时只表现为一种心理上的限制,人们囿于天性、囿于缺陷、被家庭和责任所限制,有时候压迫他们的则是愚昧和无知,所以教育工作应该去解放他们,让他们有为自己行为负起责任的能力。[3]

批判教育学将教育、游戏等行为置于更为宽广的社会政治环境中,更为关注教育过程与社会上的性别、阶级、种族不平等等现象之间的关系。由于社会中的不平等现象是建立在权力基础之上的,所以批判教育学更关注游戏中权力的存在,它更注重让幼儿自己掌控游戏与学习的教育方法,并与自身文化保持紧密联系。批判教育学的游戏理论启示我们从权力和关系平等的角度去思考幼儿游戏中掌控权的归属、教师角色、幼儿的反抗和执拗行为等因素之间的关系,关注幼儿游戏与其自身所处文化之间的关系,从而为幼儿游戏的开展和引导提供新的视角。

(五)混沌学说的游戏理论

混沌学说对世界是有序、线性和可预知的现代主义观点提出了挑战,它认为世界是复杂和非线性的,事物之间相互依存,具有不可预知性和混乱的状态(Goerner,1994)。但是在这种表面的混乱状态下仍存在着一定的难以确定和理解的秩序,即一

---

① 吴航:《学前儿童游戏研究的新趋向:从分类学到生态学》,载《学前教育研究》,2008(5)。
② 张卓远、侯怀银:《论批判教育学的产生、形成和发展》,载《教育理论与实践》,2015,35(31)。
③ 温克勒、陈添翔:《批判教育学的概念》,载《华东师范大学学报(教育科学版)》,2017,35(4)。

种不断显现并改变事物之间相互关系的模式。该理论中最广为人知的一个概念就是"蝴蝶效应"①。幼儿游戏混沌性特征的表现见表 9-7。

表 9-7　幼儿游戏混沌性特征的表现②

混沌性特征	在幼儿游戏中的表现
递归性	由于游戏具有建构性，因而它也是递归的。在游戏中游戏者将自己创建的信息反馈给自己，从而改变游戏者的特点并促进游戏本质的演进。
吸纳性	游戏化的活动是通过吸纳并结合两种不同的元素，使它们和谐统一地发挥作用来开展的。
不平衡性	幼儿的游戏始于一种内在的不平衡感，游戏行为就是为了改变这种感觉。不平衡并不总是一种消极的需要迅速解决的情况。例如，好奇心会造成一种不平衡感，促使幼儿参与愉快的活动。当一个游戏事件使得幼儿实现了内在的平衡，他们可能就会对另一个知识领域感到好奇从而将游戏聚焦于该领域。
分形	许多游戏材料具有分形的特性，因为无论它们大小如何，在形式上都是相似的。积木就是一例，积木游戏的一个有趣之处就是幼儿对其分形性质的探索。
对初始条件的敏感性	在游戏中，一个小事件或明显的重大事件都可能对结果造成广泛的影响。一个简单的甚至可能是随意的行为，暗示着某个物体代表一个主题相关的概念，就可以引发一个极富活力和延展性的游戏事件，可能持续几天、几周，乃至几个月。
吸引力驱动	任何特定游戏事件的目标或主题在游戏循环和演进的过程中都发挥着吸引力或驱动点的作用。游戏的动态性意味着目标和主题可以改变，也就是说游戏的吸引力和驱动点也会发生变化。这些变化可能是渐进的，也可能是完全转型的。转型式的变化往往由一个周期性的甚至是"奇怪的"驱动点控制。
自组织性	由于游戏已演进为一个复杂的适应系统，它具备自组织性且以连贯的模式自主发展，每个游戏者都必须进行自组织并建构有意义的经验。

范德凡认为，游戏本身是人类发展中的一个重要且复杂的适应系统，其混沌性体现在它包含并生成其他复杂的适应系统，并在其中不断地表现和生成信息，因此

① 初见于 20 世纪 60 年代美国气象学家洛伦兹在解释空气系统理论时所言：亚马孙雨林一只蝴蝶的翅膀偶尔振动，也许两周后就会引起美国得克萨斯州的一场龙卷风。即是说初始条件十分微小的变化经过不断放大，对其未来状态会造成巨大的差别。

② VanderVen K, "Play, Proteus, and Paradox: Education for a Chaotic and Super-symmetric World," in *Play from Birth to Twelve and Beyond: Context, Perspectives, and Meanings*, Fromberg D P & Bergen D, New York, Garland Publishing, 1998, p. 123.

游戏与提高学习的效率有关。① 对于年幼的学习者来说，游戏是必要的，不仅是为了让他们体验到混沌的普遍特征，也是为了帮助他们获得一种自我意识，即他们自身也是复杂的适应系统，是在一生中不断发展成为"千变万化的自我"的学习者。

游戏的混沌特性使幼儿做好准备，应对一个复杂多变的世界。游戏引导者应当抛弃强调记忆、规范性思维、线性教学的课程，而去实施强调灵活性、广泛选择、发散思维、冒险、试误学习、灵活规划和以游戏的趣味性为本的课程。例如，可以减少教育中的结构感，编制灵活的时间表，允许幼儿打乱和重新组合不同游戏区的玩具或工具，按照项目主题或网状结构来安排课程，鼓励幼儿进行自我评价，模糊工作、学习与游戏之间的区别。

游戏是复杂的，随着科学技术的发展也出现了新的游戏形式。随着研究方法和研究技术的不断丰富，而且受到跨学科、跨文化研究的影响，从不同角度切入的关于幼儿游戏的研究层出不穷。每个人都可以根据自己的经验来谈论游戏，形成自己的"游戏理论"。幼儿教师应注意反思自己的潜在观念，因为这些个人化的"游戏理论"将会作为一种"背景知识"影响教师看待幼儿游戏的视角，从而进一步影响教师对幼儿游戏所采取的引导策略。首先，在观察幼儿游戏时就知道去看些什么以及自己忽略了什么，也许由此会关注到游戏中曾经被自己忽略的重要方面。其次，反思自己对游戏的想法和成见，从而改变和修正曾经模糊的概念。最后，有可能发现自己的教学实践与自己对于游戏的看法并不完全一致，由此会对教学活动进行积极的改变。

第三节　幼儿游戏心理发展的特征

游戏对"儿童的生活有莫大之功益"，它不仅对幼儿具有娱乐作用，还对其动作、认知、社会性和情感等方面的发展具有重要价值。游戏能够促进幼儿基本动作和技能的发展，促进其动作协调能力的提高；游戏能够促进幼儿语言能力的发展，促进其扩展和加深对周围事物的认识，促进其思维能力、想象力和创造力的发展；游戏能够为幼儿提供社会交往的机会，有助于其克服自我中心化，学会理解他人，也能够使幼儿学习社会角色，有助于其掌握社会行为规范，形成良好的道德品质，并增强自制力；游戏还能够丰富幼儿积极的情绪情感体验以及消解消极的情绪情感，发展其成就感，增强自信心。同时，大量研究表明，幼儿在游戏情境中表现出一系列特有心理活动并且呈现出一定的规律性。因此，掌握幼儿游戏心理发展的规律性不仅有利于更好地理解幼儿游戏行为，还有助于为幼儿制订更适宜的发展计划。

---

① VanderVen K，"Play，Proteus，and Paradox：Education for a Chaotic and Super-symmetric World，" in *Play from Birth to Twelve and Beyond*：*Context*，*Perspectives*，*and Meanings*，Fromberg D P & Bergen D，New York，Garland Publishing，1998，p. 121.

一、幼儿游戏心理发展的主要特征

随着社会活动范围的不断扩大，幼儿的运动技能、认知水平、语言能力日益提高，游戏的形式和内容开始发生显著的变化，呈现出一些明显的发展特征。

(一)游戏的类型日益齐全，并且以象征性游戏为主导

幼儿精力旺盛，兴趣广泛，富于想象，乐于交往，敢于探索。在幼儿期，各种类型的游戏都开始出现或得到进一步发展。其中，以角色游戏为典型代表的象征性游戏构成了整个幼儿期的主要游戏类型。

(二)游戏的象征功能不断丰富与完善

在初期，幼儿在游戏中的象征性活动主要采用与实物相似的替代物，并且游戏缺乏目的性，主题和内容极不稳定，且随着外界刺激和情境的变化，幼儿游戏经常发生变化。进入中期后，幼儿逐渐脱离专用替代物，开始按照自己的理解和需要来选择合适的物品，如幼儿会在骑马游戏中选择木棍、椅子等作为"马"。此外，在游戏中，幼儿不仅能够以物代物，还能够以人代人，游戏的目的性和预测性也随之增强。

(三)游戏的社会性成分日益多样化

角色游戏在幼儿期发展迅速。在游戏过程中，幼儿从主要反映人类实际生活的实物活动发展到尽量符合所扮演角色身份的活动，角色职责成为幼儿关注的焦点。幼儿在角色扮演中主要履行该角色应有的职责，以扮演的角色自居，并在这一过程中出现了角色意识，在角色意识出现之后，相关的角色关系产生，如有了"爸爸"，就会出现"妈妈"和"宝宝"。在不同年龄阶段，角色游戏的特点表现得更为明显：小班的幼儿往往各自扮演自己的角色，全然不会顾及其他角色，在游戏过程中常常出现脱节和争吵；进入中班后，幼儿逐渐学会合作，并且能够反映角色之间的关系，他们用语言协商，确定游戏的主题、内容、规则；到了大班，幼儿的角色游戏中常常出现一个主要角色和几个有关的社会性角色建立联系。

二、幼儿各类游戏心理发展的特征

相关研究表明，不同年龄阶段幼儿游戏的侧重点有所不同，越小的幼儿越注重感知觉的发展和动作技能的掌握，越大的幼儿越注重认知、社会性、情感等方面的发展。依据幼儿不同年龄段心理发展的侧重点，以及游戏中占优势的心理成分，探讨和分析不同游戏中幼儿心理的发展，不仅有助于理清幼儿游戏发展的总体趋势，还是科学组织与引导婴幼儿游戏的基础和前提。

(一)机能性游戏心理发展的特征

游戏的发生是以动作能力和心理发展的一定水平为前提的，0～2岁婴幼儿的游戏主要以机能性游戏为主。在这种游戏中，婴幼儿心理的发展突出表现为感觉运动

性的发展，以感觉器官和身体运动发展为主。在婴儿出生后的前半年，首先是一些感觉器官的机能(视觉、听觉、嗅觉、味觉、肤觉等)的发展，这一时期婴儿的感知觉已经有了较好的调节能力，如他们能够集中注意某一事物，能够用眼睛逐物，能够侧耳倾听各种声音，能够通过气味定向。此时，游戏的标志信号——微笑开始出现，当婴儿看到颜色鲜艳并发出音乐的玩具时，会盯着它看并报以微笑，这可以视作最初的游戏表现。

半岁以后，婴儿手眼逐步协调，能够较准确地抓握物体，他们可以主动地持续或重复自身感兴趣的现象，出现了初步的有意识动作。1岁以后，幼儿的体力和动作不断发展，其对活动的需求进一步提高。这一时期的幼儿十分好动、淘气，常常手脚并用地到处爬，开始模仿成人的样子尝试自己用勺子、杯子，并进行一些日常生活练习的活动。真正学会独立行走后，幼儿便不再满足于与成人的共同活动，就会产生独立意识和行动的倾向。

幼儿感觉运动游戏在感知觉器官和运动系统的发展、成熟过程中不断发展，同时也不断地促进感知觉和运动机能的成熟和完善，促进以感知觉和实际动作为基础的幼儿认知的发展，继而促进身心的整体发展。到2岁以后，幼儿游戏逐渐迈入一个新的发展阶段——象征性阶段。

(二)象征性游戏心理发展的特征

象征性游戏是幼儿的典型游戏，国内外有多种叫法：模仿性游戏、戏剧性游戏、装扮性游戏、主题角色游戏等。象征性游戏的提法，主要依据的是皮亚杰对游戏的分类。在象征性游戏中幼儿主要经历了从单纯动作发展，到替代行为出现，再到角色意识发展的过程。

🎧 **信息栏 9-2**

象征性游戏是学前儿童所特有的一种游戏形式[①]

对于学前儿童来说，象征性游戏是其典型的游戏形式，从2岁开始萌芽，随着年龄的增长，所占的比例逐渐提高，但在四五岁达到高峰之后有下降的趋势。国外的调查数据显示，3岁时象征性游戏的比例是70%，4岁时是74%～80%，5岁时是68%～71%，6岁时是65%。由此可见，一方面，象征性游戏在整个学前期的各类游戏中占的比例最大；另一方面它在学前晚期有下降的趋势，整体呈现倒U型的发展趋势。这表明，象征性游戏是学前儿童所特有的一种游戏形式。

一、装扮动作的发展

幼儿象征性游戏萌芽的标志是装扮动作的发生，装扮动作主要是指脱离了真实背景和伴随着真实需要的动作。在象征性游戏开展的过程中，首先是装扮动作的发

---

① 华爱华：《幼儿游戏理论》，181～186页，上海，上海教育出版社，2000。

展，如在非睡眠的时空背景下，幼儿会做出睡眠动作，在非口渴的情况下，拿着空杯子做出喝水的动作等。最初的装扮动作是以一种偶发的、突然的、瞬时的方式出现的，根据对很多跨文化研究材料的综合分析，这种装扮动作发生在幼儿12～13个月时。

根据皮亚杰等人的看法，装扮动作的发展遵循一种大致的顺序，主要包括以下过程：第一，幼儿单个的装扮动作的发展，体现了"单一结构组合"；第二，幼儿协调不同的动作连续进行游戏，体现了"复合结构组合"，这期间又有两种复合组合，一是"无序复合组合"，即几个动作之间无逻辑关系，二是"有序复合组合"，即保持几个动作之间的逻辑顺序。这些过程表明幼儿象征性游戏从偶发、瞬时、不成熟的装扮动作向着复杂、成熟的主题装扮活动发展的运动趋向，体现了幼儿记忆、联想、模仿等心理方面的进一步发展。

二、替代行为的发生

随着象征性游戏的发展，幼儿认知水平继续提升。根据皮亚杰的观点，随着象征性游戏到达第二个阶段，幼儿将一个物体看成另一个物体的能力也随之出现，即替代行为的出现，开始表现为以物代物，物体不是代表物体本身，而是代表物体所替代的意义，实现了意义的转换。以物代物大致有这样一个发展的线索，具体见表9-8。

表9-8　物的替代行为的发展

物的替代	发生的大致时间	说明	举例
实物的适宜性操作	12～13个月	以实物做出装扮行为，动作与实物相对应，并不出现替代物，仅是情境迁移。	用杯子做出喝水、放耳朵上听等动作。
混合性替代	1岁半以后	用多种替代动作来对待同一物品，或用多种物品做出同一替代动作。	用杯子、蛋壳等不同东西做出喝水动作。
模拟物替代	2岁左右	用模拟实物的玩具进行装扮游戏，替代物越逼真，越能引起装扮行为。	看到模拟炊具的玩具，就装扮烧饭行为。
相似物替代	2岁半左右	在替代物和被替代物相似（形状相似或者功能相似）的情况下做出装扮行为。	用积木假装梳子给娃娃梳头。
多功能物替代	3岁以后	替代物的形状和功能与被替代物之间无显著关联。	用小汽车假装梳子给娃娃梳头。

续表

物的替代	发生的大致时间	说明	举例
抽象性替代	四五岁左右	用语言动作来替代一个不在眼前的物体,并顺利完成象征性动作。	没有模拟的碗和替代的碗,吃的动作就足以实现他们吃饭。

三、角色意识的发展

随着装扮动作和以物代物的发展,象征性游戏发展到了高级阶段——角色游戏。角色游戏的核心要素是"角色扮演",角色扮演的关键在于角色意识的萌发与发展,从而实现以人代人,在这一过程中幼儿的替代行为得到了进一步发展,更多地体现了其对意义转换的把握以及社会性认知的发展,对人与人关系的理解、对社会规则与规范的掌握等。随着年龄的增长,象征性游戏中幼儿之间的角色关系会越来越复杂,角色类型会越来越多,角色行为会越来越逼真,角色意识会越来越强,角色认知也会越来越丰富。

(三)结构性游戏心理发展的特征

结构性游戏作为一种构造活动,需要很多材料,如木质的积搭元件、塑料的接插元件、金属的螺旋元件。从行为角度看,结构性游戏是一种构造活动,强调操作技巧和构造能力,促进幼儿手部操作能力的发展。从认知角度看,结构性游戏主要能促进其空间知觉和象征能力的发展。结构性游戏的发展主要经历了结构性游戏的萌芽(1~1.5岁)、无意构造(1.5~3岁)、想象构造(3~5岁)、模拟构造(4岁以后)和自由构造(学龄以后)几个阶段。

1. 手部操作技能的发展

幼儿从3岁以后才较为频繁地进行结构性游戏,这与其小肌肉动作的发展有关。3岁以前的婴幼儿进行建构游戏,主要能够促进小肌肉尤其是手部操作技能的发展。4~6个月的婴儿主要通过伸手抓、把建构材料放入口袋、用手摇晃、敲打东西、倒手等促进手部肌肉发育。到1岁末,幼儿才能用大拇指和食指、中指捏一块积木。大约到1岁半,幼儿手部操作技能进一步发展,能搭积木,可以将小物品放入瓶内,幼儿手眼协调能力还不是很好,只要把材料连接在一起便是成功,并不关心接插的结果。到2岁半时,通过接触积木等建构材料,其手部操作技能更加精细化,能够进行穿珠子游戏,搭建积木,并在这个过程中渐渐运用动作技能对两个物体进行空间安排,学会将积木搭成一定的形状。3岁以后随着手部动作的灵活,幼儿能把更多的元件拼接起来,为想象构造、模拟构造和自由构造打下基础。

2. 想象力的发展

结构性游戏是促进幼儿创造力发展的重要手段,幼儿从1岁半就开始完全按照自己的意愿赋予作品意义(并不根据作品的结构特征,所以作品和实物并不相像),如幼儿把积木搭成方的就是电视机,但有时不能把想象的事物跟现实的事物清楚地区分开来，同时往往不愿意照样子进行构造。到四五岁时，幼儿的想象已经开始具有初步的目的性，想象的内容也比以前丰富，但是仍然很零碎，他们已经能照着立体结构造型的范例进行构造活动。结构性游戏为幼儿提供了实现零碎想象力的现实基础，幼儿的空间想象力在此期间迅速发展，能够区分上下、前后、里外、中间、旁边等空间方位词，并能感知和发现常见几何图形的基本特征，能区分物体的粗细、厚薄、轻重等方面的特点，并能用相应的词语描述。随着语言的发展和经验的积累，这个年龄段的幼儿开始通过结构性游戏实现自己的构思。到了五六岁，幼儿知识经验日益丰富，抽象概括能力有所发展，他们的想象活动中开始出现一些创造性因素，能根据自己的想象进行加工，开始学习照图模拟。到达学龄期后，儿童开始自由创作，这时空间知觉能力和空间想象能力得到了发展，操作也更加得心应手，于是能自由构思出许多巧妙的作品。

信息栏 9-3
幼儿创造性思维存在的性别差异①

研究者以"托兰斯图画测验"为模板来评价幼儿的创造性思维。该测验基于创造性思维是发散思维的理论假设，所谓发散思维是指从不同的方法、途径和视角，探求多种问题解决方法的思维过程。该研究共考察了166名2～6岁幼儿创造性思维发展的特点，包括发散思维的新颖性、流畅性、变通性三个方面（表9-9）。研究结果发现：在创造性思维总分、变通性和新颖性上，男孩显著高于女孩；在流畅性上，男孩与女孩无显著差异。幼儿创造性思维中存在性别差异的重要原因之一可能是性别刻板化的影响。另外，这种差异还可能源于两者大脑结构的不同。

表 9-9　2～6 岁幼儿创造性思维发展的性别差异检验（$M\pm SD$）

性别	新颖性	流畅性	变通性	创造性思维总分
男（$n=89$）	13.17±17.16	27.05±11.04	11.97±9.34	16.97±12.01
女（$n=77$）	7.95±10.67	25.21±9.53	10.12±7.85	13.78±8.32
t 值	2.30***	1.13	1.36**	1.95***

(四)规则性游戏心理发展的特征

规则性游戏是幼儿感知运动、认知、社会性等各方面发展到一定阶段才出现的，它具有以下两个特征：①规则性。与其他的游戏规则不同，规则性游戏的结构更改是不被允许的，其规则是在游戏开始之前就决定了的，并且是每个游戏者一致认同的，一旦游戏开始，便不得随意更改，除非所有参加者都同意更改，但必须预先达

---

① 叶平枝、马倩茹：《2—6岁儿童创造性思维发展的特点及规律》，载《学前教育研究》，2012(8)。

成，游戏重新开始。②竞赛性。规则性游戏伴随着竞争性，这是其与别的游戏的又一区别，规则性游戏的参加者一般都想获得胜利，尤其在竞赛类游戏中，因此，规则性游戏具有一定的竞赛性。[1]

规则性游戏有助于幼儿思维能力、运动能力和艺术感受能力的发展，而且有助于幼儿认识、理解和遵守规则，促进其规则意识、规则行为等方面的发展，从而更好地适应社会生活。以幼儿竞赛游戏为例，3岁以前，婴幼儿几乎没有竞赛的意识，也没有胜负的概念，更没有遵守规则的责任心。3岁开始，幼儿能体验竞赛过程高昂的情绪，得到机能性的满足。4岁开始，幼儿能体验竞赛结果的满足感。5岁开始，幼儿能理解规则对于比赛结果的重要性，手段与目的渐趋一致，因此棋类游戏一般要到5岁后期才开始玩。

幼儿在3岁以后开始进行规则性游戏，在游戏过程中，其心理发展主要存在以下阶段，具体见表9-10。

表9-10　3～6岁幼儿在规则性游戏中的心理发展

年龄段/岁	心理发展		
	阶段	表现	
		阶段表现	规则意识表现
3～4	动作为中心的玩物阶段	既没有竞赛的意识，也没有胜负的概念，更没有遵守规则的责任心。	属于"动即快乐"的无规则阶段，游戏的规则对于儿童来说没有任何意义，不具有"强制性的约束"的作用。
4～5	自我为中心的游戏阶段	在形式上模仿年长儿童的游戏动作，但是他们在一起各玩各的，规则还不是交互的、可以交流的，他们不在乎输赢，游戏中没有竞争。	属于"神圣不可侵犯阶段"的他律阶段，开始注意到游戏的规则并模仿别人的规则行动。
5～6	初步的合作阶段	展现出极强的胜负欲，并开始理解规则的意义，开始把遵守共同规则理解为赢或互惠的条件，游戏者之间出现真正的协作，但每个幼儿都坚持依照自己所知道的规则来玩。	

皮亚杰认为，规则性游戏发生在象征性游戏之后，装扮活动逐渐被规则性游戏取代。虽然说规则性游戏晚于象征性游戏出现，并会取代象征性游戏，但是并不是说，要等象征性游戏完全结束以后才出现规则性游戏。也就是说，成熟的象征性游戏和不成熟的规则性游戏在一段时间内是并存的。

---

[1]　华爱华：《幼儿游戏理论》，181～182页，上海，上海教育出版社，2000。

🎧 **信息栏 9-4**

不同年龄阶段的个体游戏行为(占游戏时间的百分比)①

德国学者范·德·库吉(Rimmert van der Kooij)通过描述性的横向研究数据，说明了3～9岁儿童中不同种类的游戏或非游戏活动所占的比例(表9-11)。

表 9-11　不同年龄阶段的个体游戏行为(占游戏时间的百分比)

岁；月	游戏行为频率	无游戏活动	整理清扫	重复游戏	象征性游戏	构造游戏	团体游戏
3；0	29	0.8	1.6	64.2	29.3	3.9	—
4；4	56	—	7.0	41.5	35.6	10.9	4.8
5；0	31	—	4.3	35.1	36.9	20.0	4.1
6；0	42	—	6.0	27.4	45.5	7.0	14.0
7；0	99	—	7.9	29.2	32.6	8.7	21.8
8；1	80	—	5.1	25.2	40.9	8.1	20.6
9；0	80	—	8.5	26.3	32.9	7.0	25.4

第四节　幼儿游戏的引导

注重幼儿游戏的权利，科学、适宜、有效的学前教育必须以游戏为基本活动，注重幼儿的游戏是学前教育区别于中小学教育的重要特征。游戏对于幼儿的学习与发展有着至关重要的积极意义与作用，游戏既是幼儿最喜欢的活动，又满足了幼儿身心发展的需要，特别是为幼儿的学习与发展创设了最近发展区，在游戏中幼儿实现了积极健康的身心发展。游戏是幼儿自主自由的活动，但并不是说教师就不需要发挥作用，恰恰相反，优秀的教师不仅是幼儿游戏的支持者，而且是积极的、有智慧的引导者。国内游戏理论专家特别提出了成人参与幼儿游戏具有三个方面的功能，肯定了幼儿游戏中成人的支持、引导的积极意义：第一，支持幼儿游戏的功能；第二，密切师生情感的功能；第三，促进幼儿发展的功能。成人参与游戏，是成人与幼儿互动的过程，也是成人向幼儿施加影响的过程，成人与幼儿的互动或相互作用具有幼儿与伙伴互动不能替代的发展功能。②

---

① [美]约翰逊：《游戏与儿童早期发展》，华爱华译，88页，上海，华东师范大学出版社，2006。
② 刘焱：《在游戏中老师应当"教"还是"不教"》，载《学前教育》，2001(2)。

一、关于游戏与学习关系问题的基本探讨

在实践中，当前还存在一种观点："游戏"就是"学习"，二者具有本质的"同一性"，学前儿童的游戏与学习均源自生存与发展的内在需求，这体现了二者本质的同一性。游戏不仅是学前儿童学习与发展的基本途径，在游戏活动中学前儿童自发、主动地进行多种类型的学习活动，而且游戏是培育学前儿童自主性、探究性、创造性等良好学习品质的沃土。[①] 虽然在幼儿阶段，游戏与学习是密不可分的，但二者仍然有本质的不同。"游戏"展现的是幼儿的"本体性"力量，是幼儿探索、认识、体验、了解外部世界的天然的驱动力，幼儿与生俱来就有游戏的渴望，如果说玩具给了幼儿飞向想象王国的翅膀的话，那么，游戏就是这种本体性力量的完全的展现。而"学习"，特别是教育机构中所指的"学习"，关注的是幼儿的学习要达到什么样的目标（教育目的论范畴），幼儿要学习些什么，各种学习活动是如何规划、设计、安排的（课程论范畴），学习要采用哪些教育手段，要运用哪些教育技术与策略（教学论范畴）。众所周知，游戏是幼儿不可或缺的"基本权利"，1989年联合国大会通过的《儿童权利公约》不仅强调幼儿具有"游戏权"，而且十分突出幼儿的"受教育的权利"和"发展的权利"，"受教育的权利"和"发展的权利"往往是与"学习"紧密相连的。可见，只拥有"游戏权"的幼儿是不充分、不完整、不全面的，只有当幼儿同时拥有"发展权""受教育权"和"游戏权"时，他才是一个真正充分、完整、全面、幸福的儿童。但是，不能因为我们重视游戏，就简单地将"游戏"与"学习"视为本质同一，这反而会降低"学习"对于心灵成长的力量，将教师必须用心思考、精心建构、精心设计的"学习"活动虚无化。有学者认为："游戏是儿童的基本活动"和"游戏＝学习"的科学理念，可以与国外的许多课程模式交相辉映。[②]

(一)既要重视游戏对幼儿学习与成长的作用，又要重视游戏的本体论价值

我们不仅要看到作为幼儿的基本活动的"游戏"具有重要的本体论地位，而且要看到它具有突出的"功能""作用""意义"与"价值"。正是对于幼儿学习与发展具有独特的、重要的、积极意义的"功能"，游戏才备受广大心理学家、教育学家推崇。游戏是幼儿园教育活动、方案、课程的一种重要的学习方式，幼儿可以通过游戏这一形式获得探索、提问、质疑等诸多的学习机会，游戏价值巨大。[③] "游戏"是幼儿沉浸、投入、陶醉在其中的一种基本的活动样态，或方式，或状况。游戏中的幼儿是幸福的、快乐的、无忧无虑的，是与自然和谐而美好地共处的，是作为"自然之子"身心处于最纯真、最值得为世人所称颂的一种状态，处于老子所颂咏的"常德不离，复归于婴儿"的那种原初的忘我的游戏状态，处于英国湖畔诗人华兹华斯（Wordsworth）

---

① 王小英：《学前儿童的游戏与学习：内在的连结性》，载《学前教育研究》，2013(7)。

② 王振宇：《安吉游戏的价值在于"回归与引领"》，载《中国教育报》，2016-11-13。

③ Isenberg J & Jalongo M, *Creative Expressions and Play in Early Childhood*, 2nd ed., Upper Saddle River，Prentice-Hall，1997，p. 60.

所吟诵的"儿童是成人之父，我就希望自然的虔敬将我的一生贯穿在一起"的那种天真烂漫、无忧无虑的游戏状态，这是"游戏"精神淋漓尽致的展现。

游戏是幼儿的一种重要的生活方式和状态，游戏还是幼儿学习与成长的一种基本活动、基本方式。《幼儿园教育指导纲要（试行）》在提到"以游戏为基本活动"时有一个重要的前提，即"尊重幼儿身心发展的规律和学习特点"。这里所强调的，是游戏必须成为幼儿学习与发展的一种基本的活动方式，它突出了游戏的巨大的"作用""功能"与"价值"。我们不能只谈游戏的"地位"而丝毫不提甚至否定其具有的重要"作用"、重要"价值"和重要"意义"。只看到游戏的"地位"的学者们往往是持有浪漫思想、古典人文主义精神的哲学家，而看到游戏的"作用""价值""意义"的则常常是有教育理想、教育立场、教育眼光的教育学者。在这些教育学者们的视野中，"学习"同样是幼儿园教育的核心所在，是孩子们选择来幼儿园，接受幼儿园教育的最为重要的目的。衡量一所幼儿园的办园质量，可以主要借助"游戏"来反映，但最终完整地反映幼儿园教育质量的活动必然是融合了幼儿的"学习"的质量的，包括"学习"的状态、"学习"的过程、"学习"的方式、"学习"的效果（请注意，这里的学习效果不是功利主义目的的，而是对幼儿身心全面和谐发展的完整的、"大全"的评价）等。

其实，对于这个问题，很多心理学家、儿童游戏理论专家是既肯定"游戏"在幼儿园教育中的重要"地位"，又突出了"游戏"对幼儿的发展价值、发展意义、发展作用的[1]，可以说正是因为"游戏"具有这样显著的作用，才受到了心理学家、教育学家们的推崇。苏联心理学家维果茨基早就提出了幼儿园教育活动中的"游戏"是有目的、有作用、有意义的，游戏是幼儿的最具引领性的力量，它能促进幼儿更高水平的智力活动的发展，如思维、想象、意识、概化情绪，游戏是幼儿发展的重要源泉，它创设了学习的最近发展区。[2] 游戏活动可以积极帮助幼儿理解他们的世界，拓展他们对于社会和文化的理解，扩展语言与语用技巧，向他人表达观点与情感。[3] 游戏可以促进幼儿的脑与神经系统的发展，可以有效刺激幼儿的探索与学习活动。[4]

（二）游戏与学习构成幼儿当下与未来的生活、发展与成长的美好图景

"游戏"体现了幼儿的"神性"的一面，作为"自然之子"的幼儿，享有这种不可剥夺的天赋的权利；"学习"则展现了幼儿的"人性"的一面，作为"社会之子"的幼儿，可以通过学习，享受走向文明、开化，变得有教养、有知识、有智慧、有力量，这种权利同样是不可剥夺的。"游戏"与"学习"对幼儿来说，都是必不可少、有其内在

---

[1] 华爱华：《游戏中的学习与发展：基于游戏的师幼共同成长》，2014年东亚儿童科学国际研讨会暨儿童脑潜能开发与行为发展论坛，上海，2014。

[2] Vygotsky L S, "Imagination and Creativity in Childhood," *Journal of Russian and East European Psychology*, 1930(42), pp. 1，4-84.

[3] Frost J, Wortham S & Reifel S, *Play and Child Development*, 2nd ed., Upper Saddle River, Pearson Merrill Prentice Hall, 2005, pp. 193-195.

[4] MaCain M, Mustard F & Shanker S, *Early Years Study 2：Putting Science into Action*, Toronto, Council for Early Child Development, 2007, p. 139.

教育意义与意蕴的活动，二者相互交融，互为补充，是幼儿在幼儿园生活、发展与成长的重要组成部分。

鉴于实践中存在将"以游戏为基本活动"简单理解为游戏作为幼儿园教育和生活的"主导活动""占绝大多数的活动"，弱化了学习活动的重要性，忽视了游戏与学习之间的交融关系的现象，这里有必要对"以游戏为基本活动"的内涵进行澄清。从政策文本上来看，《幼儿园教育指导纲要(试行)》提出要"尊重幼儿身心发展的规律和学习特点，以游戏为基本活动"。这说明《幼儿园教育指导纲要(试行)》是将"游戏"作为幼儿的学习的基本活动方式来展开论述的，而不是强调游戏一定要在幼儿的幼儿园生活与教育中"占绝大多数部分"。实际上，纵观我国先后出台的有关幼儿教育政策的文本，较早出现的提法是"游戏是学前儿童的主要活动"。根据学者杜继纲的文献研究，1955 年国内印行、学习苏联的由克鲁普斯卡娅领导制定的、俄罗斯联邦教育部学前教育司编写的《幼儿园教养员工作指南》的中文版里明确提出，"游戏——学前儿童的一项主要活动——是共产主义教育的重要手段"。这里的提法是"游戏"是一项"主要活动"，而并没有提"主导的""占绝大多数的"活动。我们还特别注意到，苏联的《幼儿园教养员工作指南》强调，除了游戏，幼儿园教育还包括其他活动，如"作业""观察成人劳动及儿童自己的简单劳动"，以及"庆祝节日和娱乐等活动"。[①] 杜继纲的论文中特别提到了，作为当时与苏联专家一起工作的，重要的历史见证者，陈帼眉教授在回顾那段历史时就曾提及，她本人一直不赞成当时将"主要活动"改为"主导活动"的提法，俄语"ведуший"一词虽可译作"主导"，也可译成"主要"，但游戏显然无法涵盖幼儿的全部生活，因此她更倾向于将这一俄语单词翻译为"主要"。[②]

当然，我们还要考察国外文献中是如何提"游戏"的。从其源头出发，看看是否有"游戏是基本活动"的提法；如果有，它的来龙去脉又是怎样的。180 多年前，最早以"幼儿园"为名创办学前教育机构的福禄培尔是这样提的，"游戏是一种非常自然的活动，它反映了儿童的生活的文化情境"。福禄培尔并没有提游戏是"基本活动"，但指出了游戏的巨大意义，它是反映幼儿的真实需求的，幼儿有游戏的需要，有游戏的自然需求。其后，英格兰的麦克米兰姐妹(the MacMillan sisters)引入了开放性游戏，并将它视为幼儿园课程方案的一种非常重要、必不可少的组成部分(play as an essential part of preschool programs)。这是我们能查到的将游戏视为"基本活动"的最早的由来。这里的"essential"在英文语境里其实并不是中文所说的"基本"这一含义，而是应该翻译成"必不可少的""不可或缺的""非常重要的"。在中文的语境中，"必不可少"意味着它是非常重要的，但绝不是"唯一"的，或占"绝对主要"的。这样看来，我们的学前教育学者们所认为的"游戏是儿童的基本活动"或许受到了对

---

① [俄]俄罗斯联邦教育部学前教育司：《幼儿园教养员工作指南》，金世柏译，8～9 页，北京，人民教育出版社，1995。

② 杜继纲：《对"以游戏为基本活动"理念的历史与理论分析》，载《学前教育研究》，2011(11)。

"essential"的错误翻译的影响。笔者认为，提出"游戏是儿童必不可少的、极其重要的、十分必要的活动"更加合适、贴切、妥当，应该是最符合麦克米兰姐妹的原意的。这种理解突出强调了"游戏"和"学习""生活""运动"等对于幼儿的发展具有同等重要、不可或缺、极其必要的意义与价值。

二、引导幼儿游戏的必要性

主张对幼儿的游戏加以干预和引导的观点正在打破以往强调幼儿游戏的自由自发性、反对任何人为的干预和设计的观点"一家独大"的现象。如果与幼儿在一起工作的成人控制性过强，那么幼儿的创造性就将受到压抑，游戏最终会从托幼机构消失。如果成人过于放任，幼儿的游戏行为和创造性表现的方式就会停留在较不成熟的水平上。[①] 因此在谈论教师引导幼儿游戏的相关话题时，我们必须首先明确在幼儿游戏中教师应承担的角色。

(一)"游戏本位学习"理论对幼儿游戏中教师角色的解读

国际游戏研究中初露端倪的"游戏本位学习"(play-based learning)理论认为，幼儿的游戏过程是一个主动性、综合性、社会性的建构学习过程，建立在幼儿与他人、材料的互动，以及对现实世界和环境融为一体的基础上。[②] 其机制主要在于：游戏通过对幼儿基本需要的满足，激发并保持他们参与活动的动机，游戏中蕴含的丰富元素能为幼儿提供系统且有意义的学习内容，使他们通过游戏中的自主活动以及同他人的社会互动进行经验的建构与拓展。

持"游戏本位学习"观点的学者认为，教师在幼儿游戏中的角色不是替代幼儿解决问题，而是为他们提供必要的条件促使其解决自己原来解决不了的问题。教师应从幼儿经验与成人经验的进阶连续性出发，准确了解幼儿现有经验及其经验发展过程，判断出幼儿在发展进阶中的相对位置，并给予适当支持，使其向下一阶段发展。[③] 成人应充分尊重幼儿自主性，使幼儿既保持对游戏的控制，又因能力发展而提高游戏的水平和质量。为此，教师需要通过行动学习、实践反思等方式不断转变心智模式，提升自身引导幼儿游戏的实践能力。

(二)"以游戏为基础的学习连续体"对幼儿游戏中教师角色的解读

在一项以游戏为基础的学习连续体(continuum of play-based learning)的研究中，学者根据教师参与幼儿游戏程度，将幼儿的游戏分成几种不同的类型：自由游戏、探索游戏、合作设计游戏、游戏化学习、通过游戏学习。[④] 这表明随着教师在游戏中参与程度的不同，教师扮演的角色不同，幼儿学习的方式也发生了变化(图 9-

---

① 刘焱：《儿童游戏通论》，382 页，北京，北京师范大学出版社，2009。

②④ Pyle A，Danniels E，"A Continuum of Play-based Learning：The Role of the Teacher in Play-based Pedagogy and the Fear of Hijacking Play," *Early Educations & Development*，2017(28)，pp. 1-16.

③ Oers B V & Duijkers D，"Teaching in a Play-based Curriculum：Theory，Practice and Evidence of Developmental Education for Young Children," *Journal of Curriculum Studies*，2013，45(4)，pp. 511-534.

3)。因此，教师要意识到自身不同的参与方式对幼儿游戏与学习产生的影响，把握好参与幼儿游戏的时机与程度。

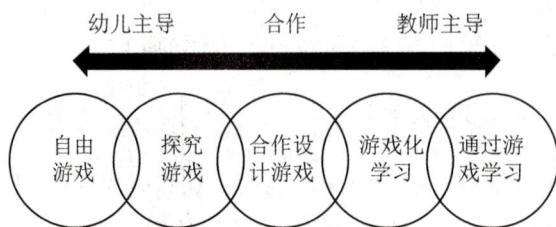

图 9-3　以游戏为基础的学习连续体

(三)"真假游戏"与幼儿游戏中的教师角色

当前还存在一个有些迷惑性的观点，即用"自发性"来作为衡量、评价儿童的游戏为"真"还是为"假"的判断标准。"'真游戏'是指真正融入了游戏精神的，游戏者自发的、自主的、休闲的娱乐活动，它是属于真正的游戏。"①借助教育心理学的相关成果，我们特别要提出儿童的两种类型或范式的学习，一是游戏活动中的儿童的自发学习，二是通过教师创设的有意义、有价值、有方法、有艺术、有情怀的教学活动设计，儿童进行的有目的、有任务、有要求、有结果评价的学习。

这两种学习都有其重要的意义与独特的价值。虽然"游戏"活动中也蕴含丰富的"学习"机会，儿童可以通过游戏活动感受、体验、探索外部世界，并获得积极的学习，但这种学习从总体上看是零散的，不具有结构化、体系化，也往往缺乏效果评估。当然，这种"学习"对儿童的成长无疑也是非常必要、有益的，但是，在教育机构中，无论是在中小学还是幼儿园，作为一名专业的教育者，教师必须意识到除了儿童通过自发游戏获得的"学习"经验之外，还必须有这样一种有意义的学习，即完成系统的教育目标的学习，非零散而是构成结构体系的学习。当然，对于幼儿来说，即便是教师设计的教育活动，也必须做到以游戏为基本活动，来帮助儿童体验、理解、习得、掌握教育者期望他们达到的教育目的。实际上，教育部于2012年10月颁布的《3—6岁儿童学习与发展指南》就十分强调"学习"的重要意义与价值："幼儿在活动过程中表现出的积极态度和良好行为倾向是终身学习与发展所必需的宝贵品质。要充分尊重和保护幼儿的好奇心和学习兴趣，帮助幼儿逐步养成积极主动、认真专注、不怕困难、敢于探究和尝试、乐于想象和创造等良好学习品质。"我们认为，"活动过程"既包含了"游戏"，因为游戏活动会帮助培养学前儿童的各项学习品质，如好奇心、坚持性、意志力等，也包含了在教师精心设计、精心策划、精心组织、精心安排下的儿童的各类"学习活动"。一名真正优秀的幼儿园教师，不仅会在儿童的自发游戏活动中"看"到他们的学习，而且会积极主动、有计划、有目的、系统地

---

① 顾高燕：《幼儿园"真游戏"的内涵与实施》，载《教育观察》，2017(2)。

思考、策划、设计一系列的学习活动，从而有效地促进儿童成长，这是良师的职责所在，良师的良心所在，良师的使命所在。

一方面，教师要尊重、支持孩子们的自发游戏，这是教师具有先进教育理念的重要表现；另一方面，教师要提醒自己，自发游戏只是教育活动中的一部分，为了实现教学活动的目的与任务的"游戏"活动同样是幼儿园教育所需要的。自发游戏与教育活动中的游戏有其不同的内在价值和成长意义，前者尊重孩子们的主动探究、积极创造，后者则是教育的目的、价值、意义的重要体现。如果说孩子们自发的游戏是"真游戏"的话，教师为了有意义、有价值的教育目的而精心设计的、精心构思的、精心引导的游戏同样是"真游戏"，而且前者可能不需要教师太多的专业能力与智慧，后者却需要教师不断提升与幼儿互动的能力，观察、发现孩子们的行为背后的教育价值的能力，有效运用游戏的方式，以游戏为基本活动，实现教育目标的能力。

（四）幼儿游戏中教师的"积极自由"与"消极自由"

从一个完整的教师发展观来看，教师不仅需要"消极自由"（freedom from），而且需要"积极自由"（freedom to）。这里的"消极"不是指不好的意思，而是指教师要有"不去'做'"的自由，即"放手"，赋予儿童自主游戏的权利。但遗憾的是，过度追求这个主张则往往使幼儿园教师只看到"消极"的自由，却没有看到，或者是限于自身的教育水平，没有走向发挥教师主观能动性的"积极自由"。教师要积极运用实践智慧、教育机智、扎实学识去指导、点化、促进幼儿的学习与发展。

在此，我们还需要指出的是，"放手"之后的教师不是只做"观察"的事情，而是要运用自己所有的教育智慧、教育手段与才能去帮助幼儿"跳一跳，摘果子"，除了"观察"之外，教师更要采用适宜的方法，去指导、引导、促进儿童的学习与成长，这同样是教师必备的专业能力。课程学家施瓦布（Schwab）将这种能力称为"择宜"（eclectic）的教育智慧，借助择宜可以发现并实事求是地考虑某一理论对其研究所透射的观点有何歪曲和局限之处。[①] 与"教研员"不同，专业的教师不仅需要"观察""记录"的能力，而且更重要的是要在教育现场灵活、机智地接过孩子们抛过来的"球"，并用"择宜"的教育智慧去抛还给孩子们。如何有智慧、有艺术、有方法、有价值、有意义地抛还给孩子们，这正是意大利瑞吉欧的教师所精心钻研的。好的教育活动既不是由教育者完全预先设计好的、不可改变的僵化的计划，也不是儿童完全无目的的、随意的、自发的活动。它是在互动过程中，通过教师对儿童的需要和感兴趣的活动的价值判断，不断设计、调整活动，以促使儿童更加有效地学习与成长。这样的课程是"明智的"，或者说"择宜的"。[②] 只强调教师的"观察"能力，却没有对教

---

① 吴刚平：《校本课程开发的思想基础：施瓦布与斯腾豪斯"实践课程模式"思想探析》，载《外国教育研究》，2000(6)。

② Schwab，"The Practical：a Language for Curriculum，"*School Review*，1969，78(1)，pp.1-23.

师的教育智慧、教学机智、课程设计与调整能力等给予足够的重视，这还不能说是具备了"积极自由"的完整的教师。

三、引导幼儿游戏的方法策略

幼儿游戏的实践表明，教师介入引导游戏可以提高游戏的质量和水平，充分发挥游戏的教育价值，促进幼儿多方面发展。有学者发现，有些教师在推动幼儿游戏方面很成功，而另一些教师则很难让幼儿参与游戏或通过游戏来支持学习。[1] 因此，教师应该掌握必要的引导幼儿游戏的方法，促使幼儿向更高的游戏水平发展。

(一)渗透在环境中的隐性影响

为幼儿游戏创设适宜的物质条件和轻松的精神氛围，是幼儿处于最佳身心状态、积极主动地参与各项游戏活动的基本条件。教师通过提供安全的游戏场地和材料，同时考虑游戏环境中各因素之间的关系，将教育意图有机地渗透在环境中，可以最大限度地发挥游戏环境的整体效能，以潜在影响和间接方式引导幼儿的游戏行为和活动。

例如，通过实物标志、图示标志的运用，指导幼儿在游戏中根据标志的指示行动，引导和规范幼儿游戏。实物标志如桌椅、玩具柜、地毯、布帘等，一般用于规划游戏场地、营造游戏氛围，能够将活动室按需要划分为几个相对独立且开放的区域，有助于幼儿自主选择游戏场地，且能避免不同类型游戏之间的相互干扰。图示标志一般用于提示幼儿游戏区域的类型、区域进出的规则、参与人数的控制、玩具材料的摆放或归类位置等；教师可以通过与幼儿一起商议制作这些图示标志，让幼儿充分参与并理解标志中隐含的规则，并在此过程中发展前阅读和前书写能力；通过这些标志的利用，可以有效减少幼儿之间源于游戏环境和规则的矛盾冲突，有利于幼儿养成自觉自律、遵守社会规则以及自主解决矛盾的行为习惯。

又如，通过为幼儿提供多种材料，拓展他们在游戏中的探索行为，促进其发散性思维的发展。由于知识经验和能力发展水平的限制，幼儿在游戏中常常会受到材料本身性质与功能的制约，如果游戏材料单一则幼儿游戏情节往往难以丰富。一般而言，教师在投放游戏材料时，要注意如下问题：一是要考虑幼儿园游戏活动区域的基本材料，这是幼儿开展各种游戏区域活动必需的玩具材料；二是在活动区适当准备一些拓展材料，所谓拓展材料是指结合幼儿游戏主题提供的各种辅助材料；三是在幼儿园游戏活动区域还应该准备创意材料，创意材料的配置与使用可能在不同游戏区域有不同的含义，这些创造性的材料通常是能够适应幼儿游戏情节发展的多种需要的。[2]

[1] Gaviria-Loaiza J, Han M & Vu J A, et al., "Children's Responses to Different Types of Teacher Involvement During Free Play," *Journal of Childhood Studies*, 2017, 42(3), pp.4-16.
[2] 周兢：《儿童成长需要不断进化的游戏过程》，载《中国教育报》，2015-12-20。

再如，我们通过合理布局幼儿游戏空间，并注意不同性质游戏空间的相互作用，也能够促进幼儿游戏水平的提高。幼儿园中常用的游戏空间组合主要有以下三种：①开放与封闭。不仅要为幼儿设计开放的、能够充分与他人和材料互动的空间，同时也要提供相对隐蔽的空间，以供幼儿独处。这样才能使游戏区域之间有相对分明的界限，独立隐蔽的空间也有助于幼儿在自主选择的游戏过程中不受干扰地发挥其想象力。②固定与流动。如果幼儿园中所有的游戏空间安排都是静态的、固定不变的，就会给幼儿在游戏中的社会性交往行为带来一定程度的局限；而如果提供一些流动性的游戏空间或材料，如小推车、"流动小吃摊""超市送货车"等，就可以促使幼儿在游戏过程中与处于其他游戏空间和情节中的幼儿发生生动活泼的互动。③预设与生成。幼儿的游戏经验是丰富多彩的，游戏情节也是千变万化的，实际活动中难免会出现教师精心预设的游戏空间和材料不能完全满足幼儿游戏兴趣和经验发展的情况。因此在游戏空间设计时可以留出一两个区域，配备一些低结构化材料，供幼儿根据自己的兴趣和需要自由选择并富有创造性地运用这些材料。

(二)建立在观察上的参与引导

许多理论和研究表明，教师以游戏角色的身份与幼儿共同参与游戏(teacher-children joint play)有利于促进幼儿认知、情感和社会性发展，建立积极的师幼关系，并为实现教育目的提供适宜的教学环境。教师不仅需要为幼儿创设游戏性的教室环境，让幼儿自发自主游戏，也应该扮演经验丰富的游戏伙伴。辛格(Singer E)等人开展的一项关于荷兰教师的研究发现，教师在游戏互动中的高度参与可以提高幼儿游戏参与度。[①] 几乎所有教师都会通过"角色扮演"的方式来提供鹰架支持的工具，增加游戏新元素、增强角色可塑性或者提供材料支持。另有学者的研究发现，教师在扮演游戏同伴(co-player)或游戏领导者(play leader)时的引导具有较高的被接受性，是教师引导幼儿游戏、为幼儿发展提供支持的适宜策略。[②] 拉吉帕克沙(Randima Rajapaksha)建议：当幼儿由于自身经验受限无法参与游戏时，由教师担当游戏领导者的角色；当幼儿在游戏过程中发展兴趣时，教师可以转换为游戏伙伴。[③]

然而我们首先必须明确的是，观察游戏是教师参与引导幼儿游戏的前提。教师只有通过细致的观察，才能发现幼儿游戏的兴趣和需要，了解幼儿游戏的开展情况和遇到的问题，发现幼儿的最近发展区，从而及时调整游戏的材料、场地等，以幼儿能够欣然接受的方式适时介入、参与他们的游戏，根据自身在游戏中的角色身份

① Singer E，Nederend M，Penninx L，Tajik M & Boom J，"The Teacher's Role in Supporting Young Children's Level of Play Engagement，" *Early Child Development and Care*，2014(184)，pp. 1233-1249.

② Vu J A，Han M & Buell M J，"The Effects of In-service Training on Teachers' Beliefs and Practices in Children's Play，" *European Early Childhood Education Research Journal*，2015，23(4)，pp. 444-460.

③ Rajapaksha J，"Scaffolding Sociodramatic Play in the Preschool Classroom：The Teacher's Role，" *Mediterranean Journal of Social Sciences*，2016，7(4)，pp. 689-694.

做出适宜的引导行为，丰富幼儿在游戏中的学习经验，促进幼儿身心和谐发展。

根据教师在游戏中发生影响的不同形式，教师介入游戏的方式通常可以分为以下三类：①平行式介入。幼儿对新的游戏材料或主题不感兴趣或不会玩时，教师在幼儿的附近操作相同或不同的游戏材料或者开展和幼儿相同或不同的游戏情节，可以起到暗示引导的作用，给幼儿提供可模仿的榜样，从而达到引导游戏发展的目的。②交叉式介入。当幼儿认为有教师参与的需要或教师经过观察认为有引导的必要时，由幼儿邀请教师参与或教师主动参与游戏，教师通过游戏中自身角色与幼儿角色的互动达到引导游戏的目的。③垂直式介入。当幼儿在游戏中出现严重违反规则、攻击性行为时，教师以现实的身份直接进入游戏进行干预，加以引导。但这种方法不宜多用，它很容易破坏游戏气氛，甚至终止游戏。

除此之外，教师还可以使用语言来介入幼儿游戏，即通过言语指示引导游戏发展，主要可以使用询问引导、提出建议、鼓励表扬、澄清是非、邀请玩伴、角色扮演、直接指令等不同形式的语言，达到引导幼儿游戏健康发展的效果。

(三)发生在讨论中的经验建构

维果茨基在论述儿童游戏与发展之间的关系时提到：游戏是发展的来源，并创造了最近发展区。在想象层面上的行为，在想象性情境中的行为，自主意图的产生，真实生活计划的形成与意志动机——所有的一切都在游戏中产生，并在学前发展过程中达到最高水平。在游戏中，儿童总是表现得大于他的实际年龄，高于他的日常行为水平。在游戏中，好像他比自己还要高一个头一样。如同放大镜的焦点一样，游戏在浓缩了的形式下，包含了发展的所有趋势。就好像在游戏中，儿童会尝试着比他平时跳得更高。[①]

每个幼儿在游戏中都是以最本真的状态轻松、自由、愉快地表现他的经验的，而这些经验在现实生活中可能还没有机会表现出来。因此，在每次游戏结束后，教师引导幼儿讨论关于刚刚游戏开展的情况，不仅可以引导幼儿抒发游戏中的情绪体验，还能有效帮助幼儿在相互的对话和讨论中将自己在游戏中已获得的零散经验系统化，在相互学习交流中建构和提升新的经验和知识。

幼儿园中常见的游戏讨论形式主要有以下五种：①评判是非。教师对幼儿游戏开展的情况进行"一言堂"式的评论，依照教师自定的评价标准对幼儿在游戏中的表现进行表扬、鼓励或批评。②总结概括。教师针对幼儿在游戏中的外在表现进行面面俱到的总结发言。③陈述答案。教师从成人视角，直接指出幼儿游戏中出现的问题并给出解决方案，常要求幼儿在后续游戏中按照教师给定的方案开展游戏。④解决问题。教师组织幼儿思考、讨论游戏当中出现的问题，并加以讲评，有时也引导幼儿参与点评，主要目的在于解决游戏中出现的问题。⑤分享经验。教师引导幼儿讨论游戏开展情况时，着重发挥幼儿主体作用，通过幼儿的发言帮助他们梳理各方

---

① 姜勇：《国外学前教育学基本文献讲读》，313页，北京，北京大学出版社，2013。

面经验，并有意识地促进幼儿与同伴之间经验的迁移和提升。

一般而言，我们提倡在幼儿园中采取解决问题和分享经验的形式来开展讨论。前三种形式非常重视游戏的教育价值，却没有充分尊重幼儿的主体性，严重违背了游戏本身的特点。后两种形式，尤其是分享经验，有如下优势：能够充分调动幼儿的积极性、主动性，让他们与同伴分享游戏中愉快的情绪体验和问题解决的经验积累；在民主、宽松的氛围中，同伴的分享能够进一步增加幼儿自身的经验；并且教师可以在此过程中进一步挖掘幼儿的最近发展区，并以此为基础，对自己接下来的教育教学活动、游戏环境创设等进行反思与调整，以促进幼儿将游戏中的经验迁移到学习和生活中。

总体来说，教师对幼儿游戏的引导是一个不断观察、思考、评估、决策的过程，引导的方法无所谓"好"与"坏"，关键在于运用得恰当适宜，重要的是让幼儿在这一过程中获得内在生命的自我成长，而不是变成教师指导下的傀儡。教师在引导幼儿游戏的过程中要留给幼儿思考、探索、消化的时间和空间，不应消极等待，也不能包办代替。教师对游戏引导策略的合理运用体现了教师的教育能力，也展现了教师的教育智慧。因此，我们应充分认识到，发扬幼儿园"以游戏为基本活动"的精神，使幼儿在学习与游戏的和谐共融中成长为一个"整全的人"，是我们引导幼儿游戏的最终目的。

思考题

1. 结合实践，谈谈影响幼儿游戏的因素有哪些。

2. 请评述古典游戏理论、现代游戏理论以及游戏理论新视角及其对幼儿游戏的启示。

3. 相对而言，你更认同哪一种学派的游戏理论？为什么？

4. 请到幼儿园观察一名幼儿的游戏行为（为期一个月）或查阅教师的观察记录，分析该幼儿游戏时心理的发展，并设计进一步引导该幼儿游戏的方案。

第十章　幼儿园班级管理与环境创设

本章提要▶

- 了解幼儿园班级管理的目标与特点
- 理解环境与幼儿学习和发展的相关理论
- 了解环境与幼儿学习的影响，掌握幼儿园班级环境创设的具体原则

　　幼儿园有效教学取决于教师有效的班级管理。本章对幼儿园班级管理的目标、特点，有效课堂管理者的特征，班级管理方法等进行深入探讨，在此基础上提出幼儿园班级环境创设的原则与方法，旨在帮助教师提升班级管理与环境创设的意识与能力，为促进幼儿的有效学习提供适宜的环境。

第一节　幼儿园班级管理概述

　　有效的教学取决于有效的组织管理。只有当教师成为一名优秀的教学活动组织管理者时，他才可以称得上是一名优秀的教师。教育心理学者埃弗斯顿曾指出："真正做教师后的转折，是充满问题和痛苦的。请思考：某实习教师的教育教学很成功，但在正式成为教师时，她感到无所适从，这是为什么？"[1]多勒描述了课堂六个方面的特征：①多维性，充满了人、任务和时间压力；②同时性，课堂上每一件事都同时发生；③即时性，与课堂生活的快节奏有关，师生之间有成百个即时的交流；④不可预测性，即使细致地做好计划，也会出现其他因素；⑤公开性，全体儿童都看着并评判教师如何处理意外事件，是否公正；⑥历史性，教师或儿童做出一个特别行

---

　　① Evertson C M & Harris A H, "What We Know about Managing Classrooms," *Educational Leadership*, 1992(7), pp. 74-78.

为，其意义部分地依赖于以前的事。[①]

有一位实习教师曾指出："我以前实习看到的课堂，是已建立好的课堂，在这种课堂上实习，感觉得心应手，纪律也由指导教师维持好。而现在面对的是空荡荡的教室、一堆堆的教课资料、一群儿童，要想将各种教学目标组合在一个有生气、稳定、合作的学习环境里，真的非常困难。"的确，班级经营是非常难的，远比教好一节课难得多。

一、什么是幼儿园班级管理

班级管理是有效教学的重要成分。如果课程时间被管理问题耗掉，真正的学习就相对减少。班级管理是影响儿童学习的重要因素之一。那么，什么是班级管理呢？对此，有以下一些代表性观点。

柳夕浪认为，班级管理是指教师为实现教学目标而对课堂中的人、事、时、空等因素进行协调的过程。[②]

李森等指出，班级是在特定时空条件下，师生以课程为中介相互作用而形成的特殊人际心理环境。为有效地开展教学活动，和谐而融洽的人际心理环境是不可或缺的。这就要求对构成班级环境的基本要素进行协调和控制，即班级管理。[③]

班级管理是指教师在教学活动中通过协调课堂内各种人际关系，吸引学生积极参与班级活动，使班级环境达到最优化的状态，从而实现预定教学目标的协调与控制的过程。[④]

班级管理是创造和维持集体教学行为环境所必要的规则和程序。[⑤]

幼儿园班级管理，是指教师鼓励幼儿课堂学习的行为和活动，即教师为了有效利用时间、创设愉快和富有建设性的学习环境以及减少行为问题，而采取某些方法来组织活动、教学、自然环境等。这就意味着，教师计划班级管理策略时，需要考虑想要哪种班级环境，以及建立这种环境所需要的规则和惯例。此外，教师还必须学会如何使幼儿遵守班级规则，如何强化和奖励幼儿的这种行为。

二、幼儿园班级管理的目标与特点

(一)争取更多的时间使幼儿有效学习

分配时间(allocated time)指的是划分给教师的计划用于幼儿学习的时间。罗森

---

① Doyle W, "Classroom Organization and Management," in *Handbook of Research on Teaching*, 3rd ed., Whittock M C, New York, Macmillan, 1986, pp. 392-431.

② 柳夕浪：《教学管理的意义追寻》，载《中小学管理》，2009(3)。

③ 张东、李森：《教学管理文化：意义、功能及其生成》，载《教育研究与实践》，2011(1)。

④ Emmer E T, Everston C M & Anderson L M, "Effective Classroom Management at the Beginning of the School Year," *The Elementary School Journal*, 1980, 80(5), pp. 219-231.

⑤ Duke D L, "School Organization, Leadership, and Student Behavior," in *Student Discipline Strategies*, Moles O C, New York, SUNY Press, 1990, pp. 17-46.

肖恩发现，不到75％的规定时间被分配给学习活动。非学习活动(如典礼、出游、集会、特殊节目等)和过渡时间(如休息时间)占规定时间的25％。基于罗森肖恩的上述数据，大约10天里只有7天被真正用于学习或教学(图10-1)。[1]

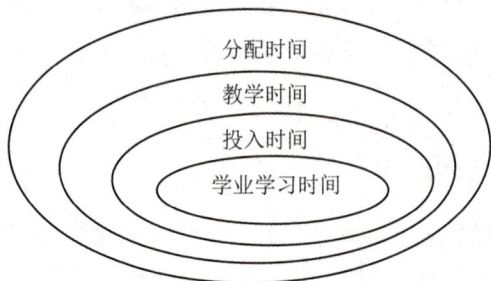

图10-1 课堂管理时间图[2]

教学时间(instructional time)指的是教师在完成常规管理以及其他管理任务(如处理幼儿课堂行为问题)之后所剩的用于教学的时间。教师应尽力将时间用于指导上而不是其他活动中，准时开展教学活动，事先计划并安排好教学活动所需要的资料、仪器、课堂活动，保证一上课立即开始教学。

投入时间(engaged time)，指的是幼儿真正用于学习的时间，它是幼儿实际上积极投入学习或专注于学习的时间。一些研究发现，幼儿真正投入学习的时间只占指定用于学习的时间的1/3。一个管理良好的课堂意味着更多的有效学习时间，更多的有效学习时间则意味着幼儿能学习到更多的东西。

学业学习时间(learning time)，指幼儿以高度成功率完成学习活动所花费的时间。教师可以通过各种方法来增加幼儿真正用于学习的时间。例如，尽量缩短自由活动和开始学习之间的等待时间，将自己的教案组织好，把准备工作做好，高效率地处理意外事件，以及保持课堂的秩序和对课堂的控制。

埃墨、埃弗斯顿(Emmer & Evertson)等人的研究发现，一些策略有助于增加有效的学习时间。例如，提高活动的参与性，组织幼儿感兴趣、有参与性的课程；保持动态性，即保持进度紧凑，避免打断或放慢进度；保持教学流畅性，不要停止教学；在过渡环节给予幼儿明确的指示信号等。

(二)有效课堂管理者的特征

幼儿园小班就开始建立良好的课堂秩序，有助于幼儿的学习与发展。斯莱文的研究列出了有效管理者的六个特征。[3]

①备有能引导幼儿掌握课堂规则和程序的清晰而具体的方案，花费必要的时间

---

[1] Carroll J, "A Model for School Learning," *Teacher College Record*，1963(64)，pp. 723-733.

[2] Rosenshine B, "Advances in Research on Instruction," *The Journal of Educational Research*，1996，88(5)，pp. 262-268.

[3] [美]罗伯特·斯莱文：《教育心理学》7版，姚梅林等译，274页，北京，人民邮电出版社，2004.

来执行该方案，如幼儿懂得如何排队、寻求帮助等。

②帮助幼儿积极参与活动，避免个别幼儿处于无所事事或无监督的状态。例如，有效的管理者很少只与个别幼儿在一起，而不管其他幼儿。

③在开学之初用较多时间讨论班级规则。至少在小班开学后的1~2个月里，经常提醒幼儿遵守班级规则。

④教给幼儿具体的程序。例如，让幼儿练习快速而安静地排队，让幼儿学习对一些音乐、铃声等提醒注意的信号进行反应。

⑤安排的活动通常是简单的，任务却是令人愉快的。在开学第一天就能够使幼儿步入正轨。

⑥能运用各种常规帮助幼儿形成良好的学习氛围，温馨、宽松、民主的学习环境，还能阻止各种消极行为的发生。

三、有效班级管理的方法

(一)全面关注

库宁认为，全面关注(with-it-ness)指的是教师对课堂上发生的每件事情都仔细观察、留心思考。时刻全面关注的教师在课堂上遇到的纪律问题会比较少。优秀教师在幼儿行为问题出现之前立即做出反应。[1]

(二)并行处理

优秀教师能够在同一时间段兼顾多种课堂活动，这种能力被称为"同时兼顾"或"并行处理"(overlapping)。例如，教师正在指导幼儿美工区的活动，当教师扫视教室时，发现教室后部表演区的幼儿在吵闹，这时教师让美工区的幼儿继续他们的美工活动，同时用眼神提示表演区的幼儿，请他们停止吵闹。擅长课堂管理的教师必须同时做好几件事：查看周围发生的事情；把握教学的进展；关注哪些幼儿在专心听讲，哪些在开小差。这就是一心多用，同时管理多种活动。

(三)过渡环节的高效

幼儿的许多行为问题常常发生在活动的转换、过渡环节。例如，收拾玩具去户外活动时，收拾得快的幼儿要在门口排队等候，这时可能由于幼儿无事可做而增加行为问题发生的概率。库宁发现，有些教师常在转换过渡环节时手足无措，而幼儿之间的冲突、打闹等事故往往在此时发生。有效的管理者善于设计活动转换的安排，减少幼儿不必要的等待时间。

(四)让每一名幼儿参与进来

促进幼儿参与的一个重要因素是，创造并维持高度互动的教学模式。教师使用

---

① Kounin J S, *Discipline & Group Management in Classroom*，New York，Holt，Reinhardt & Winston，1970，pp.81-83.

各种各样的教学方法，使任务有趣而恰当，大多数幼儿在没有教师的指导下也能够成功地完成任务。

(五)激发幼儿的兴趣与热情

如果教师善于灵活地运用多种教学方法，他们就能够激发起幼儿的热情和兴趣，而且常常会因为自己的工作而激动。他们的态度往往具有感染力。由于幼儿注意持续时间短，不太可能在较长的一段时间内持续做一件事情。因此教师应该随时备有新的活动或用于调剂的内容，以免幼儿失去兴趣。一般情况下，对幼儿的课堂管理要求采用多种活动和教学技巧。

第二节　环境设计与幼儿的学习

幼儿园的环境是指幼儿园内幼儿身心发展所必须具备的一切物质条件和精神条件的总和。幼儿的成长离不开环境，环境对幼儿发展的影响是极其深远的。我国古代对此就有精辟的论述。如"近朱者赤，近墨者黑"，就是强调环境对人的感染作用。幼儿园是促进幼儿身心发展的重要场所之一，对幼儿具有特殊的意义。3～6岁幼儿对环境的选择、适应和改造能力弱。年龄决定了幼儿对环境的广泛接受性和依赖性。因此，创设一个科学的幼儿园教育环境十分重要。幼儿园环境创设的目的是：利用环境对幼儿进行生动、直观、形象和综合的教育，让幼儿参与，利用周围条件对幼儿进行全方位的信息刺激，激发幼儿内在的积极性，让幼儿直接获得情感体验和知识的启迪，从而促进幼儿的全面发展。

《幼儿园教育指导纲要(试行)》中明确指出，"环境是重要的教育资源，应通过环境的创设和利用，有效地促进幼儿发展"。幼儿园环境既包括园所、活动场地等显性的物质环境，也包括幼儿园文化、幼儿园人际关系、教师的教育观念等隐性的精神环境。幼儿园在园所、设备等物质环境上的充分创设，有利于幼儿的活动发展，同时也有利于发挥保教作用和实现保教目标。精神环境是幼儿园环境中更为重要的一个方面。创设精神环境主要包括创建良好的人际关系，以及制定良好的日常规则与行为标准。创建良好人际环境的中心是建立融洽、和谐、健康的人际关系，它具体包括教师与幼儿之间的关系，幼儿同伴间的关系以及教师与教师之间的关系等。物质环境如同硬件，精神环境如同软件，而软件的建设通常更为重要，因为教育是塑造人的灵魂的工作。要为幼儿创设良好的园内环境，就要硬件、软件一同抓，要充分创设和利用环境这种教育资源，有效促进幼儿的全面发展。[1] 如果幼儿园能在拥有丰富的物质环境的基础上创设良好的精神环境，对于上述目标的实现将起到事

---

① 高晓敏：《论幼儿园的环境创设》，载《湖南科技学院学报》，2005(8)。

半功倍的作用，同时也将能为幼儿良好行为习惯的养成和身心健康成长保驾护航。[①]

一、环境与幼儿学习的理论

有关学习环境的理论认为，学习不仅仅依赖于教师的知识传授，适合幼儿学习的环境也是幼儿园教学的重要组成部分。知识的情景脉络、认知活动中的互动和合作，都是学习环境的一部分。深入认识幼儿的学习环境及其作用，对幼儿教师有重要意义。

(一)布朗芬布伦纳的环境生态模式

美国康奈尔大学的布朗芬布伦纳提出了儿童发展的生态系统理论。他认为，人的心理也是处在生态环境中的，人的发展离不开人与环境的相互作用，发展是人与环境的函数，即 $D = f(PE)$。

①小环境系统。身处特定环境的发展中的个体(某个具体的幼儿)，亲身经历和接触一些活动、角色及人际关系。这些活动、角色及人际关系形成某种模式或系统。小环境就是指个体直接面对和接触的环境，它具有物质和物理特征，也包括具有鲜明气质、人格特征及信仰系统的其他人。小环境系统是最接近幼儿的，如家庭、幼儿园、教室、游戏场等。

②中环境系统。指包括发展中的个体在内的两个或多个环境之间的作用过程与联系(如家庭和幼儿园的关系)。中环境系统是小环境系统之间的关系系统，如家长与幼儿教师的关系，家庭与邻居间的关系等。

③外环境系统。指发生在两个或多个环境之间的作用过程与联系。这些环境当中，至少有一个不包括发展中的个体在内。但是，其中发生的改变都会对小环境之间的作用过程产生影响(如对幼儿来说，家庭与其父母单位的关系)。外环境系统可以影响幼儿，但幼儿却不直接参与，如地方政府(决定严格的空气污染标准并实施)、学校董事会(设定教师薪金)、母亲的工作单位(执行产假制度、建设托儿设施)等。

④大环境系统。指包括在特定的文化、亚文化或其他更广阔的社会背景下的小环境、中环境和外环境系统的特征之上形成的一种模式。大环境系统可以被看作某种文化、亚文化或其他更广阔的社会背景的一个蓝图。例如，幼儿生活中的文化和亚文化，通过信念、态度和传统影响幼儿，如生活在不同民族或不同地域的幼儿，受到不同的影响。

(二)勒温的心理场理论

勒温(Lewin K)用拓扑学的图式来描述人与环境，强调行为是人与环境互动的结果，即 $B = f(PE)$。每个人都生活在心理环境中，心理环境是存在于人周围的物质和社会影响力，是能在某一时空影响人的行为的一切环境因素或心理事件。

---

① 望欢：《巧妙创设幼儿园精神环境，培养幼儿良好行为习惯》，载《科教导刊》，2016(1)。

这说明，每个人(P)都生活在心理环境(E)中，共同形成生活空间(L)，生活空间之外是世界的一部分，尚未经人的知觉或意识并入生活空间(图 10-2)。

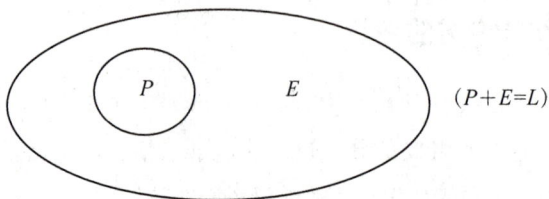

$(P+E=L)$

图 10-2　勒温的人与环境关系图

例如，小班有位叫莉莉的小女孩。入学后，她给人的印象是：文静、干净，很少和小朋友说话，别人活动时她静静地站在一边；班里就好像没有她这个人一样，虽然省心，却不容易接近。

有一次，老师单独与她谈话，夸奖她能干，会看书，还会把故事讲给老师听。她听了，两眼望着老师，很乖的样子。老师轻声地问她："你知道老师最喜欢哪个小朋友吗？"她摇摇头。老师又问她："你觉得老师喜不喜欢你？"她好半天才小声说："不知道。"老师告诉她，老师其实最喜欢她，因为她讲卫生，懂礼貌，还会看书讲故事。孩子的笑容写在脸上了。

一个学期过去后，莉莉有了大变化：喜欢笑，喜欢和大家一起玩，喜欢告诉老师很多事情，喜欢举手回答问题。她很自豪地告诉妈妈，老师最喜欢她。

二、环境与幼儿的学习行为

不同的环境造成不同幼儿的不同学习与行为。贝迪的研究发现，不同的课堂安排传递给幼儿不同的信息，影响他们的学习与行为：宽广开放的空间邀请幼儿奔跑和欢呼，窄小空间表示安静，小过道限制每次只能有少数幼儿通过；铺上地毯的区域意味着邀请幼儿坐在地板上；枕头靠近书架似乎在说"轻松些，看看书"；塞满美劳器材的高架对幼儿说"这不是给你碰的"，但对爱冒险的幼儿则说"看看你能不能拿到我"。[1]

维特(Witt)等人的研究发现，将柜子或架子集中在活动室中间，比放置在角落里更能增加使用率，且更能促进幼儿的学习与互动行为。墨菲(Murphy)等人发现，拥挤的空间安排会造成幼儿的紧张与疲劳。费特(Fitt)则指出：若将活动室安排成几个大学习区域，会引发吵闹且活动量大的活动；若分割成较小的学习区，幼儿就会以一种安静的方式参与活动及进行互动。

学者蔡春美综合了环境设计对幼儿学习不同影响的多项研究的发现，详见表 10-1。

---

[1]　Beaty S A, "The Effect of Inservice Training on the Ability of Teachers to Observe Learning Styles of Students," PhD diss., Oregon State University, 1998.

表 10-1 环境设计与幼儿的学习与行为发展

项目	环境设计	幼儿行为反应
空间密度	①每单位幼儿室内活动空间不少于 2 平方米。	①空间密度低于此值时，容易引发幼儿的攻击性行为，降低亲社会互动。
适度的格局或划分界限	②提供家长休息室，并使其在此仔细观察幼儿行为。 ③将活动室分成较小的学习区域，且易于幼儿识别。 ④户外活动场设置不同的活动区，并安排安静活动区。 ⑤活动场应设置大小不同的各种活动区，以供不同大小的团体活动。	②家长的来访容易引起幼儿情绪上的兴奋。 ③分割的学习区会使幼儿以安静方式参与活动，并增加幼儿与玩具的互动。 ④在户外除进行大活动量的活动外，也有部分儿童进行安静的游戏。 ⑤儿童的活动形态常是大团体与小团体混在一起。
流动线的流畅性	⑥幼儿园另设停车空间，以减少意外事件发生。 ⑦活动室流动线应注意流畅性，并占 1/3 以上的空间。	⑥停放车辆的地方常是幼儿躲藏、追逐的地方。 ⑦在此环境中，幼儿语言的表现多于身体动作的表现，并且能促进幼儿的身心健康及成长。
隐秘处的提供	⑧在活动室提供一些隐秘角落。 ⑨安全利用教室周围角落。	⑧幼儿安静地活动，合作行为增加。 ⑨幼儿喜欢在屋角处游戏。
取用方便	⑩将常用的教材、玩具放在幼儿容易取用的地方。	⑩方便取放的材料使用率高，且幼儿互动的行为多。
柔软处	⑪提供柔软度高的物理环境，如地毯、坐垫、明亮的色彩等。	⑪柔软度高的环境给幼儿亲切、温暖、像家的感觉。

（蔡春美：《幼稚园与托儿所的环境规划》，144～145 页，台北，心理出版社，1992。）

不仅活动室的总体环境设计对幼儿的学习与行为发展有重要影响，而且不同的学习区、器具和设备对幼儿各个领域的学习与发展有重要作用。斯波代克（Spodek B）曾详细介绍了幼教器材和设备与幼儿身体、社会、智力、创造力、语言和情绪等方面发展的关系（表 10-2）。

表 10-2 幼教器材和设备与幼儿各方面发展的关系

类别	器材和设备
身体的发展	攀爬架、轮车玩具、积木、轮胎、球、扣纽扣设备、绑鞋带的鞋子、珠子串线、模型卡片、平衡木、阶梯、幼儿用安全剪刀、木工器具、玩沙工具、拼图和其他可以让幼儿训练其大小肌肉协调统合的器材
社会的发展	小道具箱，如邮局、消防站、杂货店；家庭用具、积木、装扮衣服，以及可以让两个或更多幼儿一起参与的活动的器材和设备
智力的发展	动物、植物、操作器具、沙、水、木材、积木、天平、放大镜、配对游戏器材、积木小道具（禁止标志、玩具卡车等）、书籍、石头、拼图、烹饪活动，以及其他可以让幼儿仔细考虑、行动和学习的器材

续表

类别	器材和设备
创造力的发展	各式各样的颜料，各种尺寸、形状和材质的纸，马克笔、黏土、豆子、米、通心粉、铁丝、布、线、编织架、直尺、幼儿用安全剪刀、蜡笔、画笔、印刷设备、积木、装扮用衣服、稻草、木材，以及其他可以让幼儿展现、描述其世界的器材
语言的发展	书籍、语言经验图解器材、手指游戏用具、玩偶、幼儿制作的书籍、过家家的装扮衣服以及社会情境、田野旅行用具
情绪的发展	让幼儿体验成功的器材，具挑战性，没有挫折感，让幼儿有成就感

（Spodek B，Saracho O N & Davis M D，*Foundations of Early Childhood Education：Teaching Three-，Four-，And Five-Year-Old Children*，2nd ed.，1991，p. 104.）

此外，不同的学习活动区和其中的材料对幼儿的学习与发展也具有不同的价值（表 10-3）。

表 10-3　不同的活动区或材料对幼儿学习与发展的价值

活动区域/材料		知觉经验	探索	满意愉悦	自我表达	操作	情绪纾解	想象自发	工作习惯	学习经验	技能专心	手眼平衡	韵律平衡	洞察自我	大肌肉	小肌肉
积木	大的	▲	●	●	□	□	●	▲	▲	▲	□	□	●	●	●	▲
	小的	□	●	□	□	□	●	▲	▲	▲	●	●	●	●	●	●
粉笔		▲	▲	▲	▲	●	▲	□	▲	●	▲	●	▲	▲	▲	□
黏土		●	●	●	●	●	●	●	●	●	●	●	●	●	●	●
美术拼贴材料		●	●	●	●	●	●	●	●	●	●	●	●	●	●	●
蜡笔		▲	▲	▲	▲	▲	▲	□	▲	▲	▲	▲	▲	▲	▲	□
切割和粘贴材料		□	□	□	□	□	□	●	□	●	□	●	▲	▲	▲	●
娃娃家		□	●	●	●	□	●	●	□	●	□	□	▲	●	□	□
绘画	画架	□	●	●	□	□	●	●	□	●	□	□	●	●	□	□
	手指	●	□	●	□	□	●	●	□	●	□	▲	●	●	□	□
	海绵或积木	□	●	●	□	□	●	●	□	●	□	□	▲	●	●	●
沙		●	●	●	□	□	●	●	□	●	□	□	●	●	●	●
串起		▲	▲	□	▲	□	▲	□	▲	●	●	□	▲	▲	▲	●
水		●	●	●	□	□	●	●	□	●	□	□	●	●	●	●
木工		●	●	●	□	●	●	□	●	●	□	●	●	●	□	●

注：●最好　□普通　▲最少

（Taylor B J，*A Child Coes Forth：A Curriculum Guide for Preschool Children*，Upper Saddle River，Prentice Hall，1991，p. 70.）

幼儿园墙面环境创设也影响幼儿的学习。早在 1978 年克林富德就提出，只有当墙面展示及时反映儿童的兴趣点，符合儿童的学习水平时，儿童才会关注墙面的内容。同时，他的实验发现，超过 90% 的 5～12 岁儿童虽然不能回忆以前的墙面，但是能重新体验到当时看到墙面展示时的情绪。因而他认为，墙面环境的内容应该从儿童的兴趣出发，儿童的情绪体验不仅可以加深儿童对学习内容的记忆，而且可以促进儿童的学习动机。[①]

第三节 区角环境创设——适宜幼儿学习与发展的幼儿园环境设计

幼儿园与中小学教育的很大区别在于，幼儿园除了集体教育活动外，还有很多区角活动。区角活动顾名思义是在区角进行的学习活动，区角也可称为活动区（图10-3）。可以说，"区角"的存在是幼儿园"活动室"区别于"教室"的重要之处。要使幼儿园的教育避免"小学化"倾向，就必须充分重视区角这一形式在幼儿学习中的作用。所谓区角就是利用活动室、睡眠室、走廊、门厅及室外场地，提供、投放相应的设施和材料，为幼儿创设的分区活动的场所。幼儿园可设置的区角有：社会区角（娃娃家、医院、市场、街道等），自然科学区角（天文、地理、生物、化学、物理等自然事物和现象的观察、实验区等），数学区角，艺术（音乐、美术）区角，语言区角（包括安静的阅读区和进行语言交

图 10-3 幼儿在区角学习

往活动和故事表演活动等的区域），建构操作区（进行拼、插、搭、小制作等），室外可有玩沙区、玩水区、种植区、饲养区等。这种划分并不固定，每个幼儿园在具体操作时可视情况灵活搭配。幼儿园的环境创设更多体现在科学、合理地设置区角中，因此区角环境创设是影响幼儿学习、促进幼儿发展的重要方面。

一、区角环境的设计原则

怀特（White）的研究指出，总体上区角环境要注意简易性、舒适性（温暖如家的感觉）、感官性、刺激性（近便、色彩、自我选择）、稳定性、安全性、卫生。

（一）各区角的最佳配置：注意动静区分开
较大活动量的有以下一些区角：音乐、积木、装扮游戏、建构和大肌肉活动等

---

① Collingford C，"Wall Displays-children's Reactions," *Education 3-13*：*International Journal of Primary*，*Elementary and Early Years Education*，1978(6)，pp.12-14.

区域。而美劳、发现、图书、益智游戏、数学等学习区角则属于静区。这两大区角应相对隔开。同时也应注意，区角从用水的角度还可分为干性区和湿性区。相容区角靠近设置，如美劳和建构都需要靠近水源；而不相容的区角应分隔，如建构和积木区应分开(表 10-4)。

表 10-4　学习区与相关区角①

区角	相关区角(依序排列)
积木区	装扮区、写字区、美劳区、大肌肉区、操作区、故事区
电脑区	写字区、操作区、美劳区、故事区
操作区	电脑区、积木区、科学区、大肌肉区
故事区	写字区、装扮区、积木区、电脑区、科学区、音乐区
写字区	电脑区、故事区、装扮区、积木区、美劳区
美劳区	电脑区、装扮区、写字区、积木区
音乐区	大肌肉区、故事区、操作区
科学区	故事区、操作区、电脑区
装扮区	积木区、美劳区、写字区、故事区
大肌肉区	积木区、音乐区、操作区、装扮区

例如，某幼儿园的区角设计充分考虑了动与静的安排。以入口处为中线，教室的左边有一个空间较大的集体教学区，邻近集体教学区的都为操作性较强的活动的区角，这些区域包括生活、感官训练区、建构区、美劳区等。与教室右侧的语言区、数学区、拼图区、科学区、图书角等相对较为安静的区角相比，幼儿在这边的活动更为活跃，容易发出声音。如此动静分割，可减少参加不同活动的幼儿之间的影响，让大家都尽可能地专注于自己所做的事。

•沉默的"提醒者"墙壁："这是什么地方"

这主要指各区域的指示牌，它们都在告诉幼儿这里是什么地方，我们在这里可以做些什么。

•"请你跟我这样做"

以图书角的墙面装饰为例，图书角的墙壁上贴有名为"安静"的装饰画。画上写有"安静"两字，并画着看书的娃娃、静坐的娃娃。让幼儿了解在这里"我们该如何做"。

(二)注意环境设计时的流动线

流动线是指幼儿到达各个区角的路线走向。为到达某个区角，幼儿知道他们走什么样的线路，如何穿过一个空间，以及到达这个区角的最快的路径。维格伦特(Vergeront)的研究发现，如果流动线不畅通，难以到达的区角使用程度就比较低。

① ［美］詹尼丝·比蒂：《幼儿园自主性区域活动：环境、课程与儿童发展》，邱学青等译，5～6 页，北京，中国轻工业出版社，2021。

同时，如果流动线穿越某区角，则会影响这一区角内幼儿的活动，使其分心。因此，在创设环境时必须考虑幼儿到达区角的流动线。

第一，流动线的规划要注意流畅性，并保持足够的额外空间，一般保持在1/3以上。第二，教室的形状也会影响流动线，长方形的教室比正方形更适合，而L形则会妨碍教师监控幼儿的学习活动。第三，建立通道网，以连接各区角。注意：通道网络应限制穿越区角，通道应清晰、宽敞、延伸并环绕区角。第四，教室至少要有两个出口以供应急，并清楚地标明紧急出口路线。第五，各区角可以用L形和U形来分隔。研究表明，这两种分隔可以增加幼儿的学习机会。

(三)教室的物理环境设计

斯波代克指出，声音、光线、色彩、温度和湿度等都是影响幼儿学习的重要的物理环境因素。在这里我们主要介绍如何降低环境的噪声。噪声会引起幼儿的不安，影响他们的学习活动，必须控制室内的噪声。格里夫斯提出了打造幼儿园安静环境的十个方法(表10-5)。

表10-5 降低环境噪声的方法

安静环境布置的十个方法	
①铺地毯。吸音并能用于特定的场地，如图书角。 ②挂窗帘或将布挂在窗上，或将幼儿的美劳作品挂在窗户上。 ③降低过高的天花板，通过运用固定的移动物，从天花板挂下学习中心的牌子，或用细线挂幼儿的美劳作品。 ④教室布置植物。吸收声音，过滤空气，为幼儿提供关照和探究植物的机会。 ⑤安置宠物玩具。宠物玩具在某种程度上软化环境，使幼儿降低他们的声音。	⑥教室内放置各种布枕头，以吸收振动。 ⑦运用教师影响力。柔和的声音、有计划的活动和建立可预知的场地。 ⑧提供书籍和报刊。教材可影响教室的每一个区域，这些工具增进阅读能力并吸收活动的声音。 ⑨运用篮筐做容器和转换工具。 ⑩增加公布栏。布料的公布栏有助吸音，如果室内展示空间有限，提供可移动板或在墙上盖布另辟空间。

(Graves S B, Gargiulo R M & Sluder L C, *Young Children: An Introduction to Early Childhood Education*, 1996, p.213.)

(四)区角的数量、种类及人数管理

幼儿活动室应提供多样的区角，以帮助幼儿学习，较常用的有美劳区、积木区、装扮区、图书角、科学区、建构区、音乐区、沙水区、电脑区、益智区和私密区等。此外，不便在班级活动室内设置的，可以创设全园共用的专门活动室，如生活室、沙水室、木工间、大型建构室等，为全体幼儿提供学习的机会。

在数量上，迈龙(Marion)认为区角的数量应考虑幼儿的人数和年龄。例如，班上有20名5岁幼儿，通常教室内需要有2~7个区角，包括2个私密空间、4个小团体区、1个大团体区。幼儿年龄越大，班级人数越多，小团体区的数量也应越多。维格伦特甚至认为，幼儿选择区角的机会至少应是幼儿人数的1.5倍。如果是10名幼儿应提供15个机会，如果是20名幼儿，则应提供30个学习的机会(表10-6)。

表 10-6　各区角与幼儿人数

区角类型	幼儿年龄/岁	班内区角数/个			
		1～9 人	10～14 人	15～24 人	25～29 人
私密区	3～4	1	1	1	2
	5～6	1	1	1	1
小团体区	3～4	1	3	4	5
	5～6	2	2	4	6
大团体区	3～4	1	1	1	1
	5～6	1	1	1	1

（Alward，"Arranging the Classroom for Children," in *Guidance of Young Children*，Marion M，New York，Maxwell Macmillan International Publishing Group，1991，p. 92. ）

为了使区角不致过于拥挤而造成幼儿之间的争吵，让区角更好地发挥促进幼儿学习的作用，教师必须对区内的幼儿人数进行限定。布鲁尔（Brewer）和帕蒂略（Pattillo)等人提出了三种有效的方法。

方法一是区角计划板，配上图片和吊钩，用以标示区角的最多人数，如果该区角的吊钩上已挂满，幼儿就必须选择其他有空吊钩的区角。方法二是以色彩符号标示每一个区角，并设置同样颜色的夹子夹在该区的板上。夹子代表同一时间可在该区的幼儿人数，幼儿将取下的夹子夹在衣服上。方法三是挂牌法。木板左边的图代表各区角，每一名幼儿都有一个名字牌，当某名幼儿想去积木区时，就将自己的名字牌挂在积木区的木栓上，如果积木区没有空的木栓，该幼儿就必须选择其他区角(图 10-4)。

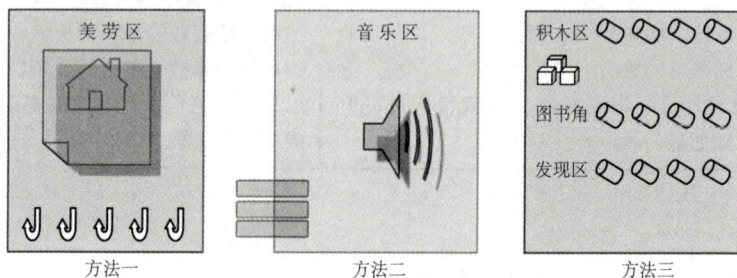

图 10-4　限制区角幼儿人数的三种方法

二、环境创设的范例

我们来看两个环境创设的范例。

范例 1　布鲁尔在《幼儿教育：从学前到小学低年级》一书中，介绍了幼儿园活动室环境创设的案例，并提出了在创设环境中必须注意的事项。[①]

①　Brever，Laura C，"The Development of Online Learning：Understanding Faculty and Student Experiences in an Organizational Context," PhD diss. ，Arizona State University，2001.

①空间必须多用途。因为教室很少能足以使每一项活动都有它自己的区域。例如，积木区在一天中的其他时间，可作为故事区。

②用水区，如美劳区、科学区应尽量靠近水源。

③安静区，如图书角、写字区和视听区，应靠在一起，让想安静活动的幼儿能学习。

④嘈杂区，如积木区和装扮区应远离安静区。

布鲁尔的研究提供了创设环境的一般要求。

范例 2 怀特等人的设计思路。他们在《幼儿教育：建立教学哲学》一书中提出了一个容易被忽视的重要方面——在环境创设中考虑特殊幼儿的学习与活动需要，为他们创设无障碍的学习环境。例如，为坐轮椅幼儿的融合教育和教室设计应考虑：较宽的通道，保证坐轮椅的幼儿有足够的移动空间；调整储藏架，以便于轮椅靠近；调整水槽高度，让轮椅可以靠近；修改桌子尺寸与形状，使轮椅易于靠近。[①]

📖 **思 考 题**

1. 你是如何理解幼儿园班级管理的？班级环境对幼儿的学习有哪些影响？

2. 请观察一个幼儿园班级的室内环境设计，并请说明其环境创设的哪些方面有利于幼儿学习。

---

① White C D S & Coleman M，*Early Childhood Education*，Upper Saddle River，Prentice Hall，2000，p. 303.

第十一章　幼儿学习的评价

本章提要▶

· 幼儿学习评价的概念
· 进行幼儿学习评价的意义
· 幼儿学习评价的特点
· 幼儿学习评价的有效方法

本章对幼儿学习评价的概念与意义、学习评价的特点、学习评价的基本方法，以及有效的幼儿学习评价方法进行系统阐述，以使大家对幼儿学习评价的特点与方法形成初步、综合的理解，并能尝试运用有效的评价方法。

在教学过程中，教师经常要对幼儿的学习过程与效果进行评价。学习评价可以帮助教师了解幼儿学习的特点、水平与潜能。[①] 教师要学会运用多种方法对幼儿的学习进行评价，以更好地促进幼儿的学习。

第一节　幼儿学习评价概述

谈及学习评价，我们常常会想到教师在每个学期末对儿童进行整齐划一、标准化的书面考试。然而，对幼儿来讲，有效的学习评价很大程度上不是要去评价幼儿能识多少字，会唱几首歌，能跳几段舞，会做几道加减运算题，这种"成绩"定向的考评并不适用于幼儿的学习。

幼儿学习评价有其重要作用，它能为教育活动设计、实施及改进提供依据，使其更适合幼儿的学习水平与特点。在真正符合幼儿学习与发展的环境中，教师都会持续观察与评价幼儿的学习，改进教学。

---

① ［美］克里克山克、贝勒尔、梅特卡夫：《教学行为指导》，时绮等译，242页，北京，中国轻工业出版社，2003。

一、幼儿学习评价的概念

(一)评价、测量与评估

在理解学习评价这一概念时，我们首先要区分它与测量、评估的差别。

测量（measurement）是指教师收集有关幼儿学习表现的客观资料、素材和信息的过程。它通常根据某种量表，用数字描述个体特征，重在客观事实的获得。坦波瑞克（Tenbrick）认为，测量是根据教育目标和测量的具体目标，建立测量的量度标准，对幼儿现有的行为水平进行度量。它通常以数字或分数的形式，表明幼儿学到的内容和掌握的程度。例如，某幼儿掌握了 10 以内的加法，但没有学会 10 以内的减法。

评估（assessment）相对于测量来讲，是指对信息进行收集、综合加工和解释以帮助教师判断幼儿学习情况的过程。虽然它类似于测量，但测量总体上是客观的、非判断性的，而评估通常具有某种程度的主观性。它允许教师有更多的个人观点和主见。评估是判断幼儿的学习是否发生以及学习掌握程度的一种系统方法。与测量不同的是，评估的目的是要为促进幼儿的学习提供有效的教学影响，因此评估更多的是形成性的，它能提供关于幼儿学习与发展的有效信息，并为形成相应的教学策略提供依据。[1]

评价与测量和评估不同，其不仅要包含测量及评估过程，而且要以某种标准为参照对幼儿的学习活动进行比较并做出判断。这种判断过程即被称作评价（evaluation）。因此，评价过程是一个"在一些事件、目标或行为以及一个规范或标准之间的比较过程"。

具体而言，幼儿学习评价是指教师收集有关幼儿学习表现的各种素材和信息，并以某种参照为标准，对幼儿的学习进行综合、解释、价值判断，以评定幼儿学习水平的过程。幼儿的学习评价为有效指导幼儿的进一步学习，帮助幼儿解决学习中遇到的问题提供依据。

(二)学习评价的分类

学习评价可以从不同角度划分为不同的类别。

1. 从评价目的分

从评价目的分，幼儿学习的评价可分为三类：诊断性评价、形成性评价和总结性评价。

①诊断性评价（diagnostic evaluation），又称准备性评价（preparative evaluation）。一般在幼儿的学习与教学前进行，帮助教师了解幼儿的学习水平及个别差异，以便安

---

① Stevens F，Lawrenz F & Sharp L，*User-Friendly Handbook for Project Evaluation：Science，Mathematics，Engineering and Technology Education*（NSF 93-152），Washington，DC，National Science Foundation，1993，pp. 10，15.

排适宜性教学。

②形成性评价(formative evaluation)。通常在教学过程中实施,使教师能够了解幼儿学习进展情况,了解本阶段教学活动的得失。一般是让幼儿完成一些与教学活动密切相关的测验,也可以让幼儿对自己的学习状况进行自我评估。形成性评价获得的资料,可以说明幼儿在学习过程中达到教学目标的程度。在形成性评价中,教师通常会问幼儿:"你现在做得怎样了? 怎样才能做得更好?"

③总结性评价(summative evaluation),也称为终结性评价,通常在教育教学活动结束后进行。总结性评价主要用于评定教学目标的最终完成程度,检查教学的有效性,考核幼儿的学习效果。

形成性评价有助于教师发现幼儿学习中的优势与不足,能根据幼儿学习的特点与水平,在教学进程和内容方面做出适当的调整。而总结性评价则是教师在教学单元结束后,对幼儿的学习掌握情况进行综合性测查。

2. 从评价进程分

从评价进程分,幼儿学习评价可分为学习前评价和学习过程的评价。

①学习前评价。在幼儿学习之前,教师可以做一次评价,以了解幼儿在开始学习新事物之前已有的知识与能力。因为幼儿的学习必须有起码的知识与经验做基础,然后才能学习新的知识与经验。起点行为是教师用以作为教学起点的依据。假如教师忽略了幼儿某方面的起点行为,在教学时,所设的教学目标,可能与幼儿的能力、经验脱节,导致过分困难无法学习,或是与旧经验重复太多,过分容易,降低幼儿的学习兴趣。

②学习过程的评价。在幼儿学习过程中,评价主要着重两个方面:一是幼儿学习态度,即主动还是被动的态度;二是幼儿对于学习活动的选择与频率,如他们常选择的学习区和选择的次数。

3. 从评价参照物分

从评价的参照物分,幼儿学习评价还可分为常模参照评价和标准参照评价。

常模参照评价(norm-referenced evaluation)是将幼儿学习的成果与其他幼儿进行比较。标准参照评价(criterion-referenced evaluation)是以一定标准为依据,评价幼儿对某一知识、技能的掌握程度,而不考虑其同伴在该技能上的成绩。

幼儿学习评价不断发生变化,传统的评价和新的评价有较大差异(表11-1)。

表11-1　新旧学习评价对比表[①]

传统的评价	新的评价
正式设定的总结性评价	形成性和非总结性评价
纸笔考试是唯一有效的学习评价工具	儿童制作及持续记录的学习档案,档案包括各种评价工具

---

① 柏生:《学习评价的趋势》,载《教师杂志》,2004,1(7)。

续表

传统的评价	新的评价
评价次数少，只在特定情况下进行	持续评价是教学过程的一部分
侧重知识与技能	评量儿童多方面的才能
儿童是被动的学习者，是有待填充的"容器"	儿童是主动负责的学习者，是教师的同伴
将儿童与其他同伴进行对比式评价	将儿童与其自身情况进行对比评价
评价是要指出儿童学习的失败或不足	采用支持、鼓励和欣赏的态度
评价人员主要由教师担任	评价人员多元化，可以是家长、教师，也可以是儿童自己
单方面评价幼儿学习的某一方面	根据多元智能的观点，整体性评价儿童

二、实施幼儿学习评价的意义

实施幼儿学习评价有重要意义，主要体现在以下几个方面。

（一）有助于教师了解幼儿的学习水平

通过学习评价，教师可以全面了解幼儿的学习情况，包括幼儿学习的兴趣、特点及其学习中的优势领域与弱势领域等。首先，幼儿学习评价是借助科学程序编制的研究工具，运用各种研究方法与手段，进行系统观察，并根据得到的大量信息进行分析的过程。无论是幼儿的外显行为还是内心品质，都可以通过评价而深入地了解。其次，对幼儿学习评价是一项目的性很强的活动，需要依据事先设计的客观指标进行观察。对于幼儿的任何行为，教师都必须根据客观的评价标准而不是自己的主观判断来进行；教师不仅要观察幼儿的行为，而且要对行为背后的诸多相关因素进行分析。最后，幼儿学习评价是一项系统工程，评价指标本身包括对幼儿认知、情感、社会性等各方面的发展要求，长期、系统的观察可以帮助教师掌握幼儿学习的全面信息。通过评价，教师不仅可以了解幼儿每一方面的发展水平和特点，而且可以对各方面发展之间的联系进行综合分析，从而把握幼儿整体发展以及各方面发展的相互影响与作用。

（二）有助于为教师开展个别化的适宜性教学提供依据

开展幼儿学习评价有助于教师有计划地对每个幼儿进行系统、全面的观察，并在此基础上对每个幼儿的学习进程与成效进行判断。通过评价，教师可以发现每个幼儿在哪些方面达到了预期目标，哪些方面的学习还存在明显问题，需要教师进一步指导和帮助。

（三）有助于家园合作，帮助家长了解幼儿的学习情况

家庭在幼儿发展中具有不可替代的重要作用，要使家庭教育在幼儿学习中真正发挥作用，促进家园合作，必须首先让家长全面了解幼儿的学习情况。教师对每个幼儿的学习评价，可以为家长了解自己的孩子提供重要参考，使家长迅速掌握孩子

学习的相关信息。评价不仅可以帮助家长了解孩子的进步和不足，还有助于家长全面了解幼儿教育的目标、内容。这样，家长在教育孩子的过程中会更有针对性，主动配合教师开展教育活动。

(四)有助于改进教育教学过程

通过幼儿学习评价，教师可以从中发现自身工作中的成功之处与需要改进的地方。第一，教师可以根据幼儿的学习情况分析班级教育目标是否恰当，是否符合本班幼儿的发展水平；第二，通过对幼儿发展情况的分析，教师可以了解教育内容、方法及手段的选择是否适宜；第三，通过对每一个幼儿发展变化情况的分析，教师可以了解针对个别幼儿所确定的目标是否恰当，个别教育的方法、途径是否有效。这种分析过程，实际上就是教师改进工作的开始。依据分析结果，教师可以更明确地为全班和每一个需要得到具体帮助的幼儿确定下一步的学习目标及实现目标的可行措施，对教育内容、教育方法、教育手段等教育过程诸要素进行调整。通过评价—反馈—改进过程，教师工作的目的性、方向性更为明确，评价所产生的积极效益，还可以增强教师的教育效能感。

第二节 有效的幼儿学习评价的特征与评价目标

随着对幼儿学习研究的不断深入，特别是对幼儿学习与中小学生学习不同点的认识日益深入，幼儿学习评价特别关注以下特征与目标。

一、有效的幼儿学习评价的特征

(一)幼儿的学习评价是整体性评价

传统学习评价在评价过程中往往是割裂的，将幼儿的学习与发展简单地分为几个领域，如数学、语言、身体、社会能力等，而没有将其看作各个组成部分的有机、整体联系。因此，传统学习评价往往是片面、局部的，缺乏全面整体观。传统的学习评价重视以下方面：①重视认知层面的学习，比较忽略社会层面的学习；②偏重成果(product)，比较忽略过程(procedure)，常以"成果"来评价学习；③对成果的评价偏重预先设定的具体标准。虽然幼儿教育是要实现"全人教育"，可是事实上幼儿教育的内涵却不可避免地受到上述观念的影响，导致许多幼儿教育的理想和目标形同口号，无法落实和实施。

幼儿学习评价的整体性特点是与幼儿学习特点密切相关的。幼儿的学习很多情况下发生在日常生活中，他们的学习是笼统、综合、整体性的。中小学更多采用的是分科教学形式，分科教学侧重知识的逻辑顺序，学科活动往往较难与儿童的实际生活发生联系。日常生活中的学习虽然不是以学科门类出现的，但能包含多方面的学习领域。例如，当孩子在海边嬉戏时，他不仅感受、体验了海浪的冲击，沙滩细沙的柔软，天空的蔚蓝，还可能看到螃蟹从泥沙里爬出来，还有可能在沙滩上与小伙伴共同活动，一起堆泥沙，筑"长城"。这种学习不仅有认知的、语言的，还有社会交往。又如，当一个孩子看到一朵花时，花对于他来说不仅意味着形与色，还意味着美。这里难以区分出是植物学、物理学还是美学，却是整体性的学习。因此，对幼儿学习的评价也应从整体性出发，而不能只从某个学习领域出发考查幼儿在这一学习领域是否实现教育目标。

例如，在区角活动中，豆豆要用雪花片为老师制作一副近视眼镜。这是幼儿在日常生活中想到的一个活动，在制作眼镜的学习过程中，豆豆学到的不仅是先剪下眼镜的轮廓，然后按照图形大小用雪花片拼搭，还有征求教师的意见，与其他小朋友分工合作，根据教师的意见进行反思，调整原先设计的眼镜。这些学习能力的提升都在这一看似平常的日常生活情境中，通过整体性的学习活动获得。

(二)幼儿的学习评价是多元评价

幼儿学习评价必须考虑幼儿的年龄、生活经验与个体差异。在评价幼儿的学习与发展时，教师经常要依靠观察、描述资料、幼儿的代表性作品，以及幼儿平日的自然表现等。在整体的评价过程中，也需要参考家长的观点与看法，以及幼儿对自己作品与学习活动的评价。因此，在对幼儿学习进行评价时必须采用多元评价法。多元评价，主要指三方面的多元性。一是评价目的多元化，即教师不仅要关注幼儿认知的学习与发展，而且要关注幼儿各方面的学习，包括语言学习、情感教育、社会性学习等多个方面。传统的幼儿学习评价主要关注认知，对幼儿的情感、社会性等方面的学习与发展关注很少。二是评价主体多元化。在评价幼儿学习时，不仅教师是评价主体，家长、幼儿、同伴等都是评价的重要成员，他们的积极参与可以帮助教师更科学、准确地了解幼儿的学习进程与水平。三是评价方式多元化。通过对幼儿的观察，对幼儿作品的分析，以及与幼儿、其他工作人员和家长的交流等多元化的方式了解幼儿的发展和需要。

(三)幼儿的学习评价是动态的发展性评价

维果茨基的最近发展区理论是动态评价的理论基础之一。最近发展区的概念为动态评价提供了可操作的理论依据。最近发展区是一段距离，指由儿童独立解决问题所决定的实际的发展，到他由成人支持或与能干的同伴合作解决问题而产生的潜在发展之间的距离。幼儿学习评价是一项长期持续的过程，教师必须讲究方法，并了解评价目的不是给幼儿的学习做定论性诊断，而是促进幼儿的后续学习与可持续发展。因此，教师必须以动态的发展性眼光对待幼儿的学习。在对幼儿的学习进行评价时，必须重视运用过程性、发展性评价。教师的注意力不应放在幼儿学习活动的结果上，而应放在学习的过程上。在发展性学习评价中，教师可以了解不同幼儿的发展背景和个别特点，了解发展过程中的情境变化和心理变化，了解影响幼儿发展的各种制约因素等，从而使评价真正起到促进幼儿学习的作用。

(四)幼儿的学习评价是个别化评价

在对幼儿的学习进行评价时，教师必须承认幼儿在学习上的个别差异与个别特性，并接纳幼儿在学习形态、风格与速度方面的差异。教师应该关注幼儿在经验、能力、兴趣、学习特点等方面的个体差异，避免用简单划一的标准评价不同的幼儿。有学者结合加德纳的多元智能理论和奠基于荣格心理学的学习风格模式理论提出了幼儿学习的"非同一性"个别化评价。"非同一性"是指在评价幼儿的学习时，教师充分考虑其不同个性特征、兴趣爱好、认知风格等。教师不过于强调标准化的目标，而应尊重幼儿的个体差异，结合智能领域与学习风格，为每个幼儿制定适合其学习的个别化标准。所谓"结合"，就是在语言、逻辑或数学、音乐、空间或视觉、运动或身体、人际、内省，以及加德纳后来增加的自然观察8种智能之下，又各分成4种学习风格(感官—感受型、感官—思考型、直觉—感受型、直觉—思考型)。因此不再是原来的8种智能或是4种学习风格，而是"8种智能×4种学习风格＝32种智能"。例如，不再只是说"某幼儿的强势智能在语言"或"某幼儿的强势学习风格是感官—感受型"，而是说"某幼儿是感官—感受型的强势语言智能儿童"。这样的结合使我们所熟悉的多元智能理论更加精细，同时对幼儿的学习评价更具个别性。

(五)幼儿的学习评价是在学习中评价，在评价中学习

幼儿的学习评价是课程的一个有机组成部分，评价过程应成为与学习环境融为一体的动态发展过程。在课程中教师对幼儿进行特定领域评价，并以评价的信息来指导课程的安排。例如，在视觉艺术领域，幼儿学习的过程就是评价进行的过程，在任务结束后材料仍旧放在教室里，这样教师可以进一步获得丰富的随机信息，并使评价具有连续性——教师可以观察幼儿如何创造性地使用材料，可以看到幼儿记住了什么，在已学的基础上建构了什么，等等。这就是"让学习看得见"(making learning visible)和"让教学看得见"(making teaching visible)。

二、幼儿学习评价的目标

幼儿学习评价主要包括以下四方面目标(图 11-1)。

(一)提供反馈信息，促进幼儿学习

评价应该为每一个幼儿提供反馈信息，帮助他们了解自己在学科能力，尤其是分析问题和解决问题等方面的进步，而不仅仅满足于掌握一些知识和技能。我们应该看到，虽然大多数教师承认，对知识的理解、分析和解决问题的能力，尤其是解决实际问题的能力以及创新意识等，应是教学的重要目标。但是，仍有个别教师往往只关注答案的正确性，幼儿很少能获得有关他们所使用的问题解决策略或思维过

程的任何建议或反馈。教师的评价反馈应自然地贯穿在整个教学过程中，而不是等到学期结束以后。

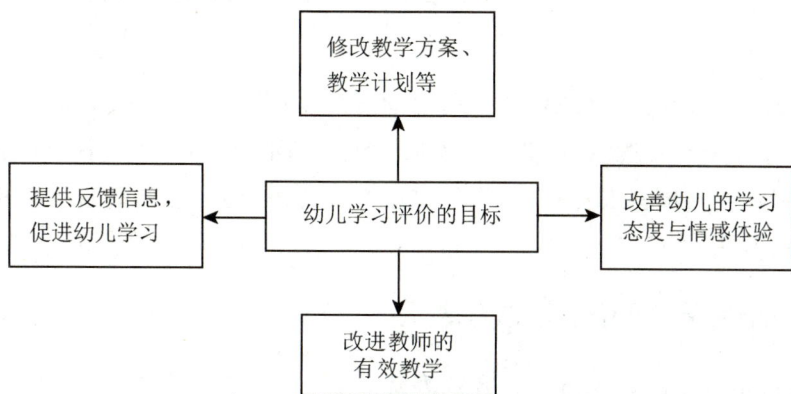

图 11-1 幼儿学习评价的四个主要目标

（二）改进教师的有效教学

教师计划每一天每一节课的教学任务，目的是发展幼儿的学习能力，而做好这一工作的前提是教师必须十分清楚地了解幼儿目前正在使用和建构的知识、观念以及思维的情况。在教学过程中教师只要有意识地去收集这方面的资料，就很容易获得与幼儿学习有关的信息。通过观察幼儿在日常生活中的问题及任务的解决和完成，教师能获得比正规测试所获得的数据更丰富和更有用的资料。它不仅能帮助教师看到幼儿可能出现错误之处，以及存在的困惑、还不清楚或没有牢固掌握的地方，还能帮助教师发现导致错误答案的原因，找到幼儿困惑的症结所在。

（三）改善幼儿的学习态度与情感体验

幼儿学习评价还要涉及对幼儿学习态度与情绪的评价。传统学习评价常常给幼儿带来焦虑和恐惧。在人为编制的测试面前，幼儿往往会感到挫败，进一步导致他们在学习中缺乏自信，产生焦虑，进而逃避学习。好评价中的一个最令人鼓舞的地方，在于它强调评价要发挥激励和促进功能，提倡在学习生涯中获得不同程度的成功体验是每个幼儿的权利，也是教师应尽的义务。

（四）修改教学方案、教学计划等

通过各种评价方法收集起来的关于幼儿学习状况的资料，还可以作为判断某个项目方案是否达到了目标的有用的评价依据。项目方案指任何有组织的研究单元，包括课程、教学计划、教师自己设计的教学单元。对这些项目方案的评价和修改，必须将该项目方案中有关幼儿的理解、分析问题和解决问题的能力，以及对学习的情感等各种因素考虑在内，这样评价才会更全面客观，随后进行的对该项目方案的修改才会更具有建设性。

第三节 幼儿学习评价的方法

幼儿教师所运用的评价方法，应符合幼儿园教育教学工作特点。幼儿学习评价方法主要包括自然观察法、情境观察法、谈话法、问卷调查法。随着幼儿学习评价的理论与实践的不断深入发展，又有了基于游戏的评价、公文包评价等有效评价幼儿学习的方法。

一、幼儿学习评价的基本方法

评价幼儿学习的基本方法，有观察法(observation)、测验法(test)、访谈法(interview)和个案研究法(case study)等。但单一的评价方式有其片面性，不能真正让教师看清幼儿的综合特质与能力。因此，真正适合幼儿的评价，是有利于幼儿学习与发展的多元化评价法。在了解观察法、谈话法和问卷调查法后，要将这些方法加以灵活整合运用。

(一)自然观察法

自然观察(natural observation)是指在日常生活的自然状态下，教师有目的、有计划地对幼儿的行为进行直接观察、记录，从而获得对幼儿学习的了解。虽然教师每时每刻都在观察幼儿的动静，但如果没有持之以恒或记录下来，就无法真正了解幼儿的认知能力、语言能力以及大小肌肉发展能力。观察法的类型大致可分为结构式和非结构式，自然情境与人为实验情境，以及参与式与非参与式观察。有教师认为，幼儿园采用的观察方式大多是在自然情境之下，采取参与式的观察与记录。在此情况下收集的资料较具真实性。非参与式自然观察法的优点是观察者可全心全意地观察，缺点则是会陷入自我中心的观点，误解观察的事件而不自觉。

自然观察是幼儿教育心理学的常用方法，非常适合对幼儿学习的研究。因为3～6岁儿童的语言能力还很有限，难以用语言表达全面的信息，其发展变化常常表现在外显行为中。因此，自然观察法就成为幼儿学习评价最基本的搜集评价信息的方法。通过自然观察，教师得到的评价信息不仅真实，而且十分丰富。自然观察法的主要特点是，不对幼儿的行为进行人为干预和控制，教师与幼儿都处于自然状态，能够观察到幼儿在日常生活中最真实、最典型、最一般的行为。

自然观察法分为时间抽样观察法、事件抽样观察法、行为核查观察法、逸事记录法四种。

1. 时间抽样观察法

时间抽样观察法是对特定时间内幼儿所发生的行为进行观察和记录的方法，主要观察行为是否出现。时间抽样观察可以每天一次或数次，每次在规定的时间内进行,以若干分钟为一个时间单位,在观察过程中教师要对所观察到的行为进行分类和记录。时间抽样观察法可应用于对幼儿某些行为的评价,如评价幼儿对各种游戏活动的兴趣及活动中的坚持性。

2. 事件抽样观察法

事件抽样观察法是观察者事先确定观察目的,选择某种或某类事件作为观察的目标,在观察中等待该种事件的发生,仔细观察事件全过程并加以记录的方法。事件抽样观察法注重观察行为发生的全过程。它不受时间限制,只要行为出现,就加以记录。在记录方法上,教师不仅可以采用行为分类记录方法,记录幼儿的行为是否已经发生,而且可附以描述性记录,更全面、详细地了解幼儿行为发生的背景、环境、影响因素等。

3. 行为核查观察法

行为核查观察法(checklist observation)是观察者事先确定观察项目,在观察中核查行为是否发生或出现的方法。具体做法是,将要观察的项目和行为预先列出表格,然后核查行为是否发生或出现,并在所列的行为或项目上画"√"。因为核查表实际是观察目的具体化的体现,所以,使用这种方法可使观察更具有针对性。幼儿园教师在对幼儿发展进行评价时,可以将所选择的评价指标体系分解为若干个行为核查表,分阶段对不同的发展方面进行观察。(见《同伴互动行为核查观察表》)

信息栏 11-1

同伴互动行为核查观察表[①]

观察者_____ 日期_____

儿　童_____ 年龄_____

一、观察表使用说明

为班里每个儿童填写此观察表。在看完所有条目后,勾出那些最能刻画该儿童在与同伴互动时行为特征的条目。大多数情况下,勾出 7～9 种行为即可把握儿童与同伴互动的方式。有时,观察表中的许多行为儿童都有所表现,教师只要勾出那些最能说明特定儿童特色的行为即可。

二、观察表内容

1. _____通过模仿或口头核实,把自己的行为与同伴的活动联系起来

2. _____游戏中发生冲突时进行调解

3. _____发起活动让其他儿童参加

4. _____主动地领导但往往不成功

---

① ［美］玛拉·克瑞克维斯基:《多元智能理论与学前儿童能力评价》,李季湄、方钧君译,177 页,北京,北京师范大学出版社,2002。

5. _____ 常常听从其他儿童的领导，而不是自己发起活动

6. _____ 花很多时间观察其他儿童的游戏

7. _____ 游戏中发生冲突时，愿意让步或离开

8. _____ 对自己的活动比其他儿童的活动更感兴趣

……

29. _____ 常常难以听从他人的请求

4. 逸事记录法

逸事记录法(anecdotal records)是在自然情境下对幼儿的实际行为做细致描述。教师可以对幼儿有意义的偶发事件做事实的记录。在使用这种方法记录时，应注意：记录幼儿行为发生的时间，当时的情境以及幼儿的反应；以幼儿为主，观察记录与其互动的任何事情；当事件发生时，尽量写下当时发生的事实。在进行逸事记录中，教师需要注意的是运用的语言不应是分析性的，而是描述性的。

运用自然观察法要注意以下几方面问题：第一，要创造自然的观察环境和气氛。评价者不应对幼儿的行为进行干预、限制或评价。评价者还要避免幼儿注意或发觉评价者的观察意图，以防止幼儿出现紧张及其他不自然的行为，确保观察结果的真实性。第二，要有明确的观察目的。评价者应始终明确每次观察的任务和目的，要选择与观察目的有关的行为和重要事实进行记录。第三，要做好观察记录，精确记下反映幼儿行为的事实及发生的条件、环境，以便对幼儿发展做出正确判断。第四，要对幼儿的行为进行多次观察。幼儿行为易受环境和其他主客观因素的影响，为使观察结果具有可靠性，必须以对同一行为的足够观察次数和观察事件来保证。

(二)情境观察法

情境观察法(context observation method)是指在实际的教育情境下，按照研究目的控制和改变某些条件，将幼儿置于与现实生活场景类似的情境中，教师观察在该特定情境中幼儿的学习。

情境观察法主要具有三方面优点。首先，可以通过一次活动集中地获得大量信息。其次，既可控制和改变某些条件，保证观察的效果，又可保持情境的自然和真实性，易于观察到幼儿的自然表现。最后，方法比较简便，可以结合幼儿园的各种教育活动经常使用。

运用情境观察法要注意以下几方面问题。首先，要围绕观察目的设计情境，所创设的情境要能引发幼儿表现出评价者欲观察的行为。其次，设计的观察情境应尽量与幼儿的日常生活情境相似，应是幼儿较感兴趣的活动，能够使幼儿积极参与并产生真实感。最后，情境观察应与日常观察相结合。幼儿在某一特定情境中的行为，不一定代表其在日常生活中的所有情况，所以，不能以一次情境观察所得对幼儿进行评价，经过多次情境观察并与日常生活的自然观察相结合，才能作为教师对幼儿学习评价的比较充分的事实依据。

(三)谈话法

谈话法（interview）是通过与幼儿面对面交谈搜集评价信息的方法。它以面对面的方式进行，访谈内容事前准备好，通常可获得较深入的反应信息，并获得纸笔以外的资料。运用此方法教师需要对谈话内容进行记录，然后对谈话记录进行分析。谈话法常用于搜集有关幼儿在学习活动中的动机、态度、自我认识等方面的信息。

谈话法的优点是可以弥补自然观察法和情境观察法的不足，能较快地了解幼儿学习中某些难以用行为表现出来的认识方面的问题，丰富已有资料。此外，谈话过程也是教师与幼儿相互作用的过程，有助于教师更深入地了解幼儿。

运用谈话法要注意以下几方面问题。第一，要有明确的谈话目的。第二，谈话内容应在幼儿生活范围内并使幼儿能够理解。与幼儿谈话要使用他们听得懂的语言，提问要尽可能简单。第三，谈话要在自然状态下进行。教师最好在游戏时间与幼儿边游戏边进行交谈，以避免幼儿出现紧张情绪，影响谈话结果的真实性。第四，教师与幼儿谈话时要营造轻松、亲切的气氛，谈话口吻要温和、自然。当幼儿在谈话过程中出现对提问不理解、不回答及回答错误等现象时，教师应耐心启发或等待，切忌斥责、批评幼儿或表现出急躁情绪，以避免谈话中断，或得不到所需要的事实材料。第五，谈话记录应在谈话后追记或把录音笔放在幼儿看不到的地方进行录音，然后整理谈话记录。

(四)问卷调查法

问卷调查法（questionnaire）是由评价者根据评价目的，向被调查对象发放问卷调查表，广泛收集幼儿学习信息的一种方法。在幼儿学习评价中使用问卷调查法，目的是向家长了解幼儿在家庭环境中的行为表现。问卷调查法的优点是能在短时间内获得大量评价信息，但有时通过这种方法得到的信息不够准确和真实。

使用问卷调查法要注意以下几方面问题。首先，要让家长了解问卷调查的意图，使其建立对教师的信任感，消除顾虑。其次，问卷的语言应明确、易懂，便于家长正确理解问题的内容。最后，问卷设计应涵盖所需了解的全部内容，但回答方式应尽量简便，以便在不过多增加家长负担的情况下得到较丰富的信息。同时，简便的回答方式还有助于得到明确的回答，有利于日后进行统计分析。

二、幼儿学习评价的综合方法

(一)以游戏为基础的评价

以游戏为基础的评价（play-based assessment）是随着人们对游戏在幼儿学习中重要性的认识不断深入而形成的。20世纪初，精神分析学家开始解释儿童的游戏，分析儿童的情绪情感发展。从那个时期起，人们就开始以游戏为中介对幼儿进行评价或教育干预（O'Connor，1991）。但是在这一时期，人们主要是采用在20世纪70年代末到80年代初期才真正发展起来的方法来收集婴幼儿的发展资料。1990年，林德（Linder）发表"以游戏为基础的跨领域评价模式"之后，人们对通过游戏进行评价的兴趣与日俱增。

以游戏为基础的评价模式之所以有效，是因为游戏在幼儿学习与发展中具有重要地位。通过游戏，幼儿有机会了解世界，在群体中与同伴互动，学习表达与控制情绪，发展想象力。研究者可以通过游戏看出幼儿的学习与发展状况，从中发展新的教育策略。游戏是幼儿练习新能力的舞台。他们尽情地扮演新的群体角色，做各种新奇或挑战性的尝试，解决各种复杂的问题。研究显示：对于3～6岁幼儿，以群体游戏方式学习课程内容是很重要的。因此，教师可以让幼儿开展小组游戏，从中发现幼儿的学习兴趣与能力，有效地评定幼儿的学习水平。

以游戏为基础的评价有许多不同模式，其实施程序、采用工具等都有很大不同。有的只是用来研究游戏本身的发展，有的是为了用于课程计划；有的模式结构化程度比较高，创设的环境、提供的玩具等都有统一的规定，而有的模式灵活性比较强；不同模式在记录游戏行为方面也有很大差异，有的只记录幼儿玩玩具的行为；在引发幼儿游戏行为方面也有所不同，有的只是邀请幼儿进行游戏，有的要采用一定的措施引发幼儿特定的行为。基于游戏的评价模式，有以游戏为基础的跨领域评价、游戏评价量表、非正式的游戏观察等。下面我们主要介绍以游戏为基础的跨领域评价模式。

以游戏为基础的跨领域评价（trans-disciplinary play-based assessment，TPBA）是一种测量游戏发展的观察量表，它以游戏为中介，对游戏情境下的儿童进行全方位评价。其应用范围较广，可以用来评定0～6岁儿童在家庭或幼儿园中的游戏情况。这种以游戏为基础的评价方法还可以用来评价特殊儿童，包括发展迟滞与有障碍的幼儿。

以游戏为基础的跨领域评价可以在任何一间大房间里实施。在这个房间里，玩具按照活动区摆放，如积木区、沙桌/水桌区。只要具备必要的材料，也可以在家里进行。这个测验共包括六个步骤：第一个阶段，儿童自己自由游戏，游戏指导者模仿、示范、拓展幼儿的游戏；第二个阶段，创设游戏情境，以引发儿童先前没有自发表现出来的行为；第三个阶段，游戏中加入一个同伴，以观察儿童的同伴互动；第四个阶段，在非结构化游戏和结构化游戏中观察儿童与家长；第五个阶段，观察身体运动游戏；第六个阶段，观察语言活动游戏，以筛选有语言—运动障碍的儿童。

在这个模式中教师要观察儿童认知、社会性情感、交流、感知运动技能的方方面面，以此来描述儿童的能力，并确定干预的目标。这个模式不给每一个儿童评定分数。在每一个领域都提供了观察指南后，如在认知领域，专家可以观察以下行为：注意持续时间、控制点、象征性和表征性游戏、问题解决方法等。

在评价之后，还要完成以下七步：第一步，在评价之后尽快组织专家根据他们的观察对儿童发展进行讨论；第二步，分析游戏录像，检验专家对儿童发展的意见，并进一步分析评价时遗漏的行为；第三步，根据手册提供的发展指南，进一步观察儿童，获得有关儿童发展水平的定性描述；第四步，填写每个儿童的总结表；第五步，提出初步的跨领域建议；第六步，召开项目计划会议，分析评价信息，决定干预项目的目标和有效性；第七步，形成正式报告，对儿童的发展、教育干预等提出定量和定性的分析与建议。

总之，以游戏为基础的评价能在自然情境下对幼儿的学习表现进行观察与评价，它是一种比较灵活的评价方法。

（二）真实性评价

传统的幼儿学习评价主要关注幼儿在课堂中的学习情况，与幼儿的日常生活联系并不密切。这受到很多学者的批评，认为评价必须关注幼儿在真实生活中的学习，这就是真实性评价的由来。有代表性的真实性评价系统是美国心理学家麦索尔斯（Meisels）编订的"幼儿表现评量：作品取样系统发展检核表"（3～6岁），其最大特点是在日常情境中以儿童真实生活的相关活动或项目来评价儿童，将评价融入教学。

儿童发展评价的着眼点以及评价方法都发生了重大变化：从对具体领域的评价到对"完整儿童"的评价，从人为测验情境下的评价到真实应用环境中对儿童的评价，从关注儿童的缺点与不足到更强调儿童能力的长进，参与评价人员的多元化。在这些发展趋势的推动下，真实评价成为人们普遍关注的一种评价模式。真实评价强调在真实或类似真实生活的情境中评价幼儿，强调幼儿对评价的参与。真实评价以幼儿的真实行为表现为基础，有利于进行课程决策。例如，教师可以用情境模拟方法评价幼儿真实的数学学习与发展能力；用游戏代币购买东西，并对它们做适当的改动；出一些类似"把菜谱中的分量分成两半，做两个人而不是四个人的饭"等数学题，即解决现实生活中的问题。因此，真实性评价的最大特点是将评价与幼儿的日常学习活动紧密联系在一起，而不是另设评价情境对幼儿学习的结果进行评价。

案例 11-1

进行幼儿听音辨音的学习活动时，教师请幼儿边听教师弹奏的音乐（5 35 535 6565 535），边敲打乐器。这样就在活动中对幼儿的音乐学习进行即时的真实性评价，不仅可以了解每个幼儿的音乐学习兴趣、水平与能力，而且为他们创设了进一步学习与发展的机会（图11-2）。

图11-2 幼儿音乐学习中的真实性评价

标准化评价与真实性评价有很大的差异（表11-2）。

真实性评价包括广泛的评价工具、测量工具与方法，但最重要的先决条件是观察。教师通过观察幼儿在真实生活情境中解决问题的能力，很好地了解幼儿在幼儿园所学内容的情况。教师可以用多种方法收集幼儿的学习表现。

表 11-2　标准化评价与真实性评价①

标准化评价	真实性评价
将儿童丰富、复杂的生活简化为对分数、百分数或等级的收集	给予教师感受儿童作为学习者的独特经验的机会
所制造的压力消极地影响儿童的表现	给儿童提供有趣、积极及兴奋的经历
虚构标准要求学业失败的儿童占一定比例	创造环境，使每个儿童都有机会成功
强调瞬间的考查	评价具有连续性
以统一的方式对待所有的儿童	将每个儿童作为一个独特的人来对待
由于文化背景与学习风格不同，造成对某些儿童的歧视	为儿童的表现提供具有文化—公平性的机会，给每个儿童均等的成功机会
评价不提供如何提高的建议	为学习过程提供有用的信息
将测验与教学看作相互独立的活动	将评价与教学看作硬币的两面
所提供的结果只有受过训练的专业人员可以完全理解	用常识性的术语来描述儿童表现，使家长、儿童及非教育者都容易理解
制作出儿童通常从未见过的评分材料	产生那些对儿童有用的产品
重点放在"正确答案"上	如同对待最终产品一样对待过程
将儿童置于人工创设的环境中，扰乱了学习的自然生态性	在自然的学习环境中，以一种使人不感到突然的方式考查儿童
通常集中于低水平的学习技能上	包括高水平的思维及主观领域
鼓励外在动机的学习	培养为学习本身而学
通常只限于阅读、听力	包括创造、面试、展示、解决问题、反映、画图、讨论并参与到许多其他积极的学习任务中去
通常禁止儿童之间合作交流	鼓励合作学习
增加了在儿童之间无谓的比较	将儿童的表现与其过去相比较

①逸事记录。建立日记，记录每个幼儿在学习过程中的重要进程，与同伴、学习材料的互动情况。

②工作档案。为每个幼儿建立一份档案，它包括幼儿在语言、音乐、数学、社会生活或任何领域的情况。

③音频。录下幼儿的声音(朗诵、唱歌)，记录每个幼儿所讲的笑话、故事、谜语、观点等，它可以用来证明幼儿的语言能力、音乐能力(唱歌、打拍子或演奏乐

---

① ［美］阿姆斯特朗：《课堂中的多元智能：开展以学生为中心的教学》，张咏梅等译，157 页，北京，中国轻工业出版社，2003。

器)等。

④视频。它可以用来记录幼儿在各个领域中的能力(如在表演区扮演的角色)。

⑤照片。可以拍摄幼儿所做的不易观察到的事情(如幼儿的发明、创作及艺术作品等)。

⑥幼儿的作品。幼儿的作品,如绘画、纸工、拼图等可以反映他们在学习上的进步,或是在某些领域方面的特长。

⑦活动记录。幼儿每天都会选择一些活动区或活动项目,教师将幼儿对各种活动的选择与过程记录下来,可以为评价其各领域的学习及促进其学习发展提供依据。

(三)档案评价法

档案评价法(portfolio evaluation)是真实性评价的一种重要方法,它通过收集并分析儿童的作品,对幼儿的学习与发展做出评定,是一种在幼儿的学习和发展过程中给幼儿提供帮助的教学方法。档案袋用于收藏幼儿的学习作品,这些作品显示幼儿在某一领域或几个领域的能力、努力程度、成就和成长。档案袋是幼儿作品的自选(包括教师建议的作品)、教师挑选或师生共同选择的材料,它应该包括有关幼儿设定的学习目标和为达到这个目标取得的进步的描述。阿特和斯本道(Arter & Spandel)将档案袋定义为:有目的地收集学生的作品,以展示他们在某个或多个领域的努力与进步。档案袋是对儿童学习过程的一个记录:儿童所学的内容,他的思考、质疑、分析、假设、创造,他与他人进行认知、情感及社会性的互动等。

档案的内容包括幼儿的作品、各种形式的系统观察记录,以及各种类型的测验等。恩格尔(Engel)强调收集的作品要认可并支持幼儿的进步,也就是说它要反映学习者的成功,而非失败。教师和家长可以回顾幼儿的绘画、阅读过的图书、看过的视频、听过的录音等并由此发现幼儿的进步之处。必须系统观察幼儿在一天的各个时间段,在各种情境下的独自游戏、小组和集体游戏中的表现。系统观察必须目的明确,记录详细。档案最好能包括以下几种或全部形式的观察:逸事记录、观察表格、提问等。测验能够帮助教师了解儿童已经获得的技能,使教师可以为幼儿提供更有意义的经验。但是教师在解释测验和发展量表的结果时,必须结合档案袋里的其他内容。

档案的形成是幼儿、教师和家长都要参与的一个动态过程。当幼儿长大一些时,他们将希望更全面地参与到档案的形成过程中,并就选择作品样本做出自己的决策。

总之,档案是一种以幼儿为中心,强调幼儿、家长和教师共同参与的评价。它建立在幼儿生活的真实环境背景之上,在较长一段时间内收集幼儿进步和评价幼儿发展的资料。

关于档案,还有以下几个代表性的定义:①档案是学习的记录,主要包括幼儿的作品,以及幼儿对这些作品的反省。这些材料由幼儿与教师一起收集,集中反映幼儿向预期目标进步的过程。②档案是幼儿作品的有意收集,以反映幼儿在特定领域的努力、进步或成就。它必须包括内容选择过程中幼儿参与、选择的指南、评分标准，以及幼儿自我反省的证据。③档案不只是由幼儿制作、由教师保存的一些材料的堆砌，应是幼儿材料的系统收集，由大多数甚至全体教师和幼儿一起整理，在整个课程内容领域使用。④档案不只是装满材料的容器，它有系统、有组织地收集相关证据，以监督幼儿在某一特定学科领域中知识、技能与态度的发展。⑤档案作为评价工具，由幼儿和教师系统地收集相关材料，以检查幼儿的努力、进步、过程和成就，并对很多正式测验的结果作出相应解释。

档案的这些定义，都含有以下几个共同的必要特征：①档案的基本成分是幼儿作品，而且数量多。②作品的收集是有意的而不是随机的。③档案应提供幼儿发表意见和对作品进行反省的机会。

档案可以用来展现幼儿最好的作品，尤其是当这些作品涉及解决较复杂的任务时，收集幼儿最好的作品是有益的。这是因为幼儿面临复杂任务时所表现的解决问题的策略常常是独特的。档案也可以用来显示幼儿在一段时间内的进步，不同时期的作品能生动地说明幼儿能力的变化。当然档案也可以包含教师根据教学需要要求幼儿收集的一些资料、问题等，但它们更多的只是作为一些帮助幼儿学习的教学工具，而没有评价作用。教师可以通过档案袋，从细微处及平时的点滴中了解幼儿，并据此对幼儿进行评价。它所采取的形式，就像专业人士，如艺术家、建筑师或广告设计者那样把他们精心挑选出的作品放入一个大皮夹中，从各个方面展示他们的才华。这个集合的组织结构和它的内容都会影响人们对其专业水平的评价。

档案的内容：档案的封面上应有一个目录，标明其中收集的项目，可以包括一些课堂练习、家庭作业、测验，可以包括在小组合作中完成的作业或作品、团体计划、日记、实施某一计划时的进步、体现个性的个人作品(如拼图、绘画、数学小报等)，还可以包括教师的表扬或建议、幼儿的感想(包括个人努力、在小组中的贡献及学习中的体验和收获)、成绩单等。对于像立体作品或过大的作品等不能放入档案袋的东西，特别是一些值得记录的团体活动和作品，幼儿园或家长可帮助幼儿通过拍照来留存。

建立档案的目的：①作为教学手段，可以把它作为幼儿快速参考和阶段性复习关键知识的个人课本，而非评价手段；②评价幼儿对于特定领域(学科、技能)的学习；③评价幼儿在各项活动和领域中的学习，或在一段时间内的学习；④将档案的重点放在幼儿的社会性发展和习惯上，而不局限于学习科目。

档案的地位和作用：在一个完整的评价系统中，档案是一种评价手段，是一个完整评价系统的有效组成部分。档案的价值在于它形式灵活，可以包含各种形式的资料(如图片、计划……)，有利于评价幼儿学习的各个方面。档案一方面可以作为传统评价手段的补充，考查那些其他评价方式无法或不宜评价的领域；另一方面，它也可以作为一个独立的手段，考查一些特殊学习领域，如跨学科的学习。同时，通过检查档案袋中的作品，教师或幼儿可以更清楚学习的发展轨迹，引起反思，促进学习的开展。

例如，教师开展了一次"说说我家的成员"的活动，请幼儿回家调查一下自己家里有多少人，并仔细观察他们长什么样、平时喜欢什么，用肖像画或其他美工形式把家庭成员画下来，然后在集体活动时讨论。最后，每个幼儿都有一个关于自己家庭成员的档案袋。这个档案袋不仅可以反映幼儿的调查能力，而且可以展现幼儿的绘画、美工能力。

（四）多彩光谱评价

多彩光谱评价（project spectrum evaluation）是加德纳和费尔德曼以多元智能理论为基础的、历时多年的一项针对儿童学习的评价方法。他们非常关注儿童认知与学习的多元本质，深信儿童在各个领域的认知与学习能力是不同的，因此在评价儿童的认知与学习潜能时，应为其提供不同领域的材料和信息，这就是多彩光谱评价的由来。

信息栏 11-2

为什么要称为多彩光谱？

多彩光谱的英文名为 project spectrum。spectrum 在物理上意指能量谱，是将时域（time domain）的物理量经由傅里叶级数（Fourier series）转换成频域（frequency domain）的物理量。为什么要进行转换呢？因为转换后的物理量可以轻易找出各种频率能量的大小。由于 spectrum 分析是为了找寻能量的振幅（amplitude），因此时间样本越多，就越能得到较正确的结果。如果受到时间样本的限制，可以事先定义能谱的特定频率位置，这样也可以经由转换得到特定能谱频率位置的振幅。这个特定能谱频率可以比拟成多元智能理论中的八大领域，即机械与建构（mechanics and construction）、科学（science）、音乐（music）、肢体动觉（movement）、数学（math）、社会觉知（social understanding）、语言（language）与视觉艺术（visual arts）。在 spectrum 分析中，时间样本的取样间距与样本数目决定了分析结果是否具有代表性，这不是两三次的评量、观察或记录可以得到的。

多彩光谱评价有四个显著特点。

①多彩光谱评价是一种反映幼儿真实学习能力的评价。它是在真实的学习场景中对幼儿活动进行的评价，同时也是幼儿在评价中学习的过程。评价过程成为与幼儿的学习环境融为一体的动态过程，这是多彩光谱评价的重要特点。例如，教师对幼儿进行某领域智力的评价，在评价中发现幼儿的优势与不足，于是提出后续课程的计划与安排，促进幼儿进一步的学习与发展，这样，评价活动就成为课堂里日常环境的一个有机组成部分。

②多彩光谱评价是适合每个幼儿学习与发展的评价。它要分析每个幼儿学习与发展的个别特点，为因人施教提供依据。幼儿发展评价的最终目的是使教师了解每个幼儿，创造适合幼儿的教育，即根据每个幼儿的发展水平、个性特点、兴趣爱好、学习方式等方面的个人独特性，提出不同的教育要求，采取不同的教育方法等，这就要求教师通过自然观察、情境观察等手段获得有关幼儿发展的丰富信息后，对照评价标准，确定每个幼儿在各个发展领域的发展状况，特别是存在明显问题的方面，并在此基础上制订个别指导计划，以便在教育进程中，加强对不同幼儿的指导。

由于要针对每个幼儿的学习活动开展评价，因此多彩光谱的评价也经常运用档案袋形式，它非常重视对幼儿学习活动进行建档。教师收集的所有信息将汇集成一份多彩光谱档案袋，它反映教师通过多彩光谱评价活动或者通过日常的观察获得的幼儿在八项智能领域的信息。它是对幼儿各领域学习的一种描述，可以给幼儿的家庭、社区活动提出建议。为每个幼儿创建一份大档案袋有助于教师完成对儿童的"简档"，它装有幼儿在不同智能领域学习的情况，包括儿童的观察表、儿童活动风格信息、儿童的书写或绘画作品、手工作品、照片、视频、音频及家长问卷和访谈材料等。

以多元智能理论为基础的评价既不是为了发现小天才，也不是为了对儿童进行选拔、排队，而是旨在发现每个儿童的智力潜力和特点，识别并培养他们区别于他人的智能和兴趣，帮助他们去实现富有个性特色的发展，为他们提供一条获得自我价值感的有效途径。

多元智能理论认为，每个儿童所具有的独特能力的组合存在着质的不同，难以从量上加以排序、分类。每个儿童都拥有相对于自己或是相对于他人的智力强项。教育旨在帮助儿童发现、培育自己的智力优势，并以强项带动弱项的学习，建构自己的优势智力组合，实现自身全面、和谐发展。如果评价仅仅以筛选、排序为目的，眼睛总是盯着儿童的不足、缺陷，就会忽视儿童所表现出的自尊、热情、投入和毅力，导致儿童沮丧甚至丧失自信，这样不仅不利于儿童能力的发展，还有害于其健全人格的建立。

③多彩光谱评价是一种既评定幼儿学习水平，又分析影响其学习因素的评价。它既全面、客观地分析影响幼儿学习与发展的现状，又深入分析背后的影响因素，为改进托幼机构教育和家庭教育提供依据。教师不仅通过评价了解幼儿的学习水平，还可以分析存在问题的原因和促进进步的因素。这种分析不应局限在托幼机构教育一个方面，而要深入幼儿生活的广阔背景中，如分析家庭及社会环境对幼儿发展的影响，使家庭、幼儿园、社会教育等各方面的力量协调一致，相互配合。此外，教师还要及时将评价结果以及对影响因素的分析以恰当的方式向家长进行反馈，帮助家长正确认识孩子的发展情况以及家庭因素对幼儿的影响，提高其改善家庭教育的自觉性。

④多彩光谱评价不仅针对每一个幼儿的学习能力与潜能进行评价，而且特别关注幼儿的学习风格，并提出幼儿学习活动风格的评定表。加德纳认为学习评价必须增加一个维度，以便更准确地反映幼儿在特定领域里处理信息的方式。克瑞克维斯基(Krechevsky)根据这一思想编制了"幼儿学习活动风格评定表"，供教师在幼儿每个学习活动后填写，它描述的是幼儿如何与活动材料及有意义的情境发生互动。这些信息有助于教师辨别幼儿特定领域的或跨领域的学习活动风格。

多彩光谱评价往往需要用档案，它可以反映教师通过多彩光谱评价活动或是通过日常观察获得的幼儿在各个领域的学习与发展情况。"多彩光谱文件夹"中装有幼儿的观察量表、逸事观察记录、活动风格信息、幼儿的书写或绘画作品、手工作品、照片、视频资料、音频资料及家长问卷和访谈材料等。关于如何写多彩光谱的档案，克瑞克维斯基提出了以下方法。

在第一部分，教师可选取幼儿在学习活动中的具体实例，并结合八项智能领域进行描述与分析，描述幼儿在某些强势领域的具体表现。同时，还可以做领域之间的横向比较，如对幼儿在区角活动与同伴的语言沟通能力和在课堂回答问题的能力做比较。在这一部分，教师还要细致描述幼儿兴趣及能力的变化。

在第二部分，教师要描述幼儿的学习活动风格，特别是要记录幼儿的学习活动方式在每个领域是一致的，还是根据各领域的不同而有所不同，这有助于更好地了解幼儿的学习风格与方式，为提供适宜性教学打下基础。

档案袋的第三部分主要是对在幼儿园、家庭或社区可以开展的活动的建议。教师应为家长提出建议：如何把幼儿的学习强项与弱项联系起来。

信息栏 11-3

校本多元智能学习评量系统架构及功能

澳门大学教育学院 张国祥

SMILES 是 school-based multiple intelligences learning evaluation system 的缩写，代表"校本多元智能学习评量系统"，在微软 Excel 的视窗环境中运行，借助此操作系统的数据处理能力，其中包括储存、统计分析以及图表制作的功能。它充分结合评鉴测量、资讯科技和教育学的专业知识，是实践美国加德纳教授多元智能理论以开展素质适性教育的工具。该系统的研究和开发，强调简单和易用，它首先将学生的多元智能原始分数进行项目与量表分析，在计算和总结学生八项多元智能分数之前，会自动筛选那些欠缺区分度的项目，系统接着遵照常模样本的四分位数 Q1、Q2、Q3 将每项多元智能分数划分为四个进展水平，学生评量报告——多元智能光谱(multiple intelligences spectrum)——会按教师指示自动制作完成。教师如果需要标准参照评量，可调校每项智能进展水平的阈值，经评鉴建构效度后对进展水平的阐释及评量用途做出恰当的说明。由于此系统建立于 Excel 的操作环境，所以它很容易被链接到互联网上，成为一个网上运行的多元智能报告及咨询系统。

思考题

1. 试论述有效幼儿学习评价应具有的特点。

2. 请到幼儿园观察某班教师评价幼儿学习的方法，并对其进行评述。

3. 请查阅有关多彩光谱评价的书籍与论文，对多彩光谱评价进行评述。

第十二章 幼儿教师心理

本章提要▶

- 幼儿教师的角色定位
- 幼儿教师的职业特点与心理素质
- 幼儿教师的工作满意度与专业发展阶段
- 幼儿教师的培训方法

教师专业品质的形成及其专业成长对幼儿学习有重要影响。本章着重探讨以下内容：幼儿教师与家长在角色上的差异，幼儿的年龄特征与教师相应的角色；从教学心理素质、个性特征、工作满意度等角度分析幼儿教师的心理素质；从自主发展的视角，分析幼儿教师的成长阶段与培养。

幼儿教育心理学旨在研究幼儿学习以及对幼儿学习的有效促进，既包括幼儿学习规律的研究，也包括教师有效教学的研究。

第一节　幼儿教师的角色

随着科技的飞速发展和社会改革的不断推进，教师角色也相应发生了重大变化。

一、幼儿教师与家长在角色上的差异

同是幼儿的教育者，教师与家长之间在角色上存在差异。教师与家长在角色功能上有重叠之处，但也不尽相同。

（一）范围

家庭与幼儿园至少有两方面的巨大差异：一是范围，二是情感。在范围方面，家庭的功能范围是全面而无限度的，幼儿园方面则是特定而有限度的。纽森（Newson）指出，社会对父母角色的要求有别于教师及其他行业，家长养育子女没有

固定的时间。黑斯(Hess)也指出,亲子关系与师生关系的不同之处在于,亲子关系不仅直接,而且涉及生活、养育等多方面。与此相对,师生关系则是特定的,限于教育、教学范围内。教师与父母角色的差异,在学前阶段可能不甚明显,因为幼儿年纪小,不够成熟,不论在家里还是在学校里,都需要成人负起全面的责任,易引起父母与教师责任范围的一些重叠。随着儿童年龄的增长,教师与家长在教育范围方面的差异逐渐明显。

(二)情感关系

依恋是一种成人与儿童间的双向关系,任何一方的行为与情感反应都可以引发另一方的强烈感受与反应,焦虑、惧怕、愤怒、警觉、骄傲、喜悦、温柔或关爱等都包括在亲子的依恋关系内。以往依恋理论多偏重于儿童对父母或对照顾人员单方面的依附感,而且强调关系中好的一面,忽略了成人也对儿童存有依附感,甚至这种依附感也可能包括愤怒、恐惧等负面的感受。父母与子女应维持适度的、相互的依恋关系,不足或过分都会危害亲子关系的良好发展。教师既应关爱儿童,对儿童有爱心、亲切、关怀,又应与儿童维持适度的距离,即适度的疏离(detachment)关系。疏离是指教师自觉与儿童保持适度的距离。与儿童维持过度亲密关系,而无法与儿童保持适度距离的教师,很容易陷入"情感衰竭"的困境。

适度的疏离有助于教师客观据实地评价幼儿的学习情况。教师通常会运用专业知识与经验来评价幼儿的学习,对幼儿学习状况的了解比父母更客观、公正。适度疏离除了有避免情感衰竭、增进评量客观性等优点外,还可以使教师更加公平。如果教师与幼儿关系太密切,很容易对某一两位幼儿产生特殊的情感导致教育的不公平。

(三)适度理性

教师对幼儿的教育态度应该保持适度的理性,过度理性,或过度非理性都不利于幼儿的发展。过度理性会使幼儿认为教师太冷酷,不慈爱,易引起幼儿种种的情绪困扰。过度非理性则无法培养幼儿规则意识、是非观念、自制力、预测及积极处理人际关系和环境事物等关系的思考能力。幼儿在发展的过程中,需要有一位或多位成人提供"长久而且非理性的参与"。也就是说,为了让幼儿正常发展,一定要有人为他"疯狂"。教师对幼儿的态度则应保持适度的理性,凡事需经过审慎地思考,再依据对幼儿发展、学习以及教学法的了解,理智地规划教育、教学活动。师资培训应提供给教师有关幼儿心理、教育的方法与资料,作为教师理性判断的资源,增强教师的工作有效性与自信心。

(四)目的性

父母对子女的态度与行为是自然发生的。作为专业教育者,教师的态度与行为则应力求适度的"目的性"或"教育性",即必须承担起社会职责,按社会所托,代表社会教育下一代,使之在情感、态度、行为、人格、智力、知识等方面成为社会所需要的和健康的人。为了达到良好的教育效果，教师必须有目的地结合儿童发展的年龄特点、心理发展水平、个体差异等方面进行有针对性的教育，这样才能更好地促进儿童全面和谐发展。

（五）公平性

一般说来，每个孩子在其父母眼中都是独特的，这是人之常情，是可以理解的。父母总是期望自己的子女不只与其他人表现一样，更期望他们出类拔萃。格林（Green）曾指出，父母的目标是尽其所能去寻求最好的，不只是最好，而且是对子女最好的。一般父母都偏爱自己的子女，并把子女的需求及利益放在第一位。相反，教师对儿童的态度则应力求一视同仁，必须兼顾个别儿童与全体儿童的需求及利益。因此，当父母基于偏爱的心理要求教师提供给自己子女特殊照顾或给予特别权利时，教师有义务拒绝这种"特权"要求。教师是因为能将自己的专业智能同时提供给可能招人喜爱和不喜爱的儿童，才称得上是专业的教育人员。教师如果遵从个别父母要求给他们的孩子提供特别服务，则对该儿童的成长不利，并可能会剥夺全体儿童的需要与利益。

二、幼儿的年龄特征与教师角色

7岁以前的儿童的身体、认知、情感、社会性等各方面都处在从不成熟向初步发展逐步转变的过程中；动作、身体机能刚刚发展，知识经验缺乏，能力有限，言语和思维能力尚处在初步发展过程中；从情绪情感、独立性、自制力来看，易激动，不能很好地控制自己的情绪与行动；对成人具有很强的依恋感与依赖感，心理独立能力较弱，将成人视为其重要的心理支持源。根据这一阶段儿童发展的年龄特点，教师应突出作为幼儿的养护者、榜样以及沟通幼儿与社会的中介者等角色。

（一）教师是幼儿的养护者

幼儿是正在初步发展中的个体。儿童早期身心发展水平低，自主学习能力弱，而在情绪情感上具有很强的依恋心理，幼儿不仅对父母亲有强烈的依恋行为，对其他重要成人，如教师也会有依恋行为。儿童早期的依恋心理，要求教师不只是一位教学工作者。事实上在幼儿教育阶段，特别是对3～6岁的儿童，教师的"养护"作用是至关重要的。那么，什么是养护？"养护就是要照顾好孩子的吃、喝、拉、撒、睡"，这样的认识显然是不够全面的，甚至是有偏差的。这种理解把"养护"局限于对幼儿身体的照顾。我们认为，"养护"不仅指对幼儿生理、生活上的照料，而且包含着对他们积极良好的情绪情感状态、健康的人格、个性品质、社会性品质与行为以至知识技能等多方面心理发展予以积极的关注与呵护。教师的"养护者"角色包括两个方面。

①教师是幼儿权利的保障者。幼儿具有主动活动、学习与发展的权利。教师要维护与保障幼儿这方面的权利。幼儿的发展源于人的无限的生命力，幼儿的发展过

程就是其"内在潜力"得以不断展示的过程。教育的首要任务就是激发和促进幼儿的"内在潜力",并按其自身规律获得自然的和自主的发展。因此,自由活动和自我教育就是幼儿在发展中应该享受的基本权利。教师应努力成为幼儿权利的保障者。为此,教师首先应当明确其首要任务就是激发生命,让生命充分发展,健康成长。教师的"教学必须严格遵照最大限度地减少教育者的积极干预的原则"。教师过多的干涉或不恰当的介入,都会妨碍幼儿的自主活动。

②教师为幼儿发展创设适宜的气氛与环境。适宜的气氛与环境对幼儿身心发展与幼儿"内部潜能"的开发是非常重要的。"环境是生命现象的第二因素,它可以促进和阻碍生命的发展。"教师的职责是给幼儿提供适宜的"有准备的环境"。① 这种环境不仅包括物质环境,如创造有规律、有秩序的生活环境,提供有吸引力的、美好的、适用的设备和用具等,而且包括对幼儿心理健康发展更为重要的精神环境。例如,允许幼儿独立地活动,自然地表现,使幼儿能意识到自己的力量,丰富幼儿的生活印象,促进幼儿智力的发展,培养幼儿社会性行为。教师应成为这一"有准备的环境"的创设者、维护者与管理者,使这个环境充满舒适、温馨、安全、秩序、和谐、温馨的人际氛围,有利于幼儿积极、良好情绪情感状态、社会性品质与行为的形成。同时,良好的学习氛围也有助于幼儿更好地主动探索外部世界,建构他们的知识与经验。正如人本主义学者罗杰斯所指出的:"构成这种气氛的条件不是知识、智力训练和某些学派的思想方向或技术。这些条件是感情与态度……根本的要素是教师的真诚、坦率、和谐一致,对儿童做出热情的评价以及在这个积极的关系方面不受任何牵制。"②

(二)教师是幼儿的榜样

幼儿期心理发展尚不成熟,其是非观念正在逐步建立之中,思维处于具体形象阶段。此时教师在幼儿的心目中处于特殊的地位,他们是幼儿经常模仿的对象。埃里克森等人的研究指出,幼儿阶段儿童的一个重要心理特征是"自居作用",即幼儿模仿心目中的重要人物,如父母、教师等的言语、动作、表情,并以他们的形象来认同自己的行为。班杜拉等指出,观察学习、模仿社会榜样是儿童早期学习的重要方式与特征,年龄越小,越是突出。而教师是儿童心目中与生活中的亲近者与权威者,更是儿童主要的学习榜样。因此,教师可以利用自己的榜样行为引导幼儿良好行为的形成与发展。除此之外,教师还应在自己的言行、仪表等方面起示范作用,如举止言谈文雅、仪容整洁,风度自然、大方、端庄等。幼儿的心智是"吸收性"的,可塑性很大,教师的任何言谈举止都可能无意地影响幼儿人格的发展。

(三)教师是沟通幼儿与社会的中介

幼儿园是幼儿走出家庭进入社会的第一个场所。幼儿要了解社会,掌握社会

---

① 霍力岩、胡文娟、刘霞:《论蒙台梭利教师在儿童主动学习中的角色》,载《幼儿教育(教育科学版)》,2008(4)。

② 朱美燕:《论罗杰斯的人际关系理论及对教育的启示》,载《浙江教育学院学报》,2002(4)。

规范，要适应群体生活，学会与同伴交往，才能融入班级小群体，也才能为走向更大的社会生活奠定基础。幼儿对社会的认识，对社会规范、要求的掌握，其社会性行为、社会性品质的形成与发展等，都离不开教师的指导，教师是联系幼儿与社会的中间人，是使幼儿接触、了解社会，开阔眼界，走向社会生活的重要领路人。

教师为幼儿与社会的交往创设桥梁，为幼儿参与社会生活搭建平台。幼儿对社会积极的认知、态度与情感体验都是在与教师的交往中完成的。幼儿园教育活动的大部分内容与幼儿的社会生活相联系。例如，"我的幼儿园""我和小伙伴""团结合作力量大""我的家乡"等主题活动，走向社会、体验社会生活的活动，如超市购物，参观商场、公共汽车站、动物园，参观现代农业园区的无土栽培，了解城市河流的污水治理、环境保护等活动，都是在教师引导下开展的。这些活动为幼儿了解、体验、适应社会生活提供基础。教师还为幼儿提供各种与社会生活相关的教育活动，如国庆节、中秋节、教师节、母亲节等相关活动，可以培养幼儿良好的情绪情感、交往态度、能力与行为，如同情心、爱心、责任心、自制力、规则意识等。

第二节　幼儿教师的心理素质

要客观地总结幼儿教师的心理素质，就要首先对幼儿教师的职业特点进行分析，而要准确地把握幼儿教师的职业特点，又必须从幼儿园教育活动的特征入手。

一、幼儿园教育活动的特点与幼儿教师的职业特点

幼儿园教育活动不仅与中小学教育活动有相似之处，而且由于幼儿身心发展的特殊性和幼儿教育本身的特点，又呈现出一定的独特性。研究幼儿园教育活动的特征，有助于深入地思考与分析幼儿教师的职业特点。

（一）幼儿园教育活动的广域性与幼儿教师的"完整"教育观

幼儿园教育活动的内容是开放的、非固定的。中小学课程由于以分科教学为主，更多围绕学科进行，而在幼儿园教学中，教师通常是"通科"的。幼儿园教学的广域性也与幼儿的年龄发展特点有关。好问是幼儿心理发展的主要特点。幼儿会提出各种各样的问题，涉及天文、地理、物理、化学、生物等各个方面，往往使教师感到难以应付。王瑜元对一个幼儿提出的 4043 个问题的研究表明，幼儿的问题是广泛的，上至天文下至地理。这就激发教师去掌握各方面的基础知识。幼儿教师必须是一个具有广泛知识的人。

案例 12-1

幼儿教师对知识看法的访谈

"幼儿园老师，我觉得比其他老师知识要更多，知识面要更宽。不是说非得要求你知识掌握得有多深、多难，但应各方面都涉及。"

"我觉得小学吧，总是单科教学，我就只了解这些知识。我们幼儿园现在搞主题，健康、科学、语言，各科知识都得涉及，得把所有东西都装在脑子里。"

"我觉得像中学老师，知识需要特别深入，在一个方面比较专业，才能回答孩子的问题。因为他们毕竟有了一些基础知识了，他们可能会提出各种各样的问题。幼儿园的教师知识可能就要求比较广，不是特别深。"

幼儿教师相对于中小学教师而言，无论是在幼儿的生活方面、日常行为习惯方面，还是在知识、技能、社会性、个性品质发展等方面都要为幼儿的健康发展打下基础。中小学教师一般关注学科领域、科目的教学。广域性还指就知识而言，中小学教师一般都有分科，相对侧重某一科目，而幼儿教师是幼儿的启蒙老师，启蒙是全方位、多方面的。因此，幼儿教师必须是知识比较广博的人，对每一方面都有些了解，这样才能启发、引导幼儿探索世界、了解世界。

广域性有利于促进幼儿教师完整教育观的形成。幼儿教育是整体的而不是分科式的，是"完整"的教育，既有认知与智能，又有人格、社会性、情绪情感等多方面的培养，因而幼儿教师更注重幼儿全面素质的形成，如良好的生活习惯、人格、社会性品质等多方面素质的养成。幼儿园教育活动的广域性特征能促进教师"完整"教育观的形成。

(二)幼儿园教育活动的参与性与幼儿教师的民主儿童观

与中小学教师不同，幼儿教师在教学中必须具有高度的参与性，即积极、主动地参与幼儿的互动交往，这种参与是一种沉醉式的参与。有些教师在教育活动中，既不积极地投入幼儿的游戏、交往互动，也不对幼儿的高兴、兴奋、喜悦予以热情的回应，既不能向幼儿表现出对他们的喜爱之情，也不对幼儿的新奇发现流露出兴奋的表情。这些教师仿佛总是置身于教育现场之外。

有研究者对16名教师的观察发现，60%的教师在户外活动中经常以旁观者身份出现，缺乏参与。这些教师无所事事地旁观幼儿的活动，未能根据幼儿实际情况予以灵活调整，他们既不融入幼儿的游戏，又不给予支持与指导。

幼儿的发展离不开教师的情感支持。皮安塔(Pianta)等人的研究特别指出，幼儿园教育包含着冲突、亲密和依赖三种成分，这与中小学教育明显不同。王耘等人的研究也指出，幼儿与教师的关系在很大程度上还接续亲子依恋的特点，这是由幼儿的发展水平及心理需要所决定的，这说明教师在与幼儿的交往互动中离不开"情"的激发与支持。

相对于中小学教师而言，幼儿教师更需要全身心投入，更需要整体性地参与到师生交往中，幼儿教师需要以自身的言行为幼儿做榜样，因为幼儿更易接受的是教师的言行榜样，而不是单纯的言语说教。这是由幼儿的年龄特点和学习特点所决定的。因此，幼儿教师必然是整体地参与到师生交往过程之中的，所投入的不仅是专业知识与技能、教学方法与技巧，而且更需要情感投入。幼儿教师全身心参与幼儿教育时，就会以平等、开放的心态融入幼儿世界。这有助于促进教师民主儿童观的形成。

(三)幼儿园教育活动的多元性与幼儿教师的反思和监控

如果说中小学教师角色主要是单一身份的各科的教育者的话，那么幼儿教师的角色则是复杂、多元、多变的。这是由幼儿的年龄特征及幼儿教育规律所决定的。幼儿教师的角色有时是幼儿的教育者，有时又是幼儿的学习者；有时是幼儿的朋友、玩伴，有时又是"平等中的首席"；有时是倾听者，有时又是倾诉者；幼儿教师还扮演着幼儿的养护者、榜样以及沟通幼儿与社会的中介者等多重角色。

虽然角色多元性加大了幼儿教师工作的难度，但它同时也促进教师反思与监控意识和能力的形成。教师需要不时地在各种不同内容的师生交往活动中转换角色，有时以促进者身份出现，有时以指导者身份出现，有时以支持者身份出现，有时以"妈妈"身份出现，有时又以朋友、玩伴的身份出现。这些角色对教师的教育方式与策略有不同的要求：在支持者角色中，教师更多需要去鼓励、支持与帮助幼儿开展活动；在以"妈妈"这一角色身份出现时，教师更多是关心、呵护幼儿，给予情感的照料与抚慰；在以玩伴角色身份出现时，教师要成为幼儿的合作者，与他们一起开展共同活动。角色的多元性会帮助幼儿教师经常思考：什么时候该变换角色，什么时候该是引导者，什么时候该成为支持者，什么时候该是幼儿的玩伴。经常性的思考必然会增强教师的反思与监控的意识与能力。

(四)幼儿园教育活动的生成性与教师的教育机智

幼儿园教育活动的另一个重要特征是生成性。生成性指教育教学的内容与过程往往是随机的，需要教师与幼儿双方共同参与、生成各种活动。在很多情况下教师在与幼儿交往时常常很难预测他们的问题，难以预料在交往互动中将会发生什么情况，这就需要教师的教育机智与敏感性。

教育机智，往往不是通过传授获得的，而是需要教师对其教育实践活动的持续反思与提升。教师教育机智的形成不是一蹴而就的，是需要时间的。

案例 12-2

一位新教师的体会：在问题思考中孕育智慧

我是刚参加工作一年的新教师。我在写教案的时候，脑子里不停地思索着孩子们会提出的问题。可是由于实在没有经验，只想到几个。到上课时，问题一下子就出来了。举个例子：有一堂拓印课，我先示范了一下，我在纸后贴的是一个圆形，拓好以后举起来问幼儿："我们变出一个什么啊?"之前,不管是在写还是在演练的时候,我认为他们都会说"圆形"。实在太自信了,没有任何其他的想法。想不到第一个就说"像饼干",我当时的感觉就是血往头上涌,还好没被吓倒。后来拓出来的图形我索性都问问他们像什么东西。这样的事情只有亲自上过课的老师才会有感受,连听课的老师也无法体会。自从"饼干事件"以后,我每次的教案写得更认真了,对问题的思考也更全面了,这是不是也属于教育机智呢?

评析 应该说这位新教师正在形成教育机智。因为,教师要想组织一次好的活动,就要做到能根据幼儿的兴趣、需要、学习水平不断调整课程计划与教育内容,这个调整是在对实践问题的深入思考中、在失败和成功的反思中进行的,有助于教师不断形成、积累教育机智。

那么,教师的教育机智是如何形成的呢?传统师资培训可以培养"知识与技能"型的教师,但未必是具有教育机智的教师。教师的教育行为有:

主要教育行为,即直接指向教学目标或需要处理的内容的行为;

课堂管理行为,即教师管理课堂中幼儿发生的破坏行为或偶发事件;

教育机智行为,即反映在教育过程中的教师自身的理性判断力。

前两类行为都是教师可以通过系统的知识传授而形成的,教育机智行为则是教师难以通过系统的理论知识学习而掌握的,它既不同于理论知识,也有别于技术知识。在某种意义上说,它不可学不可教,如有效的课堂交流、激发幼儿的学习潜能、即时回应幼儿的各种问题等,需要教师在教育实践中通过反复实践与思考不断积累智慧。

案例 12-3

一位新手型教师的日记

专业学习,基本上是"纸上谈兵",我们知道很多中外著名的教育家、心理学家,我们学了很多的心理学理论、学前教育理念,但我们却不知道到底应该如何运用到幼儿教育中。……在活动的实施上,虽然我脑中清楚教案的流程,可在真正开展时,常常脚踩西瓜皮,滑到哪里是哪里。而且幼儿的表现是你不能预设的,因此常会脱离教案或被幼儿牵着走。……从一个新手型教师达到一个经验丰富的教师游刃有余的程度需要经过多长时间的实战锻炼啊!

可见,教师的教育机智来源于不断的教育实践与反思。艾斯纳(Eisner)曾指出,真正重要的是教师的实践本身,通过实践形成的是一种问题解决的智慧,它是与每个具体情境相连的,它必须考虑到在实践中的各种复杂性,它依赖于随时生成的各种判断与决定,它根据各种不确定因素而发生改变,它关注各种特别事件,它随时会在过程中因需要而改变其原定目标。①

幼儿教师有很多智慧，这些智慧来自实践，并指导他们的教育实践。下面我们来看一些教师是如何通过教育实践而形成教育机智的。

教师 A：点点滴滴细用心

半日活动、集体活动，一点一滴，一一指点，给予我们的是他们十几年乃至几十年来宝贵经验的总结。平时，他们也会和我们促膝交谈，内容是广泛的，无不让我们受益匪浅：谈活动，大至总结设计，小至一个眼神、一个动作、一个词语的使用，总让我们茅塞顿开。……保育员往往年长，关于如何照顾幼儿的生活起居常常经验老到。与班级的保育员交流，收获同样不少：对哪个幼儿最爱出汗，哪个幼儿不爱吃蔬菜……了如指掌；今天吃什么饭菜，哪些小朋友吃药，要忌口……

教师 B：不要自以为是

我本来以为孩子一般到户外活动是会玩疯的，就算我怎么提醒他们都会忘得一干二净，但是事实并不是那样。在这个班级里，因为老师常常强调冬天出去玩出汗了要及时擦干，以防感冒，非常强调孩子自己要爱护自己的身体，所以就算是再好玩的游戏，玩得再开心，总会有孩子过来主动要求老师帮忙擦汗，擦完以后稍微休息一下的孩子也大有人在。说明孩子并不是我们想象的那么健忘。

教师 C：对幼儿也要将心比心

那是我参加工作第一年发生的一件事。刚参加工作，对工作满腔热情，觉得自己一定能在工作中干得很出色，并时刻告诉自己要本着"师生平等"的理念，融入幼儿当中。但是一次教育活动给了我很深刻的反思，让我重新理解"师生平等"的真正含义。在这次教育活动中，我想与幼儿共同认识金鱼，了解金鱼的外形特征和生活习性。可没想到，我将金鱼缸一端出，幼儿们就一拥而上，把金鱼缸围个水泄不通。当时我怕人多打坏金鱼缸，就以善意的谎言告诉幼儿，现在还不能在金鱼身边，否则金鱼会死的。许多幼儿马上回到座位上。而有一名幼儿问我："老师，那你为什么还站在金鱼旁边，难道你不怕金鱼死？"这名幼儿问得我哑口无言。我总不能说因为我是老师吧！从这以后，我对我的教学方式不断反思，不断理解"师与生"之间的平等关系。

教师 D：自省中形成教学风格

幼儿园是童心雀跃的地方。在幼教这片热土上，我时常觉察自己的角色在不断

① Eisener E W, "From Episteme to Phronesis to Artistry in the Study and Improvement of Teaching," *Teaching and Teacher Education*，2002，18(4)，pp. 375-385.

自省中自我调整，塑造个人独特的教学风格。陶行知提出了"生活教育论"，强调"在生活中找教育，为生活而教育"，我也正是在生活教育中，完善自己的教学风格。在教育生活中，我根据幼儿的兴趣，创造和制定探索型的网络活动主题，为幼儿创造多种多样的活动情境，提供丰富的玩具、材料。幼儿通过与材料之间的相互作用，与同伴、教师之间的关系，理解一些抽象的概念，乃至掌握一些粗浅的知识，而我则逐步摆脱说教和强制的教育方式。教学风格源于教学，并且要服务于教学，我还在不断实践、总结、积累之中。

教师 E：多向同行学习

我注意把好的教学方法运用到实践中去。因为只有通过实践才能使自己更好地提高思想认识，增强情感体验，积累教学经验。在实践中，我经常请年级组长和平行班的老师来指导，帮我分析原因，这让我获得了许多好点子，业务水平也提高得更快。

总之，教师的教育机智不是天生的，而是在长期实践中逐步形成的。有些教师特别容易形成教育机智，因为他们在实践中有问题意识，有反思能力。以上几位教师均具备这些素质，他们能很好地形成教育机智。

二、幼儿教师的专业心理素质

心理素质是指与个体心理有关的一些品质，一般包括个性品质、情感意志、自我意识、社会认知技能等方面。幼儿教师的专业心理素质，主要包括教学心理素质、专业人格特征、教学实践能力、知识观等多个方面。

(一)教学心理素质

教师的教学心理素质主要由教学观念、教学效能感、教学控制点、教学监控、情感投入等专业素质组成。

1. 教学观念

教学观念是教师教学心理素质的重要组成部分。它是指教师对幼儿学习与发展的规律、特点，幼儿教育教学的目标、内容与方法，教师在幼儿发展与教育中的角色和作用等有关教育教学的基本观点与信念。教学观念在很大程度上影响幼儿教师的教学目标与教学行为，也是影响师生交往的重要因素之一。

在教学观念中教师知识观是国内外研究者非常关注的一个方面。有什么样的知识观就会有什么样的教育目标观、教育内容观、教学方法观。幼儿教师的知识观研究更强调动态性与过程性。

①幼儿教师知识观的总体状况。潘蓉通过研究发现，86.7%的幼儿教师认为知识是内在的，86.7%的幼儿教师认为知识是动态的，80%的幼儿教师认为知识是过程性的，93.30%的幼儿教师认为知识是开放的。总之，幼儿教师认为知识是内在的、动态的、过程性的、开放的。

由于教育对象的不同，教师对知识的理解也有其不同之处。幼儿教师所认为的知识，包含多个方面，并且与幼儿的全面发展有所关联。同时，幼儿教师对自己技能技巧方面的知识比较关注，希望能从音乐、绘画、舞蹈等角度培养幼儿热爱生活、尊重生活的品性。

②新手型与经验型幼儿教师的知识管理。知识管理（knowledge management，KM），特别是个人知识管理①作为一种有效地对信息进行提取加工及重组的方式越来越受到重视。

总体上，幼儿教师对于知识管理还处于起步阶段。一项对教师的访谈研究显示：87.3％的幼儿教师表示从没听说过"个人知识管理"或"知识管理"的概念；另外有9.2％的幼儿教师表示"听说过，但不知道具体内容"；仅有3.5％的幼儿教师表示"知道，并且已经在实施"。

在进行知识管理的幼儿教师中，新手型教师与经验型教师在知识管理上存在较大差异。大多数新手型教师——特别是教龄在一年以内的——认为自学是个人知识获得的主要途径，其中尤以网络和书本知识为重。

案例 12-4

一位新手型教师的访谈记录

笔者：您觉得在个人知识中，哪类知识最重要？

教师：自学的能力。在学习了这么多东西以后，能够从中归纳出一套属于自己的学习知识的方法是最重要的，它对以后自学有帮助。因为工作以后不可能再有人像在课堂上那样教你东西。

笔者：是不是可以理解为一种内隐的知识？这些个人知识的来源有哪些？

教师：对，是一种内隐的知识。来源的话，主要通过网络、电视、各种媒体，以及自学……

笔者：怎样进行自学呢？

教师：自己找书看。看过以后自己总结归纳。

对经验型教师而言，他们的知识获得更多依靠教学经验的积累。尤其是教龄在20年以上的教师，多表示实际经验是其教学方法形成的根本原因，一位有24年教龄的教师这样说："个人知识主要从自身的经验获得，而且这些经验还能对他人的个人知识形成有所帮助——年轻的教师经常会和我探讨教学方面的问题。"

---

① 个人知识管理（personal knowledge management，PKM）是由知识管理衍生出的概念，它是知识管理的理念、方法论在个体的应用，通过个人有意识、有目标的知识学习，然后对知识创新应用，提高个人绩效，获取更多的个人价值。其实质在于帮助个人提升工作效率，整合自己的信息资源，提高个人的竞争力。个人知识管理，让个人拥有的各种资料、随手可得的信息变成有更多价值的知识，从而最终利于自己的工作。

从个人知识管理的方式看，由于客观条件限制及个人主观认识等方面，经验型教师多通过对文字材料的整理来进行。新手型教师则更善于利用现代化的科技手段来获取、处理信息资源，不仅方法更为多样，还能充分利用网络与同事进行交流，在媒体(网络)上传播个人知识。

经济合作与发展组织[①] 1997 年的《以知识为基础的经济》一书中提出，知识可分为四类：事实知识(know-what)、原理知识(know-why)、技能知识(know-how)和人力知识(know-who)。[②] 综合一些研究，我们认为，幼儿教师的个人知识管理的内容主要存在以下形式。

形式一：教学知识，即与教师教学方法相关的知识。包括对课堂节奏的掌握、教育机智等。教师的言谈举止、教态仪表等带有其个人特点的外在表现也属于教学知识。教师主要通过自身实践，在实际教学中获得教学知识。对绝大多数幼儿教师来说，教学知识构成个人知识的大部分。

形式二：理论知识，即与教育相关的理论知识。包括教育学、心理学以及教授给幼儿的相关知识。理论知识主要通过职前学习、在职培训以及教师自学(如看书)等途径获得。若说掌握教学知识是"知其然"，掌握理论知识则是"知其所以然"，两者相辅相成。

形式三：技能知识，即经过教师个人内化后表现出来的外在技巧与能力。包括才艺技巧(如绘画、舞蹈)、教具操作(如电脑操作、制作教具)、语言技巧(如讲故事)等。技能知识的获得，多通过职前学习和自学(如参加相关培训)，与教师个人的兴趣爱好和专业发展意向密切相关。教师技能知识的内涵发生着重要的变化，现代信息化社会尤为突出教师信息技能知识的掌握。现代师资培训从信息文化的内涵出发，注重信息文化物质形态的培训，即教师的信息获取与加工技能、协作学习技能、课程和教学应用技能等的形成。

形式四：交流传递，即教师与人交往的能力，包括和幼儿、家长、同事的交流能力。和幼儿的交往主要是为了理解幼儿的想法；和家长的交往主要指及时提供并向家长了解幼儿的相关情况，同时也要求教师对家庭教育提出建议；和同事的交往主要指教师之间交流教学经验、探讨教学问题，并对信息进行共享。交流传递的能力多通过实践获得。交流传递的过程，实际是与外界知识信息"互通有无"的过程。

形式五：知识传播，即教师的个人知识以外在形式表现出来，公开发表。包括在书刊报纸上发表学术研究成果、进行园级以上的课程展示等。

随着信息科学的发展，教师在网络等新型媒体上发布的个人观点等也属于知识传播的范畴。例如，教师对网络媒体的使用(如发表言论、转载相关著作)。知识传播建立在教师本身具备较为成熟的个人知识基础之上。相对前一层次的交流传递而

---

① OECD，即 Organization for Economic Co-operation and Development。

② 王德禄：《知识管理：竞争力之源》，39 页，南京，江苏人民出版社，1995。

言，知识传播对教师个人知识管理的要求更高，需要教师将个人知识进行提炼和总结，并多以文字形式呈现。知识传播是教师加深个人知识管理程度的重要渠道，教师通过总结对自身的知识管理有较完整的认识。

形式六：知识创新，即在现有知识的基础上进行知识再创造，包括设计新的教学方法、结合幼儿特点对一些传统知识进行重组等。虽然教师的主要工作是进行知识传递，但随着知识的高速更替，越来越多的教师不满足于当一个简单的知识二传手。知识创新是个人知识管理的最高层次，教师通过积累、交流、反思、发表、反馈等形成个人的一套系统化的知识结构或全新的观点理念。知识创新不仅是教师专业发展的需要，更是教育发展的需要。

2. 教学效能感

教学效能感（the sense of efficacy）是指教师对于自己影响幼儿学习活动和结果的一种主观判断与推测。教学效能感这一概念来自班杜拉的自我效能（self-efficacy）概念。

自我效能是指个体对自己在特定情境中是否有能力完成某种行为的期望，它包括两种成分，即结果预期（outcome expectation）和效能预期（efficacy expectation）。前者指个体对自己的某一特定行为可能导致某种结果的主观判断，良好的结果会使行为被激活和被选择；后者指个体对自己有能力成功地执行这种特定行为的信念。根据班杜拉的理论，阿什顿（Ashton）提出，教师的教学效能感包括一般教学效能感和个人教学效能感。

一般教学效能感是指教师在总体上对教与学的关系，对教育在儿童发展中重要作用等问题的一般看法与判断；个人教学效能感指教师对自己的教学效果的认识和评价。研究指出，教师的一般教学效能感和个人教学效能感的发展呈现出不同的发展方向，即随着教龄的增长，教师的一般教学效能感逐渐下降，而个人教学效能感逐渐上升。这是因为教师从事教育的时间越长，教育经验也就越丰富，因而个人教学效能感呈上升趋势，但教龄越长的教师，也越容易获得"教育无效"感，特别是他们会遇到越来越多"难教""难以成功"的案例，因而对"教育能对所有的儿童起作用""可以教好所有的孩子"这样的一般效能感主张提出相反意见。

那么，幼儿教师效能感是如何形成的呢？它来自三个方面。

一是教师自身的经验（enactive mastery experience）。亲身的经验是教师效能感形成的重要来源。成功的经验有助于提升教师的效能感，有助于其未来的行为表现；而失败的体验则有可能降低教师的效能感。因此，教师在实际教学情境中所获得的经验是其效能感形成的重要途径。

二是替代经验（vicarious experience）。观察其他教师的教学成败也会影响教师的效能感，因为旁观的教师可借助他人的表现来评估自己参与相同活动的能力。如果榜样与其自身的相似性高，则榜样成功的表现有助于提升教师的效能感；反之，榜样的失败将使教师自身的效能感降低。替代经验可用来说明教师效能感并非在其正式成为教师之后才开始发展,在职前阶段,教学观摩的经验就已成为教师效能感的来源。

三是言语劝说(verbal persuasion)。言语劝说常具有使人相信自己有能力达到目标的作用,尤其是当教师遇到困难时,如果有权威人物的言语劝说与帮助,将有助于教师提升个人的效能感。例如,在实习或新任教师阶段,实习辅导教师给予的鼓励及回馈,就是非常合适的言语劝说。

3. 教学控制点

教学控制点(locus of control in teaching)是指教师将幼儿学习的成功或失败,将自己的教学成效归因于外部因素或内部因素的倾向。有些教师倾向于外归因,即将原因归为外部因素,如幼儿的学习能力、客观条件的限制等,他们往往感到幼儿的学习效果更多取决于环境因素,自己无法控制和把握。而有些教师则倾向于内归因,将原因归为自身因素,他们往往对幼儿学习的成功或失败更有责任感。教师的教学控制点对其教学活动及幼儿的学习会有显著影响。一般说来,倾向于内归因的教师会根据幼儿学习结果的反馈主动地调整自己的教学行为,而倾向于外归因的教师则认为教学效果不是自己可以控制的,因此不愿调整自己的教学活动,听之任之,消极对待。

4. 教学监控

教学监控(teaching supervision)是指教师为了保证教学达到预期目的而在教学的全过程中,将教学活动本身作为意识对象,不断地对其进行计划、检查、评价、反馈的控制和调节的活动。它也是教师的一种重要的教学心理素质。申继亮和辛涛对教师教学监控能力的过程做了因素分析,将其分为以下几个方面。

①计划性与准备性:在教学前明确所教课程的内容、幼儿的兴趣和需要、幼儿发展水平、教学目标、教学任务、教学手段,并预测教学中可能出现的问题与可能的教学效果。

②课堂教学的组织性:在课堂教学中密切关注幼儿的反应,努力调动幼儿学习的积极性,随时准备有效应对课堂上出现的偶发事件。

③教材呈现的水平与意识:教师对自己的教学进程、方法、幼儿的参与和反应等方面保持有意识的反省,并及时调整自己的教学活动。

④沟通性:教师努力以积极的态度感染幼儿,以多种形式鼓励幼儿,并保持对自己和幼儿之间的敏感性和批判性。

⑤对幼儿进步的敏感性:教师认真了解幼儿学习中掌握的情况,能够发现幼儿的细微进步。

⑥对教学效果的反省性:在每次教育活动之后,对自己的教学情况进行回顾和评价,分析自己的教学是否适合幼儿的实际水平,是否有效促进幼儿的学习。

由上可知，教师的教学监控主要包括三大方面：一是教育活动前，教师对自己教学活动的事先计划和安排；二是教育活动中，对自己的实际教学活动进行有意识的监控、评价和反馈；三是教育活动后，对自己的教学活动进行调整和有意识的自我控制。

5. 情感投入

周建达、林崇德对中小学教师的情感投入（engagement）进行了研究，结果发现，小学教师的工作积极性、情感投入程度明显高于中学教师。与中小学教师相比，情感投入更应成为优秀幼儿教师的重要素质，这是幼儿的年龄特征所决定的，他们在学习中更需要教师情感的带动，更需要教师对他们予以情感的支持。伯利纳（Berliner）对专家型教师的研究表明，好的教师能像一个赛车手和自己的车一样与幼儿以及教学过程融为一体，而这很重要的原因就在于他对教学投入了深切的感情。艾格涅（Agne）指出教师的情感投入主要有三个方面：对幼儿的责任感；为人师表，不断自我提高；与幼儿建立友好信任的关系。

案例 12-5

一位幼儿教师的"情感投入"日记

说实在的，我和孩子们在一起时简直成了"疯"婆子。而恰恰就在这"疯子"游戏中，孩子们找到了安全感，找到了他们的"同龄人"，找到了他们所希望的生活。

记得在开学第一周，我们学习关于如何使用毛巾的儿歌，我给每一个幼儿一块小毛巾，开始了我们的"疯子"游戏。毛巾可以藏猫猫，老师一声"喵呜"，小朋友用毛巾将脸遮住。几个来回，小朋友已经笑得弯下了腰。接着学习儿歌并学习如何用毛巾，几遍之后小朋友有点厌倦了。我马上让他们把毛巾当马鞭子甩，气氛一下子又沸腾了。"嘚儿——驾"，小朋友们嘴里喊，小脚跳，小手甩。刚才的厌倦消除了。再学一遍儿歌后我们用毛巾变戏法。在老师的口令下，一会儿变绿，一会儿变白，小朋友专心极了，没有一个错。注意力、专注性、愉快的心情以及使用毛巾的方法都在这"疯"中得以培养。还记得我们玩"小演员"游戏，老师说哭，一会儿就哭，说大笑就笑，结果教室里出现了一片"哭"声，又迎来阵阵欢快的大笑，又变化为带着羞涩的微笑，几个来回，"疯"孩子们的自控能力也都得到加强，留下的是情不自禁的欢呼雀跃。

"疯"使我和孩子们的距离近了，"疯"可以给孩子们带来一些发泄的机会，"疯"可以带动孩子们不厌其烦地学习，"疯"可以带给孩子们满足感、安全感。你认为"疯"会使班级变成乱班吗？非也！我已尝到"疯"的甜头，我要再"疯"下去，要"疯"出水平来。

(二)专业人格特征

专业人格特征是指与幼儿教师这一专业相适宜的个性特征，是有助于开展教育教学活动的个性特征。曹中平指出：多血质的教师具有很高的反应性，具有较强的感染力，其气质特征与幼儿教师工作的要求匹配良好；而胆汁质的教师缺乏自制力，暴躁、急躁，其气质类型很难适应幼儿教师工作的要求。虽然气质是个体天生的，是很难转变的，但是，人格个性特征则是可以通过培养而改变的。因此教师应该注意形成符合职业要求的个性特征。研究者指出，优秀教师的个性特征是善于与家长、同事沟通，热爱教育工作。这些特征是很可贵的，但对幼儿学习来说，教师哪些个性特征是最为重要的？作为一名专业的幼儿教师，他在促进幼儿学习上应具有哪些个性特征呢？

1. 激励性人格

巴尔(Barr)曾指出，优秀教师应具备激励性人格，如活泼、合作、可靠、善于表达、明辨是非、警觉、灵敏、体力充沛等。我们认为，幼儿教师的激励性人格主要包括三个方面：热情、期望与支持。

①热情。幼儿教师必须保持热情，使幼儿感到温馨与舒适。热情可以对幼儿起到良好的作用，可以使幼儿喜欢幼儿园的生活，对幼儿园的活动感兴趣。教师的热情可以使幼儿的情绪情感受到感染，热衷于参与教学活动，持续地进行教学活动。幼儿教师的热情由两个方面组成：对所从事的教育教学活动感兴趣，尽情投入其中；精力充沛，充满活力（表 12-1）。

表 12-1　热情与不热情的教师

热情的教师	不热情的教师
• 显得自信、友好	• 显得焦虑、保守
• 建立并表达出所开展活动与幼儿的相关性	• 机械，不能将幼儿的兴趣或需要和课程联系起来
• 用丰富、生动的手势强调重点	• 经常在一次教育活动中站在或坐在一个地方
• 富有创造性，指导方法多样	• 仅仅使用一种或两种指导方法
• 教学时全身心投入，富有表现力	• 漠不关心，不能全身心投入
• 与幼儿保持眼神交流	• 避免与幼儿进行眼神交流
• 运用不同的音高、音量、变调、停顿等方法使演讲更有趣	• 讲课音调单一
• 耐心	• 不耐烦，当幼儿不能很快领悟时，会轻易放弃
• 知道并能迅速处理学习活动外的事情	• 忽略幼儿的学习活动以外的行为
• 有幽默感	• 经常很挑剔
• 通过走动，保持幼儿的兴趣和注意	• 站在教室的前面，很少走动

②期望。教师的期望有可能导致其教育教学以及幼儿学习上的不同。研究表明，教师对幼儿期望越高，幼儿学得越多。古德(Good)认为，教师对自己和幼儿所抱期望，通过影响其教育行为而间接影响幼儿的学习。例如，教师认为佳佳不能学会某项内容，那么他会在佳佳身上花很少时间，而将注意力集中在那些他认为能从教师的帮助中获得益处的其他幼儿身上。

虽然幼儿年龄小，但他们对教师的期望是敏感的。如果教师对某一幼儿抱有较低期望，不仅这位幼儿，其他幼儿也能感觉到这一点，从而调整他们对伙伴的看法和期望。结果，这位幼儿很可能将教师对他的低期望内化为自己的观点，降低对自己的期望值。研究还指出，年龄越小的、处于转折时期的或者是很喜欢教师的幼儿，越容易受到教师期望的影响。可见，那些尤其需要教师帮助和支持的幼儿恰好有可能被教师抱有较低期望。

库柏和汤姆（Cooper & Tom）提出"持续期望"（sustained expectations）理论，认为虽然教师对幼儿的最初期望会影响幼儿的学习，但持续的期望则更具有累积效应，也就是说，他们会持续地、反复地影响幼儿的学习，甚至会形成恶性循环——教师预期某幼儿学习会失败，那名幼儿学习真的失败了，教师会因此更加降低对他的期望，幼儿会更失败，这会对幼儿的学习造成长远的不利影响。

信息栏 12-1

课堂中的皮格马利翁效应

罗森塔尔和雅可布森在 1968 年研究了教师期望对学生学业成绩的影响。实验地点在一所中等城市的某学校里，学生大多来自中、低阶层。在新学年开始，大约20％的学生被随机确认为"潜在的学习进步者"，而这些学生并非真的不同于其他人。研究者告诉教师，这些学生在下学年会取得好成绩。

在第二学年结束时，那些被当作潜在的学习进步者的学生确实比别的学生获得更好的成绩。罗森塔尔认为，正是教师对这些学生获得成绩的期望增加，导致了他们获得这种进步。教师的语调、脸部表情、接触和姿势表现出了对这些学生的较高期望。这些非语言的信息"可能帮助孩子们改变他们的自我认识，他们对自己行为的期望，他们的动力或者他们的认知技巧"。

③支持。幼儿有归属、爱、自尊的需要，他们需要教师的鼓励和支持。奥尔斯坦（Ornstein）将那些鼓励幼儿的教师看作真正尊重和信任幼儿的人，他们帮助幼儿获得自我认同感。当幼儿遇到学习困难时，鼓励尤为重要，特别是学习困难儿童，很害羞或不善社交的幼儿，往往更需要鼓励。下面列举一些常用的鼓励和支持：

- 对幼儿的能力给予肯定，而不是负面评价他们的表现；
- 注意说明进步，而不要只注重完美；
- 帮助幼儿学会解决问题和评价自己的工作；
- 使幼儿感受到乐观、积极、令人愉快；
- 当幼儿发言时，注意倾听，将注意力放在幼儿身上，并用点头、微笑等示意；
- 为完成任务提供多种方法，允许幼儿有选择余地。

2. 灵活变通性

中小学教师一般可以按部就班地开展教学活动，而幼儿教师则较难做到，很多主题活动、生成活动需要教师的灵活性、变通性，因为即使教师事先做好了计划，意外的事情总会发生。意外包括：

- 原先的教学方案幼儿不喜欢；
- 原先的教学方案对幼儿来说难度太大或是太容易；
- 在教学活动中幼儿提出了新的想法与问题；
- 临时发生新的教学情境因素，需要改变原先计划。

因此，优秀的幼儿教师必定在个性上具有灵活性、变通性，而不是古板的人，他的适应力很强，能适应各种环境。亨特(Hunt)将教师的这种灵活性称为"读取"(reading)和"可变化"(flexing)力。教师与幼儿一起活动时，必须有意识地注意自己和幼儿所从事活动的有效性。通过大量的言语与非言语线索，教师能准确地"读取"是否需要改变。在非言语的表达方式中，幼儿可能表现出迷惑、沮丧、无聊或是注意力分散；在言语表达方式中，幼儿可能表现出不能或不愿回答问题，或是告诉教师自己不喜欢。对于以上每一种情况，教师要意识到问题所在，然后灵活地调整教育教学活动。下面列出灵活性教师的特点：

- 制订教学计划时，考虑幼儿的特点、特征、兴趣；
- 清楚地告诉幼儿教学目标，让幼儿知道活动目的；
- 制订对幼儿有吸引力的计划，并引导其达到预期的学习效果；
- 实施教学时，持续地注意幼儿的言语与非言语行为，以确定教学方案的适宜性；
- 当教学计划不合适时，找出原因和替代方法；
- 必要时实施替代方法，并监控其有效性。

3. 爱心与同理心

幼儿在幼儿园的学习不仅是知识上的，更是心灵上的，他们需要在情感上得到支持与关爱。因此，教师的个性特征应是有爱心的，而不是冷漠的。教师的爱是开启幼儿心灵的钥匙，爱是幼儿身心健康成长的重要基础。这种爱表现为教师对全体幼儿一视同仁，不论其社会经济状况、智力发展水平、个性特征如何，一律平等对待，悉心爱护。在爱心上，教师必须保持无偏见、无歧视原则。

同理心是指教师尊重幼儿的立场、主张，用孩子的眼光来理解与尊重他们。在幼儿眼里，整个世界充满着活力、新奇和未知，他们的思维方式与成人不同，因此教师必须学会换位观察和思考，设身处地想幼儿之所想，感幼儿之所感。

4. 情绪稳定

由于幼儿的社会性发展水平不高，知识经验缺乏，自我控制力弱，因此他们往往易冲动，难以有效控制自己的情绪，往往表现出在成人看来无理、不讲理的行为。教师在面对幼儿的冲动行为时不能受其影响，必须注意克制自己，以冷静沉着的方式、理性的教育方法解决问题。受到幼儿消极影响的教师往往是随着幼儿的冲动行为而发火，自己也变得非常冲动、失去理性，这是教育工作者的大忌。

教师还应时刻保持积极、乐观向上的良好情绪，这是促进幼儿学习的重要因素之一。我们应记住迪纳特(Denight)和格尔(Gall)的建议："教师们经常期望儿童对他所说的话感兴趣，事实上儿童更愿意听那些热情洋溢的话。"

(三)教学实践能力

教学实践能力是指幼儿教师在教学活动中展现出的综合能力。廖嗣德提出其主要包括正确分析教材、进行课堂教学设计、选择教学内容与方法以及组织教学活动等能力。[①] 2012年教育部出台《幼儿园教师专业标准(试行)》，提出"能力为重"的基本理念，强调幼儿教师应具备理论与实践联系的能力，了解幼儿成长规律，提高保教质量，并提升教师反思能力。依据教学工作流程与创新性，幼儿教师教学实践能力主要包括教学活动设计、教学活动实施、师幼互动和教学反思等多方面。

1. 教学活动设计能力

教学活动设计能力是幼儿教师开展教学活动的前提，是教师在对幼儿身心发展与目标分析基础上对活动预先筹划的能力，是教师对活动目标、内容、实施策略、评价方法等进行系统性建构的能力。幼儿教师较高的教学活动设计能力能够促使教师思考，优化活动过程，提升活动质量，从而促进幼儿发展。如何促进教师教学活动设计能力的提升呢？应注意以下几个方面。

①关注幼儿学习与发展的整体性。在人生伊始，全面协调的发展十分重要，任何一个方面的发展都离不开其他方面的发展。有研究表明，幼儿身心各个方面的发展并不是孤立进行的而是相互联系的，如语言与社会性、个性与认知、美感与表现力等。教师在设计教学活动时应遵循幼儿学习与发展的整体性，同时注重结合幼儿的生活经验，这样设计的内容才是幼儿熟悉并能够理解的。根据维果茨基的最近发展区理论，教师在设计时还应注意内容要满足幼儿长远发展的需要，要在班级幼儿普遍的最近发展区之内。

②尊重幼儿发展的阶段性与个体差异。每个幼儿的发展都沿着相似的进程但又按照各自的速度进行，即具有阶段性的特征。教师在设计活动时应既要注重班级幼儿的普遍发展水平，又要充分理解和尊重幼儿发展的个体差异，支持和引导他们朝向更高水平的发展。因此，教师要了解班级每位幼儿发展的情况及其最近发展区，努力为不同幼儿的发展创造具有针对性的环境和条件，尤其是要关注幼儿的兴趣与需要。值得注意的是，在设计时不仅可以纳入幼儿自发产生兴趣的活动内容，还可以预设一些有利于幼儿发展又能使幼儿感兴趣的活动内容。

③理解幼儿的学习方式和特点。幼儿通过自己特有的方式(以直接经验为主)与周围环境进行互动，这与幼儿所处认知发展阶段有关。根据皮亚杰的认知发展理论，学前幼儿主要处于感知运动阶段和前运算阶段，获取经验的方式以直接感知、实际操作和亲身体验为主。教师在设计活动内容时应强调幼儿的直接感知，灵活运用多

---

① 廖嗣德：《中小学教师教育教学能力结构研究》，载《辽宁教育研究》，2000(6)。

种教学手段让幼儿既动手又动脑，在做中学。此外，教师在选择教学内容时应遵循幼儿认知发展的逻辑，由浅入深、由易到难、由具体到抽象，循序渐进，同时注重教学活动的生活性与趣味性。

④重视幼儿的学习品质。学习品质是幼儿在活动中表现出的积极态度和良好的行为倾向，关注的是幼儿如何获得知识与能力，对幼儿未来学习生活乃至成年后都至关重要。关于学习品质的研究已经受到各国学者和社会的关注，如美国高瞻课程项目组在2015年推出了新的评估系统——学前儿童观察评价系统（COR advantage），与2003年版相比增加了"学习品质"这一领域并将其作为评估的第一部分。总之，教师在设计教学内容的时候需要在充分重视幼儿好奇心和学习兴趣的基础上帮助其逐渐养成积极主动、认真专注、敢于探索和尝试、乐于想象和创造的学习品质。[1]

案例 12-6

一位大班幼儿教师对语言活动"河马先生的魔术"的教学设计[2]

一、活动目标

①认真观察图片，在逐步猜测中感受故事情节的诙谐、有趣。

②尝试借助图片提示，发挥想象，大胆地猜想、讲述对话框中角色的心理活动及对话，丰富故事内容。

③喜欢听故事，并能在同伴面前大胆地讲述故事。

二、活动过程

(一)情境创设，激发幼儿兴趣。

(二)逐一读图，理解故事内容并分段讲述。

(1)观察图1、图2，讲述并表演故事情节。

提问：图上有谁？它们在干什么？河马先生是怎么变魔术的？（请幼儿用一句话完整地讲述河马是怎样变魔术的，并模仿河马变魔术的动作、语言、神态。）

(2)观察图3，讨论画面内容。

提问：发生了什么事情？河马邀请谁上台？兔子先生怎么做的？看到鸽子，兔子会有什么反应？

(3)观察图4，猜想狐狸的心理活动。

提问：谁出现了？狐狸想干什么？你从哪里看出来的？

(4)观察图5，猜想故事情节。

提问：发生了什么事情？狐狸怎么会有这种表情？

---

① 付艳丽：《幼儿园活动设计》，3～6页，西安，西安电子科技大学出版社，2017。
② 陈志玲：《课例研究促进幼儿教师教学能力发展的个案研究》，硕士学位论文，淮北师范大学，2018。

(5)观察图6，讲述故事结尾。

提问：狐狸摸到了什么？小动物们的表情怎么样？狐狸最后怎样了？

(三)观看课件，完整讲述故事。

(1)要求。

①按照图片播放顺序，连贯地讲述故事。

②用幽默的语气和动作表现故事。

(2)方法。

①第一次用填空法，师幼共同讲述故事。

②第二次幼儿尝试连贯地讲述故事。

(四)讲述对话框中的内容，生动地讲述故事。

(1)讨论对话框里的内容。

提问：这是什么？是谁在说话？你怎么知道是河马(或其他小动物)在说话？它(们)说了什么？

(2)讲述对话框内容，为故事角色"配音"。

(3)分组扩编故事。

(4)讨论。

2. 教学活动实施能力

教学活动实施能力是教师在一般教学情况下有效实施教学计划，并根据实际情况控制教学情境的能力。[①] 幼儿教师较高的活动实施能力能够促进教学设计的顺利实施，从而实现教学活动的目标，促进幼儿全面协调发展。教师教学活动实施能力的提升应注意以下几个方面。

①教学语言的运用。国内外一些学者对教学语言类型进行了研究，如贝尔斯(Bales)从语言使用的内容和功能两方面将师生语言分为12类，包括"表示支持/异议""表示满意/不满"等情感性语言，"发出/请求指令""提出/征求意见"等认知性语言。教学语言是教师最主要的教学手段，影响教学效果和幼儿发展。教师在运用教学语言时应精心组织，做到言简意赅、重点突出、富有逻辑，自然连贯地把讲述的内容表达出来，注重运用修辞，以及语音、语调和语速的变化，此外可以运用开门见山、巧设疑问等方法促进幼儿思考。

②教学节奏的把握。幼儿教师对教学节奏的良好把握主要表现为其能够在规定时间内完成相关活动，还能够创造良好的课堂氛围，从而使教师的"教"与幼儿的"学"达到同频共振。教学内容的安排应疏密相间、错落有致、有动有静，这就需要教师运用多样的教学方式，从形式上看，可以采用小组合作、集体教学等，同时注重营造愉悦和谐的学习氛围。教师应根据不同领域教学内容的特征和幼儿发展的实

---

① 教育部师范教育司：《教师专业化的理论与实践》，63页，北京，人民教育出版社，2003。

际情况，合理安排教学流程，明快中有舒缓，舒缓后起波澜。此外，教师还需要密切关注幼儿课堂情绪情感的变化，运用语言的变化调节、调动幼儿情绪，从而使幼儿在鲜明的课堂节奏中理解所学内容。

③信息技术的掌握。随着信息技术的发展，幼儿教师应能熟练运用多媒体技术进行教学，并积极探索信息技术与幼儿园教学活动深度融合的有效方法，充分利用形象化、生动化、直观化的教育数字资源为幼儿提供多感官、多通道、多体验的教育教学活动，关注新兴技术的发展，乐于探索增强现实(AR)、虚拟现实(VR)、虚拟课堂等与教学活动结合的可能性。此外，教师应该能够利用网络资源，与同事共同发展，通过分析、归纳、想象、联想等思维活动，创造性地对有价值的信息进行深度加工，并将其合理运用到教学活动中。

3. 高质量的师幼互动

师幼互动是幼儿园教育活动中基本的互动形态，主要是指幼儿与教师在教育情境下产生的相互作用，师幼互动贯穿于幼儿一日生活中的各个环节，对幼儿身心全面发展具有重要的作用，也推动着教学活动的顺利开展，是"一个灵魂唤醒另一个灵魂"的重要途径。在教学活动中师幼互动以教师发起为主。实现教学中高质量的师幼互动，主要应从以下几方面入手。

①树立平等的师幼互动观。教学观念是决定教师教学质量的关键因素，在师幼互动中，正确的儿童观、平等的师幼对话观和转换教师角色共同影响着高质量师幼互动的开展。具体来看，树立了正确儿童观的教师能尊重幼儿，尊重其学习的主体地位。教师在师幼对话中应与幼儿建立一种"我—你"的关系，强调双方地位的平等、相互的尊重、双向的互动，强调师幼的共同在场，双方是共同存在的。师幼共同进入教师创造的教学情境中，就共同关心的问题发表见解，是心与心的交会，是灵魂对灵魂的撼动。良好的师幼互动还需要教师角色的转变，教师不再是话语的权威，而是互动的对话者、活动的参与者。

②创造和谐的互动环境。环境是促进幼儿发展的第三位教师，在师幼互动中发挥着不可替代的作用。为了实现高质量的师幼互动，教师需要创造和谐的互动环境，包括适宜的物质空间环境以及宽松、和谐的人文环境。具体来看，教师在进行环境布置时应考虑到幼儿园的物质空间环境是师幼对话开展的媒介，可以将幼儿座位按照宽松的圆形或马蹄形进行排列，以便最大限度地接收幼儿的声音，从而增加双方互动的频率，同时还应给予幼儿充足的时间去思考和体验。教学中，教师要爱幼儿、包容幼儿，给予幼儿足够的安全感，引导幼儿积极表达自己的想法，大胆探索，最大限度地引发教师与幼儿进入关系的世界。

③提高教师对话素养。"我—你"的对话关系是平等的对话，而非一方压倒另一方的存在，因此为了实现高质量的师幼互动，需要提高教师对话素养，关键在于归还幼儿话语权，给予幼儿平等表达的机会并提升幼儿对话的能力。具体来看，教师

应鼓励幼儿积极发言。幼儿总是充满好奇，他们有十万个为什么，并不停追问教师，这时教师需要有耐心，要尊重幼儿发展规律和言语的权利，同时可以在幼儿提出问题后，让其他幼儿参与进来。教师还应跟随幼儿的话语与思维，给予幼儿充分的思考时间，如果受限于教学时间或内容，也可在课后进行沟通。①

案例 12-7

"鸭妈妈买鞋记"教学的导入部分②

师：这是什么啊？（出示鸭妈妈头饰，微笑。）

幼：鸭子！

师：今天啊，我是你们的鸭妈妈！（语气神秘，声音变化着说。）

幼：哈哈哈，鸭妈妈！

师：今天啊，鸭妈妈请你们玩一个手指游戏，把你们的小手伸出来。

师：让我看看谁的小手举得最好哈。让我们一起做动作，一起喊，好不好？

师幼：小鸭子，扁扁嘴，爱吃鱼，会游泳，两只脚，像蒲扇，摇摇摆摆，走得慢！（教师边唱边做夸张的动作带着幼儿，幼儿排着队跟着教师边唱边做动作。）

幼：那会不会摇翻了呀？哈哈哈！

师：哎呀，今天的天气真好呀！（做夸张动作）鸭妈妈想出去买双鞋子，谁愿意陪我去呀？

幼：鸭妈妈！鸭妈妈！我！我！我！

师：好，那我今天就带着这群可爱的宝贝们一起去。我们一起去买鞋吧。

幼：耶！（幼儿笑得很开心，蹦蹦跳跳。）

师：来，我们去逛街吧。我们走走走，咦？这边有一个商场，我们去看看，好不好？

幼：好呀好呀。

师：那你们赶紧到商场坐好吧。

幼：哈哈哈。（幼儿抢座位坐，笑得很大声。）

师：商场里要保持安静。（众幼儿马上安静下来了。）

师：哎呀，我们今天就到这个店买鞋吧。哎呀，这双毛毛鞋很好看，老板，我要这双鞋。

幼：哈哈哈，好有趣啊。

上述案例是活动导入环节的真实对话，教师通过角色扮演活跃了整个活动的气氛。然后，带着幼儿去逛商场，进入一个商店买鞋子，并在接下来买鞋子的过程中

---

① 李仙：《基于对话理论的幼儿园集体教学中师幼互动研究》，硕士学位论文，山东师范大学，2017。

② 李丹恒：《中班语言教学游戏化活动的师幼互动研究》，硕士学位论文，华中师范大学，2018。

学习和巩固完整句式。从师幼互动中，我们可以看到教师善于用生动形象的语言和动作为幼儿创造有趣、逼真的活动情境，吸引幼儿参与活动。此外，该教师还通过"商场"的情境管理班级常规，让幼儿自愿保持安静，做到自律且能集中注意力参与活动。

4. 教学活动反思能力

当前有关教师教育的研究普遍认为，教师的专业化发展要求教师成为研究者，其最鲜明的特色就是注重教师自身的反思性发展。大量研究表明，专业反思是促进教师发展的重要内在机制，是"提升教师专业素养的有力手段和有效途径"。美国著名心理学家波斯纳(Posner)在1989年提出了教师成长的公式：成长＝经验＋反思。

教学活动作为幼儿教师专业发展的重要组成部分，也愈加受到关注。第一次对教学实践反思进行系统阐释的是杜威。他在《我们怎样思维》一书中提到了三种态度：开放的头脑、责任感和专心致志。在此基础上，培养反思型教师和倡导反思性教学的运动于20世纪80年代在各国蓬勃发展。国内外的研究者对反思性教学进行了研究，强调教学反思贯穿教学全过程。反思性教学的目的不仅是回顾过去，更重要的是探究解决问题的方法和途径，是一个动态发展的过程。还有研究者针对幼儿教师的"思"的缺席的情况，呼唤有"思"的教师，强调幼儿教师从"静默"走向"有声"，从"听从"走向"沉思"。那么如何促进教师教学反思能力的提升呢？如何成为有"思"的教师呢？主要应从以下几方面入手。[1][2][3]

①及时调整反思的模式。有研究者通过追踪研究发现，需要对教师的反思模式进行调整，应以"反思主题"为中心，利用各种反思途径(如档案袋法)进行反思和再反思，形成连续性反思(图12-1)，网络的、连续性的反思模式比平行独立的反思模式更易促进教师反思行为的发生，更具现实意义。此外，还应保障幼儿教师的闲暇时间，德国哲学家约瑟夫·皮珀(Joseph Pieper)在其著作《闲暇：文化的基础》中提出闲暇是一种寻常的人生哲学，是一种生活的观念，闲暇时的倾听、观看、静思等状态会让人感到巨大的快乐。人们只有在放松下来的时候才能够享受思考的过程，思维富有活力和创造力，能够产生灵感。因此，提高幼儿教师反思能力的重要条件在于保障其闲暇时间，让教师在繁忙的生活与工作中慢下来、静下来，听听自己内心的声音。

②认识到教师成长的复杂性。幼儿教师在进行教学反思时易受到思维特性的影响。教学活动本身具有复杂性，教师在反思教学时应认识到这一点，以复杂性理论作为自己反思的理论基础，即不同的原因可以导致同一结果，不同的结果可能有同

---

① 王丽莉、姜勇：《关于幼儿园教师协同反思的访谈研究》，载《学前教育研究》，2007(4)。
② 陈妍、姜勇、汪寒鹭：《"反思"对幼儿教师专业成长作用的个案研究》，载《学前教育研究》，2010(2)。
③ 姜勇：《幼儿教师专业发展》，201～206页，北京，高等教育出版社，2015。

一原因。随着后现代思想的发展，人们对于教师教学的认识又发生了变化，强调整个教学活动受多种因素的联动影响，教师很难按照预设进行教学。因此，教师不能对某些情况进行单纯的反思，而是要考虑到自身所处环境的特殊性，发挥自身主观能动性。值得注意的是，在反思时教师应该时常询问自己以下两个问题：一是"教育活动是否充分激发了自己的专业热忱"，二是"教育活动是否有效激发了幼儿积极学习的动机"。

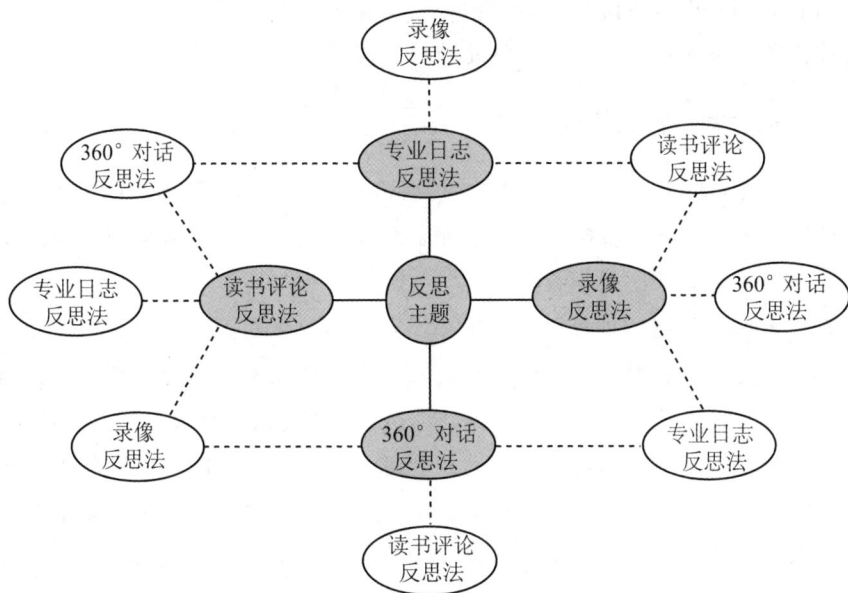

图 12-1　教师教学生活反思的主题网络

③注重协同反思。有研究者通过实践发现，幼儿教师的反思以个体反思、自我反思为主，缺乏集体合作的协同反思。研究者还以雅斯贝尔斯（Karl Theodor Jaspers）的交往理论为基础，提出教师的协同反思应遵循"内在交互主体性"交往的原则。它主要有三种常用的方法：小纸条法、六顶反思帽法、360°反馈法。其中，小纸条法是指当大家在一起讨论某一问题时，每个人可以将自己的看法或意见不记名地写在一张小纸条上，然后由主持人收上来打乱后，再给每人发一张，要求每位教师谈谈对纸条内容的看法。六顶反思帽法是指针对某个具体的活动或者问题，准备六种不同颜色的小纸条，每一种颜色代表一种反思的角度，每次采用的颜色以及颜色所代表的角度可以视具体情况而定。360°反馈法是指在进行反思时，应听取教师、幼儿和家长等多方的意见。①

① 雅斯贝尔斯指出交往具有从低到高四种具体形态："共体主体性"交往（communal subjectivity）、"交互客体性"交往（inter-objectivity）、"外在交互主体性"交往（external inter-subjectivity）、"内在交互主体性"交往（internal inter-subjectivity）。

第三节　幼儿教师的工作满意度与专业发展阶段

　　幼儿教师的专业成长不仅与其专业教学心理素质和专业人格特征有重要关系，而且还与其工作满意度有关。工作满意度高的教师不仅能更好地在专业心理素质方面主动成长，而且能有效降低其职业倦怠。幼儿教师专业发展阶段的研究也是当前教师专业成长的前沿课题。下面将对此进行探讨。

一、幼儿教师的工作满意度

　　工作满意度(job satisfaction)是影响教师专业发展的重要因素，已成为教师心理与教育研究的前沿领域。教师工作满意度是教师对其工作与所从事职业以及工作条件与状况的一种总体的感受与看法。

　　工作满意度不仅是衡量教师生活质量的重要参数，而且与教师的职业承诺、工作主动性、职业倦怠、教学效能感等专业成长有重要联系。研究发现，工作满意度直接影响着教师职业选择的稳定性与流动性。教师决定继续从事教师职业还是转行，都受到工作满意度的直接影响，工作满意度越低，教师跳槽的可能性就越大。工作满意度与教师工作主动性也呈显著相关。研究还指出，教师的工作满意度与其工作主动性之间的相关为 0.27，内、外在工作满意度对职业承诺的回归系数分别为 0.193 和 0.198，二者均在 0.05 水平上呈显著性。同时，教师的工作满意度受多种外在因素的影响，特别是学校组织氛围、课程改革等。例如，领导管理行为与教师工作满意度相关显著，领导的关心体谅、福利待遇、职称评定等因素均对教师工作满意度有直接影响。

　　研究者通过结构模型分析，建立了幼儿教师工作满意度的影响因素模式(图 12-2)。[①]这一模型说明，组织氛围、课程改革等既是影响教师工作满意度的直接影响因素，又通过教师工作满意度这一中介因素间接地影响教师职业、工作主动性以及职业倦怠。

二、幼儿教师的专业发展阶段

(一)专业发展阶段：国外相关研究

　　对教师发展阶段的深入揭示是研究教师发展与教师教育的重要基础。要正确把握教师发展的规律，科学制定教师教育的政策与培养方案，前提是必须做好教师发展阶段及其特点的研究。早在 1969 年，美国学者富乐就编制了《教师关注问卷》(*Teacher Concerns Questionnaire*)，研究教师关注的方面，揭开了教师发展阶段研究的序幕。富乐认为，"个人成为教师的这一历程是经由关注自身、关注教学任务，

---

　　① 姜勇、钱琴珍、鄢超云：《教师工作满意度的影响因素结构模型研究》，载《心理科学》，2006(1)。

到最后关注学生的学习，以及自身对学生的影响这样的发展阶段而逐渐递进的"，即教学前关注（pre-teaching concerns）、早期生存关注（early concerns about survival）、教学情境关注（teaching situations concerns）、对学生的关注（concerns about students）。[①]

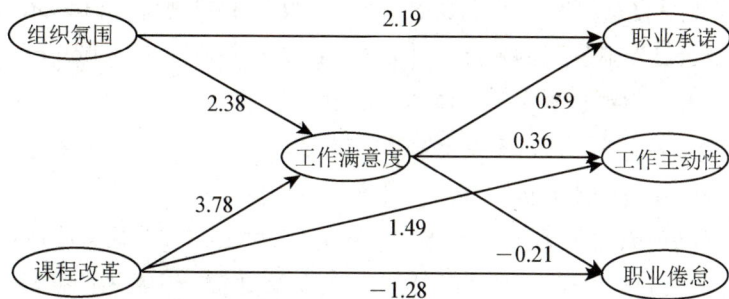

图 12-2 教师工作满意度的协方差结构模型

注：图中数字为路径作用系数。

组织氛围 —2.19→ 职业承诺
组织氛围 —2.38→ 工作满意度
课程改革 —3.78→ 工作满意度
工作满意度 —0.59→ 工作主动性
工作满意度 —0.36→ 工作主动性
工作满意度 —1.49→ 职业倦怠
工作满意度 —−0.21→ 职业倦怠
课程改革 —−1.28→ 职业倦怠

20 世纪 90 年代以后，教师发展阶段的研究更为系统，理论建构更为丰富。以伯顿为主的美国俄亥俄州立大学学者们，在大样本、严密有序的访谈基础上，提出了教师生涯循环发展理论。伯顿认为教师发展通常要经历三个阶段：求生阶段（survival stage）、调整阶段（adjustment stage）和成熟阶段（mature stage）。[②] 同期，费斯勒在观察、访谈的基础上，结合对成人发展和人类生命发展阶段等研究的文献分析，提出了动态教师生涯发展论，将教师发展细分为八个阶段：职前教师阶段（pre-service）、导入阶段（induction）、能力建立阶段（competency building）、热心和成长阶段（enthusiastic and growing）、生涯挫折阶段（career frustration）、稳定和停滞阶段（stable and stagnant）、生涯低落阶段（career wind down）、生涯退出阶段（career re-exit）。[③] 舒尔从知识、经验和技能获得的角度，将教师发展分为三个阶段：新手阶段、中间阶段与高水平阶段。伯林纳则以教师经验的形成为考察依据，提出教师发展经历了新手（novice）、进步的新手（advanced beginner）、胜任（competent）、能手（proficient）与专家（expert）五个阶段。

（二）从"教师关注"到"教师自主"：教师发展的五阶段论

上述研究为科学认识教师发展阶段提供了较好的基础，但研究主要以"教师的关注"为考察视角。国内外教师教育越来越突出教师的自主发展，并将其视为师范教育

① Fuller F F，"Concerns of Teachers：A Developmental Conceptualization，"*American Educational Research Journal*，1969(6)，pp. 207-226.

② Burden P R，"Teacher Development，" in *Handbook of Research on Teacher Education*，Houston W R，Haberman M & Sikula J，New York，Mcmillan，1990，pp. 311-327.

③ Fessler R & Judith C C，*The Teacher Career Cycle：Understanding and Guiding the Professional Development of Teachers*，New York，Simon & Schuster Inc.，1992.

范式转变(alternative paradigm)的重要标志。[1] 甚至有学者指出,在新时期,教师自主发展是关系到教师能否进行可持续发展的核心要素。

自主发展主要包括四方面:自主发展的意识与动机(sense of autonomy),即能否意识到教师是自主发展的,是否有主动发展的动机;自主发展的观念(belief of autonomy),即对自主发展的各种观念[2];自主发展的规划(plan of autonomy),即是否制订适合自己专业发展的目标、计划[3];自主发展的行动(action of autonomy),即是否将自主发展的观念落实到具体的行动中。[4]

2004年至2006年,研究者对上海市206名幼儿教师进行了问卷与访谈调查。[5]通过多次模拟比较与聚类分析,发现教师发展经历五个阶段:新手—动机阶段(工作1年以内)、适应—观念困惑阶段(工作2~5年)、稳定—行动缺失阶段(工作6~10年)、停滞—缺乏动力阶段(工作11~15年),以及更新—动机增强阶段(工作16年以上)(表12-2)。

表 12-2 幼儿教师专业发展的五个阶段

教师专业发展的阶段	项目	发展意识与动机	自主发展规划	自主发展观念	自主发展行为
新手—动机阶段(工作1年以内)	平均数	3.2381	1.8571	2.7143	1.4286
	人数	21	21	21	21
	标准差	1.09109	1.06234	0.78376	0.97834
适应—观念困惑阶段(工作2~5年)	平均数	3.2500	2.2500	2.5000	1.8571
	人数	28	28	28	28
	标准差	1.10972	1.07583	0.96225	1.14550
稳定—行动缺失阶段(工作6~10年)	平均数	3.3125	2.1458	2.8958	1.3333
	人数	48	48	48	48
	标准差	0.94882	0.92229	0.92804	0.97486
停滞—缺乏动力阶段(工作11~15年)	平均数	2.9792	1.7708	2.8542	1.4167
	人数	48	48	48	48
	标准差	0.99978	1.13437	0.87494	0.98571

[1] Zeichner K, "Alternative Paradigms of Teacher Education," *Journal of Teacher Education*,1983,34(3),pp. 3-9.

[2] Powell J H & Mcgowan T M, "In Search of Autonomy:Teacher's Aspirations and Expectations From a School-university Collaborative," *Teaching and Teacher Education*,1996,12(3),pp. 149-260.

[3] Berg G, "Developing the Teaching Profession:Autonomy, Professional Code, Knowledge Base," *Australian Journal of Education*,1983,27(2),pp. 173-186.

[4] Little J W, "The Persistence of Privacy:Autonomy and Initiative in Teacher's Professional Relations," *Teachers College Record*,1990,91(4),pp. 509-536.

[5] 姜勇、阎水金:《教师专业发展阶段研究:从"教师关注"到"教师自主"》,载《上海教育科研》,2006(7)。

续表

教师专业发展的阶段	项目	发展意识与动机	自主发展规划	自主发展观念	自主发展行为
更新—动机增强阶段 （工作 16 年以上）	平均数	3.1639	1.8361	2.7797	1.6780
	人数	61	61	59	59
	标准差	0.96920	0.82017	0.89188	1.04123

注：得分在 1 到 5 之间，分数越高表示该方面程度越高。

不同发展阶段教师的主要特点如下。

1. 新手—动机阶段

新手期教师，有较为强烈的自主发展意识动机，但在自主发展的规划上有所欠缺，因此称为新手—动机阶段。

教师 F 刚进入教师岗位，对教师工作充满了矛盾和彷徨。她说："在学校里我们学习到爱孩子、尊重孩子，教学活动必须跟随孩子的兴趣，但在实际活动中往往不可行。你看，这节语言活动课是讲'一棵苹果树'的故事，通过苹果树的成长引出四季的变化。为了引起孩子的兴趣，根据孩子喜欢看动画片的特点，我辛辛苦苦制作了 Flash 动画。可教学活动并没有像预期的那样顺利展开。孩子们的兴趣都集中到了动画上，注意动画的每个小细节，'蝴蝶飞来了！''那个蜜蜂肚子可真大啊！''有 3 只小鸟在树上！'"……虽然对这节课不太满意，但教师 F 一直在琢磨如何改进，看得出，她很有上进心。然而，如果问她以后有什么打算，她会告诉你："我也不知道，我只想趁着年轻多努力一些。"

2. 适应—观念困惑阶段

适应期教师除自主发展观念外，在其他三方面都得分很高，其问题主要是在教师自主发展的观念上存在困惑，因此是适应—观念困惑阶段。

教师 G 工作四五年了，她已经积累了不少教学经验和教育智慧，善于与孩子沟通，并根据孩子的情况来调整自己的教育行为，在和谐的氛围中给孩子以一贯的教育。教师 G 强调教育是在尊重孩子的前提下进行的。例如，常规的建立，不能硬性强加给孩子，而应关注孩子的需要和兴趣，弹性执行，使孩子逐渐形成自觉的行为。但在实际过程中，这样的效果却不太好，因此，她常常感到痛苦，不知道到底应该怎样教才好。

3. 稳定—行动缺失阶段

稳定期教师，在意识动机、观念与规划上都较好，但缺乏自主发展的行动，因此是稳定—行动缺失阶段。

教师 H 有近 7 年的教学经验，但并不是非常善于用理论来引导自己的行为。她的教育活动往往凭着直觉进行，而在事后孩子的某一个触动她的行为或与同事的交流中,才对自己的教学行为产生判断。这天,区域活动里,两个孩子发生了争吵,她走过去一看,原来这两个小朋友正在争蝌蚪吃什么。一个说蝌蚪吃草,一个说蝌蚪吃虫子,两个人争得面红耳赤。看到老师来了,都跑来问老师。可H也不知道蝌蚪吃什么啊,怎么办呢?她第一个反应就是把问题推回去。"老师也不知道,我们问问其他小朋友吧!"讨论时,她问了其他小朋友,可孩子们也是各执己见!"那你们就自己去试试吧!"H随口一句话,就结束了这次讨论。接下来几天,总有孩子不时讨论蝌蚪吃什么的话题,H也不时地收到孩子的各种反馈。虽然她看到了孩子们的热心参与,但没有参与到他们的共同活动中。

4. 停滞—缺乏动力阶段

停滞期教师在各方面发展上都较差,无论是意识动机、规划、观念,还是行动都处于停滞,特别是缺乏发展的动力,因此是停滞—缺乏动力阶段。

教师I是个有着多年教学经验的教师,她认为孩子必须在教师的掌控之下,不能放开,通过强化和监督帮助孩子建立常规的行为。但她的班上总有几个调皮的孩子,让她非常头疼。在教学活动的组织中,这几个孩子总占据她一半以上的精力。她说,这些孩子实在是没办法,就得盯着,不盯就要出乱子!于是,在活动中,每隔几分钟,她总要提醒那几个爱有小动作、坐姿不端正、发出声响的孩子:"眼睛要看老师!""小手放在膝盖上!""两脚并拢!""我听到小椅子在哭了,它的小主人把它坐得咯吱咯吱的,很不舒服!"可孩子并没有因此而将注意力完全集中到活动上来。他们常常和老师玩起"捉迷藏"的游戏,老师眼睛看向他们时,他们立刻坐正,摆好标准姿势,而当老师眼睛或注意力转向别的地方时,他们就开始全身放松,东张西望,手脚也不由得活动起来了!

5. 更新—动机增强阶段

更新期教师,在自主发展的意识与动机上有显著增强的趋势,因此处于更新—动机增强阶段。

有一位将近50岁的老师,可以说经验非常丰富。去年班里来了一个2岁的孩子,只是短短两天的工夫,她就发现了他和其他孩子的不同,并且通过翻阅各种资料、和家长交流及到医院就诊等方式,确定这个孩子是一个孤独症患者。凭着她对工作的责任感和对孩子的热爱,她开始对这个孩子进行个案记录,他的一言一行,没有任何的渲染,是一份最原始的记录,她将这些资料提供给家长,希望能够对孩子有帮助。两年后,当她拿出厚厚一叠资料时,大家都惊呆了,一句句都凝聚了她的心血啊。

第四节　幼儿教师的成长与培养

以往的教师发展观通常将教师发展理解为教师在外部力量，如师范学校、职后培训机构等的培养下不断成长的过程。它更多关注培训部门在教师发展中的作用，相对忽视教师在自我成长中的主体意识与主观能动性。随着认识深入，这种"外铄论"的传统教师发展观受到了越来越多的批评，人们开始把作为发展主体自身的实践活动看作人的发展的根本动力。因为在个体的实践中包含了人的内在需求与条件、外部影响与条件，也包含着发展主体的能动认识与选择，实践是内、外因作用于个体发展的聚焦点，也是推动人发展的直接与现实的力量。

现代教师发展观对教师发展有了新的理解与认识，即教师发展的本质是发展的自主性，发展是教师不断超越自我的过程，不断实现自我的过程，更是教师作为主体自觉、主动、能动、可持续的建构过程。对此，有研究者更为深刻地指出："既然教师之成为教师，更多的是'自造'（selfmade），而不是'被造'（be made）的，那么，教师专业发展也就不可能仰仗'学科知识'的学习或'正规'的教育理论的学习，而更大程度上要依赖于'自助'了。"而这种"自助"就意味着教师要从自身的教育实践活动中寻求自我成长的源泉与动力，因此，"教师必须主动积极地参与、投入到他们自身的发展之中。"[①]可见，教师不是被迫、被动、被卷入自身素质的提高与发展中的，恰恰相反，教师是有自主发展意识与主观能动性的发展中的主体。

下面介绍几种培训方法。

一、微格教学法

对于经验较为缺乏的实习生来说，一开始就以为数众多的幼儿为对象，进行正规的课堂教学是困难的事情。在这种情况下，微格教学就是一种较好的方式。它是在较短的时间（5～20分钟）内，尝试做小型的课堂教学，可以把这种教学过程摄制下来，在课后进行分析。微格教学不仅对实习生，而且对在职教师也是很有效的。

微格教学形成于20世纪60年代美国的教育改革运动。斯坦福大学的艾伦（Allen）等人在"角色扮演"教学方法的基础上，利用摄录设备实录受培训者的教学行为并分析评价，以期在短期内使其掌握一定的教学技能，后来逐步完善形成了一门微格教学课程。70年代末，微格教学逐步被一些国家作为培训教师教学技能技巧的一种有效方法。英国90％以上的教师培训院校开设了微格教学课程，一般安排在大学四年级。

微格教学的"微"，是微型、片段及小步的意思，"格"是推究、探讨及变革的意

[①]　姜勇：《论教师的个人知识：教师专业发展的新转向》，载《教育理论与实践》，2004（6）。

思，又可理解为定格，它还意味着每"格"都要限制在可观察、可操作、可描述的最小范围内。微格教学就是把复杂的教学过程分解为许多容易掌握的单一教学技能，如导入、应变、提问、媒体使用、学习策略辅导、儿童学业成就评价等，对每项教学技能进行逐一研讨并借助先进音像设备、信息技术，对师范生或在职教师进行教学技能系统培训的微型、小步教学。

微格教学法虽有多种方法，但程序基本相同。

①明确选定特定的教学行为作为着重分析的问题(如解释的方法、提问的方法等)。

②观看有关的教学录像。指导者说明这种教学行为的特征，使实习生和教师能理解要点。

③实习生和教师制订微格教学的计划，以一定数量的学生为对象，实际进行微格教学，并录音或摄制录像。

④和指导者一起观看录像，分析自己的教学行为。指导者帮助教师和实习生分析事实上的行为是否合适，考虑改进行为的方法。

⑤在以上分析和评论的基础上，再次进行微格教学。这时要考虑改进教学的方案。

⑥进行以另外的学生为对象的微格教学，并录音录像。

⑦和指导者一起分析第二次微格教学。

微格教学使得教师可以对自己的教学行为进行更为深入的分析，并增强了改进教学的针对性，因而往往比正规课堂教学的经验更有效。博格(Borg)的研究表明，微格教学的效果在四个月以后仍很明显。

信息栏 12-2

"微格教学"课堂教学观察记录表

"微格教学"课堂教学观察记录表

姓名：＿＿＿＿＿＿＿＿＿＿＿＿＿＿＿＿＿＿＿＿＿＿＿＿＿＿＿＿＿＿＿

标题：＿＿＿＿＿＿＿＿＿＿＿＿＿＿＿＿＿＿＿＿＿＿＿＿＿＿＿＿＿＿＿＿

起始时间：＿＿＿＿＿＿＿＿＿＿＿＿＿　终止时间：＿＿＿＿＿＿＿＿＿＿＿

日期：＿＿＿＿＿＿＿＿＿＿＿＿＿＿＿＿＿＿＿＿＿＿＿＿＿＿＿＿＿＿＿＿

观察者：＿＿＿＿＿＿＿＿＿＿＿＿＿＿＿＿＿＿＿＿＿＿＿＿＿＿＿＿＿＿＿

项　目	不确定	从不	有时	经常	内容
教学组织与讲解					
①陈述课堂教学的目的					
②陈述教学内容的概要					
③以系统和有组织的形式安排教学内容的讨论					
④对新名词、概念和原则有定义					

续表

项　目	不确定	从不	有时	经常	内容
⑤清晰地讲解不同观念之间的联系					
⑥采用准确和适宜的案例与说明					
⑦对主要观点进行总结					
互动					
⑧面向全班采用视线的交流					
⑨提问儿童以了解他们是否掌握教学内容					
⑩不仅对个别儿童提问，而且面向全班					
⑪通过提供暗示鼓励儿童回答有难度的问题					
⑫当需要的时候重复问题，以使全班能听见					
⑬邀请儿童提问					
⑭对儿童的想法与提问认真倾听					
个人风格					
⑮声音能很清楚地被听见					
⑯可以根据不同情况调整声音大小与突出重点					
⑰语言既不过于正式，也不过于随意					
⑱不过多使用"哼哼"之类的语言					
⑲语言速度不快不慢					
使用媒体					
⑳合理使用投影、幻灯片或黑板书写					
㉑运用投影、幻灯片或黑板书写的信息是有组织的，且容易使儿童跟得上					
㉒多媒体工具被很好地利用（例如，教师没有站在投影的正前方）					

（Brinko K T & Menges R J，*Practicaly Speaking*，Stillwater，New Forums Press，1997，pp. 43-44.）

二、虚拟现场培训

　　学前专业本科生的教育实习时间通常是 8～10 周，主要是锻炼备课、掌握教学技能，很少关注并促进其教育智慧的形成。这种理论与实践相对脱离的成长环境，很难让职前教师真正从教育现场中生成实践智慧。即使是微格教学法，也由于在教学活动中教师缺乏真实互动的场景，而只能培养和锻炼"说课"的技能，由于缺乏与学生的真实互动，很难培养职前教师的随机应变能力与教育机智。当教师真正走上工作岗位后，他们会感到很难适应丰富、多变的教育现场。

针对教师教育中存在的种种问题，出现了一种新的教师教育模式——虚拟现场。① 所谓虚拟现场，是指创设一种相对较为真实的课堂教学的问题情境，职前教师或是扮演教师，或是扮演学生，或是作为观看教学活动并要发表想法的观众，共同模拟课堂教学活动。传统的教师教育告诉职前教师在教学活动中"可以怎样做""应该怎样做"，而虚拟现场模式则通过职前教师亲自去做、去体验、去揣摩"当"教师的过程，体会到在教育现场中随时可能发生的种种问题。例如，学生的问题在我思考范围之外该怎么办？无论我怎么教，学生还是不明白怎么办？学生不按我的思路往下走怎么办？在教学中有学生淘气、调皮捣蛋怎么办？在教同一内容时碰到不同发展水平与需要的学生怎么办？……在这种虚拟现场的情境中，职前教师会像正式上课一样保持注意力，并调动其全部智慧解决课堂教学中随时发生的种种突发情况，从而促进其教育智慧的形成。当然，这一模式与真实的课堂教学现场是有差距的，它是一种准现场，因此，它被称为虚拟现场。虽然是虚拟的，但它迈出了重要一步，即重视职前教师实践智慧与能力的形成，关注现场在教师成长与发展中的重要作用。

虚拟现场模式在具体实施时，运用如下步骤。

• 形成小组：在全班形成若干参与式小组，每组一般4～6名职前教师，事先设计好自己的组名，成为一个学习与成长的共同体。小组成员的选择可以自己定，也可以由培训者提出建议。

• 设计观察：每个小组根据自己的兴趣与能力特点，设计一个课堂教学活动，并分配角色，由一名组员担任上课教师，其他组员扮演学生角色。扮演教师角色的要设计好教学内容与活动，通过到学校观察真正的教师上课，从中学习一些教学能力与方法；扮演学生角色的也要到学校去观察儿童在课堂教学活动中的表现，以及他们的个性特点、学习风格与行为表现。

• 实践教学：在虚拟现场情境中，每个小组进行教学活动表演，一般为30分钟。其他小组仔细观察、记录表演小组的教学活动。

• 共同反思：在活动结束后共同讨论这一活动，对其中的扮演角色进行共同反思与分析。

三、参与式培训

传统教师培训更多采用以知识传授为着眼点的讲授式培训，由专家向教师们系统地讲授关于教育技术等的知识，试图通过观念、知识和技能的更新促成教学行为的转变。培训之后，教师在教学中往往仍然沿用自己习惯的教学方式。实际上，一个教师所具有的内在观念是个复杂的系统，它不是简单通过"告诉"新知识就能改变的。奥斯古德(Osgood)把教师的观念分为两类："倡导的理论"和"采用的理论"。对于"倡导的理论"，教师容易明确意识到，容易说出来，可以在考核报告上写出来，

---

① 姜勇、高维华：《教师教育转型研究："虚拟现场"与教师成长》，载《全球教育展望》，2006(6)。

但是，它不能对教学行为产生直接影响；对于"采用的理论"，教师往往并没有明确的意识，但它悄悄地对教师的教学行为产生直接的影响，它作为教师的信念，融入教师的各种教学行为之中。"采用的理论"概念的提出，使得基于教师经验与实践基础的参与式培训方法受到关注与运用。

陈向明等对参与式教师培训做了研究。在参与式培训中，教师与培训者的位置发生了改变，培训者成了教师的"协助者""协作者""组织者"和"促进者"，帮助并与教师一起学习，共同提高。教师不再被动接受和消化消息，而是成了活动的"参与者"，是培训内容和形式的主动创造者，是丰富的培训资源，同时也是培训者的"协作者"和"合作伙伴"，这样能够最大限度地调动教师的学习热情、已有经验和发展潜力，使他们真正成为自己学习的主人。

什么是参与？参与意味着：①每个人都具有自给自足的能力，能够解决自己的问题；②每个人都享有平等学习和表达的权利，同时有机会与别人对话，不能只是专家一言堂；③最大限度地发挥每个人的智慧和才能，以及群体互动学习的最大潜能；④参与不应该是被动的，被给予的，被要求的，或受条件驱使的，而应该是参与者自己主动发起的、自愿的。

那么，什么是参与式的方法呢？实际上，参与式的方法并没有固定、单一的形式，可以根据需要和条件即兴创造。通常使用的方法有：分组讨论、案例分析、观看视频、角色扮演、填表、画图、访谈、座谈、观察、辩论、排序、打分、小讲座，以及其他根据培训内容而设计的各种游戏、练习和活动。可见，它是能够使个体参与到群体活动中、与其他个体合作学习的方法。

参与式培训的概念与参与式方法比较类似，但它侧重于通过参与的方式来促进教师在自身经验与实践基础上的自我成长。它可以提供参与式方法训练和研修的机会，掌握参与式方法的基本原则、类型、实施步骤、使用范围和评估方法。这种方法强调"做中学"，在参与中学习参与式方法。参与式培训就是通过创设情境，引导参与者在活动、表现和体验中反思自己的经验与观念，在交流和分享中学习他人的长处，产生新的思想，形成新的认识，从而实现自我提高，并能采取行动改善现状。

具体到参与式教师培训而言，就是在参与的氛围中，教师亲身体验主动、合作、探究学习的喜悦和困惑，以达到自身观念、态度和行为上的改变，并能将所学运用于自己的教育教学工作。

四、增强反思意识与能力

教师的反思是促进其专业发展的重要内在机制。之所以说教师是主动、自主而不是被动、消极发展的，是因为他能反思。

有研究者归纳了教师反思的几种主要形式。[①]

一是回顾式(retrospection)反思。回顾式反思通常被视为"倒退着思考"的过程，也就是对先前经验的回想，并从回想中学习。克里克山克(Cruickshank)在其对教师反思的实证研究中指出反思是一种个人的需求评量(need assessment)，以及对有效性的满足程度连续地自我监督的过程。回顾式反思虽然能提醒教师在反思过程中，以原来的思考范式下的评估依据来检视自己行动的有效性，但这种反思很难转变教师的思考范式。

二是深思熟虑式(deliberation)反思。在这种反思中，教师有意识地在所面临的实际问题与想象中的各种可能的解决方法之间建立连接，再从各种连接中选择最佳解决方式。

三是行动中反思(reflection in action)。阿格里斯(Argyris)等人提出行动中反思与回顾式反思的差异，前者并不"倒退着思考"并"评估过去某一经验或行动的有效性"，而是不断地在行动过程中进行与问题情境的"对话"。肖恩(Schon)特别指出教师若要提高其专业成效(professional performance)就必须通过行动反思。

四是觉察意识式(conscious awareness)反思。维果茨基认为反思并非只是被动地"接收"感官资料，而是个体本身对事实、表征以及信息的一种主动、积极的转变(active transformation)过程。据此，维果茨基提出觉察意识式反思包含智能与情意两大组成要素。吉斯德(Jersild)认为在这种反思中，教师要思考这样的问题，"对我而言，什么是真正重要的?""我在寻求什么样的价值?""我真正关心的到底是什么?"等等。[②]

此外，还有研究者认为教师的反思形式还应有批判性反思。罗斯(Ross)等人将教师的反思理解为一种批判的反思(critically reflective thinking)，并将其界定为，对于自身教育活动的理性的和伦理学的选择。[③] 理性的"思"是指对教育活动中技术层面的思考，而伦理学的"思"则是指对教育活动中价值层面的思考。事实上，我们认为，无论是批判性反思，还是察觉意识式反思，其内涵都有相同之处，可以将这两种反思视为"价值之思"。

在促进教师反思时，更关注教师的团队合作反思，教学反思离不开教师团队反思的力量。面对不同的课堂教学实践与现实问题，不同教师会形成有自己风格的、带有个人烙印的教学反思经验，同时也会在反思过程中产生一些困惑。那么，在个人反思的基础之上，教师们以民主平等和互相尊重的方式相互合作，自然、自由地

---

① 黄译莹：《从实务理论与典范的观点初探教师更新之原理、内容与管道》，载《教育研究资讯》，1999，7(4)。

② Jersild A T，*When Teachers Face Themselves*，New York，Teacher College，Columbia University，1955，p. 5.

③ Rose E W，Cornett J W & McCutcheon G，*Teacher Personal Theorizing：Connecting Curriculum Practice，and Research*，New York，State University of New York，1992，pp. 13，255.

表达自己过去的反思经验，进一步梳理自己的反思情况，从而加深对自我教学反思的认识。另外，在群体反思过程中，教师们互相分享自己在教学中的困惑，不同教师可以从其他教师的反思经验与困惑分享中得到启示并加以借鉴。在交流探讨过程中，教师们不断进行思想碰撞，从而找到更好的教学反思方式，最终达到良好的教学效果。

五、赋予教师参与的权利

众多研究表明，教师参与幼儿园管理与决策能促进其工作的积极性与良好的专业发展。科奇（Coch）和弗伦奇（French）等人的实证研究指出，让教师参与学校的政策制定和决策，有助于提高教师的士气、工作热情和对自己职业的满意度。

教师参与课程发展可促进其专业发展。在介入课程发展之后，教师会面临新的教学观念、材料和策略的挑战，思考应对这些新事物的过程，有利于教师专业上的进步；通过参与课程编制、改编和评价，教师会提高他们对自己和教育的理解，丰富其学科知识，并能够超越课堂的局限去思考问题和行动。研究表明，参与课程发展的教师报告，自己感到比原来能够教给儿童更多的东西，而且教得更好，在课堂教学中更能指导学生使用学习材料和指导小组学习，对学生的期望有所变化。另有研究显示，教师参与课程发展与实施其参与发展的课程纲要之间，存在正相关，教师参与课程发展，可使教师对所教内容有更为充分的准备，也更为自信。

教师决策参与的研究大致围绕两个方面。一是教师参与决策的程度。研究者最初认为教师参与决策的次数越多越好，频率越高越满意。但后来发现，教师参与决策的频率与教师的满意感并不成正比关系。阿露托（Alutto）和比拉科（Belagco）就参与程度与教师的满意感之间的关系进行了研究。他们把教师参与决策的程度分为三种不同状态：贫乏（参与得很少）、饱和（参与得很多）和均衡（参与得不多不少）。测试结果表明，参与程度处于均衡状态的教师是感觉最满意的一组，而认为自己处于贫乏状态与饱和状态的教师，相对来说不太满意。学者们指出教师参与不仅体现在参与程度（缺乏、饱和与均衡），还应包括参与决策领域（技术层面、管理层面）、参与决策水平（参与个体决策、参与团体决策、参与学校决策）等多个维度。研究指出，教师适当的参与程度取决于两个条件。第一是教师的非教学时间。如果教师大量的非教学时间用在开会上，用在讨论学校的决策问题上，将会让教师感到厌烦，降低参与的热情和积极性。第二是参与的问题与教师的切身利益关系。教师认为他们参与决策的问题和他们自身休戚相关时，就会投入极大热情。

二是是否需要教师参与决策的问题。拉斯（Rice）等人的研究指出测定相关性和测定知识性两种方法：如果决策与教师有较大的利害关系（高相关），并且教师具备与决策内容相关的知识经验（高知识），则决策在可接受范围之外，应吸纳教师参与决策；相反，如果决策与教师利益低相关，而且教师只具有低相关性知识，则决策在可接受范围内，无须教师参与。霍伊(Hoy)和米斯凯(Miskel)对此进行了补充研究，并指出，当决策与教师高相关而教师知识水平较低时，教师不宜参与过多，否则会在决策中由于缺乏相应的知识准备无法参与而导致挫折感，并有损以后参与的积极性，当决策与教师低相关而教师水平较高时，参与决策也只能偶尔为之。

思考题

1. 你是如何理解幼儿教师发展的？

2. 请访谈学前教育专业的学生，了解他们对学前教育专业的认同程度。

3. 你觉得职前幼儿教师培养存在哪些问题？如何改进？

主要参考文献

[1]陈帼眉. 学前心理学[M]. 北京：人民教育出版社，1989.

[2]陈帼眉，洪福财. 儿童发展与辅导[M]. 台北：五南图书出版有限公司，2001.

[3]陈琦，刘儒德. 当代教育心理学[M]. 北京：北京师范大学出版社，1997.

[4]张春兴. 教育心理学：三化取向的理论与实践[M]. 杭州：浙江教育出版社，1998.

[5]邵瑞珍. 教育心理学[M]. 修订本. 上海：上海教育出版社，1997.

[6]吴庆麟. 教育心理学：献给教师的书[M]. 上海：华东师范大学出版社，2003.

[7]斯腾伯格，威廉姆斯. 教育心理学[M]. 张厚粲，译. 北京：中国轻工业出版社，2003.

[8]罗伯特·斯莱文. 教育心理学：第7版[M]. 姚梅林，等译. 北京：人民邮电出版社，2004.

[9]潘菽. 教育心理学[M]. 北京：人民教育出版社，2001.

[10]李柏黍，燕国材. 教育心理学[M]. 上海：华东师范大学出版社，1995.

[11]施良方. 学习论：学习心理学的理论与原理[M]. 北京：人民教育出版社，1994.

[12]邵瑞珍. 教育心理学[M]. 上海：上海教育出版社，1988.

[13]庞丽娟. 教师与儿童发展[M]. 北京：北京师范大学出版社，2003.

[14]曹中平. 幼儿教育心理学[M]. 大连：辽宁师范大学出版社，2001.

[15]若井邦夫. 幼儿教育心理学[M]. 李金陵，艾苗，译. 上海：华东师范大学出版社，1986.

[16]克里克山克，贝勒尔，梅特卡夫. 教学行为指导[M]. 时绮，等译. 北京：中国轻工业出版社，2003.

[17]王振宇等. 儿童社会化与教育[M]. 北京：人民教育出版社，1992.

[18]王振宇. 儿童心理发展理论[M]. 上海：华东师范大学出版社，2000.

[19]杨丽珠，吴文菊. 幼儿社会性发展与教育[M]. 大连：辽宁师范大学出版社，2000.

[20]张文新. 儿童社会性发展[M]. 北京：北京师范大学出版社，1999.

[21]拉泽尔. 多元智能教学的艺术：八种教学方式[M]. 吕良环，等译. 北京：中国轻工业出版社，2004.

[22]陈杰琦，玛拉·克瑞克维斯基，朱莉·维恩斯. 多元智能的理论与实践：让每个儿童在自己强项的基础上发展[M]. 方钧君，译. 北京：北京师范大学出版社，2004.

[23]陈杰琦，埃米勒·艾斯贝格，玛拉·克瑞克维斯基. 多元智能理论与儿童学习活动[M]. 何敏，李季湄，译. 北京：北京师范大学出版社，2002.

[24]玛拉·克瑞克维斯基. 多元智能理论与学前儿童能力评价[M]. 李季湄，方钧君，译. 北京：北京师范大学出版社，2002.

[25]徐碧美. 追求卓越：教师专业发展案例研究[M]. 陈静，李忠如，译. 北京：人民教育出版社，2003.

[26]费斯勒，克里斯坦森. 教师职业生涯周期：教师专业发展指导[M]. 董丽敏，高耀明，

等译. 北京：中国轻工业出版社，2005.

[27]张德锐. 师资培育与教育革新研究[M]. 台北：五南图书出版有限公司，1998.

[28]理查德·梅耶. 教育心理学[M]. 林清山，译. 台北：远流出版公司，1990.

[29]陈会昌. 儿童社会性发展的特点、影响因素及其测量：《中国 3—9 岁儿童的社会性发展》课题总报告[J]. 心理发展与教育，1994(4)：1-17.

[30]杨重明. 3—9 岁儿童社会技能的发展[J]. 心理发展与教育，1994(4)：22-26.

[31]黄译莹. 从实务理论与典范的观点初探教师更新之原理、内容与管道[J]. 教育研究资讯，1999，7(4)：117-145.

[32]ANDERSON J R. Cognitive psychology and its implication[M]. 3rd ed. New York：WH Freeman Company，1990.

[33]BANDURA A. Self-efficacy：The exercise of control[M]. New York：Freeman，1997.

[34]BARRON F & DAVID M HARRINGTON. Creativity, intelligence, and personality[J]. Annual Review of Psychology，1981，32：439-476.

[35]BEREITEF C. Aspects of an educational learning theory[J]. Review of educational research，1990(60)：603-624.

[36]BERG G. Developing the teaching profession：Autonomy, professional code, knowledge base[J]. Australian journal of education，1983，27(2)：173-186.

[37]BERGEN D & COSCIA J. Brain research and childhood education：Implications for educators[J]. Association for childhood education international，2001.

[38]BRANSFORD J D & STEIN B S. The ideal problem solver[M]. 2nd ed. New York：Freeman，1993.

[39]BROPHY J E. Motivating students to learn[M]. Boston：McGraw-Hill，1998.

[40]BURDEN P R. Teacher development. [M]// HOUSTON W R，HABERMAN M & SIKULA J. Handbook of research on teacher education. New York：Macmillan，1990：311-327.

[41]BYRNES J P & FOX N A. The educational relevance of research in cognitive neuroscience[J]. Educational psychology review，1998，10(3)：297-342.

[42]CHARLESWORTH R，HART C，BURTS D & DEWOLF M. The LSU studies：building a research base for developmentally appropriate practice[M]// REIFEL S. Advances in early education and day care：perspectives on developmentally appropriate practice. Vol 5. Greenwich，CT：JAI Press，1993：3-28.

[43]CLEMENT M & STAESSENS K. The professional development of primary school teachers and the tension between autonomy and collegiality [M]//KIEVIET F & VANDENBERGHE R. School culture, school improvement and teacher development. Leiden：DSWO Press，1993.

[44]CLIFFORD M. Practicing educational psychology[M]. Boston：Houghton Mifflin Company，1981.

[45]COBB P. Constructivism and learning[M]// HUSEN T & POSTLETHWAITE T N. The international encyclopedia. 2nd ed. Oxford：Pergamon，1994：1049-1052.

[46]DRISCOLL M P. Psychology of leaning for instruction[M]. 2nd ed，Boston：Allyn &

Bacon，2000.

[47]DUNN R & DUNN K. The complete guide to the learning strategies in service system[M]. Boston：Allyn & Bacon，1999.

[48]DUNN R & DUNN K. Teaching students through their individual learning style：A practical approach[M]. Reston：Reston Publishing Company，1978：5-17.

[49]DUNN R & DUNN K. Teaching students to read through their individual learning styles[M]. Upper Saddle River：Prentice Hall，1986：4-14.

[50]EVANS R I. Jean Piaget：the man and his ideas[M]. New York：Dutton，1973：420-421.

[51]EISENBERG N. Handbook of child psychology：socialization，personality，and social development[M]. New York：Wiley，1998.

[52]ERNEST P. Constructivism and the problem of the social[M]// C JULIE，D ANGELIS & Z DAVIS. Political dimensions of mathematics education：Curriculum reconstruction for society in transition. Johannesburg：Maskew Miller and Longman，1993：121-130.

[53]FESSLEF R & JUDITH C C. The teacher career cycle：understanding and guiding the professional development of teachers[M]. New York：Simon & Schuster Inc.，1992.

[54]FISHKIN ANNE S & JOHNSON AILEEN S. Who is creative? Identifying children's creative abilities[J]. Roeper review，1998，21(1)：40-47.

[55]FORMAN. The constructive perspective[M]// ROOPNARINE J L & JOHNSON J E. Approaches to early childhood education. London：Merrill Publishing Company，1993：71.

[56]FRECHTLING J & WESTAT L S. User-friendly handbook for mixed method evaluations (NSF 97-153)[M]. Washington，D. C.：National Science Foundation，1997.

[57]FULLER F E. Concerns of teachers：a developmental conceptualization[J]. American educational research journal，1969(6)：207-226.

[58]GAGE N L & BERLINER D C. Educational psychology[M]. 3rd ed. Boston：Houghton Miffilin，1984.

[59]GARDNER H & HATCH T. Multiple intelligences go to school：educational implications of the theory of multiple intelligences[J]. Educational research，1989，18(8)：4-9.

[60]GIBSON J T & CHANDLER L A. Educational psychology：mastering principles and applications[M]. Boston：Allyn and Bacon，1988.

[61]GOODLAD J I. A place called school：prospects for the future[M]. New York：McGraw-Hill，2004.

[62]GORDON A M. Beginnings and beyond：foundations in early childhood education[M]. New York：Delmar Publishers，Inc.，1993：299.

[63]GREGORC A F & WARD H B. Implications for learning and teaching：a new definition for individual[J]. NASSP bulletin，1977，61(406)：20-26.

[64]HAREL I. Constructionist learning[M]. Cambridge：MIT Media Laboratory，1990.

[65] HARRIS J D. Where is the child's environment? A group socialization theory of development[J]. Psychological review，1995，102(3)：458-489.

[66]HARRIS J D. The nurture assumption：why children turn out the way they do[M]. New

York：Free Press，1998.

[67]HARRIS J D. Socialization，personality development，and the child's environments：comment on Vandell[J]. Developmental psychology，2000(36)：711-723.

[68]HILGARD E R，BOWER G H. Theories of learning[M]. Englewood Cliffs：Prentice Hall，1975：6.

[69]HOWES C. Care-giving environments and their consequences for children：the experience in the United States[M]// E MELBUISH，P MOSS. Day care for young children. New York：Routledge，1991.

[70]HUNT D E. Learning style and student needs：an introduction to conceptual level[M]// NASSP. Student learning style：diagnosing and prescribing programs. Reston：Reston Publishing Company，1979：34-51.

[71]HUSSEY H R. Behavior disorder and learning disabilities，the minimal brain dysfunction [M]. New York：Masson Publishing Inc. ，1979.

[72]HUTTENLOCHER P R. Synaptic density in human frontal cortex：developmental changes and effects of aging[J]. Brain research，1979(163)：195-205.

[73]HUTTENLOCHER P R,DABHOLKAR A S. Regional differences in synaptogenesis in human cerebral cortex[J]. The journal of comparative neurology，1997，387(2)：167-178.

[74]JERSILD A T. When teachers face themselves[M]. New York：Teacher College Columbia University，1995.

[75]KAMMI C K. Personal communication. Constructivist conference[M]// ROOPNARINE J L,JOHNSON J E. Approaches to early childhood education. New York：Macmillan Publishing Company，1993：143.

[76]KEEFEE J W. Assessing student learning styles：an overview[M]// NASSP. Student learning styles：diagnosing and prescribing programs. Reston：Reston Publishing Company，1979：18-29.

[77]KING M，OBERLIN A，SWANK T. Supporting the activity choices of two-year-olds[J]. Day care and early education，1990，17(2)：9-13，67-70.

[78]KIRSCHENBAUM H，HENDERSON V L. The carl rogers reader[M]. Boston：Houghton Mifflin,1989.

[79]KOHLBERG L. Revisions in the theory and practice of moral development[J]. New directions for child development，1978(2)：83-88.

[80]KOZULIN A. Vygotsky's psychology：a biography of ideas[M]. Cambridge：Harvard University Press，1990.

[81]LITTLE J W. The persistence of privacy：autonomy and initiative in teachers' professional relations[J]. Teachers college record，1990，91(4)：509-536.

[82]MALCOM P J，LUTZ W C，GERKEN M A，HOOLTKE G M. Learning style identification scale handbook[M]. California：Publishers Test Service，McGraw-Hill，1981：6.

[83]MERRIAM S,CAFFARELLA. Learning in adulthood：a comprehensive guide[M]. San Francisco：Jossey-Bass，1998.

[84]MCCOWN R R, RooP P. Educational psychology and classroom practice: a partnership [M]. Boston: Allyn and Bacon, 1992.

[85]MURPHY K P, ALEXANDER P A. A motivated exploration of motivation technology [J]. Contemporary educational psychology, 2000, 25(1): 3-53.

[86]MUSSEN P H, CONGER J J, KAGAN J, HUSTON A C. Child development and personality[M]. 7th ed. New York: Harper & Row, 1990.

[87]OWEN E, SWELLER J. What do students learn while solving Mathematics problems? [J]. Journal of educational psychology, 1985(77): 272-274.

[88] PAJARES R, GRAHAM L. Self-efficacy, motivation constructs, and Mathematics performance of entering middle school students in writing and science[J]. Contemporary educational psychology, 1999, 25(4): 406-422.

[89]PINTRICH P. Multiple goals, multiple pathways: the role of goal orientation in learning and achievement[J]. Journal of educational psychology, 2000, 92(3): 544-555.

[90]POWELL J H, MCGOWAN T M. In search of autonomy: teacher's aspirations and expectations from a school-university collaborative[J]. Teaching and teacher education, 1996, 12 (3):249-260.

[91]PURKEY W W, QUEEN J. Seven gifts for the beginning teacher[J]. Focus on learning, 1985 (11): 105-108.

[92]PURKEY W W. 29 ways to invite new students into your school[J]. The invitational education forum, 1991(12): 6-7.

[93]ROGERS C, FREIBERG H J. Freedom to learn[M]. 3rd ed. New York: Merrill, 1993.

[94] ROSS E W, CORNETT J W, MCCUTCHEON G. Teacher personal theorizing: connecting curriculum practice, theory, and research[M]. New York: State University of New York, 1992.

[95]SCHMECK R R. Inventory of learning processes[M]// NASSP. Student learning styles and brain behavior. Reston: Reston Publishing Company, 1982.

[96]SHONKOFF J P, PHILLIPS D A. From neurons to neighborhoods: the science of early childhood development[M]. Washington D. C. : National Academy Press, 2000.

[97]SMALL M Y, LOVERTT S B, SCHER M. Pictures facilitate children's recall of un-illustrated expository prose[J]. Journal of educational psychology, 1993(85): 520-528.

[98] SOLSO R L, MACLIN M K, MACLIN O H. Cognitive psychology [M]. 7th ed. Toronto: Allyn & Bacon, 2004.

[99]SPERRY R W. Some effects of disconnecting the cerebral hemispheres[J]. Science, 1982 (217): 1223-1226.

[100]STEVENS F, LAWRENZ F, SHARP L, FRECHTLING J. User-friendly handbook for project evaluation: science, mathematics, engineering and technology education (NSF 93-152)[M]. Washington D. C. : National Science Foundation, 1993.

[101]STONE D R, NIELSEN E C. Educational psychology: the development of teaching skills [M]. New York: Happer & Row Publisher, 1982: 75.

［102］TERRY F PETTIJOHN. Notable selections in psychology［M］. Guilford：The Dushkin Publishing Group，Inc. ，1994.

［103］THOMPSON T，DAVIDSON J A，BARBER J G. Self-worth protection in achievement motivation：performance effects and attributional behavior［J］. Journal educational psychology，1995，87(4)：598-610.

［104］WEST C，ZIMMERMAN D H. Doing gender［M］// LORBER J. The social construction of gender. Newbury Park，CA：Sage，1991.

［105］ZEICHNER K. Alternative paradigms of teacher education［J］. Journal of teacher education，1983，34(3)：3-9.

［106］ZIMMERMAN B. Self-efficacy：an essential motive to learn［J］. Contemporary educational psychology，2000，25(1)：82-91.